高等职业院校“十四五”规划教材

汉语素养

孙静文◎主　编

杨维娟　艾　欣◎副主编

张丽荣◎主　审

中国铁道出版社有限公司

CHINA RAILWAY PUBLISHING HOUSE CO., LTD.

内 容 简 介

本书紧扣人才培养目标，根据教学大纲规定的阅读、写作、沟通与表达、文学作品赏析及文言文阅读五个方面的要求，系统整合为经典文选、沟通与表达和应用文写作三个模块。经典文选以优美的文学作品为载体，培养学生对传统文化的热爱，提高学生的审美水平；沟通与表达以演讲作为训练项目，旨在提高学生的日常交际能力与职场沟通技巧；应用文写作将学生在学校与职场中常用的应用文进行整合，突出了实用性原则，重在实践训练。三个模块各自独立，又相互补充，构成有机整体。

本书可作为高职院校各专业的公共课程“大学语文”的教材，也可作为个人提高文化素养用书。

图书在版编目（CIP）数据

汉语素养/孙静文主编. —北京：中国铁道出版社有限公司，2022.2（2025.1 重印）
高等职业院校“十四五”规划教材
ISBN 978-7-113-28541-8

Ⅰ.①汉… Ⅱ.①孙… Ⅲ.①汉语-高等职业教育-教材 Ⅳ.①H1

中国版本图书馆CIP数据核字（2021）第227449号

书　　名：汉语素养
作　　者：孙静文

策　　划：潘星泉　　　　编辑部电话：（010）51873090
责任编辑：潘星泉　贾淑媛
封面设计：刘　颖
责任校对：孙　玫
责任印制：赵星辰

出版发行：中国铁道出版社有限公司（100054，北京市西城区右安门西街 8 号）
网　　址：https://www.tdpress.com/51eds
印　　刷：三河市兴达印务有限公司
版　　次：2022 年 2 月第 1 版　2025 年 1 月第 4 次印刷
开　　本：787 mm × 1 092 mm　1/16　印张：18.5　字数：488 千
书　　号：ISBN 978-7-113-28541-8
定　　价：56.00 元

前　言

汉语素养课程是一门面向高职院校学生开设的具有人文性、审美性、职业性、工具性特征的公共基础课程。本书遵循高职教育发展规律、高职学生的成长规律和职业特点，注重学生阅读、理解、审美、沟通与表达能力的培养，使学生在未来的职业生涯中能写、会用、善于沟通与表达，全面提升学生语文素养、职业素养、人文素养。

本书是“经典文选＋沟通与表达＋应用文写作”三合一的一体化多维度教材，以培养人文精神、弘扬传统文化、增强民族自信、提高语文能力为目的，以培养学生的文化素养和实践能力为重点，充分发挥语文教材的文化载体作用和语文课程的育人功能。全书分三个模块。模块一经典文选部分，每章设置主讲篇目、辅讲篇目、拓展书目。主讲篇目承载本章学习主题，帮助学生树立正确的世界观、人生观和价值观；辅讲篇目可用于学生自学，潜移默化中突出人文精神的培养；拓展书目可开阔学生知识面。模块二沟通与表达部分，每章根据实际需要设置课前热身、学习目标、知识讲解、课堂训练、自我实践锻炼、基础练习、例文借鉴、素质目标等项目，构成导学、定标、新知、训练、自习、培基、范例学习、思政引导的完整学习过程，通过科学系统的训练，旨在提高学生日常交往能力与职场沟通能力。模块三应用文写作部分，涵盖学生在生活与职场中的常用应用文；以文种训练为载体，旨在提高学生的应用文写作能力；突出了实用性、训练性原则，为以后的职场工作打下坚实的写作基础。三个模块各自独立，又相互补充，构建一个有机立体的语文学习体系。

本书编者以大思政观编写教材，有机融入课程思政案例，进一步帮助学生厘清观念，辨别是非，树立正确的世界观、人生观、价值观、生命意识、家国情怀，进而弘扬民族文化，加强学生的文字理解能力、审美能力，陶冶情操。

本书由孙静文担任主编，完成全书的体例设计和最后统稿工作，杨维娟、艾欣担任副主编，张丽荣主审。全书编写分工如下：模块一由艾欣负责统筹，第一章、第二章由艾欣编写，第三章、第四章由孙忠甫编写，第五章、第六章由刘琳编写，第七章由王盾编写，第八章由邹晴编写；模块二由杨维娟负责统筹，第一章、第二章、第三章由艾欣编写，第四章由邹晴编写，第五章、第六章、第七章、第八章由杨维娟编写；模块三由孙静文负责统筹，第一章、第二章、第三章（第一、二节）、第四章、第五章由孙静文编写，第三章的第三节由王盾编写。李赫鹏、吴延钊负责校对文稿。

本书既可作为高等职业院校的教材，也可作为社会各类人员提高语文素养的学习参考书。在编写过程中，我们还参考和借鉴了许多文献资料、新闻和案例，由于时间仓促，未能及时与各位作者联系，在此一并表示感谢。同时，由于时间仓促和编者水平所限，书中难免有疏漏之处，恳请读者批评指正，提出宝贵意见，以便我们能更好地对教材进行修订和完善。

编　者

2021年6月

目 录

模块一　经典文选

模块二 沟通与表达

模块三 应用文写作

模块一

经典文选

第一章

热爱生命

主讲篇目

庄子二章

【学习目标】

（1）了解庄子作品、生平、思想；疏通字句，积累常用的文言词语，丰富文言知识，理解庄子二章的思想内容。

（2）阅读、理解课文内容，会探究梦与生死的哲学内涵。

（3）鉴赏庄子文章的艺术特色，感悟庄子的精神境界。

庄周梦蝶[1]

昔者庄周梦为胡蝶[2]，栩栩然胡蝶[3]也，自喻适志[4]与！不知周也。俄然[5]觉，则蘧蘧然[6]周也。不知周之梦为胡蝶与，胡蝶之梦为周与？周与胡蝶，则必有分矣。此之谓物化[7]。

（选自《庄子》，上海古籍出版社，2013）

【注释】

[1] 庄子（公元前369—公元前286），姓庄，名周，先秦（战国）时期伟大的思想家、哲学家和文学家，宋国蒙（今安徽蒙城，又说河南商丘东北）人，道家学说的主要创始人之一。

[2] 胡蝶：亦作蝴蝶。

[3] 栩（xǔ）栩然：欣然自得的样子。

[4] 喻：通作“愉”，愉快。适志：合乎心意，心情愉快。

[5] 俄然：突然。

[6] 蘧（qú）蘧然：惊惶的样子。

[7] 物化：万物浑然通化，物我及人我达到无差别境界。

鼓盆而歌

庄子妻死，惠子吊之，庄子则方箕踞[1]鼓盆[2]而歌。惠子曰:“与人居[3]，长子老身[4]，死不哭亦足矣，又鼓盆而歌，不亦甚[5]乎!”庄子曰:“不然。是其始[6]死也，我独何能无概然[7]！察其始[8]而本无生[9]，非徒无生也而本无形[10]，非徒无形也而本无气[11]。杂乎芒芴[12]之间，变而有气，气变而有形，形变而有生，今又变而之死，是相与为春秋冬夏四时行也[13]。人且偃然[14]寝于巨室[15]，而我噭噭然随[16]而哭之，自以为不通乎命[17]，故止[18]也。”

（选自《庄子》，上海古籍出版社，2013）

【注释】

[1] 箕踞（jījù）：两脚张开，两膝微曲地坐着，形状像箕。这是一种轻慢傲视对方的姿态。

[2] 鼓盆：敲打瓦缶。

[3] 居：居住，引申为生活在一起。

[4] 长子老身：长，生养、养育，使动用法，使……长大；子，子女；老，使动用法，使自己衰老。

[5] 甚：过分。

[6] 始：刚刚。

[7] 概然：（“概”通“慨”）感慨伤心。

[8] 始：开始。

[9] 生：出生。

[10] 形：形体。

[11] 气：元气。

[12] 芒芴：恍恍惚惚。

[13] 是相与为春秋冬夏四时行也：相与，相同；四时，四季；行，运行。这就跟春夏秋冬四季运行一样。

[14] 偃然：偃，倒下。偃然，倒下的样子，引申为安稳的样子。

[15] 巨室：指天地。

[16] 随：围着、跟着。

[17] 不通乎命：不能通晓于天命。

[18] 止：停止。

【赏析】

庄子认为，自然本身便是一种完美的状态，无须经过人化的过程。人与天地自然都是由气构成的，人是自然的一部分，因而天与人是统一的。但是，由于人类社会建立了种种制度、规范，破坏了自然本性，造成了天与人的对立。

庄子对人的生死问题也做了独到的思索。他的妻子去世时，他鼓盆而歌。他的行为使旁人觉得不可理喻，但他却有着自己的理解，他认为生者其实并不知道死者的世界，怎么就能肯定死者一定不如生者呢？也许死者脱离了肉体的束缚，反而获得了精神的自由，生者又何必为死者感到悲伤？在庄子这里，对于每一个普通人，死亡不过是从忙碌的生活回到寂静，回到天地之间罢了。

庄子为我们提供了人生的另一种思考方式。

【基础练习】

（1）庄周梦为蝴蝶，言“自喻适志与”，请你描绘一下庄周作蝴蝶时的感受；“俄然觉，则蘧蘧然周也”，何谓“蘧蘧然”？你认为庄周喜欢化蝶还是为人，为什么？

（2）中国古代有许多类似的关于做梦的故事，比如“黄粱一梦”“南柯一梦”，这些故事中往往蕴含着作者对现实社会与生活的理解，请你评价一下这类故事。

（3）你怎样理解庄子“鼓盆而歌”故事的寓意？请结合这两篇文章，谈谈你对庄子哲学思想的理解。

（4）请你按照庄周梦蝶的故事模式，写一个你自己的梦境故事。

生死场（节选）

萧红[1]

【学习目标】

（1）了解《生死场》的创作背景，理解作品的主题思想。

（2）分析小说中的人物形象。

（3）培养文学审美情趣，提高文学鉴赏能力。

王婆以为又是假装搜查到村中捉女人，于是她不想到什么恶劣的事情上去，安然地睡了！赵三那老头子也非常老了！他回来没有惊动谁也睡了！

过了夜，日本宪兵在门外轻轻敲门，走进来的，看样像个中国人，他的长靴染了湿淋的露水，从口袋取出手巾，摆出泰然的样子坐在炕沿慢慢擦他的靴子，访问就在这时开始：“你家昨夜没有人来过？不要紧，你要说实话。”

赵三刚起来，意识有点不清，不晓得这是什么事情要发生。于是那个宪兵把手中的帽子用力抖了一下，不是柔和而不在意的态度了：“混蛋！你怎么不知道？等带去你就知道了！”

说了这样话并没带他去。王婆一面在扣衣钮一面抢说：“问的是什么人？昨夜来过几个‘老总’，搜查没有什么就走了！”

那个军官样的把态度完全是对着王婆，用一种亲昵的声音问：“老太太请告诉吧！有赏哩！”

王婆的样子仍是没有改变。那人又说：“我们是捉胡子，有胡子，乡民也是同样受害，你没见着昨天汽车来到村子宣传‘王道’吗？‘王道’叫人诚实。老太太说了吧！有赏呢！”

王婆面对着窗子照上来的红日影，她说：“我不知道这回事。”

那个军官又想大叫，可是停住了，他的嘴唇困难地又动几下：“‘满洲国’要把害民的胡子扫清，知道胡子不去报告，查出来枪毙！”这时那个长靴人用斜眼神侮辱赵三一下。接着他再不说什么，等待答复，终于他什么也没得到答复。

还不到中午，乱坟岗子多了三个死尸，其中一个是女尸。

人们都知道那个女尸，就是在北村一个寡妇家搜出的那个“女学生”。

赵三听得别人说“女学生”是什么“党”。但是他不晓得什么“党”做什么解释。当夜在喝酒以后把这一切密事告诉了王婆，他也不知道那“女学生”倒有什么密事，到底为什么才死？他只感到不许传说的事情神秘，他也必定要说。

王婆她十分不愿意听，因为这件事情发生，她担心她的女儿，她怕是女儿的命运和那个“女学生”一般样。

赵三的胡子白了！也更稀疏，喝过酒，脸更是发红，他任意把自己摊散在炕角。

平儿担了大捆的绿草回来，晒干可以成柴，在院心他把绿草铺平。进屋他不立刻吃饭，透汗的短衫脱在身边，他好像愤怒似的，用力来拍响他多肉的肩头，嘴里长长地吐着呼吸。过了长时间爹爹说：“你们年青人应该有些胆量。这不是叫人死吗？亡国了！麦地不能种了，鸡犬也要死净。”

老头子说话像吵架一般。王婆给平儿缝汗衫上的大口，她感动了，想到亡国，把汗衫缝错了！她把两个袖口完全缝住。

赵三和一个老牛般样，年青时的气力全部消灭，只回想“镰刀会”，又告诉平儿：“那时候你还小着哩！我和李青山他们弄了个‘镰刀会’。勇得很！可是我受了打击，那一次使我碰壁了，你娘去借枝洋炮来，谁知还没用洋炮，就是一条棍子出了人命，从那时起就倒霉了！一年不如一年活到如今。”

“狗，到底不是狼，你爹从出事以后，对‘镰刀会’就没趣了！青牛就是那年卖的。”

她这样抢白着，使赵三感到羞耻和愤恨。同时自己为什么当时就那样卑小？心脏发燃了一刻，他说着使自己满意的话：“这下子东家也不东家了！有日本子，东家也不好干什么！”

他为着轻松充血的身子，他向树林那面去散步，那儿有树林。林梢在青色的天边画出美调的和舒卷着的云一样的弧线。青的天幕在前面直垂下来，曲卷的树梢花边一般地嵌上天幕。田间往日的蝶儿在飞，一切野花还不曾开。

小草房一座一座地摊落着，有的留下残墙在晒阳光，有的也许是被炸弹带走了屋盖。房身整整齐齐地摆在那里。

赵三阔大开胸膛，他呼吸田间透明的空气。他不愿意走了，停脚在一片荒芜的、过去的麦地旁。就这样不多一时，他又感到烦恼，因为他想起往日自己的麦田而今丧尽在炮火下，在日本兵的足下必定不能够再长起来，他带着麦田的忧伤又走过一片瓜田，瓜田也不见了种瓜的人，瓜田尽被一些蒿草充塞。去年看守瓜地的小房，依然存在；赵三倒在小房下的短草梢头。他欲睡了！朦朦中看见一些高丽人从大树林穿过。视线从地平面直发过去，那一些高丽人仿佛是走在天边。

假如没有乱插在地面的家屋，那么赵三觉得自己是躺在天边了！

阳光迷住他的眼睛，使他不能再远看了！听得见村狗在远方无聊地吠叫。

如此荒凉的旷野，野狗也不到这里巡行。独有酒烧胸膛的赵三到这里巡行，但是他无有目的，任意足尖踏到什么地点，走过无数秃田，他觉得过于可惜，点一点头，摆一摆手，不住地叹着气走回家去。

村中的寡妇们多起来，前面是三个寡妇，其中的一个尚拉着她的孩子走。

红脸的老赵三走近家门又转弯了！他是那样信步而无主地走！忧伤在前面招示他，忽然间一个大凹洞，踏下脚去。他未曾注意这个，好像他一心要完成长途似的，继续前进。那里更有炸弹的洞穴，但不能阻碍他的去路，因为喝酒，壮年的血气鼓动他。

在一间破房子里，一只母猫正在哺乳一群小猫。他不愿意看这些，他更走，没有一个熟人与他遇见。直到天西烧红着云彩，他滴血的心，垂泪的眼睛竟来到死去的年青时伙伴们的坟上，不带酒祭奠他们，只是无话坐在朋友们之前。

亡国后的老赵三，蓦然念起那些死去的英勇的伙伴！留下活着的老的，只有悲愤而不能走险了，老赵三不能走险了！

那是个繁星的夜，李青山发着疯了！他的哑喉咙，使他讲话带着神秘而紧张的声色。这是第一次他们大型的集会。在赵三家里，他们像在举行什么盛大的典礼，庄严与静肃。人们感到缺乏空气一般，人们连鼻子也没有一个作响。屋子不燃灯，人们的眼睛和夜里的猫眼一般，闪闪有磷光而发绿。

王婆的尖脚，不住地踏在窗外，她安静的手下提了一只破洋灯罩，她时时准备着把玻璃灯罩摔碎。她是个守夜的老鼠，时时防备猫来。她到篱笆外绕走一趟，站在篱笆外听一听他们的谈论高低，有没有危险性？手中的灯罩她时刻不能忘记。

屋中李青山固执而且浊重的声音继续下去："在这半月里，我才真知道人民革命军真是不行，要干人民革命军那就必得倒霉，他们尽是些'洋学生'，上马还得用人抬上去。他们嘴里就会狂喊'退却'。二十八日那夜外面下小雨，我们十个同志正吃饭，饭碗被炸碎了哩！派两个出去寻炸弹的来路。大家来想一想，两个'洋学生'跑出去，唉！丧气，被敌人追着连帽子都跑丢了，'学生'们常常给敌人打死。……"

罗圈腿插嘴了："革命军还不如红胡子有用？"

月光照进窗来太暗了！当时没有人能发现罗圈腿发问时是个什么奇怪的神情。

李青山又在开始："革命军纪律可真厉害，你们懂吗？什么叫纪律？那就是规矩。规矩太紧，我们也受不了。比方吧：屯子里年轻轻的姑娘眼望着不准去……哈哈！

我吃了一回苦，同志打了我十下枪柄哩！"

他说到这里，自己停下笑起来，但是没敢大声。他继续下去。

二里半对于这些事情始终是缺乏兴致，他在一边瞌睡，老赵三用他的烟袋锅撞一下在睡的缺乏政治思想的二里半，并且赵三大不满意起来："听着呀！听着，这是什么年头还睡觉？"

王婆的尖脚乱踏着地面作响一阵，人们听一听，没听到灯罩的响声，知道日本兵没有来，同时人们感到严重的气氛。李青山的计划严重着发表。

李青山是个农人，他尚分不清该怎样把事弄起来，只说着："屯子里的小伙子招集起来，起来救国吧！革命军那一群'学生'是不行。只有红胡子才有胆量。"

老赵三他的烟袋没有燃着，丢在炕上，急快地拍一下手，他说："对！招集小伙子们，起名也叫革命军。"

其实赵三完全不能明白，因为他还不曾听说什么叫做革命军，他无由得到安慰，他的大手掌快乐地不停地捋着胡子。对于赵三，这完全和十年前组织"镰刀会"同样兴致，也是暗室，也是静悄悄地讲话。

老赵三快乐得终夜不能睡觉，大手掌翻了个终夜。

同时，站在二里半的墙外可以数清他鼾声的拍子。

乡间，日本人的毒手努力毒化农民，就说要恢复"大清国"，要做"忠臣"、"孝子"、"节妇"；可是另一方面，正相反的势力也增长着。

天一黑下来就有人越墙藏在王婆家中，那个黑胡子的人每夜来，成为王婆的熟人。在王婆家吃夜饭，那人向她说："你的女儿能干得很，背着步枪爬山爬得快呢！可是……已经……"

平儿蹲在炕下，他吸爹爹的烟袋。轻微的一点妒嫉横过心面。

他有意弄响烟袋在门扇上，他走出去了。外面是阴沉全黑的夜，他在黑色中消灭了自己。等他忧悒着转回来时，王婆已是在垂泪的境况。

那夜老赵三回来得很晚，那是因为他逢人便讲亡国，救国，义勇军，革命军，……这一些出奇的字眼，所以弄得回来这样晚。快鸡叫的时候了！赵三的家没有鸡，全村听不见往日的鸡鸣。只有褪色的月光在窗上，三星不见了，知道天快明了。

（选自《生死场》，人民文学出版社，2005）

【注释】

[1] 萧红（1911 年 6 月 1 日—1942 年 1 月 22 日），中国近现代作家，被誉为二十世纪"三十年代的文学洛神"。

【赏析】

本文节选自《生死场》，这是萧红一部传世的经典名篇，它对人性、人的生存这一古老的问题进行了透彻而深邃的诠释。这种对人生的生存死亡的思索，超出了同时代的绝大部分作家。

萧红早期文本广为采用的是第三人称叙述，《生死场》便属于这一类型的文本。在这种被称为“全知视角”的叙述中，叙述者处于一个无所不知的地位，她对各类人物的心理，以及对整个故事都无所不知，处于这一视角下的叙述者对叙述拥有着绝对的权威。《生死场》文本的故事时间分为十年前和十年后，涉及的人物也非常多，并且叙述在麦场、菜圃、屠场等众多场景间变换，倘若以某个人物为叙述视角是无法将这幅广阔的图景毫无遗漏地展现出来，这一具有史诗性的文本只能靠“全知视角”，才能将宏大的叙事维持。

【基础练习】

（1）请简要概括李青山的人物个性。

（2）作者塑造老赵三这个人物形象有何用意？请结合节选部分的内容进行分析。

（3）有人说“小说展现了在日寇铁蹄蹂躏下东北农民渐渐苏醒的民族意识和反抗精神”，请结合文本分析。

古诗十九首·其十五[1]

生年不满百，常怀千岁忧[2]。
昼短苦夜长，何不秉烛游[3]！
为乐当及时，何能待来兹[4]？
愚者爱惜费[5]，但为后世嗤[6]。
仙人王子乔[7]，难可与等期[8]。

（选自《古诗十九首集释》，中华书局，2020）

【注释】

[1]《古诗十九首》是中国古代文人五言诗选辑，由南朝萧统从传世无名氏古诗中选录十九首编入《文选》而成，本文是其中第十五首。

[2] 千岁忧：指很深的忧虑。千岁，多年，时间很长。

[3] 秉烛游：犹言作长夜之游。秉，本义为禾把、禾束，引申为动词，意为手拿着、手持。

[4] 来兹：就是“来年”。因为草生一年一次，所以以“兹”为“年”，这是引申义。

[5] 费：费用，指钱财。

[6] 嗤：讥笑，嘲笑，此处指轻蔑的笑。

[7] 王子乔：古代传说中的仙人。

[8] 期：本义为约会、约定，这里引申为等待。

鹧鸪天

宋　贺铸[1]

重过阊门[2]万事非。同来何事不同归？
梧桐半死[3]清霜后，头白鸳鸯失伴飞。
原上草，露初晞[4]。旧栖[5]新垅[6]两依依。
空床卧听南窗雨，谁复挑灯夜补衣！

（选自《贺铸词集》，上海古籍出版社，2013）

【注释】

[1] 贺铸（1052—1125），北宋词人，字方回，又名贺三愁，人称贺梅子，自号庆湖遗老。汉族，出生于卫州（今河南省卫辉市）。出身贵族，宋太祖贺皇后族孙，所娶亦宗室之女。自称远祖本居山阴，是贺知章后裔，因知章居庆湖（即镜湖），故自号庆湖遗老。

[2] 阊（chāng）门：本为苏州西门，这里代指苏州。

[3] 梧桐半死：比喻丧偶。

[4] 原上草，露初晞：比喻死亡。晞：干掉。

[5] 旧栖：旧居。

[6] 新垅：新坟。

人生的乐趣

[法]米歇尔·德·蒙田[1]

让年轻人去玩刀剑、骏马、标枪、狼牙棒、网球、游泳和赛跑吧，把他们的那些丢弃不要的骰子和骨牌留给我们老年人。自然规律本身就把我们赶进了屋子里。由于年事已高，体弱多病，我只能够给自己找一些玩物来消遣，就像对待孩子一样，难怪人们常说老年人又重新变成了孩子。明智和疯狂必须煞费苦心地轮流交替着为我服务，才能够支撑和帮助我度过这个多灾多难的暮年。

同样，我也会去躲避那些哪怕是最轻微的打击，因为有病的心灵是经受不住任何痛苦的。对于我脆弱的身躯来说，任何打击都会对我造成损伤。以前那些只会伤到我表皮的事情，现在则可能会刺穿我的心脏，尽管我已经十分心甘情愿地让自己的脾气去适应各种伤害！

我的理智不允许自己去埋怨和抗拒造化让我承受的烦恼，但是这并不能够阻止我去感受这些烦恼。我愿意走遍天涯海角去寻找一个地方，在那里度过饶有趣味、充满快乐的一年安静时光，因为我的人生目的就是要过一种舒适的生活。我并不缺少那种阴沉、麻木的安静，但是它却使我头昏脑胀、昏昏欲睡，我不能够满足于这种清静。如果有一个人或者是有雅兴的一伙人，不管他们是在乡村还是在城市，也不管他们是在法国还是在异国他乡，不管他们是喜欢深居简出，还是喜欢游历四方，只要我与他们性情相投，那么他们只需要打个呼哨，我就一定会前去与他们会合。

人们常说的思想有一个得天独厚的地方，就是能够在老年的时候重放光彩。既然如此，我就希望它能够充分地显示这一个特点，如果可能，就让它发芽、开花吧。但是思想往往会背弃我，因为它与躯体犹如兄弟般的亲密相连，它常常会在必要的时候抛下我而去追随躯体。

我有心来满足它、吸引它，但却都是枉然。我也曾试图把它从它与躯体的联盟中解脱出来，并向它展示塞涅卡和卡图鲁斯、贵妇和宫廷舞蹈，然而这一切却全是徒劳的。如果它的伙伴患了腹泻，就好像它也患了腹泻似的，就连它所独有和特有的那种活动也不能够激起它的活力。它往往会显得迟钝和麻木，就像一个被冻僵了的人。是啊，没有轻松活泼的躯体，也就不可能有轻松活泼的精神产品。

古代的思想家在探索精神激奋的原因时，只是把原因归结为神力、爱情、战争、诗歌或酒力，而没有给健康的体魄这一条件足够的重视，他们未免有些失之偏颇。旺盛的血气能够使思想迸发出强烈而明亮的火花，这些思想的火花超出了我们天生的智力，是一种最有灵感，甚至是最狂热的激情。而健康状况的不佳则会使我们变得精神沮丧甚至是呆滞，结果产生出相反的效果，这都是不足为奇的。

柏拉图说一个人的脾气是随和还是乖戾可以显示出他心灵的善良或者歹毒，我对这句话是心悦诚服的。苏格拉底的脸始终如一，始终是明朗的、笑吟吟的；老克拉苏的脸也是始终如一的，但就是从来不笑。

我知道，有很少的一些人会对我的这些文字所表现出来的大胆表示不满，而他们对这些文字表达的大胆思想却是无可非议的。因为我顺应了他们的勇气，但是却冒犯了他们的眼睛。只是肤浅地抓住柏拉图文章中的只言片语，而绝口不提他和费东、狄翁、斯特拉、阿盖纳萨之间的来往，这真是一种符合逻辑的做法！不要羞于说出那些我们敢于想的事情。

我十分憎恶那种总是满腹牢骚、愁眉苦脸的人，他们对生活中的乐趣往往是视而不见，但却总是牢牢地抓住生活中的不幸，从哀叹不幸中得到一些满足，就像苍蝇一样，在光洁平滑的物体上是待不住的，而必须停留在粗糙不平的地方；也好像是吸血虫，专找那些不干净的血来吮吸。

（选自《蒙田随笔：做生命的旁观者》，安徽人民出版社，2012）

【注释】

[1] 米歇尔·德·蒙田（Michel de Montaigne，1533—1592），文艺复兴时期法国思想家、作家、怀疑论者。他阅历广博，思路开阔，行文无拘无束，其散文对弗朗西斯·培根、莎士比亚等影响颇大。其所著《随笔集》三卷名列世界文学经典，被人们视为写随笔的巨匠。

【素质目标】

（1）临终关怀可以提高患者的生命质量，减轻恐惧，最终帮助病人内心宁静地面对死亡；让原本孤独和脆弱的个体，在爱与温暖的陪伴下，带着勇气与希望走完生命的最后一程，也体现了对生命的尊重。

（2）大学生应学会正确看待生命的价值，具备良好的心理品质，客观看待生死。

（3）能正确认识自我、评价自我，建立和谐的人际关系，面对困难与挫折勇于担当。

想过吗，人应该怎样离开世界?

上海临汾社区卫生服务中心是一个社区医院，同时也是一家具有特色的红十字老年护理医院，社区老年保健服务和临终关怀、安宁护理是医院的特色品牌。

其中的临终关怀、安宁护理病区叫做舒缓疗护区，收治的主要是癌症晚期患者，他们生命所剩的时间，大多不超过三个月。弥留之际，住在里面的临终患者都会进入一间特殊的病房——关怀室，在这儿，平静而有尊严地告别尘世。在安宁病房工作的医生护士，看起来就不一样些，可能是因为他们离生命原本的样子更近一些。在他们的工作身影里，你能看到的是溢出白大褂的温柔、善意和尊重。

护士们为了满足病人的心愿，他们会一遍一遍地俯到病人耳边问他们还有没有什么心愿要完成，还有什么事情要做，还有什么要交代的，还要帮病人和家属操心身后事是否安排得妥当。说起病人未完成的心愿，他们会很认真地在自己的办公室里讨论，如何才能帮病人完成心愿。在国内临终关怀工作不健全的情况下，护士除了日常照料病人的身体，还负担起了很多社工的工作和责任。

临终关怀中除了减弱病人身体的痛苦，还要减弱他们的孤独。所以在安宁病房里，医生、护士、护工、家属、朋友会在病人的身边，不急不慢，似乎都在配合病人最后的呼吸节奏。要说有什么力量是在这个环境中跳脱的，那大概就是志愿者和实习生。一个女孩说，本来家属还不怎么喜欢实习生在旁边待着，觉得没什么作用，可能还会打扰到病人，但是看到她弯下身子靠近病人的脸颊去听他说话，家属就瞬间红了眼，觉得病人受到了尊重，自己也感受到了温暖和善意。

年轻的人们懂什么呢？健康的人们有什么需要小心翼翼的呢？可是这也不妨碍有一些人，愿意去陪伴、倾听、感受生命的逝去。

生命就是这样，曾经朝气蓬勃，风华正茂，而今风烛残年，老态龙钟。生、死和爱，大概是这世上永远无法解释的事情，却有着最能触动人心的温度。

拓展书目

《额尔古纳河右岸》	迟子建
《老人与海》	欧内斯特·米勒尔·海明威
《我与地坛》	史铁生
《百年孤独》	加夫列尔·加西亚·马尔克斯
《梦的解析》	西格蒙德·弗洛伊德
《寂静的春天》	蕾切尔·卡逊
《撒哈拉的故事》	三毛
《做最好的自己》	道格拉斯·马洛奇
《有的人》	臧克家
《热爱生命》	张晓风
《希望》	艾青

第二章

励志笃学

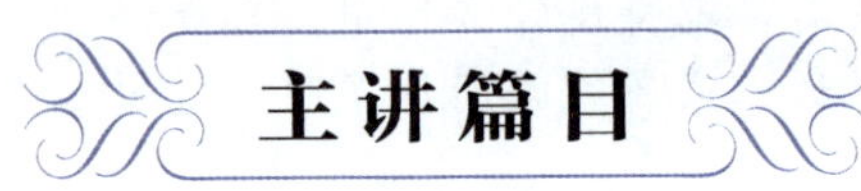

主讲篇目

《大学》（节选）

【学习目标】

（1）掌握《大学》中“大学”的含义，会翻译、诵读全文，明确儒家“修己”“存人”的主张。

（2）提升文言文翻译理解能力。

（3）提升学生的综合素养与人文素养，树立责任意识与家国情怀。

大学之道[1]，在明明德[2]，在亲民[3]，在止于至善。知止[4]而后有定，定而后能静，静而后能安，安而后能虑，虑而后能得[5]。物有本末，事有终始。知所先后，则近道矣。古之欲明明德于天下者，先治其国。欲治其国者，先齐其家[6]。欲齐其家者，先修其身[7]。欲修其身者，先正其心。欲正其心者，先诚其意。欲诚其意者，先致其知[8]。致知在格物[9]。物格而后知至，知至而后意诚，意诚而后心正，心正而后身修，身修而后家齐，家齐而后国治，国治而后天下平。自天子以至于庶人[10]，壹是皆以修身为本[11]。其本乱而末[12]治者，否矣。其所厚者薄[13]，而其所薄者厚，未之有也[14]。

（选自《四书讲义（全二册）》，中华书局，2017）

【注释】

[1] 大学之道：大学的宗旨。“大学”一词在古代有两种含义：一是“博学”的意思；二是相对于小学而言的“大人之学”。古人八岁入小学，学习“洒扫应对进退、礼乐射御书数”等文化基础知识和礼节；十五岁入大学，学习伦理、政治、哲学等“穷理正心，修己治人”的学问。所以，后一种含义其实也和前一种含义有相通的地方，同样有“博学”的意思。“道”的本义是道路，引申为规律、原则等，在中国古代哲学、政治学里，也指宇宙万物的本原、个体，一定的政治观或思想体系等，在不同的上下文环境里有不同的意思。

[2] 明明德：前一个“明”作动词，有使动的意味，即“使彰明”，也就是发扬、弘扬的意思。后一个“明”作形容词，明德也就是光明正大的品德。

[3] 亲民：根据后面的“传”文，“亲”应为“新”，即革新、弃旧图新。亲民，也就是新民，使人弃旧图新、去恶从善。

[4] 知止：止，目标。知止，知道目标所在。

[5] 得：收获。

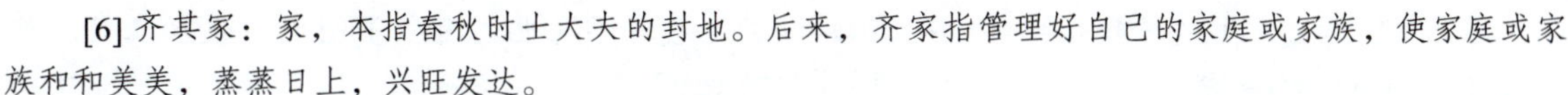

[6] 齐其家：家，本指春秋时士大夫的封地。后来，齐家指管理好自己的家庭或家族，使家庭或家族和和美美，蒸蒸日上，兴旺发达。

[7] 修其身：修养自身的品性。

[8] 致其知：使自己获得知识。

[9] 格物：认识、研究万事万物。

[10] 庶人：指平民百姓。

[11] 壹是皆以修身为本：壹是，都是，全部；本：根本。

[12] 末：相对于本而言，指枝末、枝节。

[13] 厚者薄：该重视的不重视。薄者厚：不该重视的却加以重视。

[14] 未之有也：即未有之也。没有这样的道理（事情、做法等）。

【赏析】

朱熹将《大学》分为"经一章，传十章"，本文恰是"经一章"，它全面阐明了儒学三纲八目的追求。理解了三纲八目就等于抓住了一把打开儒学大门的钥匙。循着进修阶梯一步一个脚印，就会登堂入室，领略儒学经典的奥义。儒家的进修阶梯实际上包括"内修"和"外治"两大方面：前面四级"格物、致知，诚意、正心"是"内修"；后面三级："齐家、治国、平天下"是"外治"。而其中间的"修身"一环，则是连结"内修"和"外治"两方面的枢纽，它与前面的"内修"项目连在一起，是"独善其身"；它与后面的"外治"项目连在一起，是"兼善天下"。两千多年来，一代又一代中国知识分子"穷则独善其身，达则兼济天下"，把生命的历程铺设在这一阶梯之上。所以，它实质上已不仅仅是一系列学说性质的进修步骤，而是具有浓厚实践色彩的人生追求、理想阶梯了。它铸造了一代又一代中国知识分子的人格心理，时至今日，仍在我们身上发挥着潜移默化的作用。

【基础练习】

（1）这里所说的"三纲"指什么？

（2）你怎样看待"修身、齐家、治国、平天下"这种思想？在今天它还有现实意义吗？

（3）古人认为"大学"的本质是什么？你认为今天的"大学"和古代有什么变化吗？

中庸（节选）[1]

【学习目标】

（1）掌握《中庸》中"中庸"的含义，会翻译、诵读全文，明确儒家"中庸"之道的理论基础。

（2）提升文言文翻译理解能力。

（3）提升学生的品德修养，建立对儒家思想的整体认知。

天命[2]之谓性，率性之谓道[3]，修道之谓教[4]。道也者，不可须臾离也，可离，非道也。是故，君子戒慎乎其所不睹[5]，恐惧乎其所不闻[6]。莫见[7]乎隐，莫显乎微，故君子慎其独[8]。喜怒哀乐之未发[9]，谓之中[10]；发而皆中节[11]，谓之和[12]；中也者，天下之大本[13]也；和也者，天下之达道[14]也。致[15]中和，天地位[16]焉，万物育[17]焉。

仲尼[18]："君子中庸，小人反中庸，君子之中庸也，君子而时中[19]；小人之中庸也，小人而无忌惮也。"

子曰："中庸其至[20]矣乎！民鲜能久矣[21]！"

子曰："道之不行[22]，我知之矣：知者过之[23]，愚者不及也。道之不明也，我知之矣：贤者过之，不肖者不及也。人莫不饮食也，鲜能知味也。"

子曰："道其[24]不行矣夫！"

子曰："舜其大知也与[25]！舜好问而好察迩[26]言，隐恶而扬善，执其两端，用其中于民，其斯以为舜乎！"

子曰："人皆曰予知，驱而纳诸罟擭陷阱之中[27]，而莫之知辟[28]也。人皆曰予知，择乎中庸，而不能期月[29]守也。"

子曰："回[30]之为人也，择乎中庸，得一善，则拳拳服膺而弗失之矣[31]。"

子曰："天下国家可均[32]也，爵禄可辞也[33]，白刃可蹈也[34]，中庸不可能也。"

（选自《四书讲义（全二册）》，中华书局，2017）

【注释】

[1] 中庸：据朱熹注，为不偏不倚、无过无不及之意。庸，平常。中庸之道是儒家的伦理道德准则，为常行之礼。

[2] 天：此处"天"既有"自然的天"的意蕴，也有形而上的哲学内涵。命：赋予。

[3] 率性：遵循天性。道：本意为"路"，这里引申为规律。

[4] 修道之谓教：指根据道的原则来施行自身的修养。修，整治。教，教化。

[5] 不睹：指看不到的地方。

[6] 不闻：指听不到的事情。

[7] 莫：没有什么比……更……。见（xiàn）：通"现"，显现。隐：隐蔽，暗处。

[8] 独：独处。

[9] 发：发动，显现。

[10] 中：不偏不倚。

[11] 中（zhòng）节：符合法度。

[12] 和：指情绪平正，无乖戾之气。

[13] 大本：最高的根源，即天命之性。

[14] 达道：通途，通达之路，即共同之道、普遍的原则。

[15] 致：达成。

[16] 位：指各得其位，各得其所而不错乱。

[17] 育：发育成长，生生不息。

[18] 仲尼：孔子的字。

[19] 而：古书中"而"与"能"字意义相同。时中：时刻处于中因而能不偏不倚。

[20] 至：极，最好。

[21] 民鲜（xiǎn）能久矣：人们极少能做到，这种情况已经很久了。鲜，少。

[22] 道：指中庸之道。行：施行。

[23] 知：通"智"。过：超过限度。

[24] 其：语气助词，无实义。

[25] 舜：上古时代虞帝的号。姓姚，名重华。与：句末助词。

[26] 迩（ěr）：浅近。

[27] 予：我。此指人们自己，非指孔子。知：通"智"。纳：进入、落入。罟（gǔ）：古时用来捉鸟、捕鱼地网。擭（huò）：古时用于捕兽的笼子，设有机关。陷阱：捕兽时挖的暗坑。

[28] 辟（bì）：通"避"。

[29] 期（jī）月：满一月，整月。

[30] 回：指颜回，孔子的弟子，字子渊。

[31] 拳拳：奉行不辍的样子。服膺（yīng）：牢记于心。服，放置。膺，胸口。

[32] 均：治理，平定。

[33] 爵禄：爵位和俸禄。辞：辞去，放弃。

[34] 白刃：雪亮的刀刃。蹈：踩。

【赏析】

这段文字提出许多概念，如命、性、道、隐、微、未发、中和等。提出人人遵循各自的性，就知道该做什么，不该做什么，这就有了常规，这就是道。从道入手，修饰品节，这就是教化。“中和”是儒学的重要范畴之一。按照本章的意思，在一个人还没有表现出喜怒哀乐的情感时，心中的道是不偏不倚的，这是性，所以叫作“在中”。喜怒哀乐发出来要符合节度，这就叫作“时中”，也叫“和”。人人都达到“中和”的境界，天下就太平了。这里讲的中和，实际就是中庸。前人说：“以性情言之，则曰中和；以德行言之，则曰中庸。”

本章具有全篇纲要的性质，即所谓“一篇之体要”。其下十章，大体都围绕本章内容而展开。用朱熹的话来说是“子思引夫子之言，以终此篇之义”。

【基础练习】

（1）“中”是《中庸》的关键字眼，请问你如何理解“中庸”的“中”？

（2）如何理解“君子慎独”？今天在现实生活中，如何做到“慎独”？

辅讲篇目

侠客行 [1]

唐　李白 [2]

赵客缦胡缨 [3]，吴钩霜雪明 [4]。
银鞍照白马，飒沓 [5] 如流星。
十步杀一人，千里不留行 [6]。
事了拂衣去，深藏身与名。
闲过信陵饮 [7]，脱剑膝前横。
将炙啖朱亥，持觞劝侯嬴 [8]。
三杯吐然诺，五岳倒为轻 [9]。
眼花耳热后，意气素霓生 [10]。
救赵挥金槌，邯郸先震惊 [11]。
千秋二壮士，烜赫大梁城 [12]。
纵死侠骨香，不惭世上英。
谁能书阁下，白首太玄经 [13]。

（选自《全唐诗》，中华书局，2018）

【注释】

[1] 侠客行：乐府旧题。《乐府诗集》卷六十七收此诗，列于《杂曲歌辞》。行，古代诗歌的一种体裁。

[2] 李白（701 年—762 年 12 月），字太白，号青莲居士，又号“谪仙人”，唐代伟大的浪漫主义诗人，被后人誉为“诗仙”，与杜甫并称为“李杜”。

[3] 赵客：燕赵之地的侠客。自古燕赵多慷慨悲歌之士。《庄子·说剑》：“昔赵文王好剑，剑士夹门而客三千余人。”缦胡缨：即少数民族做工粗糙的没有花纹的带子。缦，没有花纹。缨，系冠帽的带子。

[4] 吴钩：宝刀名。霜雪明：谓宝刀的锋刃像霜雪一样明亮。

[5] 飒沓：群飞的样子，形容马跑得快。

[6]“十步”两句：言侠客剑术高强，而且勇敢。《庄子·说剑》：“臣之剑十步一人，千里不留行。”

[7] 信陵：信陵君，战国四公子之一，为人礼贤下士，门下食客三千余人。

[8]“将炙”两句：朱亥、侯嬴都是战国侠士。朱本是一屠夫，侯原是魏都大梁东门的门官，两人受到信陵君的礼遇，成为信陵君门客。炙，烤肉。啖，吃。啖朱亥，让朱亥吃。

[9]“三杯”两句：说几杯酒下肚就作出了承诺，并且把承诺看得比五岳还重。

[10] 素霓：白虹。古人认为，凡要出现不寻常的大事，就会有不寻常的天象出现，如“白虹贯日”。这句意思是，侠客重然诺、轻死生的精神感动了上天。也可理解为，侠客这一承诺，天下就要发生大事了。

[11]“救赵”两句：引用战国信陵君救赵的故事。秦军围攻赵都邯郸，赵国平原君向信陵君告急，信陵君用侯嬴之计，窃得魏王兵符，朱亥锤杀魏将晋鄙，信陵君率魏军救赵，遂解邯郸之围。

[12] 烜赫：形容声名盛大。大梁城：魏国都城，今河南开封。

[13] 太玄经：西汉扬雄的一部哲学著作。扬雄曾在皇帝藏书的天禄阁任校刊工作。

留侯论

宋　苏轼[1]

古之所谓豪杰之士，必有过人之节[2]。人情有所不能忍者，匹夫[3]见辱[4]，拔剑而起，挺身而斗，此不足为勇也。天下有大勇者，卒然[5]临之而不惊，无故加之而不怒。此其所挟持者甚大[6]，而其志甚远也。

夫子房[7]受书[8]于圯上之老人也，其事甚怪；然亦安知其非秦之世，有隐君子[9]者出而试之。观其[10]所以微[11]见[12]其意者，皆圣贤相与警戒之义；而世不察，以为鬼物[13]，亦已过矣。且其意不在书。当韩之亡，秦之方盛也，以刀锯鼎镬待天下之士[14]。其平居无罪夷灭[15]者，不可胜数。虽有贲、育[16]，无所复施[17]。夫持法太急者，其锋不可犯，而其势未可乘[18]。子房不忍忿忿之心，以匹夫之力而逞于一击之间[19]；当此之时，子房之不死者，其间不能容发，盖亦已危矣。

千金之子[20]，不死于盗贼[21]，何者？其身之可爱，而盗贼之不足以死[22]也。子房以盖世之才，不为伊尹、太公之谋[23]，而特出于荆轲、聂政之计[24]，以侥幸于不死，此圯上老人所为深惜者也。是故倨傲鲜腆[25]而深折之。彼其能有所忍也，然后可以就大事，故曰：“孺子可教也[26]。”

楚庄王伐郑，郑伯肉袒牵羊以逆；庄王曰：“其君能下人，必能信用其民矣。”遂舍之[27]。勾践之困于会稽，而归臣妾于吴者，三年而不倦[28]。且夫有报人[29]之志，而不能下人者，是匹夫之刚也。夫老人者，以为子房才有余，而忧其度量之不足，故深折其少年刚锐之气，使之忍小忿而就大谋。何则？非有生平之素[30]，卒然相遇于草野之间，而命以仆妾之役[31]，油然[32]而不怪者，此固秦皇之所不能惊，而项籍之所不能怒也。

观夫高祖之所以胜，而项籍之所以败者，在能忍与不能忍之间而已矣。项籍唯不能忍，是以百战百胜而轻用其锋[33]；高祖忍之，养其全锋而待其弊[34]，此子房教之也。当淮阴破齐而欲自王，高祖发怒，见于词色[35]。由此观之，犹有刚强不忍之气，非子房其谁全之[36]？太史公疑子房以为魁梧奇伟[37]，而其状貌乃如妇人女子，不称其志气。呜呼！此其所以为子房欤！

（选自《古文观止》，中华书局，2016）

【注释】

[1] 苏轼（1037—1101），字子瞻，一字和仲，号铁冠道人、东坡居士，眉州眉山（今四川省眉山市）人，祖籍河北栾城，北宋文学家、书法家。苏轼是北宋中期文坛领袖，在诗、词、散文、书、画等方面取得很高成就。

[2] 节：节操。

[3] 匹夫：普通人。

[4] 见辱：受到侮辱。

[5] 卒然：突然。卒，通“猝”。

[6] 所挟持者甚大：谓胸怀广阔，志意高远。挟持，指抱负。

[7] 子房：张良，字子房。因佐刘邦建立汉朝有功，封留侯。

[8] 受书：接受兵书。书，指《太公兵法》。圯上：桥上。老人：指黄石公。此典出自张良拾履。

[9] 隐君子：隐居的高士。

[10] 观其：瞧他。其，指黄石公。

[11] 微：略微，隐约。

[12] 见：同“现”。

[13] 以为鬼物：因黄石公的事迹较为离奇，语或涉荒诞，故有人认为他是鬼神之类，王充《论衡·自然》：“或曰……张良游泗水之上，遇黄石公，授公书。盖天佐汉诛秦，故命令神石为鬼书授人。”

[14] 以刀锯鼎镬待天下之士：谓秦王残杀成性，以刀锯杀人，以鼎镬烹人。

[15] 夷灭：灭族。

[16] 贲、育：孟贲、夏育，古代著名勇士。

[17] 无所复施：无法施展本领。

[18] 其势未可乘：谓形势有利于秦，还没有可乘之机。

[19] 而逞于一击之间：《史记·留侯世家》载“秦灭韩”，张良“悉以家财求客刺秦王，为韩报仇……得力士，为铁椎重百二十斤。秦皇帝东游，良与客狙击秦皇帝博浪沙中，误中副车。秦皇帝大怒，大索天下，求贼甚急，为张良故也。”

[20] 千金之子：富贵人家的子弟。

[21] 不死于盗贼：不会死在和贼的拼搏上。

[22] 不足以死：不值得因之而死。

[23] 伊尹、太公之谋：谓安邦定国之谋。伊尹辅佐汤建立商朝，吕尚（即太公望）是周武王的开国大臣。

[24] 荆轲、聂政之计：谓行刺之下策。荆轲刺秦王与燕政刺杀韩相侠累两事，俱见《史记·刺客列传》。

[25] 鲜腆：无礼。

[26] 孺子可教也：谓张良可以教诲。

[27] “楚庄王伐郑”六句：楚庄王攻克郑国后，郑伯肉袒牵羊以迎，表示屈服。楚庄王认为他能取信于民，便释放了他，并退兵，与郑议和。事见《左传》宣公十二年。肉袒，袒衣露体。

[28] “勾践之困于会稽”三句：《左传》哀公元年：吴王夫差败越于夫椒，报槜李（越军曾击败吴军于此）也。遂入越。越王（勾践）以甲楯五千，保于会稽（山），使大夫种因吴大宰嚭以行成。《国语·越语下》载勾践“令大夫种守于国，与范蠡入宦于吴：三年而吴人遣之。”归臣妾于吴，谓投降吴国为其臣妾。

[29] 报人：向人报仇。

[30] 非有生平之素：犹言素昧平生（向来不熟悉）。

[31] 仆妾之役：指“取履”事。

[32] 油然：盛兴貌。此谓悦敬之心油然而生。

[33] 轻用其锋：轻率地消耗自己的兵力。

[34] 弊：疲困，衰败。

[35]“当淮阴破齐”三句：《史记·淮阴侯列传》：汉四年，韩信破齐，向刘邦请封“假王”，“当是时，楚方急围汉王于荥阳，韩信使者至，发书，汉王大怒，骂曰：‘吾困于此，旦暮望若来佐我，乃欲自立为王！’”张良赶紧提醒他不能得罪韩信。刘邦醒悟，便封韩信为齐王以笼络他。韩信后降封为淮阴侯，故称为淮阴。

[36] 非子房其谁全之：不是张良，谁又能来保全他呢？

[37]“太史公疑子房以为魁梧奇伟”二句：《史记·留侯世家》：“太史公曰：‘余以为其人计魁梧奇伟，至见其图，状貌如妇人好女。’”不称，不相称。

小重山[1]

南宋　岳飞[2]

昨夜寒蛩[3]不住鸣。惊回千里梦[4]，已三更[5]。起来独自绕阶行。人悄悄，帘外月胧明[6]。
白首为功名[7]。旧山[8]松竹老，阻归程。欲将心事付[9]瑶琴[10]。知音[11]少，弦断有谁听？

（选自《岳武穆遗文》，中国书店，2018）

【注释】

[1] 小重山：词牌名。唐人常用此调写宫女幽怨。

[2] 岳飞（1103—1142），字鹏举，相州汤阴（今河南省汤阴县）人。南宋时期抗金名将、军事家、战略家、书法家、诗人，位列南宋“中兴四将”之首。

[3] 寒蛩（qióng）：秋天的蟋蟀。

[4] 千里梦：指赴千里外杀敌报国的梦。

[5] 三更：指半夜十一时至翌晨一时。

[6] 月胧明：月光不明。胧，朦胧。

[7] 功名：此指为驱逐金兵的入侵，收复失地而建功立业。

[8] 旧山：家乡的山。

[9] 付：付与。

[10] 瑶（yáo）琴：饰以美玉的琴。

[11] 知音：《列子·汤问》载：伯牙善鼓琴，钟子期善听琴。伯牙琴音志在高山，子期说“峩峩兮若泰山”；琴音意在流水，子期说“洋洋兮若江河”。伯牙所念，锺子期必得之。后世遂以“知音”比喻知己、同志。

【素质目标】

（1）人生的意义在于实现自我价值，为社会创造财富，越是精神境界高的人，对物质的要求越低，越能够专注于自我，保持热爱、信念不衰，即所谓的君子忧道不忧贫，谋道不谋食。

（2）深化职业理想和职业道德教育，养成积极向上的职业操守。

（3）使学生通晓做人之道、做事之理，丰富学识，增长见识，提升视野与格局，塑造健康人格。

数学天才韦东奕

北大数学博士韦东奕，以其形貌上朴实无华和实力上绝顶天才之间的强烈反差而走入众人的视野，被大伙儿称为“北大扫地僧”。他走红的原因不是因为他的学识与成就，而是因为他不修边幅的外貌。视频中韦东奕衣着简朴，发型不羁，表情略带腼腆。

1991 年，韦东奕出生于山东的一个高级知识分子家庭。年纪轻轻，就在数学领域被称为“韦神”。2008 年，连续两年拿下国际数学奥林匹克金牌，随后被保送至北大数学系。大学期间，他一举囊括丘成桐大学数学竞赛的五项金奖及个人全能金奖，成为迄今为止，唯一一个大满贯选手。当时甚至流传着一句话，只要“韦神”参赛，就一定是金奖。当年，韦东奕获得了诸多海外名校的邀请，但他选择留下来，为自己的祖国贡献才智。

韦东奕不善言辞，谦虚低调，外表普通，满面纯真，他把全部精力投入到数学之中，每天学习十个小时以上，看见喜欢的书就爱不释手，一定要看到透为止，数十年如一日，安心于自己的数学世界，这就是真正的天才吧！他们永远坦然无畏，洞悉本心、忠于理想、始终不渝。身居陋室，粗茶淡饭，亦能乐在其中。

拓展书目

《孟子二章》——《生于忧患，死于安乐》《富贵不能淫》	
《诫子书》	诸葛亮
《观沧海》	曹操
《行路难》	李白
《劝学》	孟郊
《走马川行奉送封大夫出师西征》	岑参
《韩冬郎即席为诗相送》	李商隐
《竹石》	郑板桥
《假如给我三天光明》	（美）海伦·凯勒
《我有一个梦想》	（美）马丁·路德·金

第三章 哲学思考

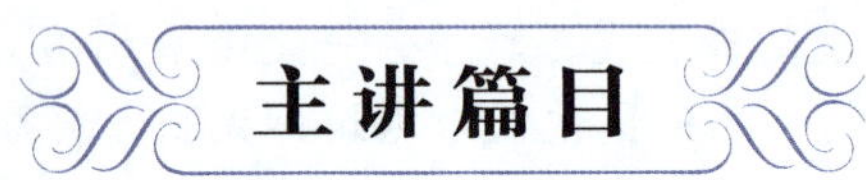

主讲篇目

道德经（节选）

春秋末期　老子[1]

【学习目标】

（1）了解老子的哲学观。

（2）体会《道德经》中蕴含的人生智慧。

（3）了解道家思想，传承传统文化。

第一章：道[2]，可道[3]，非常[4]道；名，可名，非常名。无名，天地之始[5]；有名，万物之母[6]。故，常无欲，以观其妙[7]，常有欲，以观其徼[8]。此两者同出而异名，同谓之玄[9]。玄之又玄，众妙之门。

第二章：天下皆知美之为美，斯恶[10]已；皆知善之为善，斯不善已。

故有无相生[11]，难易相成[12]，长短相形，高下相倾[13]，音声[14]相和，前后相随，恒也。

是以圣人[15]处无为[16]之事，行不言之教，万物作而弗始。生而弗有，为而弗恃，功成而弗居。夫唯弗居，是以不去。

第八章：上善若水[17]。水善，利万物而不争，处众人之所恶[18]，故几于道[19]。

居善地，心善渊[20]，与善仁[21]，言善信，政善治[22]，事善能，动善时[23]。

夫唯不争，故无尤[24]。

（选自《老子注释及评介》，中华书局，2009年）

【注释】

[1] 老子，姓李名耳，字聃。楚国苦县历乡曲仁里（今河南省鹿邑县太清宫镇）人，春秋末期人，是我国古代伟大的哲学家和思想家、道家学派创始人，存世有《道德经》。

[2] 道：这是老子文章中提出的最高哲学范畴，老子的哲学是活生生的，其原因皆由“道”生一切。其实在老子的文章中，“道”有不可名状之妙，也是歧义重重的。

[3] 可道：可以言说。这里的“道”作动词用。

[4] 常：与“恒”通解。

[5] 无名，天地之始：道无形体，它首先产生了天地，故曰：天地之始。无名是“道”的借代词。

[6] 有名，万物之母："有名"是天地的借代词，天地产生了，万物也随之而产生，故天地是产生万物之母。

[7] 妙：事物演化道理的极致。

[8] 徼：边界。这里是指一事物区别于另一事物的界限。

[9] 玄：深黑色，意思是深远、看不透。老子常用这个概念形容"道"之深奥。

[10] 恶：这里指丑。

[11] 有无相生：存在与不存在相互依存而产生。

[12] 难易相成：难和易是互相对立而依存，也是互相转化的。

[13] 倾：同"侧"。

[14] 音声：人鸣曰声，物鸣曰音。

[15] 圣人：老子理想中"与道同体"的典范。

[16] 无为：顺应自然事物的生长，不以一己之智加诸自然法则。

[17] 上善若水：上，最的意思。上善即最善。这里老子以水的形象来说明"圣人"是道的体现者，因为圣人的言行有类于水，而水德是近于道的。

[18] 处众人之所恶：即居处于众人所不愿去的地方。

[19] 几于道：几，接近。即接近于道。

[20] 渊：沉静、深沉。

[21] 与善仁：与，指与别人相交相接。善仁，指有修养之人。

[22] 政善治：为政善于治理国家，从而取得治绩。

[23] 动善时：行为动作善于把握有利的时机。

[24] 尤：怨咎、过失、罪过。

【赏析】

老子的哲学是从宇宙到人生再到政治。"道"是老子哲学思想的理论基础，是由人生论、社会论和政治论上升到本体论的高度概括。老子主张绝圣弃智，忘情寡欲，无为而治。政治思想是"小国寡民""老死不相往来"的乌托邦。他认识到一切事物都有对立的矛盾面，而且会互相转化，"物或损之而益，或益之而损""祸兮福所倚，福兮祸所伏"，这是朴素的辩证观点。

《道德经》被誉为"万经之王"，对中国古老的哲学、科学、政治、宗教等，产生了深刻的影响。

【基础练习】

（1）通过学习，你怎样理解《道德经》中的"道"？

（2）在当今社会，你如何运用《道德经》中的朴素辩证思想？

（3）你怎样理解老子的"上善若水"？

论语·里仁[1]

【学习目标】

（1）了解孔子的思想。

（2）品读《论语》，体味人生。

（3）了解里仁篇中义与利之辩、君子与小人之别。

（4）建立"君子"思想，提升自身道德修养。

子曰："里仁为美[2]，择不处仁[3]，焉得知[4]？"

子曰："不仁者不可以久处约[5]，不可以长处乐。仁者安仁，知者利仁[6]。"

子曰："唯仁者能好[7]人，能恶[8]人。"

子曰："苟志于仁矣，无恶也。"

子曰："富与贵，是人之所欲也，不以其道得之，不处也；贫与贱，是人之所恶也，不以其道得之，不去也。君子去仁，恶乎成名？君子无终食之间违仁，造次必于是，颠沛必于是。"

子曰："我未见好仁者，恶不仁者。好仁者，无以尚之；恶不仁者，其为仁矣，不使不仁者加乎其身。有能一日用其力于仁矣乎？我未见力不足者。盖有之矣，我未之见也。"

子曰："人之过也，各于其党。观过，斯知仁矣。"

子曰："朝闻道，夕死可矣。"

子曰："士志于道，而耻恶衣恶食者，未足与议也。"

子曰："君子之于天下也，无适也，无莫也，义之与比。"

子曰："君子怀[9]德，小人怀土[10]；君子怀刑[11]，小人怀惠。"

子曰："放[12]于利而行，多怨[13]。"

子曰："能以礼让为国乎，何有[14]？不能以礼让为国，如礼何[15]？"

子曰："不患无位，患所以立；不患莫己知，求为可知也。"

子曰："参乎！吾道一以贯之。"曾子曰："唯。"子出，门人问曰："何谓也？"曾子曰："夫子之道，忠恕而已矣。"

子曰："君子喻于义，小人喻于利。"

子曰："见贤思齐焉，见不贤而内自省也。"

子曰："事父母几[16]谏，见志不从，又敬不违，劳[17]而不怨。"

子曰："父母在，不远游[18]，游必有方[19]。"

子曰："三年无改于父之道，可谓孝矣。"

子曰："父母之年，不可不知也。一则以喜，一则以惧。"

子曰："古者言之不出，耻躬之不逮也。"

子曰："以约[20]失之者鲜[21]矣。"

子曰："君子欲讷[22]于言而敏[23]于行。"

子曰："德不孤，必有邻。"

子游曰："事君数[24]，斯[25]辱矣；朋友数，斯疏矣。"

（选自《论语全解》，上海古籍出版社，2014 年）

【注释】

[1]《论语》是记录孔子及其弟子言行的语录体文集，是儒家早期重要的经典著作。书中集中反映了孔子的哲学思想、政治主张、伦理观念及品德修养，具有很高的思想价值、文献价值和文学价值。

[2] 里仁为美：里，住处，借作动词用。住在有仁者的地方才好。

[3] 处：居住。

[4] 知（zhì）：同"智"。

[5] 约：穷困、困窘。

[6] 安仁、利仁：安仁是安于仁道；利仁，认为仁有利自己才去行仁。

[7] 好（hào）：喜爱的意思。作动词。

[8] 恶（wù）：憎恶、讨厌。作动词。
[9] 怀：思念。
[10] 土：乡土。
[11] 刑：法制惩罚。
[12] 放：同“仿”，效法，引申为追求。
[13] 怨：别人的怨恨。
[14] 何有：全意为“何难之有”，即不难的意思。
[15] 如礼何：把礼怎么办？
[16] 几（jī）：轻微、婉转的意思。
[17] 劳：忧愁、烦劳的意思。
[18] 游：指游学、游宦、经商等外出活动。
[19] 方：一定的地方。
[20] 约：约束。这里指“约之以礼”。
[21] 鲜：少的意思。
[22] 讷：迟钝。这里指说话要谨慎。
[23] 敏：敏捷、快速的意思。
[24] 数（shuò）：屡次、多次，引申为烦琐的意思。
[25] 斯：就。

【赏析】

《里仁》是《论语》的第四篇，在这里孔子重点谈及了“仁”。“仁”是儒家思想的核心。什么是“仁”？孔子对“仁”的解释是：“仁者爱人”，但缺乏具体而系统的论述。《论语·里仁》这一章则对“仁”具体表现做了多方解读。

“仁”是个人内心的道德坚守，是修身的法则，是崇高的追求，所以“里仁为美”“仁者安仁、知者利仁”“吾道一以贯之”“朝闻道，夕死可矣”。第二，“仁”是个人行为的价值判断标准，是善与恶的标准，是面对“君子”与“小人”的区别，故“苟志与仁矣，无恶也”，“人之过也，各于其党，观过斯知仁矣”，“君子怀德，小人怀土；君子怀刑，小人怀惠”；第三，“仁”在具体实施中体现为孝、忠、义，是言行一致的君子之风，是思维情感上的推己及人，如文中提及的“三年无改于父之道”“君子喻于义，小人喻于利”“君子讷于言而敏于行”“见贤思齐焉，见不贤而内自省”。

本篇着重论仁，是孔子思想体系中的核心，因而弄懂本篇内容对于理解孔子思想有着重要的意义。

【基础练习】

（1）“不以其道得之，不处也。”本句中的“道”指什么？这个“道”与老子所讲的“道”有什么区别？

（2）一般人都喜欢追求衣食的美好，为什么孔子却说：“士志于道，而耻恶衣恶食者，未足与议也。”你怎么看？

（3）你如何理解儒家思想？在当今社会中如何继承发扬儒家思想？

辅讲篇目

临江仙·送钱穆父

北宋　苏轼

一别都门三改火[1]，天涯踏尽红尘。
依然一笑作春温。无波真古井，有节是秋筠。

惆怅孤帆连夜发，送行淡月微云。尊前不用翠眉颦。
人生如逆旅，我亦是行人。

（选自《唐诗宋词鉴赏词典》（唐·五代·北宋卷），上海辞书出版社，1988）

【注释】

[1] 改火：古时钻木取火，四时各异其木，故有改火之称。唐宋时于寒食日赐百官新火，系沿此古制。这里指年度的更替，“三改火”即过了三年。

明妃曲二首

北宋　王安石[1]

其一

明妃初出汉宫时，泪湿春风[2]鬓脚垂。
低徊[3]顾影无颜色，尚得君王不自持[4]。
归来[5]却怪丹青手，入眼平生几曾有；
意态[6]由来画不成，当时枉杀毛延寿。
一去心知更不归，可怜着尽汉宫衣[7]；
寄声欲问塞南[8]事，只有年年鸿雁飞。
家人万里传消息，好在毡城[9]莫相忆；
君不见咫尺长门[10]闭阿娇，人生失意无南北。

其二

明妃初嫁与胡儿，毡车百两皆胡姬[11]。
含情欲语独无处，传与琵琶心自知。
黄金杆拨[12]春风手，弹看飞鸿劝胡酒。
汉宫侍女[13]暗垂泪，沙上行人却回首。
汉恩自浅胡恩深，人生乐在相知心。
可怜青冢[14]已芜没，尚有哀弦留至今。

（选自《王安石及其作品选》，上海古籍出版社，1998）

【注释】

[1] 王安石（1021 年 12 月 18 日— 1086 年 5 月 21 日），字介甫，号半山。抚州临川（今江西省抚州市）

人。北宋时期著名的政治家、文学家、思想家、改革家。

[2] 春风：比喻面容之美。杜甫《咏怀古迹五首》中咏昭君一首有“画图省识春风面”之句。这里的春风即春风面的省称。

[3] 低徊：徘徊不前。

[4] 不自持：不能控制自己的感情。

[5] 归来：回过来。丹青手：指画师毛延寿。

[6] 意态：风神。

[7] 着尽汉宫衣：指昭君仍全身穿着汉服。

[8] 塞南：指汉王朝。

[9] 毡城：此指匈奴王宫。游牧民族以毡为帐篷（现名蒙古包）。

[10] 咫尺：极言其近。长门闭阿娇：西汉武帝曾将陈皇后幽禁长门宫。长门：汉宫名。阿娇：陈皇后小名字。

[11] “毡车”句：写匈奴派了大队胡姬来接昭君。《诗经·召南·鹊巢》：“之子于归，百两御之。”写贵族女子出嫁，陪从很多。两：同辆。

[12] 杆拨：弹琵琶的工具。春风手：形容手能弹出美妙的声音。

[13] 汉宫侍女：指陪昭君远嫁的汉宫女。

[14] 青冢：杜甫诗中有“独留青冢向黄昏”及“千载琵琶作胡语，分明怨恨曲中论”诸句，此用其意。相传昭君墓上的草常青，故名青冢，在今呼和浩特市南。

小王子（节选）

安托万·德·圣·埃克苏佩里[1]

献给莱翁·维尔特

请孩子们原谅我把这本书献给了一个大人。我有一条正当的理由：这个大人是我在世界上最好的朋友。我另有一条理由：这个大人什么都懂；即使儿童读物也懂。我还有第三条理由：这个大人住在法国，忍冻挨饿。他很需要有人安慰。要是这些理由还不够充分，我就把这本书献给这个大人曾经做过的孩子。每个大人都是从做孩子开始的。（然而，记得这事的又有几个呢？）因此，我把我的献词改为：

献给童年时代的莱翁·维尔特

I

当我还只有六岁的时候，在一本描写原始森林的名叫《真实的故事》的书中，看到了一幅精彩的插画，画的是一条蟒蛇正在吞食一只大野兽。页头上就是那幅画的摹本。

这本书中写道：“这些蟒蛇把它们的猎获物不加咀嚼地囫囵吞下，而后就不能再动弹了；它们就在长长的六个月的睡眠中消化这些食物。”

当时，我对丛林中的奇遇想得很多，于是，我也用彩色铅笔画出了我的第一幅图画。我的第一号作品。它是这样的：

我把我的这幅杰作拿给大人看，我问他们我的画是不是叫他们害怕。

他们回答我说："一顶帽子有什么可怕的？"

我画的不是帽子，是一条巨蟒在消化着一头大象。于是我又把巨蟒肚子里的情况画了出来，以便让大人们能够看懂。这些大人总是需要解释。我的第二号作品是这样的：

大人们劝我把这些画着开着肚皮的，或闭上肚皮的蟒蛇的图画放在一边，还是把兴趣放在地理、历史、算术、语法上。就这样，在六岁的那年，我就放弃了当画家这一美好的职业。我的第一号、第二号作品的不成功，使我泄了气。这些大人们，靠他们自己什么也弄不懂，还得老是不断地给他们作解释。这真叫孩子们腻味。

后来，我只好选择了另外一个职业，我学会了开飞机，世界各地差不多都飞到过。的确，地理学帮了我很大的忙。我一眼就能分辨出中国和亚里桑那。要是夜里迷失了航向，这是很有用的。

这样，在我的生活中，我跟许多严肃的人有过很多的接触。我在大人们中间生活过很长时间。我仔细地观察过他们，但这并没有使我对他们的看法有多大的改变。

当我遇到一个头脑看来稍微清楚的大人时，我就拿出一直保存着的我那第一号作品来测试测试他。我想知道他是否真的有理解能力。可是，得到的回答总是："这是顶帽子。"我就不和他谈巨蟒呀，原始森林呀，或者星星之类的事。我只得迁就他们的水平，和他们谈些桥牌呀，高尔夫球呀，政治呀，领带呀这些。于是大人们就十分高兴能认识我这样一个通情达理的人。

Ⅱ

我就这样孤独地生活着，没有一个能真正谈得来的人，一直到六年前在撒哈拉沙漠上发生了那次故障。我的发动机里有个东西损坏了。当时由于我既没有带机械师也没有带旅客，我就试图独自完成这个困难的维修工作。这对我来说是个生与死的问题。我随身带的水只够饮用一星期。

第一天晚上我就睡在这远离人间烟火的大沙漠上。我比大海中伏在小木排上的遇难者还要孤独得多。而在第二天拂晓，当一个奇怪的小声音叫醒我的时候，你们可以想见我当时是多么吃惊。这小小的声音说道：

"请你给我画一只羊，好吗？"

"啊！"

"给我画一只羊……"

我像是受到惊雷轰击一般，一下子就站立起来。我使劲地揉了揉眼睛，仔细地看了看。我看见一个十分奇怪的小家伙严肃地朝我凝眸望着。这是后来我给他画出来的最好的一幅画像。可是，我的画当然要比他本人的模样逊色得多。这不是我的过错。六岁时，大人们使我对我的画家生涯失去了勇气，除了画过开着肚皮和闭着肚皮的蟒蛇，后来再没有学过画。

我惊奇地睁大着眼睛看着这突然出现的小家伙。你们不要忘记，我当时处在远离人烟千里之外的地方。而这个小家伙给我的印象是，他既不像迷了路的样子，也没有半点疲乏、饥渴、惧怕的神情。他丝毫不像是一个迷失在旷无人烟的大沙漠中的孩子。当我在惊讶之中终于又能说出话来的时候，对他说道：

“唉，你在这儿干什么？”

可是他却不慌不忙地好像有一件重要的事一般，对我重复地说道：

“请……给我画一只羊……”

当一种神秘的东西把你镇住的时候，你是不敢不听从它的支配的，在这旷无人烟的沙漠上，面临死亡的危险的情况下，尽管这样的举动使我感到十分荒诞，我还是掏出了一张纸和一支钢笔。这时我却又记起，我只学过地理、历史、算术和语法，就有点不大高兴地对小家伙说我不会画画。他回答我说：

“没有关系，给我画一只羊吧！”

因为我从来没有画过羊，我就给他重画我所仅仅会画的两幅画中的那幅闭着肚皮的巨蟒。

“不，不！我不要蟒蛇，它肚子里还有一头象。”

我听了他的话，简直目瞪口呆。他接着说：“巨蟒这东西太危险，大象又太占地方。我住的地方非常小，我需要一只羊。给我画一只羊吧。”

我就给他画了。

他专心地看着，随后又说：

“我不要，这只羊已经病得很重了。给我重新画一只。”

我又画了起来。

我的这位朋友天真可爱地笑了，并且客气地拒绝道：“你看，你画的不是小羊，是头公羊，还有犄角呢。”

于是我又重新画了一张。

这幅画同前几幅一样又被拒绝了。

“这一只太老了。我想要一只能活得长的羊。”

我不耐烦了。因为我急于要检修发动机，于是就草草画了这张画，并且匆匆地对他说道：

“这是一只箱子，你要的羊就在里面。”

这时我十分惊奇地看到我的这位小评判员喜笑颜开。他说：

“这正是我想要的，……你说这只羊需要很多草吗？”

“为什么问这个呢？”

“因为我那里地方非常小……”

“我给你画的是一只很小的小羊，地方小也够喂养它的。”

他把脑袋靠近这张画。

“并不像你说的那么小……瞧！它睡着了……”

就这样，我认识了小王子。

Ⅲ

我费了好长时间才弄清楚他是从哪里来的。小王子向我提出了很多问题，可是，对我提出的问题，他好像压根没有听见似的。他无意中吐露的一些话逐渐使我搞清了他的来历。例如，当他第一次瞅见我的飞机时（我就不画出我的飞机了，因为这种图画对我来说太复杂），他问我道：

“这是个啥玩艺儿？”

“这不是‘玩艺儿’。它能飞。这是飞机。是我的飞机。”

我当时很骄傲地告诉他我能飞。于是他惊奇地说道：

“怎么？你是从天上掉下来的？”

“是的”。我谦逊地答道。

“啊？这真滑稽。”

此时小王子发出一阵清脆的笑声。这使我很不高兴。我要求别人严肃地对待我的不幸。然后，他又说道：

“那么，你也是从天上来的了！你是哪个星球上的？”

即刻，对于他是从哪里来的这个秘密我隐约发现到了一点线索；于是，我就突然问道：

“你是从另一个星球上来的吗？”

可是他不回答我的问题。他一面看着我的飞机，一面微微地点点头，接着说道：

“可不是么，乘坐这玩艺儿，你不可能是从很远的地方来的……”

说到这里，他就长时间地陷入沉思之中。然后，从口袋里掏出了我画的小羊，看着他的宝贝入了神。

你们可以想见这种关于“别的星球”的若明若暗的话语使我心里多么好奇。因此我竭力地想知道其中更多的奥秘。

“你是从哪里来的，我的小家伙？你的家在什么地方？你要把我的小羊带到哪里去？”

他沉思了一会，然后回答我说：

“好在有你给我的那只箱子，夜晚可以给小羊当房子用。”

“那当然。如果你听话的话，我再给你画一根绳子，白天可以拴住它。再加上一根扦杆。”

我的建议看来有点使小王子反感。

“拴住它，多么奇怪的主意。”

“如果你不拴住它，它就到处跑，那么它会跑丢的。”

我的这位朋友又笑出了声：

“你想要它跑到哪里去呀？”

“不管什么地方。它一直往前跑……”

这时，小王子郑重其事地说：

“这没有什么关系，我那里很小很小。”

接着，他略带伤感地又补充了一句：

“一直朝前走，也不会走出多远……”

（出自《小王子》，马振聘，译，人民文学出版社，2000 年）

【注释】

[1] 安托万·德·圣·埃克苏佩里（1900 年 6 月 29 日—1944 年 7 月 31 日），法国作家。他是法国最早的一代飞行员之一。1940 年流亡美国，侨居纽约，埋头文学创作。1943 年参加盟军在北非的抗战。1944 年他在执行第八次飞行侦察任务时失踪。其作品主要描述飞行员生活，代表作有小说《夜航》，散文集《人的大地》《空军飞行员》，童话《小王子》等。

【素质目标】

（1）谦虚和尊重他人，是大学生应具备的重要道德品质。

（2）不以貌取人，是我们在日常生活和社交中需要遵守的基本行为规范。

（3）培养学生形成强烈的事业心和责任感，努力提高自身的能力素质和职业形象。

人生智慧：鲁迅与理发师

有一次，鲁迅先生到厦门市区理发。社会理发店的座位是分等级的，理发店老板看见来人穿着一件褪了色的长衫，脚上穿一双旧布鞋，显得很寒酸，就让他坐到一个不列等的座位上，叫一个技术比较差的理发师傅马马虎虎地给他理一理。鲁迅先生理完发从口袋里掏出一元银洋放在桌上便走了。本来在不列等的位子理个发，一角钱就够了。可是鲁迅先生却付了一元银洋。这使理发店的老板感到十分意外。事后一打听，才知道来理发的是鼎鼎有名的大文学家鲁迅先生。理发店老板有点懊悔，心里想以后一定不能怠慢鲁迅先生，不然会影响自己的生意。

隔了一个月，鲁迅先生又到这家理发店理发。这回情形大不相同，理发店老板对鲁迅先生唯唯诺诺，点头哈腰，招呼鲁迅坐到上等座位上，叫一个最能干的理发师为鲁迅先生理发。理了又理，洗了再洗，还抹了油，洒了香水，一再询问鲁迅先生满意不满意。临走的时候，鲁迅先生问："理个发多少钱?"理发店老板迫不及待地回答："先生，这是上等位，按规定每客三角五，不过，我们对您特别细心，先生您看看是不是应该增加一些?"鲁迅先生讲："三角五就是三角五，还有什么好增加的。"然后从口袋里拿出三角五的零钱放在桌上，转身要走。理发店老板不甘愿，又跟上一步，讲："先生，上一次，我们马马虎虎为您理一下，您就付了一元银洋，这次我们认认真真地为您理了，你却只付三角五，是不是有点……"鲁迅先生听了笑笑说："这就对了，上次你们马马虎虎为我理发，我也马马虎虎地付钱，这次你们认认真真地为我理发，我就认认真真地付钱，所以付三角五是对的。"讲罢走了。

拓展书目

《皮囊》	蔡崇达
《悲喜自渡》	季羡林
《人生的智慧》	叔本华
《论语别裁》	南怀瑾
《老子他说》	南怀瑾
《孟子旁通》	南怀瑾
《论语新解》	钱　穆
《孔子传》	钱　穆
《中国思想通史》	钱　穆
《理想国》	柏拉图
《西方哲学史》	罗　素
《全球通史》	斯塔夫里阿诺斯
《孟子》二则（寡人之于国也，舜发于畎亩之中）	
《出师表》	诸葛亮

第四章 历史家国

主讲篇目

九歌·国殇[1]

战国　屈原[2]

【学习目标】

（1）了解屈原作品的艺术特色。

（2）感受壮烈的战争场面，体会战士们视死如归的爱国精神。

（3）了解楚辞的一般特点，学习本文刚健质朴的语言风格。

操吴戈兮被犀甲[3]，车错毂兮短兵接[4]。
旌蔽日兮敌若云[5]，矢交坠[6]兮士争先。
凌余阵兮躐余行[7]，左骖殪兮右刃伤[8]。
霾两轮兮絷四马[9]，援玉枹兮击鸣鼓[10]。
天时怼兮威灵怒[11]，严杀尽兮弃原野[12]。
出不入兮往不反[13]，平原忽兮路超远[14]。
带长剑兮挟秦弓[15]，首身离兮心不惩[16]。
诚既勇兮又以武[17]，终刚强兮不可凌[18]。
身既死兮神以灵[19]，子魂魄兮为鬼雄[20]。

（选自《先秦诗鉴赏辞典》，上海辞书出版社，1998）

【注释】

[1] 九歌：《楚辞》篇名。原为传说中的一种远古歌曲的名称，屈原据民间祭神乐歌改作或加工而成，共十一篇。国殇：指为国捐躯的人。殇，指未成年而死，也指死难的人。

[2] 屈原，战国末期楚国爱国诗人。名平，字原。出身楚国贵族。其传世作品保存在刘向辑集的《楚辞》中，主要有《离骚》《九章》《天问》《九歌》等。

[3] 操吴戈兮被（pī）犀甲：手里拿着吴国的戈，身上披着犀牛皮制作的甲。吴戈，吴国制造的戈，当时吴国的冶铁技术较先进，吴戈因锋利而闻名。被，通“披”，穿着。犀甲，犀牛皮制作的铠甲，特别坚硬。

[4] 车错毂（gǔ）兮短兵接：敌我双方战车交错，彼此短兵相接。错，交错。毂，车轮的中心部分，有圆孔，可以插轴，这里泛指战车的轮轴。短兵，指刀剑一类的短兵器。

[5] 旌蔽日兮敌若云：旌旗遮蔽的日光，敌兵像云一样涌上来。极言敌军之多。

[6] 矢交坠：两军相射的箭纷纷坠落在阵地上。

[7] 凌：侵犯。躐（liè）：践踏。行：行列。

[8] 左骖（cān）殪（yì）兮右刃伤：左边的骖马倒地而死，右边的骖马被兵刃所伤。殪，死。

[9] 霾（mái）两轮兮絷（zhí）四马：战车的两个车轮陷进泥土被埋住，四匹马也被绊住了。霾，通“埋”。古代作战，在激战将败时，埋轮缚马，表示坚守不退。

[10] 援玉枹（fú）兮击鸣鼓：手持镶嵌着玉的鼓槌，击打着声音响亮的战鼓。先秦作战，主将击鼓督战，以旗鼓指挥进退。枹，鼓槌。鸣鼓，很响亮地鼓。

[11] 天时怼（duì）兮威灵怒：天地一片昏暗，连威严的神灵都发起怒来。天怨神怒。天时，上天际会，这里指上天。天时怼，指上天都怨恨。怼，怨恨。威灵，威严的神灵。

[12] 严杀尽兮弃原野：在严酷的厮杀中战士们全都死去，他们的尸骨都丢弃在旷野上。严杀，严酷的厮杀。一说严壮，指士兵。尽，皆，全都。

[13] 出不入兮往不反：出征以后就不打算生还。反，通“返”。

[14] 忽：渺茫，不分明。超远：遥远无尽头。

[15] 秦弓：指良弓。战国时，秦地木材质地坚实，制造的弓射程远。

[16] 首身离：身首异处。心不惩：壮心不改，勇气不减。惩，悔恨。

[17] 诚：诚然，确实。以：且，连词。武：威武。

[18] 终：始终。凌：侵犯。

[19] 神以灵：指死而有知，英灵不泯。神，指精神。

[20] 鬼雄：战死了，魂魄不死，即使做了死鬼，也要成为鬼中的豪杰。

【赏析】

《九歌·国殇》取民间“九歌”之祭奠之意，以哀悼死难的爱国将士，追悼和礼赞为国捐躯的楚国将士的亡灵。乐歌分为两节：第一节描写在一场短兵相接的战斗中，楚国将士奋死抗敌的壮烈场面；第二节颂悼楚国将士为国捐躯的高尚志节，歌颂了他们的英雄气概和爱国精神。全诗生动地描写了战况的激烈和将士们奋勇争先的气概，对血洗国耻寄予热望，抒发了作者热爱祖国的高尚感情。诗篇情感真挚炽烈，节奏鲜明急促，抒写开张扬厉，传达出一种凛然悲壮、亢直阳刚之美，在楚辞体作品中独树一帜。

【基础练习】

（1）本诗的艺术特色有哪些？

（2）诗中哪些句子表现了战士英勇和不怕牺牲的精神？

（3）本诗最后体现了怎样的情感？

蒿里行[1]

东汉末年　曹操[2]

【学习目标】

（1）了解曹操的文学成就、了解建安文学。

（2）结合诗歌背景，体悟诗歌的意境。

（3）分析诗歌的主题，掌握本诗的艺术特色。

关东有义士[3]，兴兵讨群凶[4]。
初期会盟津[5]，乃心在咸阳[6]。
军合力不齐[7]，踌躇而雁行[8]。
势利使人争，嗣还自相戕[9]。

淮南弟称号[10]，刻玺于北方[11]。
铠甲生虮虱[12]，万姓以死亡[13]。
白骨露于野，千里无鸡鸣。
生民百遗一[14]，念之断人肠。

选自《三曹诗选》，人民文学出版社，1997）

【注释】

[1] 蒿里行：汉乐府旧题，属《相和歌·相和曲》，本为当时人们送葬所唱的挽歌，曹操借以写时事。蒿里，指死人所处之地。

[2] 曹操（155年—220年），字孟德，小名阿瞒、吉利，沛国谯县（今安徽省亳州市）人。东汉末年杰出的政治家、军事家、文学家、书法家、诗人，三国中曹魏政权的奠基人。

[3] 关东：函谷关（今河南灵宝西南）以东。义士：指起兵讨伐董卓的诸州郡将领。

[4] 讨群凶：指讨伐董卓及其党羽。

[5] 初期：本来期望。盟津：即孟津（今河南孟县南）。相传周武王伐纣时曾在此大会八百诸侯，此处借指本来期望关东诸将也能像武王伐纣会合的八百诸侯那样同心协力。

[6] 乃心：其心，指上文“义士”之心。咸阳：秦时的都城，此借指长安，当时献帝被挟持到长安。

[7] 力不齐：指讨伐董卓的诸州郡将领各有打算，力量不集中。

[8] 踌躇：犹豫不前。雁行（háng）：飞雁的行列，形容诸军列阵后观望不前的样子。此句倒装，正常语序当为“雁行而踌躇”。

[9] 嗣：后来。还：同“旋”，不久。自相戕（qiāng）：自相残杀。当时盟军中的袁绍、公孙瓒等发生了内部的攻杀。

[10] 淮南句：指袁绍的异母弟袁术于建安二年（197）在淮南寿春（今安徽寿县）自立为帝。

[11] 刻玺句：指初平二年（191）袁绍谋废献帝，想立幽州牧刘虞为皇帝，并刻制印玺。玺，印，秦以后专指皇帝用的印章。

[12] 铠甲句：由于长年战争，战士们不脱战服，铠甲上都生了虱子。铠甲，古代的护身战服，金属制成的叫铠，皮革制成的叫甲。虮，虱卵。此句以下描写战乱给百姓带来的深重灾难，给社会造成的巨大破坏。

[13] 万姓：百姓。以：因此。

[14] 生民：百姓。遗：剩下。

【赏析】

《蒿里行》是借乐府旧题写时事，内容记述了汉末军阀混战的现实，真实、深刻地揭示了人民的苦难，堪称“汉末实录”的“诗史”。诗人运用民歌的形式，对当时的社会现实进行了批判，不仅对因战乱而陷于水深火热之中的苦难人民表示了极大的悲愤和同情，而且对造成人民疾苦的首恶元凶给予了无情地揭露和鞭挞。全诗风格质朴，沉郁悲壮，体现了一个政治家、军事家的豪迈气魄和忧患意识，诗中集典故、事例、描述于一体，既形象具体，又内蕴深厚，体现了曹操的独特文风。

【基础练习】

（1）仔细品读诗歌，谈谈这首诗反映了什么样的社会现实。

（2）通过对本首诗的学习，你认识了一个怎样的曹操？请结合本文，谈谈你对曹操诗文特色的理解。

（3）钟嵘评曹操之诗：“曹公古直，甚有悲凉之句。”请结合本诗的“悲凉之句”分析诗人的情感。

（4）诗歌中表现残酷战争的是哪两句？是如何表现的？

辅讲篇目

吊古战场文

唐 李华[1]

浩浩乎，平沙无垠，敻[2]不见人。河水萦带，群山纠纷。黯兮惨悴，风悲日曛[3]。蓬断草枯，凛若霜晨；鸟飞不下，兽铤[4]亡群。亭长告余曰："此古战场也，常覆三军。往往鬼哭，天阴则闻。"伤心哉！秦欤汉欤，将近代欤？

吾闻夫齐魏徭戍[5]，荆[6]韩召募。万里奔走，连年暴露。沙草晨牧，河冰夜渡。地阔天长，不知归路。寄身锋刃，腷臆谁愬[7]？秦汉而还，多事四夷[8]，中州耗斁[9]，无世无之。古称戎夏[10]，不抗王师。文教失宣[11]，武臣用奇[12]。奇兵有异于仁义，王道迂阔而莫为[13]。呜呼噫嘻！

吾想夫北风振漠，胡兵伺便。主将骄敌，期门[14]受战。野竖旄旗，川回组练[15]。法重心骇，威尊命贱[16]。利镞穿骨，惊沙入面，主客相搏，山川震眩。声析江河，势崩雷电。至若穷阴[17]凝闭，凛冽海隅，积雪没胫，坚冰在须。鸷鸟休巢，征马踟蹰。缯纩[18]无温，堕指裂肤。当此苦寒，天假强胡，凭陵[19]杀气，以相剪屠。径截辎重，横攻士卒。都尉新降，将军覆没。尸踣巨港之岸，血满长城之窟。无贵无贱，同为枯骨。可胜言哉！

鼓衰兮力竭，矢尽兮弦绝，白刃交兮宝刀折，两军蹙兮生死决。降矣哉，终身夷狄；战矣哉，暴骨沙砾。鸟无声兮山寂寂，夜正长兮风淅淅。魂魄结兮天沉沉，鬼神聚兮云幂幂[20]。日光寒兮草短，月色苦兮霜白。伤心惨目，有如是耶！

吾闻之：牧用赵卒，大破林胡[21]，开地千里，遁逃匈奴。汉倾天下，财殚力痡[22]。任人而已，岂在多乎！周逐猃狁[23]，北至太原。既城朔方[24]，全师而还。饮至策勋[25]，和乐且闲。穆穆棣棣[26]，君臣之间。秦起长城，竟海为关[27]。荼毒生灵，万里朱殷[28]。汉击匈奴，虽得阴山，枕骸遍野，功不补患[29]。

苍苍蒸民[30]，谁无父母？提携捧负[31]，畏其不寿。谁无兄弟？如足如手。谁无夫妇？如宾如友。生也何恩，杀之何咎？其存其没，家莫闻知。人或有言，将信将疑。悁悁[32]心目，寝寐见之。布奠倾觞，哭望天涯。天地为愁，草木凄悲。吊祭不至[33]，精魂何依？必有凶年[34]，人其流离。呜呼噫嘻！时耶命耶？从古如斯！为之奈何？守在四夷[35]。

（出自《古文鉴赏辞典》（上册）. 上海辞书出版社，1997）

【注释】

[1] 李华（715—774），字遐叔，赵州赞皇（今河北赞皇）人。开元年间进士，天宝年间又中博学宏词科。曾任监察御史、右补阙。安史之乱中被迫接受伪职，乱平后被贬官。李华倡导儒家正统思想，是中唐时期以韩愈、柳宗元为代表的古文运动的先驱人物之一。李华写作古文多以五经为本，诗风却颇为流丽。有《李遐叔文集》。

[2] 敻（xiòng）：远。

[3] 曛（xūn）：形容日色昏暗。

[4] 铤（tǐng）：疾走的样子。

[5] 齐魏：与下文的"荆韩"指战国七雄中的四个国家，这里均泛指战国时代。徭戍：徭役征戍。

[6] 荆：楚国。

[7] 腷（bì）臆：心情苦闷。愬（sù）："诉"。

[8] 事：战事。四夷：四方边境的少数民族。夷，古时对异族的贬称。

[9] 中州：中原。耗斁（dù）：损耗败坏。

[10] 戎：西方少数民族。此泛指少数民族。夏：华夏，汉族。

[11] 文教：指礼乐法度，文章教化。失宣：没有得到宣扬。

[12] 用奇：使用奇兵诡计。

[13] 王道：指礼乐仁义等治理天下的准则。迂阔：迂腐空疏。

[14] 期门：军营的大门。

[15] 组练：即“组甲被练”，战士的衣甲服装。此代指战士。

[16] 威尊命贱：因军威严峻而不得不轻贱生命。

[17] 穷阴：犹穷冬，极寒之时。

[18] 缯纩（zēng kuàng）：指冬天所穿的衣服。缯，丝织品的总称。纩，丝绵。古代尚无棉花，絮衣都用丝棉。

[19] 凭陵：凭借，倚仗。

[20] 幂幂：深浓阴暗。

[21] 牧：李牧，战国末赵国良将，守雁门（今山西北部），大破匈奴的入侵，击败东胡，降服林胡。其后十余年，匈奴不敢靠近赵国边境。

[22] 殚（dān）：尽。痡（pū）：劳倦，病苦。《史记·平准书》载：汉武帝时，多次大举征伐匈奴及大宛、西羌、南越，以至“赋税既竭，犹不足以奉战士”，“天下虚耗”，甚至“人复相食”。

[23] 周：指周代。猃狁（xiǎn yǔn）：古代北方的少数民族，即匈奴的前身。周宣王时，猃狁南侵，宣王命尹吉甫统军抗击，逐至太原（今宁夏固原县北），不再穷追。句出自《诗经·小雅·六月》：“薄伐猃狁，至于太原。”

[24] 城：筑城。朔方：北方。一说即今宁夏灵武县一带。句出《诗经·小雅·出车》：“天子命我，城彼朔方。”

[25] 饮至：古代盟会、征伐归来后，告祭于宗庙，举行宴饮，称为“饮至”。策勋：把功勋记载在简策上。句出《左传·桓公二年》：“凡公行，告于宗庙；反行，饮至，舍爵策勋焉，礼也。”

[26] 穆穆：端庄盛美，恭敬谨肃的样子。多用以形容天子的仪表，如《礼记·曲礼下》：“天子穆穆”。棣棣（dì dì，一说 dài dài）：文雅安和的样子。

[27] 关：指山海关。

[28] 朱殷（yān）：指鲜血。朱，红色。殷，赤黑色。《左传·成公二年》杜注：“血色久则殷。”

[29] 功不补患：得不偿失。

[30] 苍苍：指天。蒸：通“烝”，众，多。

[31] 提携捧负：携带抱背，指父母对小孩从小的抚育。

[32] 悁悁（yuān yuān）：忧愁郁闷的样子。

[33] 不至：不能达于死者。

[34] 凶年：荒年。语出《道德经》第三十章：“大军之后，必有凶年。”大举兴兵造成大量农业劳动力的征调伤亡，再加上双方军队的蹂躏掠夺以及军费的负担，必然影响农业生产的种植和收成。故此处不仅指自然灾荒。

[35] 守在四夷：语出《左传·昭公二十三年》：“古者天子，守在四夷。”这是说要用仁德来使四方归服，都来为天子守卫国土，就可以免于战争。

自题小像

鲁迅[1]

灵台无计逃神矢，风雨如磐暗故园。
寄意寒星荃不察，我以我血荐轩辕。

（选自《鲁迅经典全集·散文全集》，湖南人民出版社，2015）

【注释】

[1] 鲁迅（1881年9月25日—1936年10月19日），原名周樟寿，后改名周树人，字豫山，后改豫才，“鲁迅”是他1918年发表《狂人日记》时所用的笔名，也是他影响最为广泛的笔名，浙江绍兴人。著名的文学家、思想家、革命家，新文化运动的重要参与者，中国现代文学的奠基人。

与妻书

林觉民[1]

意映卿卿如晤：

吾今以此书与汝永别矣！吾作此书时，尚是世中一人；汝看此书时，吾已成为阴间一鬼。吾作此书，泪珠和笔墨齐下，不能竟书而欲搁笔，又恐汝不察吾衷，谓吾忍舍汝而死，谓吾不知汝之不欲吾死也，故遂忍悲为汝言之。

吾至爱汝，即此爱汝一念，使吾勇于就死也。吾自遇汝以来，常愿天下有情人都成眷属；然遍地腥云，满街狼犬，称心快意，几家能彀？司马青衫[2]，吾不能学太上[3]之忘情也。语云：仁者“老吾老，以及人之老；幼吾幼，以及人之幼[4]”。吾充吾爱汝之心，助天下人爱其所爱，所以敢先汝而死，不顾汝也。汝体吾此心，于啼泣之余，亦以天下人为念，当亦乐牺牲吾身与汝身之福利，为天下人谋永福也。汝其勿悲！

汝忆否？四五年前某夕，吾尝语曰：“与使吾先死也，无宁汝先我而死。”汝初闻言而怒，后经吾婉解，虽不谓吾言为是，而亦无词相答。吾之意盖谓以汝之弱，必不能禁失吾之悲，吾先死，留苦与汝，吾心不忍，故宁请汝先死，吾担悲也。嗟夫！谁知吾卒先汝而死乎？

吾真真不能忘汝也！回忆后街之屋，入门穿廊，过前后厅，又三四折，有小厅，厅旁一室，为吾与汝双栖之所。初婚三四个月，适冬之望日前后，窗外疏梅筛月影，依稀掩映；吾与并肩携手，低低切切，何事不语？何情不诉？及今思之，空余泪痕。又回忆六七年前，吾之逃家复归也[5]，汝泣告我：“望今后有远行，必以告妾，妾愿随君行。”吾亦既许汝矣。前十余日回家，即欲乘便以此行之事语汝，及与汝相对，又不能启口，且以汝之有身也，更恐不胜悲，故惟日日呼酒买醉。嗟夫！当时余心之悲，盖不能以寸管[6]形容之。

吾诚愿与汝相守以死，第以今日事势观之，天灾可以死，盗贼可以死，瓜分之日可以死，奸官污吏虐民可以死，吾辈处今日之中国，国中无地无时不可以死。到那时使吾眼睁睁看汝死，或使汝眼睁睁看吾死，吾能之乎？抑汝能之乎？即可不死，而离散不相见，徒使两地眼成穿而骨化石[7]，试问古来几曾见破镜能重圆[8]？则较死为苦也，将奈之何？今日吾与汝幸双健。天下人不当死而死与不愿离而离者，不可数计，钟情如我辈者，能忍之乎？此吾所以敢率性就死不顾汝也。吾今死无余憾，国事成不成自有同志者在。依新[9]已五岁，转眼成人，汝其善抚之，使之肖我。汝腹中之物，吾疑其女也，女必像汝，吾心甚慰。或又是男，则亦教其以父志为志，则吾死后尚有二意洞在也。幸甚，幸甚！吾家后日当甚贫，贫无所苦，清静过日而已。

吾今与汝无言矣。吾居九泉之下遥闻汝哭声，当哭相和也。吾平日不信有鬼，今则又望其真有。今人又言心电感应有道[10]，吾亦望其言是实，则吾之死，吾灵尚依依旁汝也，汝不必以无侣悲。

吾平生未尝以吾所志语汝，是吾不是处；然语之，又恐汝日日为吾担忧。吾牺牲百死而不辞，而使汝担忧，的的[11]非吾所忍。吾爱汝至，所以为汝谋者惟恐未尽。汝幸而偶我，又何不幸而生今日中国！吾幸而得汝，又何不幸而生今日之中国！卒不忍独善其身。嗟夫！巾短情长[12]，所未尽者，尚有万千，汝可以模拟得之。吾今不能见汝矣！汝不能舍吾，其时时于梦中得我乎？

一恸[13]。

辛未三月廿六夜四鼓，意洞手书。

家中诸母皆通文，有不解处，望请其指教，当尽吾意为幸。

（出自《中外散文名篇鉴赏辞典》，安徽文艺出版社，1989）

【注释】

[1] 林觉民（1887 年—1911 年 4 月 27 日），字意洞，号抖飞，又号天外生，汉族，福建闽县（今福州市区）。中国民主的先驱，革命烈士。少年之时，即接受民主革命思想，推崇自由平等学说。留学日本期间，加入中国同盟会。1911 年春回国，4 月 24 日写下绝笔《与妻书》，后与族亲林尹民、林文随黄兴、方声洞等革命党人参加广州起义，转战途中受伤力尽被俘。后从容就义，是“黄花岗七十二烈士”之一。

[2] 司马青衫：唐代诗人白居易曾被贬为江州司马，其长诗《琵琶行》中有“座中泣下谁最多？江州司马青衫湿”的诗句。后用“司马青衫”比喻极度悲伤。

[3] 太上：圣人。忘情：不为情感所动。

[4]“仁者”两句：语出《孟子·梁惠王上》。前“老”字作动词用，尊敬之义，前“幼”字也作动词用，爱护之义。

[5] 逃家复归：指的是林觉民结婚不久写信给父亲，声言要去南洋，后其父寻找无果回到家中，正看见林觉民笑着站在那里。

[6] 寸管：毛笔的代称。

[7] 骨化石：传说有一男子外出未归，其妻天天登山远望，最后变成一块石头，称之为望夫石。

[8] 破镜能重圆：南朝陈徐德言夫妻，国亡时，破镜各执一半为信，后得重聚。后世即以破镜重圆比喻夫妻失散后又重新团圆。

[9] 依新：林觉民长子。

[10] 心电感应有道：近代的一些唯心主义者认为人死后心灵尚有知觉，能和生人交相感应。

[11] 的的：的确。

[12] 巾：指作者写这封信时所用的白布方巾。

[13] 一恸：指心中引起一阵强烈的悲痛。

【素质目标】

（1）大学生是国家的未来和民族的希望，要培养大学生的爱国情怀，使其树立正确的世界观、价值观和社会主义理想信念。

（2）激发创新意识，强化创新能力是大学生提升自身综合素质的重要途径。

（3）培养学生精益求精的“工匠”理念，坚持不懈的职业精神。

大国工匠：一生为国造重器

2017 年 9 月 15 日，我国著名天文学家、国家重大科技基础设施建设项目——500 米口径球面射电望远镜（FAST）工程首席科学家、总工程师南仁东先生因病逝世，享年 72 岁。

此前的 23 年时间里，他从壮年走到暮年，把一个朴素的想法变成了国之重器，成就了中国在世界上独一无二的项目——FAST“天眼”。

1993 年，日本东京国际无线电科学联盟大会上，科学家们提出，在全球电波环境继续恶化之前，建造新一代射电望远镜，接收更多来自外太空的讯息。南仁东被探索宇宙的梦想所吸引，憧憬中国引领的前景，推开中国参会代表的门激动地说：“咱们也建一个吧！”

1994 年，南仁东构想利用贵州喀斯特洼地，建造一个 500 米口径球面射电望远镜。对这一想法，几乎所有专家都不看好。选址、论证、立项、建设，哪一步都不易。技术和工程上的巨大难度，让许多发达国家都望而却步。而南仁东带病工作、坚持信念、自学成为多面手，度过了举步维艰的最初10年。

2006年，立项建议书最终提交。

2007年，“中国天眼”进入立项的冲刺阶段。

2016年9月25日，世界最大单口径射电天文望远镜建成投入使用。

2017年，“天眼之父”悄然离世。

2018年10月15日，中科院国家天文台宣布，将一颗国际永久编号的小行星正式命名为“南仁东星”，科学家将“中国天眼”第一次收到的脉冲星信号，发射到这颗小行星。从此，浩瀚宇宙中，永远有了南仁东的名字。

拓展书目

《三国志》	陈寿
《三国演义》	罗贯中
《水浒传》	施耐庵
《红岩》	罗广斌
《亮剑》	都梁
《四世同堂》	老舍
《大江大河》	阿耐
《乡土中国》	费孝通
《从军行》（烽火照西京）	杨炯
《长相思》（山一程·水一程）	纳兰性德
《难民》	臧克家
《出塞》	王昌龄
《赴戍登程口占示家人·其二》	林则徐
《乡村》	屠格涅夫

第五章

审美观照

主讲篇目

春江花月夜

唐　张若虚[1]

【学习目标】

（1）掌握诗歌赏析的基本方法。

（2）分析这首诗情感表达的层次结构，体会诗歌中的画面美、哲理美、情感美的融合。

（3）掌握标题的美，说说它美在何处。

春江潮水连海平，海上明月共潮生。
滟滟[2]随波千万里，何处春江无月明！
江流宛转绕芳甸[3]，月照花林皆似霰[4]。
空里流霜[5]不觉飞，汀[6]上白沙看不见。
江天一色无纤尘[7]，皎皎空中孤月轮[8]。
江畔何人初见月？江月何年初照人？
人生代代无穷已[9]，江月年年望相似[10]。
不知江月待何人，但见[11]长江送流水。
白云一片去悠悠[12]，青枫浦上[13]不胜愁。
谁家今夜扁舟子[14]？何处相思明月楼[15]？
可怜楼上月徘徊[16]，应照离人[17]妆镜台。
玉户[18]帘中卷不去，捣衣砧[19]上拂还来。
此时相望不相闻[20]，愿逐月华流照君[21]。
鸿雁长飞光不度，鱼龙潜跃水成文[22]。
昨夜闲潭[23]梦落花，可怜春半不还家。
江水流春去欲尽，江潭落月复西斜[24]。
斜月沉沉藏海雾，碣石潇湘无限路[25]。
不知乘月[26]几人归，落月摇情[27]满江树。

（选自《全唐诗（上）》，上海古籍出版社，1986）

【注释】

[1] 张若虚（约660—约720），唐代诗人。扬州（今属江苏）人。曾任兖州兵曹。生卒年、字号均不详。与贺知章、张旭、包融并称“吴中四士”。

[2] 滟（yàn）滟：波光荡漾的样子。

[3] 芳甸（diàn）：芳草丰茂的原野。甸，郊外之地。

[4] 霰（xiàn）：天空中降落的白色不透明的小冰粒。形容月光下春花晶莹洁白。

[5] 流霜：飞霜，古人以为霜和雪一样，是从空中落下来的，所以叫流霜。在这里比喻月光皎洁，月色朦胧、流荡，所以不觉得有霜霰飞扬。

[6] 汀（tīng）：沙滩。

[7] 纤尘：微细的灰尘。

[8] 月轮：指月亮，因为月圆时像车轮，所以称为月轮。

[9] 穷已：穷尽。

[10] 江月年年只相似：另一种版本为“江月年年望相似”。

[11] 但见：只见、仅见。

[12] 悠悠：渺茫、深远。

[13] 青枫浦上：青枫浦，地名，今湖南浏阳县境内有青枫浦。这里泛指游子所在的地方。

[14] 扁舟子：飘荡江湖的游子。扁舟，小舟。

[15] 明月楼：月夜下的闺楼。这里指闺中思妇。

[16] 月徘徊：指月光偏照闺楼，徘徊不去，令人不胜其相思之苦。

[17] 离人：此处指思妇。

[18] 玉户：形容楼阁华丽，以玉石镶嵌。

[19] 捣衣砧（zhēn）：捣衣石、捶布石。

[20] 相闻：互通音信。

[21] 逐：追随。月华：月光。

[22] 文：同“纹”。

[23] 闲潭：幽静的水潭。

[24] 复西斜：此中“斜”为押韵应读作“xiá”。

[25] 无限路：极言离人相距之远。

[26] 乘月：趁着月光。

[27] 摇情：激荡情思，犹言牵情。

【赏析】

此诗被闻一多先生誉为“诗中的诗，顶峰上的顶峰”，一千多年来使无数读者为之倾倒。一生仅留下两首诗的张若虚，也因此诗“孤篇横绝，竟为大家”。

此诗沿用陈隋乐府旧题，运用富有生活气息的清丽之笔，以月为主体，以江为场景，描绘了一幅幽美邈远、惝恍迷离的春江月夜图，抒写了游子思妇真挚动人的离情别绪以及富有哲理意味的人生感慨，表现了一种迥绝的宇宙意识，创造了一个深沉、寥廓、宁静的境界。全诗共三十六句，每四句一换韵，通篇融诗情、画意、哲理为一体，意境空明，想象奇特，语言自然隽永，韵律宛转悠扬，洗净了六朝宫体的浓脂腻粉，具有极高的审美价值，素有“孤篇盖全唐”之誉。

《春江花月夜》在思想与艺术上都超越了以前那些单纯模山范水的景物诗、“羡宇宙之无穷，哀吾生之须臾”的哲理诗、抒儿女别情离绪的爱情诗。诗人将这些屡见不鲜的传统题材注入了新的含义，融诗情、画意、哲理为一体，凭借对春江花月夜的描绘，尽情赞叹大自然的奇丽景色，讴歌人间纯洁的爱情，把对游子思妇的同情心扩大开来，与对人生哲理的追求、对宇宙奥秘的探索结合起来，从而汇成一种情、景、理水乳交融的幽美而邈远的意境。诗人将深邃美丽的艺术世界特意隐藏在惝恍迷离的艺术氛围之中，整首诗篇仿佛笼罩在一片空灵而迷茫的月色里，吸引着读者去探寻其中美的真谛。

【基础练习】

（1）《春江花月夜》中，春江月色和相思离别这两部分内容之间是什么关系？

（2）如何理解诗中的感伤情绪？

（3）《春江花月夜》这首诗构思上的最大特点是什么？

茶花赋

杨朔[1]

【学习目标】

（1）理解文章标题的含义及作用，文章的选材特点及思路脉络。

（2）把握课文借景抒情、托物言志、衬托铺垫等表现手法。

（3）理解作者通过描绘茶花，抒发对祖国热情赞美的情怀。

久在异国他乡，有时难免要怀念祖国的。怀念极了，我也曾想：要能画一幅画儿，画出祖国的面貌特色，时刻挂在眼前，有多好。我把这心思去跟一位擅长丹青的同志商量，求她画。她说："这可是个难题，画什么呢？画点零山碎水，一人一物，都不行。再说，颜色也难调。你就是调尽五颜六色，又怎么画得出祖国的面貌？"我想了想，也是，就搁下这桩心思。

今年二月，我从海外回来，一脚踏进昆明，心都醉了。我是北方人，论季节，北方也许正是搅天风雪，水瘦山寒，云南的春天却脚步儿勤，来得快，到处早像催生婆似的正在催动花事。

花事最盛的去处数着西山华庭寺。不到寺门，远远就闻见一股细细的清香，直渗进人的心肺。这是梅花，有红梅、白梅、绿梅，还有朱砂梅，一树一树的，每一树梅花都是一树诗。白玉兰花略微有点儿残，娇黄的迎春却正当时，那一片春色啊，比起滇池的水来不知还要深多少倍。

究其实这还不是最深的春色。且请看那一树，齐着华庭寺的廊檐一般高，油光碧绿的树叶中间托出千百朵重瓣的大花，那样红艳，每朵花都像一团烧得正旺的火焰。这就是有名的茶花。不见茶花，你是不容易懂得"春深似海"这句诗的妙处的。

想看茶花，正是好时候。我游过华庭寺，又冒着星星点点细雨游了一次黑龙潭，这都是看茶花的名胜地方。原以为茶花一定很少见，不想在游历当中，时时望见竹篱茅屋旁边会闪出一枝猩红的花来。听朋友说："这不算稀奇。要是在大理，差不多家家户户都养茶花。花期一到，各样品种的花儿争奇斗艳，那才美呢。"

我不觉对着茶花沉吟起来。茶花是美啊。凡是生活中美的事物都是劳动创造的。是谁白天黑夜，积年累月，拿自己的汗水浇着花，像抚育自己儿女一样抚育着花秧，终于培养出这样绝色的好花？应该感谢那为我们美化生活的人。

普之仁就是这样一位能工巧匠，我在翠湖边上会到他。翠湖的茶花多，开得也好，红通通的一大片，简直就是那一段彩云落到湖岸上。普之仁领我穿着茶花走，指点着告诉我这叫大玛瑙，那叫雪狮子；这是蝶翅，那是大紫袍……名目花色多得很。后来他攀着一棵茶树的小干枝说：“这叫童子面，花期迟，刚打骨朵，开起来颜色深红，倒是最好看的。”

我就问：“古语说：看花容易栽花难——栽培茶花一定也很难吧？”

普之仁答道：“不很难，也不容易。茶花这东西有点特性，水壤气候，事事都得细心。又怕风，又怕晒，最喜欢半阴半阳。顶讨厌的是虫子。有一种钻心虫，钻进一条去，花就死了。一年四季，不知得操多少心呢。”

我又问道：“一棵茶花活不长吧？”

普之仁说：“活的可长啦。华庭寺有棵松子鳞，是明朝的，五百多年了，一开花，能开一千多朵。”

我不觉噢了一声：想不到华庭寺见的那棵茶花来历这样大。

普之仁误会我的意思，赶紧说：“你不信么？大理地面还有一棵更老的呢，听老人讲，上千年了，开起花来，满树数不清数，都叫万朵茶。树干子那样粗，几个人都搂不过来。”说着他伸出两臂，做个搂抱的姿势。

我热切地望着他的手，那双手满是茧子，沾着新鲜的泥土。我又望着他的脸，他的眼角刻着很深的皱纹，不必多问他的身世，猜得出他是个曾经忧患的中年人。如果他离开你，走进人丛里去，立刻便消逝了，再也不容易寻到他——他就是这样一个极其普通的劳动者。然而正是这样的人，整月整年，劳心劳力，拿出全部精力培植着花木，美化我们的生活。美就是这样创造出来的。正在这时，恰巧有一群小孩也来看茶花，一个个仰着鲜红的小脸，甜蜜蜜地笑着，唧唧喳喳叫个不休。

我说：“童子面茶花开了。”

普之仁愣了愣，立时省悟过来，笑着说：“真的呢，再没有比这种童子面更好看的茶花了。”

一个念头忽然跳进我的脑子，我得到一幅画的构思。如果用最浓最艳的朱红，画一大朵含露乍开的童子面茶花，岂不正可以象征着祖国的面貌？我把这个简单的构思记下来，寄给远在国外的那位丹青能手，也许她肯再斟酌一番，为我画一幅画儿吧。

一九六一年

（选自《杨朔散文》，人民文学出版社，2013）

【注释】

[1] 杨朔（1913—1968），山东省蓬莱县（今蓬莱区）人，原名杨毓瑨，字莹叔。中国现代作家、散文家、小说家、全国政协委员，与刘白羽、秦牧并称为“中国当代散文三大家”。主要代表作品包括《荔枝蜜》《平常的人》《潼关之夜》《春在朝鲜》等。这些作品充分显示了作者丰富而细腻的生活，具有较高的文学性、艺术性和可读性，一篇篇短小精悍的文章令人回味无穷。

【赏析】

杨朔是以一个诗人的心灵来感受生活并表现生活的。他的散文绝大多数写作于20世纪五六十年代，因此，中国人民崭新的社会风貌和昂扬的时代精神，千千万万普通劳动者那美好的心灵和建设者雄伟的脚步，成为杨朔散文创作的主旋律。面对着全新的时代，杨朔那颗火热、敏感的诗心，使他真切地感受到我国的社会主义事业如旭日东升，正在蓬勃发展，我们的人民有着时代的自信，能够创造出人类历史上永不凋谢的春天，从而激发出一种不可止的热烈、真挚、深沉的情感，写出了一篇篇充满浓郁诗情的锦绣文章，《茶花赋》就是其中一篇具有代表性的作品。

开篇直抒胸臆，写“我”因为久在异国他乡，难免要怀念祖国，有时怀念极了，“我”也曾想:“要能画一幅画，画出祖国的面貌特色，时刻挂在眼前，有多好。”酣畅淋漓的感情抒发，深深地打动了读者，进而引起读者内心深处的强烈共鸣。可以想象，这个没有实现的愿望不能“搁下”他对祖国的依恋。因此，当他“从海外归来，一脚踏进昆明，心都醉了。”一个“醉”字，把久离母亲的孩子终于扑进母亲怀抱的感受描绘得淋漓尽致，使我们依稀看到诗人的醉心、醉意、醉态、醉容。当诗人一览如火如荼的茶花，便诗心大动，如痴似迷，那压抑已久的对祖国真挚浓烈的感情像火山一样迸发出来，笔笔写茶花，处处赞祖国，并以最美最艳的童子面茶花象征祖国美好的未来，真可谓情深意切。

（选自胡蓬《情、景、理的交融——论杨朔散文的深邃意境》）

【基础练习】

1.“如果用最浓最艳的朱红，画一大朵含露乍开的童子面茶花，岂不正可以象征着祖国的面貌?”一句在全文中的作用？抒发了作者怎样的情感?

2. 结合本篇文章，谈谈杨朔散文的艺术特色。

雄浑

唐　司空图[1]

大用[2]外腓[3]，真体[4]内充。
返虚[5]入浑[6]，积健为雄。
具备[7]万物，横绝[8]太空。
荒荒[9]油云[10]，寥寥[11]长风。
超[12]以[13]象[14]外，得其环中[15]。
持[16]之匪强[17]，来之无穷。

（选自司空图《二十四诗品》，浙江古籍出版社，2019）

【注释】

[1]《二十四诗品》，唐末诗人司空图作，是我国古代文学史上具有独特风貌的诗歌理论著作。他以二十四首小诗对唐诗的各种风格和流派进行了汇集、整理和分类。

[2] 用：功用。

[3] 腓（féi）：覆庇，引申为呈现之意。《诗经・大雅・生民》:“牛羊腓字之。”充，充满。两句是因果关系，“大用外腓”是由于“真体内充”，或者说因为“真体内充”所以“大用外腓”，意思都一样。

[4] 体：本体。体和用是古代哲学的术语，这里借指诗歌作品的内涵和表象，内容与形式。

[5] 虚：虚无，指作者创作前的空白状态。

[6] 浑：浑成，指具体的艺术形象。

[7] 具备：完全包有。

[8] 横绝：横越。上句说雄浑的内涵丰厚，下句说雄浑的气势磅礴。

[9] 荒荒：苍莽的样子。

[10] 油云：状云层的绵厚。

[11] 寥寥：风声。
[12] 超：超越。
[13] 以：于。
[14] 象：表象。
[15] 环中：《庄子·齐物论》："枢始得其环中，以应无穷。"环，承受门枢的圆环。枢纳于环中，则可以旋转自如，司空图借"环中"这个概念来对应"象外"，以表达关键、要领、主体、本质等意。
[16] 持：操持，得到。
[17] 匪强：不勉强。

望洞庭

唐　刘禹锡[1]

湖光秋月两相和[2]，
潭面无风镜未磨[3]。
遥望洞庭山[4]水翠，
白银盘里一青螺。

（选自《刘禹锡白居易诗选评》，上海古籍出版社，2018）

【注释】

[1] 刘禹锡（772—842），字梦得，籍贯河南洛阳，生于河南郑州荥阳，自述"家本荥上，籍占洛阳"，并自称先祖为中山靖王刘胜，唐代文学家、哲学家。
[2] 两相和：相互辉映。
[3] 潭面：湖面。镜未磨：有风则湖面波涛摩荡，有如磨镜，这里是指无风的状态。
[4] 山：即洞庭湖中之君山。

闲情记趣（节选）

沈复[1]

余忆童稚[2]时，能张目对日，明察秋毫。见藐小[3]微物，必细察其纹理，故时有物外之趣。夏蚊成雷，私拟作群鹤舞于空中，心之所向，则或千或百，果然鹤也。昂首观之，项[4]为之强。又留蚊于素帐中，徐喷以烟，使其冲烟而飞鸣，作青云白鹤观，果如鹤唳云端，为之怡然[5]称快。余常于土墙凹凸处，花台小草丛杂处，蹲其身，使与台齐；定神细视，以丛草为林，以虫蚁为兽，以土砾凸者为丘，凹者为壑，神游其中，怡然自得。

（选自沈复《浮生六记》，中华书局，2018）

【注释】

【1】沈复（1763 年—1825 年以后），字三白，号梅逸，清乾隆二十八年十一月二十二日生于长洲（今江苏苏州），清代作家、文学家，著有《浮生六记》。《浮生六记》是清代沈复的自传体随笔，在清代笔记体文学中占有相当重要的位置。共有六篇——《闺房记乐》《闲情记趣》《坎坷记愁》《浪游记快》《中山记历》《养生记道》，故名"六记"。
【2】童稚：儿童，孩童。
【3】藐小：微小。

【4】项：脖子。强（jiāng）：通“僵”，僵硬。
【5】怡然：欣喜自得的样子。

【素质目标】

（1）树立正确的审美观和健康的审美情趣。
（2）提高审美能力，按照美的规律完善自己，产生对美好事物的热爱与追求。
（3）培养用真诚的、诚实的、善良的心去理解美、发现美、感受美、创造美。

在玩具世界，诠释中国人自己的审美

2020年，河南博物院推出“失传的宝物”系列考古盲盒，设计团队特意将各类“宝物”藏在土中，让人们有机会感受亲手挖掘历史“文物”的惊喜与文化体验。从调兵遣将的虎符到“隐藏款”镇馆之宝“妇好鸮尊”，曾经只能在书中一睹风采的文物，在逼真的盲盒体验中揭下神秘面纱。

将考古过程以盲盒潮流玩具的形式再现，极具创意，但并非易事。文博工作者、河南博物院品牌运营主管刘维说：“从开始到现在，光是包装我们就修改了12次，现有的100多款宝物大多是馆藏，它们有各自独特的文化背景、研究价值，让这些宝贵的文化遗产资源得到应有的关注，也是考古盲盒的初衷。”如今，致力于读懂年轻人的河南博物院俨然成了一个潮流打卡地。

作为“90后”青年的刘维，对国风潮玩的未来同样抱有一份年轻的期待，“年轻人内心本就有对中华文化的骄傲与认同，我相信，国风潮玩能成为开启这份骄傲与认同的钥匙。”

拓展书目

《秋水》	庄子
《桨声灯影里的秦淮河》	朱自清
《桨声灯影里的秦淮河》	俞平伯
《谈美》《给青年的十二封信》	朱光潜
《美学散步》《艺境》	宗白华
《美的历程》《华夏美学・美学四讲》	李泽厚
《人间词话》	王国维
《迦陵说词讲稿》	叶嘉莹

第六章 发现爱情

主讲篇目

伤　逝

——涓生的手记

鲁迅

【学习目标】

（1）了解鲁迅思想及其在中国现代文学史上的地位。

（2）把握《伤逝》的创作背景。

（3）分析作品中的人物形象及中主人公婚姻悲剧的根源。

（4）培养学生树立正确的恋爱观、人生观，以及文学鉴赏能力。

如果我能够，我要写下我的悔恨和悲哀，为子君，为自己。

会馆里的被遗忘在偏僻里的破屋是这样地寂静和空虚。时光过得真快，我爱子君，仗着她逃出这寂静和空虚，已经满一年了。事情又这么不凑巧，我重来时，偏偏空着的又只有这一间屋。依然是这样的破窗，这样的窗外的半枯的槐树和老紫藤，这样的窗前的方桌，这样的败壁，这样的靠壁的板床。深夜中独自躺在床上，就如我未曾和子君同居以前一般，过去一年中的时光全被消灭，全未有过，我并没有曾经从这破屋子搬出，在吉兆胡同创立了满怀希望的小小的家庭。

不但如此。在一年之前，这寂静和空虚是并不这样的，常常含着期待；期待子君的到来。在久待的焦躁中，一听到皮鞋的高底尖触着砖路的清响，是怎样地使我骤然生动起来呵！于是就看见带着笑涡的苍白的圆脸，苍白的瘦的臂膊，布的有条纹的衫子，玄色的裙。她又带了窗外的半枯的槐树的新叶来，使我看见，还有挂在铁似的老干上的一房一房的紫白的藤花。

然而现在呢，只有寂静和空虚依旧，子君却决不再来了，而且永远，永远地！……

子君不在我这破屋里时，我什么也看不见。在百无聊赖中，顺手抓过一本书来，科学也好，文学也好，横竖什么都一样；看下去，看下去，忽而自己觉得，已经翻了十多页了，但是毫不记得书上所说的事。只是耳朵却分外地灵，仿佛听到大门外一切往来的履声，从中便有子君的，而且橐橐地逐渐临近，——但是，往往又逐渐渺茫，终于消失在别的步声的杂沓中了。我憎恶那不像子君鞋声的穿布底鞋的长班的儿子，我憎恶那太像子君鞋声的常常穿着新皮鞋的邻院的搽雪花膏的小东西！

莫非她翻了车么？莫非她被电车撞伤了么？……

我便要取了帽子去看她，然而她的胞叔就曾经当面骂过我。

蓦然，她的鞋声近来了，一步响于一步，迎出去时，却已经走过紫藤棚下，脸上带着微笑的酒窝。她在她叔子的家里大约并未受气；我的心宁帖了，默默地相视片时之后，破屋里便渐渐充满了我的语声，谈家庭，谈打破旧习惯，谈男女平等，谈伊孛生，谈泰戈尔，谈雪莱……。她总是微笑点头，两眼里弥漫着稚气的好奇的光泽。壁上就钉着一张铜板的雪莱半身像，是从杂志上裁下来的，是他的最美的一张像。当我指给她看时，她却只草草一看，便低了头，似乎不好意思了。这些地方，子君就大概还未脱尽旧思想的束缚，——我后来也想，倒不如换一张雪莱淹死在海里的记念像或是伊孛生的罢；但也终于没有换，现在是连这一张也不知那里去了。

"我是我自己的，他们谁也没有干涉我的权利！"

这是我们交际了半年，又谈起她在这里的胞叔和在家的父亲时，她默想了一会之后，分明地，坚决地，沉静地说了出来的话。其时是我已经说尽了我的意见，我的身世，我的缺点，很少隐瞒；她也完全了解的了。这几句话很震动了我的灵魂，此后许多天还在耳中发响，而且说不出的狂喜，知道中国女性，并不如厌世家所说那样的无法可施，在不远的将来，便要看见辉煌的曙色的。

送她出门，照例是相离十多步远；照例是那鲇鱼须的老东西的脸又紧帖在脏的窗玻璃上了，连鼻尖都挤成一个小平面；到外院，照例又是明晃晃的玻璃窗里的那小东西的脸，加厚的雪花膏。她目不邪视地骄傲地走了，没有看见；我骄傲地回来。

"我是我自己的，他们谁也没有干涉我的权利！"这彻底的思想就在她的脑里，比我还透澈，坚强得多。半瓶雪花膏和鼻尖的小平面，于她能算什么东西呢？

我已经记不清那时怎样地将我的纯真热烈的爱表示给她。岂但现在，那时的事后便已模胡，夜间回想，早只剩了一些断片了；同居以后一两月，便连这些断片也化作无可追踪的梦影。我只记得那时以前的十几天，曾经很仔细地研究过表示的态度，排列过措辞的先后，以及倘或遭了拒绝以后的情形。可是临时似乎都无用，在慌张中，身不由己地竟用了在电影上见过的方法了。后来一想到，就使我很愧恧，但在记忆上却偏只有这一点永远留遗，至今还如暗室的孤灯一般，照见我含泪握着她的手，一条腿跪了下去……。

不但我自己的，便是子君的言语举动，我那时就没有看得分明；仅知道她已经允许我了。但也还仿佛记得她脸色变成青白，后来又渐渐转作绯红，——没有见过，也没有再见的绯红；孩子似的眼里射出悲喜，但是夹着惊疑的光，虽然力避我的视线，张皇地似乎要破窗飞去。然而我知道她已经允许我了，没有知道她怎样说或是没有说。

她却是什么都记得：我的言辞，竟至于读熟了的一般，能够滔滔背诵；我的举动，就如有一张我所看不见的影片挂在眼下，叙述得如生，很细微，自然连那使我不愿再想的浅薄的电影的一闪。夜阑人静，是相对温习的时候了，我常是被质问，被考验，并且被命复述当时的言语，然而常须由她补足，由她纠正，像一个丁等的学生。

这温习后来也渐渐稀疏起来。但我只要看见她两眼注视空中，出神似的凝想着，于是神色越加柔和，笑窝也深下去，便知道她又在自修旧课了，只是我很怕她看到我那可笑的电影的一闪。但我又知道，她一定要看见，而且也非看不可的。

然而她并不觉得可笑。即使我自己以为可笑，甚而至于可鄙的，她也毫不以为可笑。这事我知道得很清楚，因为她爱我，是这样地热烈，这样地纯真。

去年的暮春是最为幸福，也是最为忙碌的时光。我的心平静下去了，但又有别一部分和身体一同忙碌起来。我们这时才在路上同行，也到过几回公园，最多的是寻住所。我觉得在路上时时遇到探索，讥笑，猥亵和轻蔑的眼光，一不小心，便使我的全身有些瑟缩，只得即刻提起我的骄傲和反抗来支持。她却是大无畏的，对于这些全不关心，只是镇静地缓缓前行，坦然如入无人之境。

寻住所实在不是容易事，大半是被托辞拒绝，小半是我们以为不相宜。起先我们选择得很苛酷，——也非苛酷，因为看去大抵不像是我们的安身之所；后来，便只要他们能相容了。看了二十多处，这才得到可以暂且敷衍的处所，是吉兆胡同一所小屋里的两间南屋；主人是一个小官，然而倒是明白人，自住着正屋和厢房。他只有夫人和一个不到周岁的女孩子，雇一个乡下的女工，只要孩子不啼哭，是极其安闲幽静的。

我们的家具很简单，但已经用去了我的筹来的款子的大半；子君还卖掉了她唯一的金戒指和耳环。我拦阻她，还是定要卖，我也就不再坚持下去了；我知道不给她加入一点股分去，她是住不舒服的。

和她的叔子，她早经闹开，至于使他气愤到不再认她做侄女；我也陆续和几个自以为忠告，其实是替我胆怯，或者竟是嫉妒的朋友绝了交。然而这倒很清静。每日办公散后，虽然已近黄昏，车夫又一定走得这样慢，但究竟还有二人相对的时候。我们先是沉默的相视，接着是放怀而亲密的交谈，后来又是沉默。大家低头沉思着，却并未想着什么事。我也渐渐清醒地读遍了她的身体，她的灵魂，不过三星期，我似乎于她已经更加了解，揭去许多先前以为了解而现在看来却是隔膜，即所谓真的隔膜了。

子君也逐日活泼起来。但她并不爱花，我在庙会时买来的两盆小草花，四天不浇，枯死在壁角了，我又没有照顾一切的闲暇。然而她爱动物，也许是从官太太那里传染的罢，不一月，我们的眷属便骤然加得很多，四只小油鸡，在小院子里和房主人的十多只在一同走。但她们却认识鸡的相貌，各知道那一只是自家的。还有一只花白的叭儿狗，从庙会买来，记得似乎原有名字，子君却给它另起了一个，叫作阿随。我就叫它阿随，但我不喜欢这名字。

这是真的，爱情必须时时更新，生长，创造。我和子君说起这，她也领会地点点头。唉唉，那是怎样的宁静而幸福的夜呵！

安宁和幸福是要凝固的，永久是这样的安宁和幸福。我们在会馆里时，还偶有议论的冲突和意思的误会，自从到吉兆胡同以来，连这一点也没有了；我们只在灯下对坐的怀旧谭中，回味那时冲突以后的和解的重生一般的乐趣。

子君竟胖了起来，脸色也红活了；可惜的是忙。管了家务便连谈天的工夫也没有，何况读书和散步。我们常说，我们总还得雇一个女工。

这就使我也一样地不快活，傍晚回来，常见她包藏着不快活的颜色，尤其使我不乐的是她要装作勉强的笑容。幸而探听出来了，也还是和那小官太太的暗斗，导火线便是两家的小油鸡。但又何必硬不告诉我呢？人总该有一个独立的家庭。这样的处所，是不能居住的。

我的路也铸定了，每星期中的六天，是由家到局，又由局到家。在局里便坐在办公桌前钞，钞，钞些公文和信件；在家里是和她相对或帮她生白炉子，煮饭，蒸馒头。我的学会了煮饭，就在这时候。

但我的食品却比在会馆里时好得多了。做菜虽不是子君的特长，然而她于此却倾注着全力；对于她的日夜的操心，使我也不能不一同操心，来算作分甘共苦。况且她又这样地终日汗流满面，短发都粘在脑额上；两只手又只是这样地粗糙起来。

况且还要饲阿随，饲油鸡，……都是非她不可的工作。我曾经忠告她：我不吃，倒也罢了；却万不可这样地操劳。她只看了我一眼，不开口，神色却似乎有点凄然；我也只好不开口。然而她还是这样地操劳。

我所豫期的打击果然到来。双十节的前一晚，我呆坐着，她在洗碗。听到打门声，我去开门时，是局里的信差，交给我一张油印的纸条。我就有些料到了，到灯下去一看，果然，印着的就是：

奉

局长谕史涓生着毋庸到局办事

秘书处启 十月九号

这在会馆里时，我就早已料到了；那雪花膏便是局长的儿子的赌友，一定要去添些谣言，设法报告的。到现在才发生效验，已经要算是很晚的了。其实这在我不能算是一个打击，因为我早就决定，可以给别人去钞写，或者教读，或者虽然费力，也还可以译点书，况且《自由之友》的总编辑便是见过几次的熟人，两月前还通过信。但我的心却跳跃着。那么一个无畏的子君也变了色，尤其使我痛心；她近来似乎也较为怯弱了。

“那算什么。哼，我们干新的。我们……。”她说。

她的话没有说完；不知怎地，那声音在我听去却只是浮浮的；灯光也觉得格外黯淡。人们真是可笑的动物，一点极微末的小事情，便会受着很深的影响。我们先是默默地相视，逐渐商量起来，终于决定将现有的钱竭力节省，一面登“小广告”去寻求钞写和教读，一面写信给《自由之友》的总编辑，说明我目下的遭遇，请他收用我的译本，给我帮一点艰辛时候的忙。

“说做，就做罢！来开一条新的路！”

我立刻转身向了书案，推开盛香油的瓶子和醋碟，子君便送过那黯淡的灯来。我先拟广告；其次是选定可译的书，迁移以来未曾翻阅过，每本的头上都满漫着灰尘了；最后才写信。

我很费踌蹰，不知道怎样措辞好，当停笔凝思的时候，转眼去一瞥她的脸，在昏暗的灯光下，又很见得凄然。我真不料这样微细的小事情，竟会给坚决的，无畏的子君以这么显著的变化。她近来实在变得很怯弱了，但也并不是今夜才开始的。我的心因此更缭乱，忽然有安宁的生活的影像——会馆里的破屋的寂静，在眼前一闪，刚刚想定睛凝视，却又看见了昏暗的灯光。

许久之后，信也写成了，是一封颇长的信；很觉得疲劳，仿佛近来自己也较为怯弱了。于是我们决定，广告和发信，就在明日一同实行。大家不约而同地伸直了腰肢，在无言中，似乎又都感到彼此的坚忍崛强的精神，还看见从新萌芽起来的将来的希望。

外来的打击其实倒是振作了我们的新精神。局里的生活，原如鸟贩子手里的禽鸟一般，仅有一点小米维系残生，决不会肥胖；日子一久，只落得麻痹了翅子，即使放出笼外，早已不能奋飞。现在总算脱出这牢笼了，我从此要在新的开阔的天空中翱翔，趁我还未忘却了我的翅子的扇动。

小广告是一时自然不会发生效力的；但译书也不是容易事，先前看过，以为已经懂得的，一动手，却疑难百出了，进行得很慢。然而我决计努力地做，一本半新的字典，不到半月，边上便有了一大片乌黑的指痕，这就证明着我的工作的切实。《自由之友》的总编辑曾经说过，他的刊物是决不会埋没好稿子的。

可惜的是我没有一间静室，子君又没有先前那么幽静，善于体帖了，屋子里总是散乱着碗碟，弥漫着煤烟，使人不能安心做事，但是这自然还只能怨我自己无力置一间书斋。然而又加以阿随，加以油鸡们。加以油鸡们又大起来了，更容易成为两家争吵的引线。

加以每日的“川流不息”的吃饭；子君的功业，仿佛就完全建立在这吃饭中。吃了筹钱，筹来吃饭，还要喂阿随，饲油鸡；她似乎将先前所知道的全都忘掉了，也不想到我的构思就常常为了这催促吃饭而打断。即使在坐中给看一点怒色，她总是不改变，仍然毫无感触似的大嚼起来。

使她明白了我的作工不能受规定的吃饭的束缚，就费去五星期。她明白之后，大约很不高兴罢，可是没有说。我的工作果然从此较为迅速地进行，不久就共译了五万言，只要润色一回，便可以和做好的两篇小品，一同寄给《自由之友》去。只是吃饭却依然给我苦恼。菜冷，是无妨的，然而竟不够；有时连饭也不够，虽然我因为终日坐在家里用脑，饭量已经比先前要减少得多。这是先去喂了阿随了，有时还并那近来连自己也轻易不吃的羊肉。她说，阿随实在瘦得太可怜，房东太太还因此嗤笑我们了，她受不住这样的奚落。

于是吃我残饭的便只有油鸡们。这是我积久才看出来的，但同时也如赫胥黎的论定“人类在宇宙间的位置”一般，自觉了我在这里的位置：不过是叭儿狗和油鸡之间。

后来，经多次的抗争和催逼，油鸡们也逐渐成为肴馔，我们和阿随都享用了十多日的鲜肥；可是其实都很瘦，因为它们早已每日只能得到几粒高粱了。从此便清静得多。只有子君很颓唐，似乎常觉得凄苦和无聊，至于不大愿意开口。我想，人是多么容易改变呵！

但是阿随也将留不住了。我们已经不能再希望从什么地方会有来信，子君也早没有一点食物可以引它打拱或直立起来。冬季又逼近得这么快，火炉就要成为很大的问题；它的食量，在我们其实早是一个极易觉得的很重的负担。于是连它也留不住了。

倘使插了草标到庙市去出卖，也许能得几文钱罢，然而我们都不能，也不愿这样做。终于是用包袱蒙着头，由我带到西郊去放掉了，还要追上来，便推在一个并不很深的土坑里。

我一回寓，觉得又清静得多多了；但子君的凄惨的神色，却使我很吃惊。那是没有见过的神色，自然是为阿随。但又何至于此呢？我还没有说起推在土坑里的事。

到夜间，在她的凄惨的神色中，加上冰冷的分子了。

“奇怪。——子君，你怎么今天这样儿了？”我忍不住问。

“什么？”她连看也不看我。

“你的脸色……。”

“没有什么，——什么也没有。”

我终于从她言动上看出，她大概已经认定我是一个忍心的人。其实，我一个人，是容易生活的，虽然因为骄傲，向来不与世交来往，迁居以后，也疏远了所有旧识的人，然而只要能远走高飞，生路还宽广得很。现在忍受着这生活压迫的苦痛，大半倒是为她，便是放掉阿随，也何尝不如此。但子君的识见却似乎只是浅薄起来，竟至于连这一点也想不到了。

我拣了一个机会，将这些道理暗示她；她领会似的点头。然而看她后来的情形，她是没有懂，或者是并不相信的。

天气的冷和神情的冷，逼迫我不能在家庭中安身。但是，往那里去呢？大道上，公园里，虽然没有冰冷的神情，冷风究竟也刺得人皮肤欲裂。我终于在通俗图书馆里觅得了我的天堂。

那里无须买票；阅书室里又装着两个铁火炉。纵使不过是烧着不死不活的煤的火炉，但单是看见装着它，精神上也就总觉得有些温暖。书却无可看：旧的陈腐，新的是几乎没有的。

好在我到那里去也并非为看书。另外时常还有几个人，多则十余人，都是单薄衣裳，正如我，各人看各人的书，作为取暖的口实。这于我尤为合式。道路上容易遇见熟人，得到轻蔑的一瞥，但此地却决无那样的横祸，因为他们是永远围在别的铁炉旁，或者靠在自家的白炉边的。

那里虽然没有书给我看，却还有安闲容得我想。待到孤身枯坐，回忆从前，这才觉得大半年来，只为了爱，——盲目的爱，——而将别的人生的要义全盘疏忽了。第一，便是生活。人必生活着，爱才有所附丽。世界上并非没有为了奋斗者而开的活路；我也还未忘却翅子的扇动，虽然比先前已经颓唐得多……。

屋子和读者渐渐消失了，我看见怒涛中的渔夫，战壕中的兵士，摩托车中的贵人，洋场上的投机家，深山密林中的豪杰，讲台上的教授，昏夜的运动者和深夜的偷儿……。子君，——不在近旁。她的勇气都失掉了，只为着阿随悲愤，为着做饭出神；然而奇怪的是倒也并不怎样瘦损……。

冷了起来，火炉里的不死不活的几片硬煤，也终于烧尽了，已是闭馆的时候。又须回到吉兆胡同，领略冰冷的颜色去了。近来也间或遇到温暖的神情，但这却反而增加我的苦痛。记得有一夜，子君的眼里忽而又发出久已不见的稚气的光来，笑着和我谈到还在会馆时候的情形，时时又很带些恐怖的神色。我知道我近来的超过她的冷漠，已经引起她的忧疑来，只得也勉力谈笑，想给她一点慰藉。然而我的笑貌一上脸，我的话一出口，却即刻变为空虚，这空虚又即刻发生反响，回向我的耳目里，给我一个难堪的恶毒的冷嘲。

子君似乎也觉得的，从此便失掉了她往常的麻木似的镇静，虽然竭力掩饰，总还是时时露出忧疑的神色来，但对我却温和得多了。

我要明告她，但我还没有敢，当决心要说的时候，看见她孩子一般的眼色，就使我只得暂且改作勉强的欢容。但是这又即刻来冷嘲我，并使我失却那冷漠的镇静。

她从此又开始了往事的温习和新的考验，逼我做出许多虚伪的温存的答案来，将温存示给她，虚伪的草稿便写在自己的心上。我的心渐被这些草稿填满了，常觉得难于呼吸。我在苦恼中常常想，说真实自然须有极大的勇气的；假如没有这勇气，而苟安于虚伪，那也便是不能开辟新的生路的人。不独不是这个，连这人也未尝有！

子君有怨色，在早晨，极冷的早晨，这是从未见过的，但也许是从我看来的怨色。我那时冷冷地气愤和暗笑了；她所磨练的思想和豁达无畏的言论，到底也还是一个空虚，而对于这空虚却并未自觉。她早已什么书也不看，已不知道人的生活的第一着是求生，向着这求生的道路，是必须携手同行，或奋身孤往的了，倘使只知道捶着一个人的衣角，那便是虽战士也难于战斗，只得一同灭亡。

我觉得新的希望就只在我们的分离；她应该决然舍去，——我也突然想到她的死，然而立刻自责，忏悔了。幸而是早晨，时间正多，我可以说我的真实。我们的新的道路的开辟，便在这一遭。

我和她闲谈，故意地引起我们的往事，提到文艺，于是涉及外国的文人，文人的作品：《诺拉》，《海的女人》。称扬诺拉的果决……。也还是去年在会馆的破屋里讲过的那些话，但现在已经变成空虚，从我的嘴传入自己的耳中，时时疑心有一个隐形的坏孩子，在背后恶意地刻毒地学舌。

她还是点头答应着倾听，后来沉默了。我也就断续地说完了我的话，连余音都消失在虚空中了。

“是的。”她又沉默了一会，说，“但是，……涓生，我觉得你近来很两样了。可是的？你，——你老实告诉我。”

我觉得这似乎给了我当头一击，但也立即定了神，说出我的意见和主张来：新的路的开辟，新的生活的再造，为的是免得一同灭亡。

临末，我用了十分的决心，加上这几句话：

“……况且你已经可以无须顾虑，勇往直前了。你要我老实说；是的，人是不该虚伪的。我老实说罢：因为，因为我已经不爱你了！但这于你倒好得多，因为你更可以毫无挂念地做事……。”

我同时豫期着大的变故的到来，然而只有沉默。她脸色陡然变成灰黄，死了似的；瞬间便又苏生，眼里也发了稚气的闪闪的光泽。这眼光射向四处，正如孩子在饥渴中寻求着慈爱的母亲，但只在空中寻求，恐怖地回避着我的眼。

我不能看下去了，幸而是早晨，我冒着寒风径奔通俗图书馆。

在那里看见《自由之友》，我的小品文都登出了。这使我一惊，仿佛得了一点生气。我想，生活的路还很多，——但是，现在这样也还是不行的。

我开始去访问久已不相闻问的熟人，但这也不过一两次；他们的屋子自然是暖和的，我在骨髓中却觉得寒冽。夜间，便蜷伏在比冰还冷的冷屋中。

冰的针刺着我的灵魂，使我永远苦于麻木的疼痛。生活的路还很多，我也还没有忘却翅子的扇动，我想。——我突然想到她的死，然而立刻自责，忏悔了。

在通俗图书馆里往往瞥见一闪的光明，新的生路横在前面。她勇猛地觉悟了，毅然走出这冰冷的家，而且，——毫无怨恨的神色。我便轻如行云，漂浮空际，上有蔚蓝的天，下是深山大海，广厦高楼，战场，摩托车，洋场，公馆，晴明的闹市，黑暗的夜……。

而且，真的，我豫感得这新生面便要来到了。

我们总算度过了极难忍受的冬天，这北京的冬天；就如蜻蜓落在恶作剧的坏孩子的手里一般，被系着细线，尽情玩弄，虐待，虽然幸而没有送掉性命，结果也还是躺在地上，只争着一个迟早之间。

写给《自由之友》的总编辑已经有三封信，这才得到回信，信封里只有两张书券：两角的和三角的。我却单是催，就用了九分的邮票，一天的饥饿，又都白挨给于己一无所得的空虚了。

然而觉得要来的事，却终于来到了。

这是冬春之交的事，风已没有这么冷，我也更久地在外面徘徊；待到回家，大概已经昏黑。就在这样一个昏黑的晚上，我照常没精打采地回来，一看见寓所的门，也照常更加丧气，使脚步放得更缓。但终于走进自己的屋子里了，没有灯火；摸火柴点起来时，是异样的寂寞和空虚！

正在错愕中，官太太便到窗外来叫我出去。

“今天子君的父亲来到这里，将她接回去了。”她很简单地说。

这似乎又不是意料中的事，我便如脑后受了一击，无言地站着。

“她去了么？”过了些时，我只问出这样一句话。

“她去了。”

“她，——她可说什么？”

"没说什么。单是托我见你回来时告诉你，说她去了。"

我不信；但是屋子里是异样的寂寞和空虚。我遍看各处，寻觅子君；只见几件破旧而黯淡的家具，都显得极其清疏，在证明着它们毫无隐匿一人一物的能力。我转念寻信或她留下的字迹，也没有；只是盐和干辣椒，面粉，半株白菜，却聚集在一处了，旁边还有几十枚铜元。这是我们两人生活材料的全副，现在她就郑重地将这留给我一个人，在不言中，教我借此去维持较久的生活。

我似乎被周围所排挤，奔到院子中间，有昏黑在我的周围；正屋的纸窗上映出明亮的灯光，他们正在逗着孩子推笑。我的心也沉静下来，觉得在沉重的迫压中，渐渐隐约地现出脱走的路径：深山大泽，洋场，电灯下的盛筵；壕沟，最黑最黑的深夜，利刃的一击，毫无声响的脚步……。

心地有些轻松，舒展了，想到旅费，并且嘘一口气。

躺着，在合着的眼前经过的豫想的前途，不到半夜已经现尽；暗中忽然仿佛看见一堆食物，这之后，便浮出一个子君的灰黄的脸来，睁了孩子气的眼睛，恳托似的看着我。我一定神，什么也没有了。

但我的心却又觉得沉重。我为什么偏不忍耐几天，要这样急急地告诉她真话的呢？现在她知道，她以后所有的只是她父亲——儿女的债主——的烈日一般的严威和旁人的赛过冰霜的冷眼。此外便是虚空。负着虚空的重担，在严威和冷眼中走着所谓人生的路，这是怎么可怕的事呵！而况这路的尽头，又不过是——连墓碑也没有的坟墓。

我不应该将真实说给子君，我们相爱过，我应该永久奉献她我的说谎。如果真实可以宝贵，这在子君就不该是一个沉重的空虚。谎语当然也是一个空虚，然而临末，至多也不过这样地沉重。

我以为将真实说给子君，她便可以毫无顾虑，坚决地毅然前行，一如我们将要同居时那样。但这恐怕是我错误了。她当时的勇敢和无畏是因为爱。

我没有负着虚伪的重担的勇气，却将真实的重担卸给她了。她爱我之后，就要负了这重担，在严威和冷眼中走着所谓人生的路。

我想到她的死……。我看见我是一个卑怯者，应该被摈于强有力的人们，无论是真实者，虚伪者。然而她却自始至终，还希望我维持较久的生活……。

我要离开吉兆胡同，在这里是异样的空虚和寂寞。我想，只要离开这里，子君便如还在我的身边；至少，也如还在城中，有一天，将要出乎意表地访我，像住在会馆时候似的。

然而一切请托和书信，都是一无反响；我不得已，只好访问一个久不问候的世交去了。他是我伯父的幼年的同窗，以正经出名的拔贡，寓京很久，交游也广阔的。

大概因为衣服的破旧罢，一登门便很遭门房的白眼。好容易才相见，也还相识，但是很冷落。我们的往事，他全都知道了。

"自然，你也不能在这里了，"他听了我托他在别处觅事之后，冷冷地说，"但那里去呢？很难。——你那，什么呢，你的朋友罢，子君，你可知道，她死了。"

我惊得没有话。

"真的？"我终于不自觉地问。

"哈哈。自然真的。我家的王升的家，就和她家同村。"

"但是，——不知道是怎么死的？"

"谁知道呢。总之是死了就是了。"

我已经忘却了怎样辞别他，回到自己的寓所。我知道他是不说谎话的；子君总不会再来的了，像去年那样。她虽是想在严威和冷眼中负着虚空的重担来走所谓人生的路，也已经不能。她的命运，已经决定她在我所给与的真实——无爱的人间死灭了！

自然，我不能在这里了；但是，“那里去呢？”

四围是广大的空虚，还有死的寂静。死于无爱的人们的眼前的黑暗，我仿佛一一看见，还听得一切苦闷和绝望的挣扎的声音。

我还期待着新的东西到来，无名的，意外的。但一天一天，无非是死的寂静。

我比先前已经不大出门，只坐卧在广大的空虚里，一任这死的寂静侵蚀着我的灵魂。死的寂静有时也自己战栗，自己退藏，于是在这绝续之交，便闪出无名的，意外的，新的期待。

一天是阴沉的上午，太阳还不能从云里面挣扎出来；连空气都疲乏着。耳中听到细碎的步声和咻咻的鼻息，使我睁开眼。大致一看，屋子里还是空虚；但偶然看到地面，却盘旋着一匹小小的动物，瘦弱的，半死的，满身灰土的……。

我一细看，我的心就一停，接着便直跳起来。

那是阿随。它回来了。

我的离开吉兆胡同，也不单是为了房主人们和他家女工的冷眼，大半就为着这阿随。但是，“那里去呢？”新的生路自然还很多，我约略知道，也间或依稀看见，觉得就在我面前，然而我还没有知道跨进那里去的第一步的方法。

经过许多回的思量和比较，也还只有会馆是还能相容的地方。依然是这样的破屋，这样的板床，这样的半枯的槐树和紫藤，但那时使我希望，欢欣，爱，生活的，却全都逝去了，只有一个虚空，我用真实去换来的虚空存在。

新的生路还很多，我必须跨进去，因为我还活着。但我还不知道怎样跨出那第一步。有时，仿佛看见那生路就像一条灰白的长蛇，自己蜿蜒地向我奔来，我等着，等着，看看临近，但忽然便消失在黑暗里了。

初春的夜，还是那么长。长久的枯坐中记起上午在街头所见的葬式，前面是纸人纸马，后面是唱歌一般的哭声。我现在已经知道他们的聪明了，这是多么轻松简截的事。

然而子君的葬式却又在我的眼前，是独自负着虚空的重担，在灰白的长路上前行，而又即刻消失在周围的严威和冷眼里了。

我愿意真有所谓鬼魂，真有所谓地狱，那么，即使在孽风怒吼之中，我也将寻觅子君，当面说出我的悔恨和悲哀，祈求她的饶恕；否则，地狱的毒焰将围绕我，猛烈地烧尽我的悔恨和悲哀。

我将在孽风和毒焰中拥抱子君，乞她宽容，或者使她快意……。

但是，这却更虚空于新的生路；现在所有的只是初春的夜，竟还是那么长。我活着，我总得向着新的生路跨出去，那第一步，——却不过是写下我的悔恨和悲哀，为子君，为自己。

我仍然只有唱歌一般的哭声，给子君送葬，葬在遗忘中。

我要遗忘；我为自己，并且要不再想到这用了遗忘给子君送葬。

我要向着新的生路跨进第一步去，我要将真实深深地藏在心的创伤中，默默地前行，用遗忘和说谎做我的前导……

1925 年 10 月 21 日毕

（选自《彷徨》，人民文学出版社，2018）

【赏析】

《伤逝》是鲁迅唯一的一篇以青年的恋爱和婚姻为题材的短篇小说，创作于1925年，选自鲁迅小说集《彷徨》。《伤逝》中描写了一对青年的恋爱、婚姻悲剧。涓生和子君由自由恋爱而结合，但一年后他们又分离了。子君忧郁而死，涓生也痛悔不已。造成悲剧的原因是什么呢？鲁迅曾写有《娜拉走后怎样》一文，指出娜拉在个性觉醒后离家出走到社会上去，但如果没有经济权，没有经济制度的改革，很可能只有两条路：回来或是堕落。子君是中国20世纪20年代条件下的娜拉。她因个性觉醒而从旧家庭出走，但却走进了小家庭。她不问不管小家庭以外的广大天地，也不问不管小家庭家务以外的广大社会生活。但是，没有整个社会的改革、解放，恋爱婚姻问题是不能真正解决的；个性解放思想是无法抵抗社会的压迫的。仅只一年，子君被迫又回到她所走出的旧家庭，在传统偏见的巨大精神压力下忧郁而死。鲁迅正是通过子君的悲剧，揭示了个性解放不是妇女解放的道路。

【基础练习】

（1）子君的爱情为什么不能保鲜？作为现代女生或者男生，他们的爱情悲剧给你什么样的人生启示？论述主人公悲剧的原因。

（2）论述《伤逝》的思想内涵。

（3）谈谈《伤逝》的艺术特色。

春　桃

许地山[1]

【学习目标】

（1）了解许地山的思想与写作风格。

（2）把握《春桃》的创作背景。

（3）分析春桃、李茂、刘向高的人物形象。

（4）培养学生正确的人生观、价值观，提高个人修养。

这年的夏天分外地热。街上的灯虽然亮了，胡同口那卖酸梅汤的还像唱梨花鼓的姑娘耍着他的铜碗。一个背着一大篓字纸的妇人从他面前走过，在破草帽底下虽看不清她的脸，当她与卖酸梅汤的打招呼时，却可以理会她有满口雪白的牙齿。她背上担负得很重，甚至不能把腰挺直，只如骆驼一样，庄严地一步一步踱到自己门口。

进门是个小院，妇人住的是塌剩下的两间厢房。院子一大部分是瓦砾。在她的门前种着一棚黄瓜，几行玉米。窗下还有十几棵晚香玉。几根朽坏的梁木横在瓜棚底下，大概是她家最高贵的坐处。她一到门前，屋里出来一个男子，忙帮着她卸下背上的重负。

“媳妇，今儿回来晚了。”

妇人望着他，像很诧异他的话。“什么意思？你想媳妇想疯啦？别叫我媳妇，我说。”她一面走进屋里，把破草帽脱下，顺手挂在门后，从水缸边取了一个小竹筒向缸里一连舀了好几次，喝得换不过气来，张了一会嘴，到瓜棚底下把篓子拖到一边，便自坐在朽梁上。

那男子名叫刘向高。妇人的年纪也和他差不多，在三十左右，娘家也姓刘。除掉向高以外，没人知道她的名字叫做春桃。街坊叫她做捡烂纸的刘大姑，因为她的职业是整天在街头巷尾垃圾堆里讨生活，有时沿途嚷着“烂字纸换取灯儿”。一天到晚在烈日冷风里吃尘土，可是生来爱干净，无论冬夏，每天回家，她总得净身洗脸。替她预备水的照例是向高。

向高是个乡间高小毕业生，四年前，乡里闹兵灾，全家逃散了，在道上遇见同是逃难的春桃，一同走了几百里，彼此又分开了。

她随着人到北京来，因为总布胡同里一个西洋妇人要雇一个没混过事的乡下姑娘当“阿妈”，她便被荐去上工。主妇见她长得清秀，很喜爱她。她见主人老是吃牛肉，在馒头上涂牛油，喝茶还要加牛奶，来去鼓着一阵膻味，闻不惯。有一天，主人叫她带孩子到三贝子花园去，她理会主人家的气味有点像从虎狼栏里发出来的，心里越发难过，不到两个月，便辞了工。到平常人家去，乡下人不惯当差，又挨不得骂，上工不久，又不干了。在穷途上，她自己选了这捡烂纸换取灯儿的职业，一天的生活，勉强可以维持下去。

向高与春桃分别后的历史倒很简单，他到涿州去，找不着亲人，有一两个世交，听他说是逃难来的，都不很愿意留他住下，不得已又流到北京来。由别人的介绍，他认识胡同口那卖酸梅汤的老吴，老吴借他现在住的破院子住，说明有人来赁，他得另找地方。他没事做，只帮着老吴算算账，卖卖货。他白住房子白做活，只赚两顿吃。春桃的捡纸生活渐次发达了，原住的地方，人家不许他堆货，她便沿着德胜门墙根来找住处。一敲门，正是认识的刘向高。她不用经过许多手续，便向老吴赁下这房了，也留向高住下，帮她的忙。这都是三年前的事了。他认得几个字，在春桃捡来和换来的字纸里，也会抽出些少比较能卖钱的东西，如画片或某将军、某总长写的对联、信札之类。二人合作，事业更有进步。向高有时也教她认几个字，但没有什么功效，因为他自己认得的也不算多，解字就更难了。

他们同居这些年，生活状态，若不配说像鸳鸯，便说像一对小家雀罢。

言归正传。春桃进屋里，向高已提着一桶水在她后面跟着走。他用快活的声调说：“媳妇，快洗罢，我等饿了。今晚咱们吃点好的，烙葱花饼，赞成不赞成？若赞成，我就买葱酱去。”

“媳妇，媳妇，别这样叫，成不成？”春桃不耐烦地说。

“你答应我一声，明儿到天桥给你买一顶好帽子去。你不说帽子该换了么？”向高再要求。

“我不爱听。”

他知道妇人有点不高兴了，便转口问：“到底吃什么？说呀！”

“你爱吃什么，做什么给你吃。买去罢。”

向高买了几根葱和一碗麻酱回来，放在明间的桌上。春桃擦过澡出来，手里拿着一张红帖子。

“这又是那一位王爷的龙凤帖！这次可别再给小市那老李了。托人拿到北京饭店去，可以多卖些钱。”

“那是咱们的。要不然，你就成了我的媳妇啦？教了你一两年的字，连自己的姓名都认不得！”

“谁认得这么些字？别媳妇媳妇的，我不爱听。这是谁写的？”

“我填的。早晨巡警来查户口，说这两天加紧戒严，那家有多少人，都得照实报。老吴教我们把咱们写成两口子，省得麻烦。巡警也说写同居人，一男一女，不妥当。我便把上次没卖掉的那分空帖子填上了。我填的是辛未年咱们办喜事。”

“什么？辛未年？辛未年我那儿认得你？你别捣乱啦。咱们没拜过天地，没喝过交杯酒，不算两口子。”

春桃有点不愿意，可还和平地说出来。她换了一条蓝布裤。上身是白的，脸上虽没脂粉，却呈露着天然的秀丽。若她肯嫁的话，按媒人的行情，说是二十三四的小寡妇，最少还可以值得一百八十的。

她笑着把那礼帖搓成一长条，说："别捣乱！什么龙凤帖？烙饼吃了罢。"她掀起炉盖把纸条放进火里，随即到桌边和面。

向高说："烧就烧罢，反正巡警已经记上咱们是两口子；若是官府查起来，我不会说龙凤帖在逃难时候丢掉的么？从今儿起，我可要叫你做媳妇了。老吴承认，巡警也承认，你不愿意，我也要叫。媳妇嗳！媳妇嗳！明天给你买帽子去，戒指我打不起。"

"你再这样叫，我可要恼了。"

"看来，你还想着那李茂。"向高的神气没像方才那么高兴。他自己说着，也不一定要春桃听见，但她已听见了。

"我想他？一夜夫妻，分散了四五年没信，可不是白想？"

春桃这样说。她曾对向高说过她出阁那天的情形。花轿进了门，客人还没坐席，前头两个村子来人说，大队兵已经到了，四处拉人挖战壕，吓得大家都逃了，新夫妇也赶紧收拾东西，随着大众望西逃。同走了一天一宿。第二宿，前面连嚷几声"胡子来了，快躲罢"，那时大家只顾躲，谁也顾不了谁。到天亮时，不见了十几个人，连她丈夫李茂也在里头。她继续方才的话说："我想他一定跟着胡子走了，也许早被人打死了。得啦，别提他啦。"

她把饼烙好了，端到桌上。向高向沙锅里舀了一碗黄瓜汤，大家没言语，吃了一顿。吃完，照例在瓜棚底下坐坐谈谈。一点点的星光在瓜叶当中闪着。凉风把萤火送到棚上，像星掉下来一般。晚香玉也渐次散出香气来，压住四围的臭味。

"好香的晚香玉！"向高摘了一朵，插在春桃的髻上。

"别糟蹋我的晚香玉。晚上戴花，又不是窑姐儿。"她取下来，闻了一闻，便放在朽梁上头。

"怎么今儿回来晚啦？"向高问。

"吓！今儿做了一批好买卖！我下午正要回家，经过后门，瞧见清道夫推着一大车烂纸，问他从那儿推来的；他说是从神武门甩出来的废纸。我见里面红的、黄的一大堆，便问他卖不卖；他说，你要，少算一点装去罢。你瞧！"她指着窗下那大篓，"我花了一块钱，买那一大篓！赔不赔，可不晓得，明儿检一检得啦。"

"宫里出来的东西没个错。我就怕学堂和洋行出来的东西，分量又重，气味又坏，值钱不值，一点也没准。"

"近年来，街上包东西都作兴用洋报纸。不晓得那里来的那么些看洋报纸的人。捡起来真是分量又重，又卖不出多少钱。"

"念洋书的人越多，谁都想看看洋报，将来好混混洋事。"

"他们混洋事，咱们捡洋字纸。"

"往后恐怕什么都要带上个洋字，拉车要拉洋车，赶驴更赶洋驴，也许还有洋骆驼要来。"向高把春桃逗得笑起来了。

"你先别说别人。若是给你有钱，你也想念洋书，娶个洋媳妇。"

"老天爷知道，我绝不会发财。发财也不会娶洋婆子。若是我有钱，回乡下买几亩田，咱们两个种去。"

春桃自从逃难以来，把丈夫丢了，听见乡下两字，总没有好感想。她说："你还想回去？恐怕田还没买，连钱带人都没有了。没饭吃，我也不回去。"

"我说回我们锦县乡下。"

"这年头，那一个乡下都是一样，不闹兵，便闹贼；不闹贼，便闹日本，谁敢回去？还是在这里捡捡烂纸罢。咱们现在只缺一个帮忙的人。若是多个人在家替你归着东西，你白天便可以出去摆地摊，省得货过别人手里，卖漏了。”

“我还得学三年徒弟才成，卖漏了，不怨别人，只怨自己不够眼光。这几个月来我可学了不少。邮票，那种值钱，那种不值，也差不多会瞧了。大人物的信札手笔，卖得出钱，卖不出钱，也有一点把握了。前几天在那堆字纸里检出一张康有为的字，你说今天我卖了多少？”他很高兴地伸出拇指和食指比仿着，“八毛钱！”

“说是呢！若是每天在烂纸堆里能检出八毛钱就算顶不错，还用回乡下种田去？那不是自找罪受么？”春桃愉悦的声音就像春深的莺啼一样。她接着说：“今天这堆准保有好的给你检。听说明天还有好些，那人教我一早到后门等他。这两天宫里的东西都赶着装箱，往南方运，库里许多烂纸都不要。我瞧见东华门外也有许多，一口袋一口袋陆续地扔出来。明儿你也打听去。”

说了许多话，不觉二更打过。她伸伸懒腰站起来说：“今天累了，歇吧！”

向高跟着她进屋里。窗户下横着土炕，够两三人睡的。在微细的灯光底下，隐约看见墙上一边贴着八仙打麻雀的谐画，一边是烟公司“还是他好”的广告画。春桃的模样，若脱去破帽子，不用说到瑞蚨祥或别的上海成衣店，只到天桥搜罗一身落伍的旗袍穿上，坐在任何草地，也与“还是他好”里那摩登女差不上下。因此，向高常对春桃说贴的是她的小照。

她上了炕，把衣服脱光了，顺手揪一张被单盖着，躺在一边。向高照例是给她按按背，捶捶腿。她每天的疲劳就是这样含着一点微笑，在小油灯的闪烁中，渐次得着苏息。在半睡的状态中，她喃喃地说：“向哥，你也睡罢，别开夜工了，明天还要早起咧。”

妇人渐次发出一点微细的鼾声，向高便把灯灭了。

一破晓，男女二人又像打食的老鸹，急飞出巢，各自办各的事情去。

刚放过午炮，十刹海的锣鼓已闹得喧天。春桃从后门出来，背着纸篓，向西不压桥这边来。在那临时市场的路口，忽然听见路边有人叫她：“春桃，春桃！”

她的小名，就是向高一年之中也罕得这样叫唤她一声。自离开乡下以后，四五年来没人这样叫过她。

“春桃，春桃，你不认得我啦？”

她不由得回头一瞧，只见路边坐着一个叫化子。那乞怜的声音从他满长了胡子的嘴发出来。他站不起来，因为他两条腿已经折了。身上穿的一件灰色的破军衣，白铁钮扣都生了锈，肩膀从肩章的破缝露出，不伦不类的军帽斜戴在头上，帽章早已不见了。

春桃望着他一声也不响。

“春桃，我是李茂呀！”

她进前两步，那人的眼泪已带着灰土透入蓬乱的胡子里。

她心跳得慌，半晌说不出话来，至终说：“茂哥，你在这里当叫化子啦？你两条腿怎么丢啦？”

“嗳，说来话长。你从多喒起在这里呢？你卖的是什么？”

“卖什么！我捡烂纸咧。……咱们回家再说罢。”

她雇了一辆洋车，把李茂扶上去，把篓子也放在车上，自己在后面推着。一直来到德胜门墙根，车夫帮着她把李茂扶下来。进了胡同口，老吴敲着小铜碗，一面问：“刘大姑，今儿早回家，买卖好呀？”

“来了乡亲啦。”她应酬了一句。

李茂像只小狗熊，两只手按在地上，帮助两条断腿爬着。

她从口袋里拿出钥匙，开了门，引着男子进去。她把向高的衣服取一身出来，像向高每天所做的，到井边打了两桶水倒在小澡盆里教男人洗澡。洗过以后，又倒一盆水给他洗脸。然后扶他上炕坐，自己在明间也洗一回。

“春桃，你这屋里收拾得很干净，一个人住吗?”

“还有一个伙计。”春桃不迟疑地回答他。

“做起买卖来啦?”

“不告诉你就是捡烂纸么?”

“捡烂纸？一天捡得出多少钱?”

“先别盘问我，你先说你的罢。”

春桃把水泼掉，理着头发进屋里来，坐在李茂对面。

李茂开始说他的故事：

“春桃，唉，说不尽哟！我就说个大概罢。

“自从那晚上教胡子绑去以后，因为不见了你，我恨他们，夺了他们一杆枪，打死他们两个人，拚命地逃。逃到沈阳，正巧边防军招兵，我便应了招。在营里三年，老打听家里的消息，人来都说咱们村里都变成砖瓦地了。咱们的地契也不晓得现在落在谁手里。咱们逃出来时，偏忘了带着地契。因此这几年也没告假回乡下瞧瞧。在营里告假，怕连几块钱的饷也告丢了。

“我安分当兵，指望月月关饷，至于运到升官，本不敢盼。也是我命里合该有事：去年年头，那团长忽然下一道命令，说，若团里的兵能瞄枪连中九次靶，每月要关双饷，还升差事。一团人没有一个中过四枪；中，还是不进红心。我可连发连中，不但中了九次红心，连剩下那一颗子弹，我也放了。我要显本领，背着脸，弯着腰，脑袋向地，枪从裤裆放过去，不偏不歪，正中红心。当时我心里多么快活呢。那团长教把我带上去。我心里想着总要听几句褒奖的话。不料那畜生翻了脸，愣说我是胡子，要枪毙我！他说若不是胡子，枪法决不会那么准。我的排长、队长都替我求情，担保我不是坏人，好容易不枪毙我了，可是把我的正兵革掉，连副兵也不许我当。他说，当军官的难免不得罪弟兄们，若是上前线督战，队里有个像我瞄得那么准，从后面来一枪，虽然也算阵亡，可值不得死在仇人手里。大家没话说，只劝我离开军队，找别的营生去。

“我被革了不久，日本人便占了沈阳；听说那狗团长领着他的军队先投降去了。我听见这事，愤不过，想法子要去找那奴才。我加入义勇军，在海城附近打了几个月，一面打，一面退到关里。前个月在平谷东北边打，我去放哨，遇见敌人，伤了我两条腿。那时还能走，躲在一块大石底下，开枪打死他几个。我实在支持不住了，把枪扔掉，向田边的小道爬，等了一天、两天，还不见有红十字会的人来。伤口越肿越厉害，走不动又没吃的喝的，只躺在一边等死。后来可巧有一辆大车经过，赶车的把我扶了上去，送我到一个军医的帐幕。他们又不瞧，只把我扛上汽车，往后方医院送。已经伤了三天，大夫解开一瞧，说都烂了，非用锯不可。在院里住了一个多月，好是好了，就丢了两条腿。我想在此地举目无亲，乡下又回不去；就说回去得了，没有腿怎能种田？求医院收容我，给我一点事情做，大夫说医院管治不管留，也不管找事。此地又没有残废兵留养院，迫着我不得不出来讨饭，今天刚是第三天。这两天我常想着，若是这样下去，我可受不了，非上吊不可。”

春桃注神听他说，眼眶不晓得什么时候都湿了。她还是静默着。李茂用手抹抹额上的汗，也歇了一会。

“春桃，你这几年呢？这小小地方虽不如咱们乡下那么宽敞，看来你倒不十分苦。”

“谁不受苦？苦也得想法子活。在阎罗殿前，难道就瞧不见笑脸？这几年来，我就是干这捡烂纸换取灯的生活，还有一个姓刘的同我合伙。我们两人，可以说不分彼此，勉强能度过日子。”

“你和那姓刘的同住在这屋里？”

“是，我们同住在这炕上睡。”春桃一点也不迟疑，她好像早已有了成见。

“那么，你已经嫁给他？”

“不，同住就是。”

“那么，你现在还算是我的媳妇？”

“不，谁的媳妇，我都不是。”

李茂的夫权意识被激动了。他可想不出什么话来说。两眼注视着地上，当然他不是为看什么，只为有点不敢望着他的媳妇。至终他沉吟了一句：“这样，人家会笑话我是个活王八。”

“王八？”妇人听了他的话，有点翻脸，但她的态度仍是很和平。她接着说：“有钱有势的人才怕当王八。像你，谁认得？活不留名，死不留姓，王八不王八，有什么相干？现在，我是我自己，我做的事，决不会玷着你。”

“咱们到底还是两口子，常言道，一夜夫妻百日恩——”

“百日恩不百日恩我不知道。”春桃截住他的话，“算百日恩，也过了好十几个百日恩。四五年间，彼此不知下落；我想你也想不到会在这里遇见我。我一个人在这里，得活，得人帮忙。我们同住了这些年，要说恩爱，自然是对你薄得多。今天我领你回来，是因为我爹同你爹的交情，我们还是乡亲。你若认我做媳妇，我不认你，打起官司，也未必是你赢。”

李茂掏掏他的裤带，好像要拿什么东西出来，但他的手忽然停住，眼睛望望春桃，至终把手缩回去撑着席子。

李茂没话，春桃哭。日影在这当中也静静地移了三四分。

“好罢，春桃，你做主。你瞧我已经残废了，就使你愿意跟我，我也养不活你。”李茂到底说出这英明的话。

“我不能因为你残废就不要你，不过我也舍不得丢了他。大家住着，谁也别想谁是养活着谁，好不好？”春桃也说了她心里的话。

李茂的肚子发出很微细的咕噜咕噜声音。

“噢，说了大半天，我还没问你要吃什么！你一定很饿了。”

“随便罢，有什么吃什么。我昨天晚上到现在还没吃，只喝水。”

“我买去。”春桃正踏出房门，向高从院外很高兴地走进来，两人在瓜棚底下撞了个满怀。“高兴什么？今天怎样这早就回来？”

“今天做了一批好买卖！昨天你背回的那一篓，早晨我打开一看，里头有一包是明朝高丽王上的表章，一分至少可卖五十块钱。现在我们手里有十分！方才散了几分给行里，看看主儿出得多少，再发这几分。里头还有两张盖上端明殿御宝的纸，行家说是宋家的，一给价就是六十块，我没敢卖，怕卖漏了，先带回来给你开开眼。你瞧……”他说时，一面把手里的旧蓝布包袱打开，拿出表章和旧纸来。“这是端明殿御宝。”他指着纸上的印纹。

“若没有这个印，我真看不出有什么好处，洋宣比它还白咧。怎么官里管事的老爷们也和我一样不懂眼？”春桃虽然看了，却不晓得那纸的值钱处在那里。

“懂眼？若是他们懂眼，咱们还能换一块几毛么？”向高把纸接过去，仍旧和表章包在包袱里。他笑着对春桃说：“我说，媳妇……”

春桃看了他一眼，说：“告诉你别管我叫媳妇。”

向高没理会她，直说："可巧你也早回家。买卖想是不错。"

"早晨又买了像昨天那样的一篓。"

"你不说还有许多么？"

"都教他们送到晓市卖到乡下包落花生去了！"

"不要紧，反正咱们今天开了光，头一次做上三十块钱的买卖。我说，咱们难得下午都在家，回头咱们上十刹海逛逛，消消暑去，好不好？"

他进屋里，把包袱放在桌上。春桃也跟进来。她说："不成，今天来了人了。"说着掀开帘子，点头招向高，"你进去。"

向高进去，她也跟着。"这是我原先的男人。"她对向高说过这话，又把他介绍给李茂说，"这是我现在的伙计。"

两个男子，四只眼睛对着，若是他们眼球的距离相等，他们的视线就会平行地接连着。彼此都没话，连窗台上歇的两只苍蝇也不做声。这样又教日影静静地移一二分。

"贵姓？"向高明知道，还得照例地问。

彼此谈开了。

"我去买一点吃的。"春桃又向着向高说，"我想你也还没吃罢？烧饼成不成？"

"我吃过了。你在家，我买去罢。"

妇人把向高拖到炕上坐下，说："你在家陪客人谈话。"给了他一副笑脸，便自出去。

屋里现在剩下两个男人，在这样情况底下，若不能一见如故，便得打个你死我活。好在他们是前者的情形。但我们别想李茂是短了两条腿，不能打。我们得记住向高是拿过三五年笔杆的，用李茂的分量满可以把他压死。若是他有枪，更省事，一动指头，向高便得过奈何桥。

李茂告诉向高，春桃的父亲是个乡下财主，有一顷田。他自己的父亲就在他家做活和赶叫驴。因为他能瞄很准的枪，她父亲怕他当兵去，便把女儿许给他，为的是要他保护庄里的人们。这些话，是春桃没向他说过的。他又把方才春桃说的话再述一遍，渐次迫到他们二人切身的问题上头。

"你们夫妇团圆，我当然得走开。"向高在不愿意的情态底下说出这话。

"不，我已经离开她很久，现在并且残废了，养不活她，也是白搭。你们同住这些年，何必拆？我可以到残废院去。听说这里有，有人情便可进去。"

这给向高很大的诧异。他想，李茂虽然是个大兵，却料不到他有这样的侠气。他心里虽然愿意，嘴上还不得不让。这是礼仪的狡猾，念过书的人们都懂得。

"那可没有这样的道理。"向高说，"教我冒一个霸占人家妻子的罪名，我可不愿意。为你想，你也不愿意你妻子跟别人住。"

"我写一张休书给她，或写一张契给你，两样都成。"李茂微笑诚意地说。

"休？她没什么错，休不得。我不愿意丢她的脸。卖？我那儿有钱买？我的钱都是她的。"

"我不要钱。"

"那么，你要什么？"

"我什么都不要。"

"那又何必写卖契呢？"

"因为口讲无凭，日后反悔，倒不好了。咱们先小人，后君子。"

说到这里，春桃买了烧饼回来。她见二人谈得很投机，心下十分快乐。

"近来我常想着得多找一个人来帮忙，可巧茂哥来了。他不能走动，正好在家管管事，检检纸。你当跑外卖货。我还是当捡货的。咱们三人开公司。"春桃另有主意。

李茂让也不让，拿着烧饼望嘴送，像从饿鬼世界出来的一样，他没工夫说话了。

“两个男人，一个女人，开公司？本钱是你的？”向高发出不需要的疑问。

“你不愿意吗？”妇人问。

“不，不，不，我没有什么意思。”向高心里有话，可说不出来。

“我能做什么？整天坐在家里，干得了什么事？”李茂也有点不敢赞成。他理会向高的意思。

“你们都不用着急，我有主意。”

向高听了，伸出舌头舐舐嘴唇，还吞了一口唾沫。李茂依然吃着，他的眼睛可在望春桃，等着听她的主意。

捡烂纸大概是女性中心的一种事业。她心中已经派定李茂在家把旧邮票和纸烟盒里的画片检出来。那事情，只要有手有眼，便可以做。她合一合，若是天天有一百几十张卷烟画片可以从烂纸堆里检出来，李茂每月的伙食便有了门。邮票好的和罕见的，每天能检得两三个，也就不劣。外国烟卷在这城里，一天总销售一万包左右，纸包的百分之一给她捡回来，并不算难。至于向高还是让他检名人书札，或比较可以多卖钱的东西。他不用说已经是个行家，不必再受指导。她自己干那吃力的工作，除去下大雨以外，在狂风烈日底下，是一样地出去捡货。尤其是在天气不好的时候，她更要工作，因为同业们有些就不出去。

她从窗户望望太阳，知道还没到两点，使出到明间，把破草帽仍旧戴上，探头进房里对向高说：“我还得去打听宫里还有东西出来没有。你在家招呼他。晚上回来，我们再商量。”

向高留她不住，便由她走了。

好几天的光阴都在静默中度过。但二男一女同睡一铺炕上定然不很顺心。多夫制的社会到底不能够流行得很广。其中的一个缘故是一般人还不能摆脱原始的夫权和父权思想。

由这个，造成了风俗习惯和道德观念。老实说，在社会里，依赖人和掠夺人的，才会遵守所谓风俗习惯；至于依自己的能力而生活的人们，心目中并不很看重这些。像春桃，她既不是夫人，也不是小姐；她不会到外交大楼去赴跳舞会，也没有机会在隆重的典礼上当主角。她的行为，没人批评，也没人过问；纵然有，也没有切肤之痛。监督她的只有巡警，但巡警是很容易对付的。两个男人呢，向高诚然念过一点书，含糊地了解些圣人的道理，除掉些少名分的观念以外，他也和春桃一样。但他的生活，从同居以后，完全靠着春桃。春桃的话，是从他耳朵进去的维他命，他得听，因为于他有利。春桃教他不要嫉妒，他连嫉妒的种子也都毁掉。李茂呢，春桃和向高能容他住一天便住一天，他们若肯认他做亲戚，他便满足了。当兵的人照例要丢一两个妻子。但他的困难也是名分上的。

向高的嫉妒虽然没有，可是在此以外的种种不安，常往来于这两个男子当中。

暑气仍没减少，春桃和向高不是到汤山或北戴河去的人物。他们日间仍然得出去谋生活。李茂在家，对于这行事业可算刚上了道，他已能分别那一种是要送到万柳堂或天宁寺去做糙纸的，那一样要留起来的，还得等向高回来鉴定。

春桃回家，照例还是向高侍候她。那时已经很晚了，她在明间里闻见蚊烟的气味，便向着坐在瓜棚底下的向高说：

“咱们多会点过蚊烟，不留神，不把房子点着了才怪咧。”

向高还没回答，李茂便说：“那不是熏蚊子，是熏秽气，我央刘大哥点的。我打算在外面地下睡。屋里太热，三人睡，实在不舒服。”

“我说，桌上这张红帖子又是谁的？”春桃拿起来看。

"我们今天说好了，你归刘大哥。那是我立给他的契。"声从屋里的炕上发出来。

"哦，你们商量着怎样处置我来！可是我不能由你们派。"

她把红帖子拿进屋里，问李茂，"这是你的主意，还是他的？"

"是我们俩的主意。要不然，我难过，他也难过。"

"说来说去，还是那话。你们都别想着咱们是丈夫和媳妇，成不成？"

她把红帖子撕得粉碎，气有点粗。

"你把我卖多少钱？"

"写几十块钱做个彩头。白送媳妇给人，没出息。"

"卖媳妇，就有出息？"她出来对向高说，"你现在有钱，可以买媳妇了。若是给你阔一点……"

"别这样说，别这样说。"向高拦住她的话，"春桃，你不明白。这两天，同行的人们直笑话我。……"

"笑你什么？"

"笑我……"向高又说不出来。其实他没有很大的成见，春桃要怎办，十回有九回是遵从的。他自己也不明白这是什么力量。在她背后，他想着这样该做，那样得照他的意思办；可是一见了她，就像见了西太后似地，样样都要听她的懿旨。

"噢，你到底是念过两天书，怕人骂，怕人笑话。"

自古以来，真正统治民众的并不是圣人的教训，好像只是打人的鞭子和骂人的舌头。风俗习惯是靠着打骂维持的。但在春桃心里，像已持着"人打还打，人骂还骂"的态度。她不是个弱者，不打骂人，也不受人打骂。我们听她教训向高的话，便可以知道。

"若是人笑话你，你不会揍他？你露什么怯？咱们的事，谁也管不了。"

向高没话。

"以后不要再提这事罢。咱们三人就这样活下去，不好吗？"

一屋里都静了。吃过晚饭，向高和春桃仍是坐在瓜棚底下，只不像往日那么爱说话。连买卖经也不念了。

李茂叫春桃到屋里，劝她归给向高。他说男人的心，她不知道，谁也不愿意当王八；占人妻子，也不是好名誉。他从腰间拿出一张已经变成暗褐色的红纸帖，交给春桃，说："这是咱们的龙凤帖。那晚上逃出来的时候，我从神龛上取下来，揣在怀里。现在你可以拿去，就算咱们不是两口子。"

春桃接过那红帖子，一言不发，只注视着炕上破席。她不由自主地坐下，挨近那残废的人，说："茂哥，我不能要这个，你收回去罢。我还是你的媳妇。一夜夫妻百日恩，我不做缺德的事。今天看你走不动，不能干大活，我就不要你，我还能算人吗？"

她把红帖也放在炕上。

李茂听了她的话，心里很受感动。他低声对春桃说："我瞧你怪喜欢他的，你还是跟他过日子好。等有点钱，可以打发我回乡下，或送我到残废院去。"

"不瞒你说，"春桃的声音低下去，"这几年我和他就同两口子一样活着，样样顺心，事事如意；要他走，也怪舍不得。不如叫他进来商量，瞧他有什么主意。"她向着窗户叫，"向哥，向哥！"可是一点回音也没有。出来一瞧，向哥已不在了。

这是他第一次晚间出门。她楞一会，便向屋里说："我找他去。"

她料想向高不会到别的地方去。到胡同口，问问老吴。老吴说望大街那边去了。她到他常交易的地方去，都没找着。人很容易丢失，眼睛若见不到，就是渺渺茫茫无寻觅处。快到一点钟，她才懊丧地回家。

屋里的油灯已经灭了。

“你睡着啦？向哥回来没有？”她进屋里，掏出洋火，把灯点着，向炕上一望，只见李茂把自己挂在窗棂上，用的是他自己的裤带。她心里虽免不了存着女性的恐慌，但是还有胆量紧爬上去，把他解下来。幸而时间不久，用不着惊动别人，轻轻地抚揉着他，他渐次苏醒回来。

杀自己的身来成就别人是侠士的精神。若是李茂的两条腿还存在，他也不必出这样的手段。两三天以来，他总觉得自己没多少希望，倒不如毁灭自己，教春桃好好地活着。春桃于他虽没有爱，却很有义。她用许多话安慰他，一直到天亮。他睡着了，春桃下炕，见地上一些纸灰，还剩下没烧完的红纸。她认得是李茂曾给他的那张龙凤帖，直望着出神。

那天她没出门。晚上还陪李茂坐在炕上。

“你哭什么？”春桃见李茂热泪滚滚地滴下来，便这样问他。

“我对不起你。我来干什么？”

“没人怨你来。”

“现在他走了，我又短了两条腿。……”

“你别这样想。我想他会回来。”

“我盼望他会回来。”

又是一天过去了，春桃起来，到瓜棚摘了两条黄瓜做菜，草草地烙了一张大饼，端到屋里，两个人同吃。

她仍旧把破帽戴着，背上篓子。

“你今天不大高兴，别出去啦！”李茂隔着窗户对她说。

“坐在家里更闷得慌。”

她慢慢地踱出门。作活是她的天性，虽在沉闷的心境中，她也要干。中国女人好像只理会生活，而不理会爱情，生活的发展是她所注意的，爱情的发展只在盲闷的心境中沸动而已。自然，爱只是感觉，而生活是实质的，整天躺在锦帐里或坐在幽林中讲爱经，也是从皇后船或总统船运来的知识。春桃既不是弄潮儿的姊妹，也不是碧眼胡的学生，她不懂得，只会莫名其妙地纳闷。

一条胡同过了又是一条胡同。无量的尘土，无尽的道路，涌着这沉闷的妇人。她有时嚷“烂纸换洋取灯儿”，有时连路边一堆不用换的旧报纸，她都不捡。有时该给人两盒取灯，她却给了五盒。胡乱地过了一天，她便随着天上那班只会嚷嚷和抢吃的黑衣党慢慢地踱回家。仰头看见新贴上的户口照，写的户主是刘向高妻刘氏，使她心里更闷得厉害。

刚踏进院子，向高从屋里赶出来。

她瞪着眼，只说：“你回来……”其余的话用眼泪连续下去。

“我不能离开你，我的事情都是你成全的。我知道你要我帮忙。我不能无情无义。”其实他这两天在道上漫散地走，不晓得要往那里去。走路的时候，直像脚上扣着一条很重的铁镣，那一面是扣在春桃手上一样。加以到处都遇见“还是他好”的广告，心情更受着不断的搅动，甚至饿了他也不知道。

“我已经同向哥说好了。他是户主，我是同居。”

向高照旧帮她卸下篓子。一面替她抹掉脸上的眼泪。他说：“若是回到乡下，他是户主，我是同居。你是咱们的媳妇。”

她没有做声，直进屋里，脱下衣帽，行她每日的洗礼。

买卖经又开始在瓜棚底下念开了。他们商量把宫里那批字纸卖掉以后，向高便可以在市场里摆一个小摊，或者可以搬到一间大一点点的房子去住。

屋里，豆大的灯火，教从瓜棚飞进去的一只油葫芦扑灭了。李茂早已睡熟，因为银河已经低了。

“咱们也睡罢。”妇人说。

“你先躺去，一会我给你捶腿。”

“不用啦，今天我没走多少路。明儿早起，记得做那批买卖去，咱们有好几天不开张了。”

“方才我忘了拿给你。今天回家，见你还没回来，我特意到天桥去给你带一顶八成新的帽子回来。你瞧瞧！”他在暗里摸着那帽子，要递给她。

“现在那里瞧得见！明天我戴上就是。”

院子都静了，只剩下晚香玉的香还在空气中游荡。屋里微微地可以听见“媳妇”和“我不爱听，我不是你的媳妇”等对答。

（选自《春桃》，中国工人出版社，2016）

【注释】

[1] 许地山，名赞堃，字地山，笔名落华生、落花生（古时“华”同“花”，所以也叫落花生）。籍贯广东揭阳。1917年考入燕京大学文学院，1920年毕业并留校任教。期间与瞿秋白、郑振铎等人联合主办《新社会》旬刊，积极宣传革命。“五四”前后从事文学活动，后转入英国牛津大学曼斯菲尔学院研究宗教学、印度哲学、梵文等。1935年应聘为香港大学文学院主任教授，遂举家迁往香港。在港期间曾兼任香港中英文化协会主席。一生著作颇多，有《空山灵雨》《缀网劳蛛》等。

【赏析】

《春桃》写于1934年，是作者后期的一篇短篇小说。

小说写了主人公春桃在一次战乱后的遭遇。在与结婚才一天的丈夫失散了四五年之后，她与另一个相依为命的同难者建立起了真正的感情，但就在这时她的前夫出现了，而且已失去了双腿，沦为乞丐。他们在这难解的矛盾面前，几经波折，终于建立起了新的关系。在这里有矛盾，而没有争夺；有悲剧，而没有相残。促使他们结合在一起的是在共同的悲惨命运面前的相互体谅和依存。作者通过对这些情况的细致的刻画，谴责了战乱频繁的旧社会，展示了劳动人民美好的心灵、宽广的胸怀、善良的品质，从而也使作品显出了亮色。

作品取材新颖、情节独特，小说的结尾出人意表，语言也富有表现力。

【基础练习】

（1）你怎样理解春桃的爱情观？

（2）你怎样理解李茂和向高的选择？

（3）试着把这篇小说改编成四幕话剧，分小组排练表演。

凤栖梧

柳永[1]

伫倚危楼[2]风细细。望极春愁，黯黯生天际[3]。

草色烟光残照里，无言谁会凭栏意。
拟把疏狂图一醉[4]。对酒当歌，强乐还无味。
衣带渐宽终不悔[5]，为伊消得人憔悴[6]。

（选自《宋词三百首》，中华书局，2018）

【注释】

[1] 柳永（约 984 年—约 1053 年），原名三变，字景庄，后改名柳永，字耆卿，因排行第七，又称柳七，崇安（今福建武夷山）人，生于沂州费县（今山东费县），北宋词人，婉约派代表人物。

[2] 伫倚危楼：伫，久立。危，高耸貌。

[3] “望极”二句：望极，极目远望。黯黯，心情沮丧。

[4] 疏狂：散漫放诞。图：谋取。

[5] 衣带渐宽：《古诗十九首·行行重行行》：“相去日已远，衣带日以缓。”此谓别后，人消瘦了，衣带渐宽了。

[6] “为伊”：伊，指其所爱之人。《诗·秦风·蒹葭》：“所谓伊人，在水一方。”消得，禁得起。憔悴，愁损貌。

清平乐·风鬟雨鬓

清 纳兰性德[1]

风鬟雨鬓[2]，偏是来无准。倦倚玉阑看月晕[3]，容易语低香近[4]。
软风[5]吹遍窗纱，心期[6]便隔天涯。从此伤春伤别，黄昏只对梨花。

（选自《纳兰词今译》，中华书局，2019）

【注释】

[1] 纳兰性德（1655—1685），叶赫那拉氏，字容若，号楞伽山人，满洲正黄旗人，清朝初年词人。

[2] 风鬟雨鬓：形容女子头发蓬松散乱，未加修饰。语出唐人小说《柳毅传》。

[3] 月晕：月亮周围环绕的光气。

[4] 语低香近：晏几道《清平乐》词“勾引行人添别愁，因是语低香近。”香指女子身上散发的香气。

[5] 软风：轻柔的风。

[6] 心期：原指朋友间两心互相期许，这里是恋人心心相印的意思。

给亡妇

朱自清[1]

谦，日子真快，一眨眼你已经死了三个年头了。这三年里世事不知变化了多少回，但你未必注意这些个，我知道。你第一惦记的是你几个孩子，第二便轮着我。孩子和我平分你的世界，你在日如此；你死后若还有知，想来还如此的。告诉你，我夏天回家来着：迈儿长得结实极了，比我高一个头。闰儿父亲说是最乖，可是没有先前胖了。采芷和转子都好。五儿全家夸她长得好看；却在腿上生了湿疮，整天坐在竹床上不能下来，看了怪可怜的。六儿，我怎么说好，你明白，你临终时也和母亲谈过，这孩子是只可以养着玩儿的，他左挨右挨去年春天，到底没有挨过去。这孩子生了几个月，你的肺病就重起来了。我劝你少亲近他，只监督着老妈子照管就行。你总是忍不住，一会儿提，一会儿抱的。可是你病中为他操的那一份儿心也够瞧的。那一个夏天他病的时候多，你成天儿忙着，汤呀，药呀，冷呀，暖呀，连觉也没有好好儿睡过。哪里有一分一毫想着你自己。瞧着他硬朗点儿你就乐，干枯的笑容在黄蜡般的脸上，我只有暗中叹气而已。

从来想不到做母亲的要像你这样。从迈儿起，你总是自己喂乳，一连四个都这样。你起初不知道按钟点儿喂，后来知道了，却又弄不惯；孩子们每夜里几次将你哭醒了，特别是闷热的夏季。我瞧你的觉老没睡足。白天里还得做菜，照料孩子，很少得空儿。你的身子本来坏，四个孩子就累你七八年。到了第五个，你自己实在不成了，又没乳，只好自己喂奶粉，另雇老妈子专管她。但孩子跟老妈子睡，你就没有放过心；夜里一听见哭，就竖起耳朵听，工夫一大就得过去看。十六年初，和你到北京来，将迈儿，转子留在家里；三年多还不能去接他们，可真把你惦记苦了。你并不常提，我却明白。你后来说你的病就是惦记出来的；那个自然也有份儿，不过大半还是养育孩子累的。你的短短的十二年结婚生活，有十一年耗费在孩子们身上；而你一点不厌倦，有多少力量用多少，一直到自己毁灭为止。你对孩子一般儿爱，不问男的女的，大的小的。也不想到什么“养儿防老，积谷防饥”，只拼命的爱去。你对于教育老实说有些外行，孩子们只要吃得好玩得好就成了。这也难怪你，你自己便是这样长大的。况且孩子们原都还小，吃和玩本来也要紧的。你病重的时候最放不下的还是孩子。病的只剩皮包着骨头了，总不信自己不会好；老说：“我死了，这一大群孩子可苦了。”后来说送你回家，你想着可以看见迈儿和转子，也愿意；你万想不到会一走不返的。我送车的时候，你忍不住哭了，说：“还不知能不能再见？”可怜，你的心我知道，你满想着好好儿带着六个孩子回来见我的。谦，你那时一定这样想，一定的。

除了孩子，你心里只有我。不错，那时你父亲还在；可是你母亲死了，他另有个女人，你老早就觉得隔了一层似的。出嫁后第一年你虽还一心一意依恋着他老人家，到第二年上我和孩子可就将你的心占住，你再没有多少工夫惦记他了。你还记得第一年我在北京，你在家里。家里来信说你待不住，常回娘家去。我动气了，马上写信责备你。你教人写了一封复信，说家里有事，不能不回去。这是你第一次也可以说第末次的抗议，我从此就没给你写信。暑假时带了一肚子主意回去，但见了面，看你一脸笑，也就拉倒了。打这时候起，你渐渐从你父亲的怀里跑到我这儿。你换了金镯子帮助我的学费，叫我以后还你；但直到你死，我没有还你。你在我家受了许多气，又因为我家的缘故受你家里的气，你都忍着。这全为的是我，我知道。那回我从家乡一个中学半途辞职出走。家里人讽你也走。哪里走！只得硬着头皮往你家去。那时你家像个冰窖子，你们在窖里足足住了三个月。好容易我才将你们领出来了，一同上外省去。小家庭这样组织起来了。你虽不是什么阔小姐，可也是自小娇生惯养的，做起主妇来，什么都得干一两手；你居然做下去了，而且高高兴兴地做下去了。菜照例满是你做，可是吃的都是我们；你至多夹上两三筷子就算了。你的菜做得不坏，有一位老在行大大地夸奖过你。你洗衣服也不错，夏天我的绸大褂大概总是你亲自动手。你在家老不乐意闲着；坐前几个“月子”，老是四五天就起床，说是躺着家里事没条没理的。其实你起来也还不是没条理；咱们家那么多孩子，哪儿来条理？在浙江住的时候，逃过两回兵难，我都在北平。真亏你领着母亲和一群孩子东藏西躲的；末一回还要走多少里路，翻一道大岭。这两回差不多只靠你一个人。你不但带了母亲和孩子们，还带了我一箱箱的书；你知道我是最爱书的。在短短的十二年里，你操的心比人家一辈子还多；谦，你那样身子怎么经得住！你将我的责任一股脑儿担负了去，压死了你；我如何对得起你！

你为我的劳什子书也费了不少神；第一回让你父亲的男佣人从家乡捎到上海去。他说了几句闲话，你气得在你父亲面前哭了。第二回是带着逃难，别人都说你傻子。你有你的想头：“没有书怎么教书？况且他又爱这个玩意儿。”其实你没有晓得，那些书丢了也并不可惜；不过教你怎么晓得，我平常从来没和你谈过这些个！总而言之，你的心是可感谢的。这十二年里你为我吃的苦真不少，可是没有过几天好日子。我们在一起住，算来也还不到五个年头。无论日子怎么坏，无论是离是合，你从来没对我发过脾气，连一句怨言也没有。——别说怨我，就是怨命也没有过。老实说，我的脾气可不大好，迁怒的事儿有的是。那些时候你往往抽噎着流眼泪，从不回嘴，也不号啕。不过我也只信得过你一个人，有些话我只和你一个人说，因为世界上只你一个人真关心我，真同情我。你不但为我吃苦，更为我分苦；我之有我现在的精神，大半是你给我培养着的。这些年来我很少生病。但我最不耐烦生病，生了病就呻吟不绝，闹那伺候病的人。你是领教过一回的，那回只一两点钟，可是也够麻烦了。你常生病，却总不开口，挣扎着起来；一来怕搅我，二来怕没人做你那份儿事。我有一个坏脾气，怕听人生病，也是真的。后来你天天发烧，自己还以为南方带来的疟疾，一直瞒着我。明明躺着，听见我的脚步，一骨碌就坐起来。我渐渐有些奇怪，让大夫一瞧，这可糟了，你的一个肺已烂了一个大窟窿了！大夫劝你到西山去静养，你丢不下孩子，又舍不得钱；劝你在家里躺着，你也丢不下那份儿家务。越看越不行了，这才送你回去。明知凶多吉少，想不到只一个月工夫你就完了！本来盼望还见得着你，这一来可拉倒了。你也何尝想到这个？父亲告诉我，你回家独住着一所小住宅，还嫌没有客厅，怕我回去不便哪。

前年夏天回家，上你坟上去了。你睡在祖父母的下首，想来还不孤单的。只是当年祖父母的坟太小了，你正睡在圹底下。这叫做"抗圹"，在生人看来是不安心的；等着想办法哪。那时圹上圹下密密地长着青草，朝露浸湿了我的布鞋。你刚埋了半年多，只有圹下多出一块土，别的全然看不出新坟的样子。我和隐今夏回去，本想到你的坟上来；因为她病了没来成。我们想告诉你，五个孩子都好，我们一定尽心教养他们，让他们对得起死了的母亲——你！谦，好好儿放心安睡吧，你。

1932 年 10 月 11 日作

（选自《中华散文珍藏版：朱自清散文》，人民文学出版社，2013 年）

【注释】

[1] 朱自清（1898 年 11 月 22 日—1948 年 8 月 12 日），原名自华，号实秋，后改名自清，字佩弦。原籍浙江绍兴，出生于江苏省东海县（今连云港市东海县平明镇），后随父定居扬州。中国现代散文家、诗人、学者、民主战士。朱自清的散文主要是叙事性和抒情性的小品文。

【素质目标】

（1）建立正确的爱情观，爱不仅是得到，更重要的是一种付出和责任，也是一种高尚心灵的联盟，有相似的理想和追求，为创造美好的生活而共同努力。

（2）树立健康的恋爱心态，多一些理解、信任和宽容，互相尊重。

（3）培养自尊、自爱、自强的品格，逐步形成健全的人格。

刑场上的婚礼

1927 年广州起义失败后，广州陷入敌人大屠杀的血海之中。为反抗国民党的屠杀政策，中共广州市委准备再次武装起义。因工作需要，党指示周文雍和陈铁军假扮夫妻，秘密进行活动。后由于叛徒的出卖，他们两人同时被抓入狱，在狱中，他们不屈不挠，坚持斗争。因拒不交代，敌人决定判处他们死刑。

1928年2月6日，周文雍和陈铁军被敌人押上刑场。陈铁军发表了最后的演说："亲爱的同胞们，姊妹们！我和周文雍同志的血就要洒到这里了。为了革命，为了救国救民，为了共产主义的伟大事业而牺牲，我们一点也没有感到遗憾！同胞们，过去为了革命事业的需要，党派我和周文雍同志同驻一个机关。我们的工作配合得很好，两人的感情也很深，但是，为了服从革命的利益，我们还顾不得来谈私人的爱情，因此，我们一直保持着纯洁的同志关系，还没有结婚。今天，我要向大家宣布：当我们把自己的青春生命都献给党的时候，我们就要举行婚礼了。让反动派的枪声，来做我们结婚的礼炮吧！同胞们！同志们！永别了！希望你们勇敢地战斗，共产主义一定会胜利，未来是属于我们的。"

一对革命情侣，昂首挺胸，大声唱起了《国际歌》，双手紧握，面带微笑，在敌人的枪声中英勇就义。

拓展书目

《红楼梦》	曹雪芹
《京华烟云》	林语堂
《啼笑因缘》	张恨水
《倾城之恋》《红玫瑰与白玫瑰》	张爱玲
《傲慢与偏见》	简·奥斯汀
《简爱》	夏洛蒂·勃朗特
《飘》	玛格丽特·米切尔
《霍乱时期的爱情》	加西亚·马尔克斯

第七章 生活之趣

杜甫诗二首

【学习目标】

（1）了解唐诗和宋诗的不同风格。

（2）养成良好的阅读习惯，掌握古典诗歌的鉴赏方法。

（3）养成健康的生活趣味，树立积极的价值观念。

客至

唐　杜甫[1]

舍南舍北皆春水，但见群鸥日日来。
花径不曾缘客扫，蓬门今始为君开。
盘飧市远无兼味[2]，樽酒家贫只旧醅[3]。
肯与邻翁相对饮，隔篱呼取尽余杯。

（选自《杜诗详注》，上海古籍出版社，2015）

【注释】

[1] 杜甫（712—770），字子美，唐代的大诗人。他出生于一个逐渐没落的官僚家庭，祖籍襄阳，后来迁居巩县（今河南巩县）。杜甫曾在长安东南郊杜陵附近的少陵住过，有时自称“少陵野老”，所以后人也称之为杜少陵。

[2] 盘飧：盘中的食物。无兼味：菜肴品种少，且味道不够鲜美。这是诗人的自歉之辞。

[3] 旧醅（pēi）：陈酒。古人好饮新酒，诗人以旧醅招待客人，故以致歉。白居易《问刘十九》：“绿蚁新醅酒，红泥小火炉。”

【赏析】

这是一首工整而流畅的七律。前两联写客至，有空谷足音之喜，后两联写待客，见村家真率之情。篇首以“群鸥”引兴，篇尾以“邻翁”陪结。在结构上，作者兼顾空间顺序和时间顺序。从空间上看，从外到内，由大到小；从时间上看，则写了迎客、待客的全过程。衔接自然，浑然一体。

但前两句先写日常生活的孤独，从而与接待客人的欢乐情景形成对比。这两句又有“兴”的意味：用“春水”“群鸥”意象，渲染出一种充满情趣的生活氛围，流露出主人公因客至而欢欣的心情。

赠卫八处士

唐　杜甫

人生不相见，动如参与商[1]。
今夕复何夕，共此灯烛光。
少壮能几时，鬓发各已苍[2]。
访旧半为鬼，惊呼热中肠。
焉知[3]二十载，重上君子堂。
昔别君未婚，儿女忽成行。
怡然敬父执[4]，问我来何方。
问答乃未已，儿女罗酒浆[5]。
夜雨翦春韭，新炊间[6]黄粱。
主称会面难，一举累十觞[7]。
十觞亦不醉，感子故意[8]长。
明日隔山岳，世事两茫茫。

（选自《杜诗详注》，上海古籍出版社，2015）

【注释】

[1] 参与商：二星名，一出一没，永不相见，诗中用以比喻亲友不能相见。
[2] 苍：灰白。
[3] 焉知：又怎么知道。
[4] 父执：父亲的执友。《礼记·曲礼》：“见父之执。”
[5] 罗：张罗、摆陈。酒浆：酒水。
[6] 间（jiàn）：掺杂，掺和。
[7] 累：接连着。觞（shāng）：酒杯。
[8] 故意：故人之间的情谊，朋友之情。

【赏析】

此诗作于乾元二年（759）春天，杜甫在华州司功任上所作。卫八，生平不详。据诗中所述，当为杜甫的旧友。两人都在安史之乱中饱受战乱和动荡之苦，也经历了长时间的颠沛流离。终于有朝一日，能在稍微安定之后与老友相见，自有千言万语说不完道不尽。

这首诗的动人之处，正在于展示了那干戈相见、杀伐争夺的时世中，变得特别珍贵的生活美和人情美。读这首诗，我们仿佛不知不觉跟着诗人来到卫八处士的家，体验到这难忘的一夜生活，好像看到了“灯烛光”，接触到了“罗酒浆”的儿女，感受到了当时的气氛。杜甫对和卫八处士相聚这一夕的描写，特别是其中所流露的对于生活美和人情美的珍视，本身就是对破坏人们正常生活的非正义战争的否定，它显示出结束战乱是多么符合人们的愿望。

总览全诗，《赠卫八处士》虽然有种接近汉魏古诗的感觉，但它的感情内涵要比汉魏古诗丰富而复杂，有杜诗所独具特色的感情波澜，这种感情波澜，如层漪迭浪，展开于作品内部。清代学者张上若说《赠卫八处士》“情景逼真，兼极顿挫之妙”，正是透过它的浑朴，从更深处看到了杜诗的沉郁顿挫。

【基础练习】

（1）“花径不曾缘客扫，蓬门今始为君开。”表现了诗人平日里怎样的生活状态？

（2）“盘飧市远无兼味，樽酒家贫只旧醅。”这句诗表现了诗人怎样的生活处境？

（3）“今夕复何夕？共此灯烛光。”表现了诗人怎样的情感？

（4）“少壮能几时，鬓发各已苍。”抒发了作者怎样的思想感情？

（5）结合这两首诗，谈谈杜甫诗歌的特点。

五月的青岛

老舍

【学习目标】

（1）了解老舍的散文特点。

（2）学习鉴赏散文的基本方法。

（3）培养审美情趣，树立积极生活的价值观念。

因为青岛的节气晚，所以樱花照例是在四月下旬才能盛开。樱花一开，青岛的风雾也挡不住草木的生长了。海棠，丁香，桃，梨，苹果，藤萝，杜鹃，都争着开放，墙脚路旁也都有了嫩绿的叶儿。五月的岛上，到处花香，一清早便听见卖花声。公园里自然无须说了，小蝴蝶花与桂竹香们都在绿草地上用它们的娇艳的颜色结成十字，或绣成几团；那短短的绿树篱上也开着一层白花，似绿枝上挂了一层春雪。就是路上两旁的人家也少不得有些花草；围墙既短，藤萝往往顺着墙把花穗儿悬在院外散出一街的香气：那双樱，丁香，都能在墙外看到，双樱的明艳和丁香的素丽，真是足以使人眼明神爽。

山上有了绿色，嫩绿，所以把松柏比得发黑一些。谷中不但填满了绿色，而且颇有些野花，有一种似紫荆而色儿略略发蓝的，折来很好插瓶。

青岛的人怎么能忘记下海呢。不过，说也奇怪，五月的海仿佛特别的绿，特别的可爱；也许是因为人们心里痛快吧？看一眼路旁的绿叶，再看一眼海，真的，这才明白了什么叫做“春深似海”。绿，鲜绿，浅绿，深绿，黄绿，灰绿，各种的绿色，联接着，交错着，变化着，波动着，一直绿到天边，绿到山脚，绿到渔帆的外边去。风不凉，浪不高，船缓缓的走，燕低低的飞，街上的花香和海上的咸混到一处，浪漾在空，水在面前，而绿意无限，可不是，春深似海！欢喜，要狂歌，要跳入水中去，可是只能默默无言，心好像飞到天边那将将能看到的小岛上去，一闭眼仿佛还看见一些桃花。人面桃花相映红，必定是在那小岛上。

这时候，遇上风与雾便还须穿上棉衣，可是有一天忽然晌晴，夹衣正合适。但无论怎样说吧，人们反正都放了心——不会大冷了，不会。妇女们最先知道这个，早早的就穿出利落的新装，而且决定不再脱下去。海岸上，微风吹动少女们的发和衣，何必再去到电影院找那有画意的景呢！这里的初春浅夏会响，风里带着春寒，而花草山水又似初夏，意在春而景如夏，姑娘们总先走一步，迎上前去，跟花们竞争一下，女性的伟大不是颓废诗人所能明白的。

人似乎随着花草都复活，学生们特别的忙：换制服，开运动会，到崂山丹山去旅行，服劳役，本地的学生忙，别处的学生也来参观，几个，几十，几百，打着旗子来了，又排着队走开，男的，女的，先生，学生，都累得满头是汗，而仍不住的向那大海丢眼。学生以外，该数小孩子最快活，笨重的衣服脱去，可以到公园跑跑了：一冬天不见猴子了，现在带着花生去喂猴子，看鹿。拾花瓣，在草地上打滚；妈妈说了，过几天还有大樱桃吃呢！

马车都新油饰过，马虽依然清瘦，而车辆体面了许多，好做一夏天的买卖呀。新油过的马车穿过街心，那专做夏天生意的咖啡馆，酒馆，旅社，冰饮室，也找来油漆匠，扫去灰尘，油饰一新。油漆匠在脚手架上忙，路旁也增多了由各处来的舞女。预备呀，忙碌呀，都红着眼等着那避暑的外国战舰与各处的阔人。多处浴场上有了人影与小艇，生意便比花草还茂盛呀。到那时候，青岛几乎不属于青岛的人了，谁的钱更多谁更威风，汽车的眼是不会看山水的。

那么，且让我们自己尽量地欣赏五月的青岛吧！

（载于一九三七年六月十六日《宇宙风》第四十三期）

【赏析】

这是一篇充满诗情画意、情景交融的优美散文。作者通过两幅自然风景画和三幅社会风俗画的精彩描写，尽情地赞美了青岛的美丽，字里行间渗透着作者深沉的爱国主义情感。文章不仅立意深远、意境壮阔、语言优美，而且构思非常精巧，五幅画面的逐层展现，极具艺术匠心。作者在安排五幅画面时，十分注意层次美。

【基础练习】

（1）请找出富有层次感的句子。

（2）请找出你最喜欢的句子？（请用原文作答。）

（3）生活中，你有什么个人的兴趣爱好？说说你体会到的趣味。

辅讲篇目

一字至七字诗·茶

唐　元稹[1]

茶，
香叶，嫩芽。
慕诗客，爱僧家。
碾雕白玉，罗织红纱[2]。
铫煎黄蕊色，碗转曲尘花[3]。
夜后邀陪明月，晨前独对朝霞。
洗尽古今人不倦，将知醉后岂堪夸。

（选自《大唐茶诗》，中国文史出版社，2015）

【注释】

[1] 元稹（779—831），字微之，河南（今洛阳）人。元和初，对策第一，拜左拾遗。此后历官河南尉、监察御史、膳部员外郎、中书舍人、翰林承旨、中书门下平章事、武昌节度使等职。与白居易为至交，唱和颇多，有《元氏长庆集》。

[2] 碾雕白玉：茶碾是白玉雕成的；罗织红纱：茶筛是红纱制成的。

[3] 铫：煎茶器具；曲尘花：指茶汤上面的饽沫。

桃花庵歌

明 唐寅[1]

桃花坞里桃花庵，桃花庵里桃花仙；
桃花仙人种桃树，又摘桃花换酒钱。
酒醒只在花前坐，酒醉还来花下眠；
半醉半醒日复日，花落花开年复年。
但愿老死花酒间，不愿鞠躬车马前；
车尘马足富者趣，酒盏花枝贫者缘。
若将富贵比贫者，一在平地一在天；
若将贫贱比车马，他得驱驰我得闲。
别人笑我忒风颠，我笑他人看不穿；
不见五陵豪杰墓，无花无酒锄作田！

（选自《元明清诗鉴赏辞典》，上海辞书出版社，1994）

【注释】

[1] 唐寅（1470—1523）字伯虎，一字子畏，号桃花庵主、六如居士等。吴县（今江苏苏州）人。善书，尤以画名，文词敏快，诗尚才情，与文征明、祝允明、徐祯卿合称“吴中四才子”。有《六如集》《画谱》，词名《六如居士词》等。

就任北京大学校长之演说

蔡元培[1]

五年前，严几道先生为本校校长时，余方服务教育部，开学日曾有所贡献于同校。诸君多自预科毕业而来，想必闻知。士别三日，刮目相见，况时阅数载，诸君较昔当必为长足之进步矣。予今长斯校，请更以三事为诸君告。

一曰抱定宗旨。诸君来此求学，必有一定宗旨，欲求宗旨之正大与否，必先知大学之性质。今人肄业[2]专门学校，学成任事，此固势所必然。而在大学则不然，大学者，研究高深学问者也。外人每指摘本校之腐败，以求学于此者，皆有做官发财思想，故毕业预科者，多入法科，入文科者甚少，入理科者尤少，盖以法科为干禄[3]之终南捷径也。因做官心热，对于教员，则不问其学问之浅深，惟问其官阶之大小。官阶大者，特别欢迎，盖为将来毕业有人提携也。现在我国精于政法者，多入政界，专任教授者甚少，故聘请教员，不得不聘请兼职之人，亦属不得已之举。究之外人指摘之当否，姑不具论。然弭[4]谤莫如自修，人讥我腐败，而我不腐败，问心无愧，于我何损？果欲达其做官发财之目的，则北京不少专门学校，入法科者尽可肄业法律学堂，入商科者亦可投考商业学校，又何必来此大学？所以诸君须抱定宗旨，为求学而来。入法科者，非为做官；入商科者，非为致富。宗旨既定，自趋正轨。诸君肄业于此，或三年，或四年，时间不为不多，苟能爱惜光阴，孜孜求学，则其造诣，容有底止[5]。若徒志在做官发财，宗旨既乖，趋向自异。平时则放荡冶游[6]，考试则熟读讲义，不问学问之有无，惟争分数之多寡；试验既终，书籍束之高阁，毫不过问，敷衍三四年，潦草塞责，文凭到手，即可借此活动于社会，岂非与求学初衷大相背驰乎？光阴虚度，学问毫无，是自误也。且辛亥之役，吾人之所以革命，因清廷官吏之腐败。即在今日，吾人对于当轴[7]多不满意，亦以其道德沦丧。

今诸君苟不于此时植其基，勤其学，则将来万一因生计所迫，出而任事，担任讲席，则必贻误学生；置身政界，则必贻误国家。是误人也。误己误人，又岂本心所愿乎？故宗旨不可以不正大。此余所希望于诸君者一也。

二曰砥砺德行。方今风俗日偷[8]，道德沦丧，北京社会，尤为恶劣，败德毁行之事，触目皆是，非根基深固，鲜[9]不为流俗所染。诸君肄业大学，当能束身自爱。然国家之兴替，视风俗之厚薄。流俗如此，前途何堪设想。故必有卓绝之士，以身作则，力矫颓俗。诸君为大学学生，地位甚高，肩此重任，责无旁贷，故诸君不惟思所以感己，更必有以励人。苟德之不修，学之不讲，同乎流俗，合乎污世，己且为人轻侮，更何足以感人。然诸君终日伏首案前，芸芸攻苦，毫无娱乐之事，必感身体上之苦痛。为诸君计，莫如以正当之娱乐，易不正当之娱乐，庶于道德无亏，而于身体有益。诸君入分科时，曾填写愿书，遵守本校规则，苟中道而违之，岂非与原始之意相反乎？故品行不可以不谨严。此余所希望于诸君者二也。

三曰敬爱师友。教员之教授，职员之任务，皆以图诸君求学便利，诸君能无动于衷乎？自应以诚相待，敬礼有加。至于同学共处一堂，尤应互相亲爱，庶可收切磋之效。不惟开诚布公，更宜道义相勖[10]，盖同处此校，毁誉共之。同学中苟道德有亏，行有不正，为社会所訾詈[11]，己虽规行矩步，亦莫能辩，此所以必互相劝勉也。余在德国，每至店肆购买物品，店主殷勤款待，付价接物，互相称谢，此虽小节，然亦交际所必需，常人如此，况堂堂大学生乎？对于师友之敬爱，此余所希望于诸君者三也。

余到校视事仅数日，校事多未详悉，兹所计划者二事：一曰改良讲义。诸君既研究高深学问，自与中学、高等不同，不惟恃教员讲授，尤赖一己潜修。以后所印讲义，只列纲要，细微末节，以及精旨奥义，或讲师口授，或自行参考，以期学有心得，能裨实用。二曰添购书籍。本校图书馆书籍虽多，新出者甚少，苟不广为购办，必不足供学生之参考。刻拟筹集款项，多购新书，将来典籍满架，自可旁稽博采，无虞缺乏矣。今日所与诸君陈说者只此，以后会晤日长，随时再为商榷可也。

（选自《蔡元培全集》第三卷，中华书局，1984 年）

【注释】

[1] 蔡元培（1868—1940），字鹤卿，号孑民，浙江绍兴人。中国近代民主革命家、教育家。
[2] 肄（yì）业：这里是就学的意思。肄：学习。
[3] 干禄：求功名利禄。终南捷径：比喻达到目的的便捷途径。
[4] 弭：消除，止。
[5] 容有底止：或许能相当深。底止：深的意思。
[6] 冶游：同“游冶”。四处游玩。
[7] 当轴：当局。
[8] 日偷：越来越苟且敷行，只顾眼前。
[9] 鲜：少。
[10] 相勖（xù）：相互勉励。
[11] 訾詈（zǐ lì）：诋毁，谩骂。

【素质目标】

（1）当代大学生要崇尚科学，相信真理，树立坚定的理想信念。
（2）养成独立思考的习惯，建立正确的价值评判标准，培养终身学习意识。

（3）能辩证看待生活学习中的问题与困难，勇于面对与担当，提升视野与格局，塑造健康人格。

网络占卜，上当受骗是唯一“宿命”

2021年5月，一名姓连的女子报警称：由于自己听信封建迷信，被杨某骗去了一百余万元，现连某把自己房产抵押出去，并欠下外债，穷困潦倒，已有轻生倾向。

2021年5月19日，民警通过调查走访发现，杨某在燕郊附近活动，民警立即开展抓捕工作。当日中午，民警在皇庄派出所的配合下，于燕郊某小区内成功将涉嫌诈骗的嫌疑人杨某抓获。

如今网络占卜形式层出不穷，内容花样繁多。有的声称塔罗牌能算命，有的宣扬星座可测吉凶，还有的宣称通过大数据、AI能算出健康、事业、爱情等运势。即便披上科技外衣，也难掩网络占卜的迷信本质；不管再怎么包装，也难掩商家牟利的真实意图。网络占卜隐蔽性更强、传播量更广，有些网络占卜还需上传照片、填写个人信息等，潜藏泄露个人隐私的风险，潜在危害不容小觑。个人的命运掌握在自己手中，而不在他人口中。我们也期待，监管部门加强治理，网络平台切实履行责任，不给打着占卜幌子实施网络诈骗的不法活动以任何可乘之机。

拓展书目

《人生很短，做一个有趣的人》	汪曾祺
《浮生六记》	沈复
《公寓生活记趣》	张爱玲
《梧桐树》	丰子恺
《吃饭》	钱锺书
《莫高窟》	余秋雨
《麦地》	海子
《正月三日闲行》《问刘十九》	白居易
《游山西村》	陆游
《闲情偶寄》	李渔

第八章

人生百态

主讲篇目

蓼莪

《诗经·小雅》[1]

【学习目标】

（1）了解《诗经》的基本知识及赋、比、兴的表现手法。

（2）掌握诗歌的鉴赏方法，能翻译、解读《蓼莪》全诗。

（3）树立孝敬父母的观念，积极弘扬中华传统美德。

蓼蓼[2]者莪[3]，匪莪伊蒿。哀哀父母，生我劬劳。
蓼蓼者莪，匪莪伊蔚[4]。哀哀父母，生我劳瘁。
瓶之罄矣，维罍之耻[5]。鲜民之生，不如死之久矣。
无父何怙[6]，无母何恃。出则衔恤，入则靡至。
父兮生我，母兮鞠我。拊我畜我，长我育我。
顾我复我，出入腹我。欲报之德，昊天罔极[7]。
南山烈烈[8]，飘风发发[9]。民莫不穀[10]，我独何害。
南山律律[11]，飘风弗弗[12]。民莫不穀，我独不卒[13]。

（选自《诗经》，上海古籍出版社，2013）

【注释】

[1]《诗经》是我国最早的一部诗歌总集，共收录周代诗歌305篇。原称“诗”或“诗三百”，汉代儒生始称《诗经》。

[2] 蓼（lù）：长大貌。

[3] 莪（é）：莪蒿。

[4] 蔚（wèi）：牡蒿。

[5] 瓶之罄矣，维罍（léi）之耻：瓶小而尽，罍大而盈。言罍耻者，刺王不使贫富均。

[6] 怙（hù）：依靠。

[7] 昊天罔极：指父母之恩如天，大而无穷。

[8] 烈烈：艰阻貌。
[9] 发发（bō）：疾貌。
[10] 穀：养。
[11] 律律：同烈烈。
[12] 弗弗：风声。
[13] 卒：终。指终养父母。

【赏析】

《毛诗序》说此诗"刺幽王也，民人劳苦，孝子不得终养尔"，只有最后一句是中的之言，至于"刺幽王，民人劳苦"云云，正如欧阳修所说"非诗人本意"，诗人所抒发的只是不能终养父母的痛极之情。

此诗似是悼念父母的祭歌。赋比兴交替使用是此诗写作一大特色，三种表现方法灵活运用，前后呼应，抒情起伏跌宕，回旋往复，传达孤儿哀伤情思，可谓珠落玉盘，运转自如，艺术感染力强烈。《晋书·孝友传》载王裒因痛父无罪处死，隐居教授，"及读《诗》至'哀哀父母，生我劬劳'，未尝不三复流涕，门人受业者并废《蓼莪》之篇"。此诗是最早以充沛情感表现中华民族孝敬父母美德的文学作品，对后世影响极大，不仅在诗文赋中常有引用，甚至在朝廷下的诏书中也屡屡言及。《诗经》这部典籍对民族心理、民族精神形成的影响由此可见一斑。

【基础练习】

（1）"哀哀父母，生我劬劳"与"哀哀父母，生我劳瘁"这两句使用的写作手法是什么，它有什么作用?

（2）"南山烈烈，飘风发发""南山律律，飘风弗弗"这几句反复咏叹，并使用叠词，对表现文章主旨有何作用?

（3）请把本文翻译成一首流畅的现代诗歌。

虞美人·听雨[1]

南宋 蒋捷

【学习目标】

（1）理解作者运用三幅图画表达自己一生经历的诗词写作手法。
（2）了解作者国破家亡的人生经历，感受词中所蕴含的思想感情。
（3）掌握诗歌的鉴赏方法，能翻译解读全诗。

少年听雨歌楼上，红烛昏罗帐[2]。壮年听雨客舟中，江阔云低，断雁[3]叫西风。
而今听雨僧庐[4]下，鬓已星星[5]也。悲欢离合总无情[6]，一任[7]阶前点滴到天明。

（选自《全宋词》，中华书局，2005 年）

【注释】

[1] 虞美人：词牌名，本首词选自《全宋词》。蒋捷，生卒年不详，字胜欲，号竹山，阳羡（今江苏宜兴）人，先世为宜兴巨族，咸淳十年进士。宋亡，深怀亡国之痛，隐居不仕，人称"竹山先生"，其气节为时人所重。长于词，其词多抒发故国之思、山河之恸；风格多样，而以悲凉清俊、萧寥疏爽为主。尤以造语奇巧之作，

在宋季词坛上独标一格。

[2] 昏：昏暗；罗帐：古代床上的纱幔。

[3] 断雁：失群孤雁

[4] 僧庐：僧寺，僧舍。

[5] 星星：白发点点如星，形容白发很多。

[6] 无情：无动于衷。

[7] 一任：听凭。

【赏析】

1127年，元灭南宋。宋元之际的词人，经历了这一沧桑变故，其国破之痛、家亡之恨，都在他们的作品中表现出来。其中，蒋捷是颇有代表性的作家。蒋捷用词作来抒发黍离之悲、铜驼荆棘之感，表现悲欢离合的个人遭遇。但是随着南宋政权的灭亡，要振臂高呼、恢复国土是不可能的。因此，蒋捷入元后隐居不仕，尽管有人请他出来做官，也坚辞不就。蒋捷义不仕元，“抱节终身”，其人品受到后人普遍的称许。

历代文人的笔下，绵绵不断的细雨总是和“愁思”难解难分的，如：“梧桐更兼细雨，到黄昏，点点滴滴，这次第，怎一个愁字了得？”（李清照《声声慢》）“欲黄昏，雨打梨花深闭门。”（李重元《忆王孙》）但是在蒋捷词里，同是“听雨”，却因年纪不同、地域不同、环境不同而有着迥然不同的感受。词人从“听雨”这一独特视角出发，通过时空的跳跃，概括出少年、壮年和晚年的特殊感受，将几十年大跨度的时间和空间相融合：少年只知追欢逐笑，享受陶醉；壮年漂泊孤苦，触景伤怀；老年的寂寞孤独，一生悲欢离合，尽在雨声中体现。此词在结构上运用时空跳跃，以“听雨”复沓串连，上、下阕浑然一体，具有跌宕回旋的匠心。

【基础练习】

（1）这首词写了人生的三个阶段，请分别指出各阶段的特点。

（2）简要分析“听雨”这一意象在词中的作用。

（3）“红烛昏罗帐”中的“昏”字妙处？

（4）如何理解“壮年听雨客舟中，江阔云低，断雁叫西风”中的“客”和“断”？

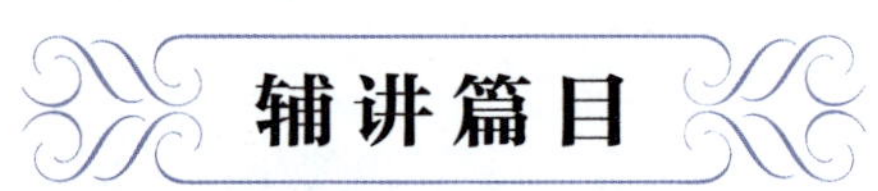

北京的春节

老舍[1]

照北京的老规矩，春节差不多在腊月的初旬就开始了。“腊七腊八，冻死寒鸦”，这是一年里最冷的时候。在腊八这天，家家都熬腊八粥。粥是用各种米，各种豆，与各种干果熬成的。这不是粥，而是小型的农业展览会。

除此之外，这一天还要泡腊八蒜。把蒜瓣放进醋里，封起来，为过年吃饺子用。到年底，蒜泡得色如翡翠，醋也有了些辣味，色味双美，使人忍不住要多吃几个饺子。在北京，过年时，家家吃饺子。

孩子们准备过年，第一件大事就是买杂拌儿。这是用花生、胶枣、榛子、栗子等干果与蜜饯掺和成的。孩子们喜欢吃这些零七八碎儿。第二件大事是买爆竹，特别是男孩子们。恐怕第三件事才是买各种玩意儿——风筝、空竹、口琴等。

孩子们欢喜，大人们也忙乱。他们必须预备过年吃的、喝的、穿的、用的，好在新年时显出万象更新的气象。

腊月二十三过小年，差不多就是过春节的“彩排”。天一擦黑，鞭炮响起来，便有了过年的味道。这一天，是要吃糖的，街上早有好多卖麦芽糖与江米糖的，糖形或为长方块或为瓜形，又甜又黏，小孩子们最喜欢。

过了二十三，大家更忙。必须大扫除一次，还要把肉、鸡、鱼、青菜、年糕什么的都预备充足——店铺多数正月初一到初五关门，到正月初六才开张。

除夕真热闹。家家赶做年菜，到处是酒肉的香味。男女老少都穿起新衣，门外贴上了红红的对联，屋里贴好了各色的年画。除夕夜家家灯火通宵，不许间断，鞭炮声日夜不绝。在外边做事的人，除非万不得已，必定赶回家来吃团圆饭。这一夜，除了很小的孩子，没有什么人睡觉，都要守岁。

正月初一的光景与除夕截然不同：除夕，街上挤满了人；正月初一，铺户都上着板子，门前堆着昨夜燃放的爆竹纸皮，全城都在休息。

男人们午前到亲戚家、朋友家拜年。女人们在家中接待客人。城内城外许多寺院举办庙会，小贩们在庙外摆摊卖茶、食品和各种玩具。小孩子们特别爱逛庙会，为的是有机会到城外看看夜景，可以骑毛驴，还能买到那些新年特有的玩具。庙会上有赛马的，还有赛骆驼的。这些比赛并不为争谁第一谁第二，而是在观众面前表演马、骆驼与骑者的美好姿态与娴熟技能。

多数铺户在正月初六开张，不过并不很忙，铺中的伙计们还可以轮流去逛庙会、逛天桥和听戏。

元宵上市，春节的又一个高潮到了。正月十五，处处张灯结彩，整条大街像是办喜事，红火而美丽。有名的老铺子都要挂出几百盏灯来，各形各色，有的一律是玻璃的，有的清一色是牛角的，有的都是纱灯，有的通通彩绘全部《红楼梦》或《水浒传》故事。这在当年，也是一种广告。灯一悬起，任何人都可以进到铺中参观。晚上灯中点上烛，观者就更多。

小孩子们买各种花炮燃放，即使不跑到街上去淘气，在家中照样能有声有光地玩耍。家中也有灯：走马灯、宫灯、各形各色的纸灯，还有纱灯，里面有小铃，到时候就叮叮地响。这一天大家还必须吃元宵呀！这的确是美好快乐的日子。

一眨眼，到了残灯末庙，春节在正月十九结束了。学生该去上学，大人又去照常做事。腊月和正月，在农村正是大家最闲的时候。过了灯节，天气转暖，大家就又去忙着干活了。北京虽是城市，可是它也跟着农村一齐过年，而且过得分外热闹。

（选自《老舍散文》，天津人民出版社，2018）

【注释】

[1] 老舍（1899 年 2 月 3 日—1966 年 8 月 24 日），原名舒庆春，字舍予，北京满族正红旗人。中国现代小说家、作家、语言大师、北京人艺编剧，新中国第一位获得“人民艺术家”称号的作家。代表作有《骆驼祥子》《四世同堂》，剧本《茶馆》《龙须沟》。

柳敬亭[1]说书

张岱[2]

南京柳麻子，黧黑[3]，满面疤癗[4]，悠悠忽忽[5]，土木形骸[6]，善说书。一日说书一回，定价一两。十日前先送书帕下定[7]，常不得空。南京一时有两行情人：王月生[8]、柳麻子是也。余听其说景阳冈武松打虎白文[9]，与本传大异。其描写刻画，微入毫发，然又找截[10]干净，并不唠叨。哱夬声如巨钟，说至筋节处，叱咤叫喊，汹汹崩屋。武松到店沽酒，店内无人，謈[11]地一吼，店中空缸空甓皆瓮瓮有声。闲中著色[12]，细微至此。主人必屏息静坐，倾耳听之，彼方掉舌[13]。稍见下人呫哔[14]耳语，听者欠伸[15]有倦色，辄不言，故不得强。每至丙夜[16]，拭桌剪灯，素瓷[17]静递，款款言之。其疾徐轻重，吞吐抑扬，入情入理，入筋入骨，摘世上说书[18]之耳，而使之谛听，不怕其不齰舌死[19]也。柳麻貌奇丑，然其口角波俏[20]，眼目流利，衣服恬静，直与王月生同其婉娈[21]，故其行情正等。

（选自《陶庵梦忆 西湖寻梦》，上海古籍出版社，2001.5）

【注释】

[1] 柳敬亭：明末著名说书艺人。本姓曹，名遇春，号敬亭，人称柳麻子。

[2] 张岱：1597—1689，号陶庵、陶庵老人，晚年号六休居士，浙江山阴（今浙江绍兴）人，祖籍四川绵竹（故自称“蜀人”），明清之际史学家、文学家。史学上，张岱与谈迁、万斯同、查继佐并称“浙东四大史家”；文学创作上，张岱以小品文见长，以“小品圣手”名世。

[3] 黧（lí）黑：面色黄黑。

[4] 疤癗（lěi）：疤痕。

[5] 悠悠忽忽：随随便便。

[6] 土木形骸：将自己的形体视作土木，意即不肯修饰。

[7] 书帕：包着书和礼金的帕子。下定：下定金。

[8] 王月生：当时著名的歌妓。

[9] 白文：当时说书分大书和小书两种，大书有说无唱，小书说兼唱。柳敬亭说的是大书，故称白文。

[10] 找：不足的地方加以夸张。截：对松散冗长的地方加以删除。

[11] 謈（bó）：大叫。

[12] 闲中著色：在一般人不注意处加以渲染。

[13] 掉舌：动舌，表示开始说书。

[14] 呫哔（tiè bì）：低声细语。

[15] 欠伸：打哈欠，伸懒腰。

[16] 丙夜：三更时，即23时至第二天凌晨1时。

[17] 素瓷：洁白的瓷杯。

[18] 说书：指说书人。

[19] 齰（zé）舌：咬着舌头不说话，指羞愧。

[20] 口角波俏：指口齿伶俐。

[21] 婉娈（luán）：美好。

印度洋上的秋思

徐志摩[1]

昨夜中秋。黄昏时西天挂下一大帘的云母屏，掩住了落日的光潮，将海天一体化成暗蓝色，寂静得如黑衣尼在圣座前默祷。过了一刻，即听得船梢布篷上窸窸窣窣啜泣起来，低压的云夹着迷蒙的雨色，将海线逼得像湖一般窄，沿边的黑影，也辨认不出是山是云，但涕泪的痕迹，却满布在空中水上。

又是一番秋意！那雨声在急骤之中，有零落萧疏的况味，连着阴沉的气氲，只是在我灵魂的耳畔私语道："秋"！我原来无欢的心境，抵御不住那样温婉的浸润，也就开放了春夏间所积受的秋思，和此时外来的怨艾构合，产出一个弱的婴儿——"愁"。

天色早已沉黑，雨也已休止。但方才啜泣的云，还疏松地幕在天空，只露着些惨白的微光，预告明月已经装束齐整，专等开幕。同时船烟正在莽莽苍苍地吞吐，筑成一座蟒鳞的长桥，直联及西天尽处，和轮船泛出的一流翠波白沫，上下对照，留恋西来的踪迹。

北天云幕豁处，一颗鲜翠的明星，喜孜孜地先来问探消息，像新嫁媳的侍婢，也穿扮得遍体光艳。但新娘依然姗姗未出。

我小的时候，每于中秋夜，呆坐在楼窗外等看"月华"。若然天上有云雾缭绕，我就替"亮晶晶的月亮"担忧。若然见了鱼鳞似的云彩，我的小心就欣欣怡悦，默祷着月儿快些开花，因为我常听人说只要有"瓦楞"云，就有月华；但在月光放彩以前，我母亲早已逼我去上床，所以月华只是我脑筋里一个不曾实现的想象，直到如今。

现在天上砌满了瓦楞云彩，霎时间引起了我早年许多有趣的记忆——但我的纯洁的童心，如今哪里去了！

月光有一种神秘的引力。她能使海波咆哮，她能使悲绪生潮。月下的喟息可以结聚成山，月下的情泪可以培畤百亩的畹兰，千茎的紫琳耿。我疑悲哀是人类先天的遗传，否则，何以我们几年不知悲感的时期，有时对着一泻的清辉，也往往凄心滴泪呢？

但我今夜却不曾流泪。不是无泪可滴，也不是文明教育将我最纯洁的本能锄净，却为是感觉了神圣的悲哀，将我理解的好奇心激动，想学契古特白登来解剖这神秘的"眸冷骨累"。冷的智永远是热的情的死仇。他们不能相容的。

但在这样浪漫的月夜，要来练习冷酷的分析，似乎不近人情！所以我的心机一转，重复将锋快的智力剧起，让沉醉的情泪自然流转，听他产生什么音乐，让绻缱的诗魂漫自低回，看他寻出什么梦境。

明月正在云崖中间，周围有一圈黄色的彩晕，一阵阵的轻霭，在她面前扯过。海上几百道起伏的银沟，一齐在微叱凄其的音节，此外不受清辉的波域，在暗中坟坟涨落，不知是怨是慕。

我一面将自己一部分的情感，看入自然界的现象，一面拿着纸笔，痴望着月彩，想从她明洁的辉光里，看出今夜地面上秋思的痕迹，希冀她们在我心里，凝成高洁情绪的菁华。因为她光明的捷足，今夜遍走天涯，人间的恩怨，哪一件不经过她的慧眼呢？

印度的 Ganges（埂奇）河边有一座小村落，村外一个榕绒密绣的湖边，坐着一对情醉的男女，他们中间草地上放着一尊古铜香炉，烧着上品的水息，那温柔婉恋的烟篆，沉馥香浓的热气，便是他们爱感的象征。月光从云端里轻俯下来，在那女子脑前的珠串上，水息的烟尾上，印下一个慈吻，微晒，重复登上她的云艇，上前驶去。

一家别院的楼上，窗帘不曾放下，几枝肥满的桐叶正在玻璃上摇曳斗趣，月光窥见了窗内一张小蚊床上紫纱帐里，安眠着一个安琪儿似的小孩，她轻轻挨进身去，在他温软的眼睫上，嫩桃似的腮上，抚摩了一会。又将她银色的纤指，理齐了他脐园的额发，蔼然微哂着，又回她的云海去了。

一个失望的诗人，坐在河边一块石头上，满面写着幽郁的神情，他爱人的倩影，在他胸中像河水似的流动，他又不能在失望的渣滓里榨出些微甘液，他张开两手，仰着头，让大慈大悲的月光，那时正在过路，洗沐他泪腺湿肿的眼眶，他似乎感觉到清心的安慰，立即摸出一枝笔，在白衣襟上写道：

月光，

你是失望儿的乳娘！

面海一座柴屋的窗棂里，望得见屋里的内容：一张小桌上放着半块面包和几条冷肉，晚餐的剩余，窗前几上开着一本家用的《圣经》，炉架上两座点着的烛台，不住地在流泪，旁边坐着一个皱面驼腰的老妇人，两眼半闭不闭地落在伏在她膝上悲泣的一个少妇，她的长裙散在地板上像一只大花蝶。老妇人掉头向窗外望，只见远远海涛起伏，和慈祥的月光在拥抱蜜吻，她叹了声气向着斜照在《圣经》上的月彩嗫道：

“真绝望了！真绝望了！”

她独自在她精雅的书室里，把灯火一齐熄了，倚在窗口一架藤椅上，月光从东墙肩上斜泻下去，笼住她的全身，在花砖上幻出一个窈窕的倩影，她两根垂辫的发梢，她微澹的媚唇，和庭前几茎高峙的玉兰花，都在静谧的月色中微颤，她加她的呼吸，吐出一股幽香，不但邻近的花草，连月儿闻了，也禁不住迷醉，她腮边天然的妙涡，已有好几日不圆满：她瘦损了。但她在想什么呢？月光，你能否将我的梦魂带去，放在离她三五尺的玉兰花枝上。

威尔斯西境一座矿床附近，有三个工人，口叼着笨重的烟斗，在月光中间坐。他们所能想到的话都已讲完，但这异样的月彩，在他们对面的松林，左首的溪水上，平添了不可言语比说的妩媚，惟有他们工余倦极的眼珠不阖，彼此不约而同今晚较往常多抽了两斗的烟，但他们矿火熏黑、煤块擦黑的面容，表示他们心灵的薄弱，在享乐烟斗以外，虽然秋月溪声的戟刺，也不能有精美情绪之反感。等月影移西一些，他们默默地扑出了一斗灰，起身进屋，各自登床睡去。月光从屋背飘眼望进去，只见他们都已睡熟；他们即使有梦，也无非矿内矿外的景色！

月光渡过了爱尔兰海峡，爬上海尔佛林的高峰，正对着静默的红潭。潭水凝定得像一大块冰，铁青色。四围斜坦的小峰，全都满铺着蟹青和蛋白色的岩片碎石，一株矮树都没有。沿潭间有些丛草，那全体形势，正像一大青碗，现在满盛了清洁的月辉，静极了，草里不闻虫吟，水里不闻鱼跃；只有石缝里潜涧沥淅之声，断续地作响，仿佛一座大教堂里点着一星小火，益发对照出静穆宁寂的境界，月儿在铁色的潭面上，倦倚了半晌，重复拔起她的银舄，过山去了。

昨天船离了新加坡以后，方向从正东改为东北，所以前几天的船梢正对落日，此后“晚霞的工厂”渐渐移到我们船向的左手来了。

昨夜吃过晚饭上甲板的时候，船右一海银波，在犀利之中涵有幽秘的彩色，凄清的表情，引起了我的凝视。那放银光的圆球正挂在你头上，如其起靠着船头仰望。她今夜并不十分鲜艳：她精圆的芳容上似乎轻笼着一层藕灰色的薄纱；轻漾着一种悲喟的音调；轻染着几痕泪化的雾霭。她并不十分鲜艳，然而她素洁温柔的光线中，犹之少女浅蓝妙眼的斜瞟；犹之春阳融解在山巅白云反映的嫩色，含有不可解的迷力，媚态，世间凡具有感觉性的人，只要承沐着她的清辉，就发生也是不可理解的反应，引起隐复的内心境界的紧张，——像琴弦一样，——人生最微妙的情绪，戟震生命所蕴藏高洁名贵创现的冲动。有时在心理状态之前，或于同时，撼动躯体的组织，使感觉血液中突起冰流之冰流，嗅神经难禁之酸辛，内藏汹涌之跳动，泪腺之骤热与润湿。那就是秋月兴起的秋思——愁。

昨晚的月色就是秋思的泉源，岂止，直是悲哀幽骚悱怨沉郁的象征，是季候运转的伟剧中最神秘亦最自然的一幕，诗艺界最凄凉亦最微妙的一个消息。

今夜月明人尽望，不知秋思在谁家。

中国字形具有一种独一的妩媚，有几个字的结构，我看来纯是艺术家的匠心：这也是我们国粹之尤粹者之一。譬如“秋”字，已经是一个极美的字形；“愁”字更是文字史上有数的杰作；有石开湖晕，风扫松针的妙处，这一群点画的配置，简直经过柯罗[2]的画篆，米佗朗其罗[3]的雕圭 Chopin[4] 的神感；像——用一个科学的比喻——原子的结构，将旋转宇宙的大力收缩成一个无形无踪的电核；这十三笔造成的象征，似乎是宇宙和人生悲惨的现象和经验，吁喟和涕泪，所凝成最纯粹精密的结晶，满充了催迷的秘力。你若然有高蒂闲[5]（Gautier）异超的知感性，定然可以梦到，愁字变形为秋霞黯绿色的通明宝玉，若用银槌轻击之，当吐银色的幽咽电蛇似腾入云天。

我并不是为寻秋意而看月，更不是为觅新愁而访秋月；蓄意沉浸于悲哀的生活，是丹德[6]所不许的。我盖见月而感秋色，因秋窗而拈新愁：人是一簇脆弱而富于反射性的神经！

我重复回到现实的景色，轻裹在云锦之中的秋月，像一个遍体蒙纱的女郎，她那团圆清朗的外貌像新娘，但同时她幂弦的颜色，那是藕灰，她踟躇的行动，掩泣的痕迹，又使人疑是送丧的丽姝。所以我曾说：

秋月呀
我不盼望你团圆。

这是秋月的特色，不论她是悬在落日残照边的新镰，与“黄昏晓”竞艳的眉钩，中霄斗没西陲的金碗，星云参差间的银床，以至一轮腴满的中秋，不论盈昃高下，总在原来澄爽明秋之中，遍洒着一种我只能称之为“悲哀的轻霭”，和“传愁的以太”。即使你原来无愁，见此也禁不得沾染那“灰色的音调”，渐渐兴感起来！

秋月呀
谁禁得起银指尖儿
浪漫地搔爬呵！

不信但看那一海的轻涛，可不是禁不住她一指的抚摩，在那里低徊饮泣呢！就是那：

无聊的云烟，
秋月的美满，
熏暖了飘心冷眼，
也清冷地穿上了轻缟的衣裳，
来参与这
美满的婚姻和丧礼。

十月六日志摩

（原刊 1922 年 12 月 29 日《晨报副刊》）

（选自《翡冷翠山居闲话：徐志摩散文》，浙江文艺出版社，2015.1）

【注释】

[1] 徐志摩（1897—1931），现代诗人、散文家。浙江海宁人。原名章垿，字槱森，留学英国时改名志摩。徐志摩深受西方教育的熏陶及欧美浪漫主义和唯美派诗人的影响，是新月派代表诗人。他也是写作散文的圣手，散文代表作品有《翡冷翠山居闲话》《我所知道的康桥》《曼殊斐尔》等。

[2] 柯罗（1796—1875），法国画家。

[3] 米佗朗其罗，通译米开朗琪罗（1475—1564），意大利文艺复兴盛期的雕塑家、画家。

[4]Chopin，通译肖邦（1810—1849），波兰作曲家、钢琴演奏家。

[5] 高蒂闲，通译戈蒂埃（1811—1872），法国诗人、小说家、批评家。

[6] 丹德，通译但丁（1265—1321），意大利诗人，著有《神曲》等。

【素质目标】

（1）树立正确的人生观和价值观，自觉珍视个性魅力和生命尊严。

（2）建立自主学习习惯，养成独立思考的习惯，树立终身学习意识。

（3）大学生应当具有良好的心理品质，能辩证看待生活学习中的问题与困难，勇于面对与担当。

世界以痛吻我，我却报之以歌

我走了很远的路，吃了很多的苦，才将这份博士学位论文送到你的面前。二十二载求学路，一路风雨泥泞，许多不容易。如梦一场，仿佛昨天一家人才团聚过。

出生在一个小山地里，母亲在我十二岁时离家。父亲在家的日子不多，即便在我病得不能自己去医院的时候，也仅是留下勉强够治病的钱后又走了。我十七岁时，他因交通事故离世后，我哭得稀里糊涂，因为再得重病时没有谁来管我了。同年，和我住在一起的婆婆病故，真的无能为力。她照顾我十七年，下葬时却仅是一副薄薄的棺材。另一个家庭成员是老狗小花，为父亲和婆婆守过坟，后因我进城上高中而命不知何时何处所终。如兄长般的计算机启蒙老师邱浩没能看到我的大学录取通知书，对我照顾有加的师母也在不惑之前匆匆离开人世。每次回去看他们，这一座座坟茔都提示着生命的每一分钟都弥足珍贵。

人情冷暖，生离死别，固然让人痛苦与无奈，而贫穷则可能让人失去希望。家徒四壁，在煤油灯下写作业或者读书都是晚上最开心的事。如果下雨，保留节目就是用竹笋壳塞瓦缝防漏雨。高中之前的主要经济来源是夜里抓黄鳝，周末钓鱼、养小猪崽和出租水牛。那些年里，方圆十公里的水田和小河都被我用脚测量过无数次。被狗和蛇追，半夜落水，因蓄电瓶进水而摸黑逃回家中；学费没交，黄鳝却被父亲偷卖了，然后买了肉和酒，都是难以避免的事。

人后的苦尚且还能克服，人前的尊严却无比脆弱。上课的时候，因拖欠学费而经常被老师叫出教室约谈。雨天湿漉着上课，屁股后面说不定还是泥。夏天光着脚走在滚烫的路上。冬天穿着破旧衣服打着寒颤穿过那条长长的过道领作业本。这些都可能成为压垮骆驼的最后一根稻草。如果不是考试后常能从主席台领奖金，顺便能贴一墙奖状满足最后的虚荣心，我可能早已放弃。

身处命运的漩涡，耗尽心力去争取那些可能本就是稀松平常的东西，每次转折都显得那么的身不由己。幸运的是，命运到底还有一丝怜惜。进入高中后，学校免了全部学杂费，胡叔叔一家帮助解决了生活费。进入大学后，计算机终于成了我一生的事业与希望，胃溃疡和胃出血也终与我作别。

从家出发坐大巴需要两个半小时才能到县城，一直盼着走出大山。从矩光乡小学、大寅镇中学、仪陇县中学、绵阳市南山中学，到重庆的西南大学，再到中科院自动化所，我也记不清有多少次因为现实的压力而觉得自己快扛不下去了。这一路，信念很简单，把书念下去，然后走出去，不枉活一世。世事难料，未来注定还会面对更为复杂的局面。但因为有了这些点点滴滴，我已经有勇气和耐心面对任何困难和挑战。理想不伟大，只愿年过半百，归来仍是少年，希望还有机会重新认识这个世界，不辜负这一生吃过的苦。最后如果还能做出点让别人生活更美好的事，那这辈子就赚了。

——以上文字摘自工学博士
黄国平论文“致谢”部分

拓展书目

书名	作者
《我们仨》	杨　绛
《苏东坡传》	林语堂
《动物庄园》	乔治·奥威尔
《变形记》	弗兰兹·卡夫卡
《外婆的道歉信》	弗雷德里克·巴克曼
《查令十字街 84 号》	海莲·汉芙
《围城》	钱锺书
《乌合之众》	古斯塔夫·勒庞
《娱乐至死》	尼尔·波兹曼

模块二

沟通与表达

第一章 沟通概述

【课前热身】

我们从出生到成长，无时无刻不在和别人进行着沟通。那么沟通是什么呢？每个人对沟通的理解是不一样的，而不同的理解就造成了沟通困难和障碍，最终导致沟通的失败。在实际工作过程中，不能有效沟通是最大的一个障碍，是造成工作效率低下的一个非常重要的原因。课前，让我们一起来思考什么是沟通。

【学习目标】

（1）学习沟通的相关知识，树立积极沟通的意识。

（2）把握沟通原则，培养良好的沟通习惯。

【知识讲解】

一、沟通的定义

沟通是为了满足人生发展的需要，借助于有声语言与态势语言系统，在知识、观念、愿望、感情和态度等方面进行信息传递、交换的社会行为。

沟通等于信息的运动，信息等于沟通的材料。

二、沟通的要素

沟通过程由各种要素组成：发送者、接收者、信息、渠道、反馈、环境。

1. 发送者

发送者是指通过一定渠道向接收者发出信息的一方，可以是个人，也可以是组织。发送者的主要任务是信息的收集、加工、传递及对反馈的反应。

2. 接收者

接收者是信息的接收对象。多数情况下，发送者与接收者在同一时间既发送又接收，角色互换传递，过程可顺向、逆向交互进行。接收者的主要任务是接收发送者的思想、情感和意图，并及时把自己的思想、情感、意图反馈给对方。

3. 信息

信息是指由语言符号和非语言符号组成的内容，由双方共同分享特定符号所带来的思想、情感和意图。

4. 渠道

渠道是指信息经过的路线，是发送者发送信息、接收者接收和反馈信息的途径、手段。

5．反馈

反馈是指接收者收到发送者发送的信息后，经过消化吸收后，将接收结果反映给发送者。沟通中参与人数越少，反馈的机会越多。

6．环境

环境包括大、小环境两方面：小环境是沟通的情境，包括各种干扰因素如外部干扰、内部干扰、语义干扰、噪声干扰等；大环境即一个区域，更多地为一种大的文化背景，包括风俗、习惯、历史、经济、政治等多种因素。在国际沟通中文化的不同影响更大。

沟通的要素如下图所示。

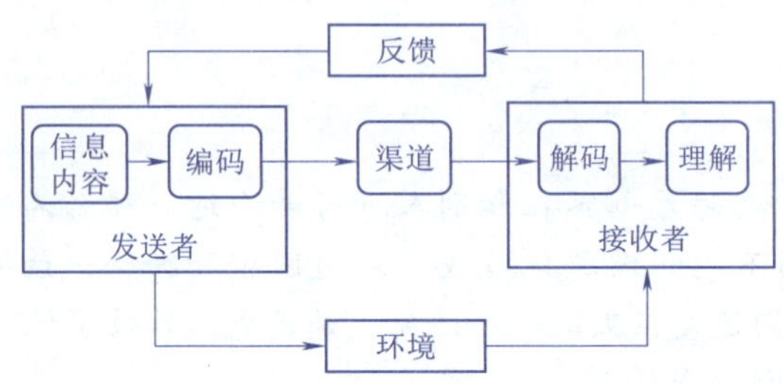

三、人际沟通的类型

依照不同的分类标准，人际沟通有多种类型。

1．按照对媒介的依赖程度，人际沟通可分为两种：直接沟通和间接沟通

直接沟通：指运用人类自身固有手段，无须沟通媒介的人际沟通，如交谈、讲课、演讲等。它是人际沟通的主要方式。

间接沟通：除了依靠传统的语言、文字外，还需信件、电话、电报和网络等媒介做居间沟通。随着社会科技的发展，生活方式的改变，间接沟通方式日益增多，人际沟通范围也逐渐扩大了，远隔万里的人之间通过 QQ、微信、视频电话也可以像面对面一样交流。

2．按照沟通所用符号形式分类，人际沟通可分为语言沟通和非语言沟通

语言沟通：指沟通者以语言符号的形式将信息发送给接收者的沟通行为，它是以自然语言为沟通手段的信息交流。语言分口语和文字两种形式，语言沟通又分为有声语言沟通和无声语言沟通。有声语言沟通用口语，即讲话的方式进行语言沟通，如谈判、辩论、演讲、打电话和交谈等；无声的语言沟通用文字，即书面语言方式来传播信息，如写信、发通知、交报告、写字条和发电报等。

非语言沟通：指沟通者以非语言符号的形式将信息传递给接收者的沟通行为，它是以表情、动作等为沟通手段的信息交流，包括表情、眼神、身体动作与姿态、个人空间与距离、气质、外形、衣装与随身用品等，它们都是非语言沟通的工具。

3．按沟通的组织程度分类，人际沟通可分为正式沟通和非正式沟通

正式沟通：指在一定的组织机构中通过明文规定的渠道进行信息的传递，如上级向下级下达命令、发送通知，下级向上级呈送材料、汇报工作，再如工作中定期不定期的会议等。

非正式沟通：指在正式沟通渠道外进行的信息交流，是人们以个人身份进行的人际沟通活动，如私下交换意见、议论某人某事等。

4．从沟通信息有无反馈的角度分类，人际沟通可分为单向沟通和双向沟通

单向沟通：指单向信息流动的人际沟通。在沟通时，沟通双方的地位不变，一方只发送信

息，另一方只接收信息而不向对方反馈信息，如作报告、大型演讲等。实际上，严格意义的单向沟通是罕见的，接收者会以各种形式（语言符号、非语言符号）或多或少将信息反馈给对方。

双向沟通：指双向信息流动的人际沟通。在沟通时，发送信息者与接收信息者之间的地位不断变换，信息沟通与信息反馈多次往复，如交谈、协商、谈判等。

人际沟通中的绝大多数均为双向沟通。

四、沟通的原则

1. 尊重原则

人际交往中，尊重是首要原则。人际沟通中只有学会尊重，才有真正意义上的沟通。被尊重是人的本质需要，人们渴望被肯定，受到称赞。美国行为科学家马斯洛在《动机与人格》中提出的人类需求层次论指出，尊重需要属于第四层次。尊重需要包括自我尊重的需要和获得别人尊重的需要。人一方面要感到自己的重要性，另一方面也必须获得他人的认可，包括给予尊重、赞美、赏识和承认地位以支持自己的感受，这样才能产生自信、声望和力量的感受。

因此，尊重不分对象，善待每一个人，重视对方的需要，沟通就会顺畅。

俄国作家屠格涅夫在街上散步，一个穷人走过来向他乞讨。他伸手到口袋里摸了好一会儿，抱歉地说："兄弟啊，对不起，实在对不起，我没带吃的东西出来，钱袋也丢家里了。"

那人突然紧紧地拉住了他的手，连声说："谢谢您，谢谢您！"屠格涅夫既惭愧又惊讶地问："你谢我什么呢？"那人回答："我原本只是想找点东西吃了以后自杀，没想到你称我为兄弟，给了我活下去的勇气！"

一声"兄弟"竟然唤起了一个绝望的人活下去的勇气，屠格涅夫的言行何以有这样大的力量呢？因为他的言行中包含了所有人都需要的东西——尊重。

尊重是一种涵养，不论对方地位身份如何，尤其对弱者和身处逆境的人更要尊重，尊重是相互的，只有尊重他人，才能赢得他人的尊重。

不是所有的沟通都能达成共识，观点相左、意见冲突是常有的事。交流中应学会尊重差异，抱着谦虚的态度求同存异。"我不赞同你的观点，但我坚决捍卫你说话的权利。"这样即使有争议，也不会激化矛盾，有利于进一步交流。

2. 理解原则

沟通不只是信息的传递，更是对信息的理解与把握，准确理解信息的意义才是良好的沟通。懂得理解的人沟通效果通常比较好，到处都会受欢迎。理解的最佳方式是换位思考，即站在对方的角度看问题。在人际沟通中遇事多问几次"如果我是他，那么我会……"这样就容易理解对方的处境、做法和语言，可以避免摩擦，容易赢得他人好感与信任，从而更易达成共识。

我们要站在别人的角度看问题，要学会体谅别人，理解别人的不容易！在生活面前，不是每个人都是光鲜亮丽的，每个人都有每个人的不容易。你只有用心去感受别人的难处，才能充分体谅到别人的不容易。三国时期的蜀国，在诸葛亮去世后任用蒋琬主持朝政。他的属下有个叫杨戏的，性格孤僻，讷于言语。蒋琬与他说话，他也是只应不答。有人看不惯，在蒋琬面前嘀咕说："杨戏这人对您如此怠慢，太不像话了！"蒋琬坦然一笑，说："人嘛，都有各自的脾气秉性。让杨戏当面说赞扬我的话，那可不是他的本性；让他当着众人的面说我的不是，他会觉得我下不来台。所以，他只好不做声了。其实，这正是他为人的可贵之处。"蒋琬这一段话，不仅让杨戏非常感动，也为自己赢得别人的赞誉。

然而，由于人性的限制，很多人在思考问题和与人交往时，往往总会立足于自我的立场，考虑更多的是自己的利益和需要，却很少关心他人的需要，甚至为了小利益，互相争斗，最后只能是两败俱伤。唯有互相配合、相互欣赏、相互团结、相互支持、相互信任、相互珍惜，方能合作共赢。

3. 赞美原则

赞美是发自内心的对他人的一种欣赏、一种肯定，可以帮助别人发现自己的价值，获得成就感。人人都喜欢受人称赞，在人际交往中，乐于赞美他人，善于夸奖他人的长处，人际间的愉快将大大增加，不吝惜赞美和鼓励，你会得到更多的朋友。

一个女孩迷上了小提琴，每晚在家拉个不停，家里人不堪忍受这种“锯床腿”的干扰，每每向女孩求饶。小女孩一气之下跑到一处幽静的树林，独自奏完一曲。突然听到一个老人的赞许声，老人继而说：“我的耳朵聋了，什么也听不见，只是感觉你拉得不错!”于是，女孩每天清晨来这里为老人拉琴。每奏完一曲，老人都连声赞叹：“谢谢，拉得真不错!”终于有一天，女孩的家人发现，女孩拉琴早已不是“锯床腿”的声音了，便惊奇地问她是否有什么名师指点。后来，女孩知道，树林中那位老人是著名的器乐教授，而她的耳朵从未聋过！一个优秀的小提琴手就这样诞生了，是赞美给了她力量。

恰当的赞美可以催人奋进，能给人向上的力量，同时也能缓和矛盾，达成自己的目标。但赞美不等同于阿谀奉承，更不是胡乱恭维，合理的赞美应注意以下六点：

要有根有据，不能言不由衷或言过其实；

要雪中送炭，不要锦上添花；

内容要具体，不能含糊其辞；

要恰如其分，不能空泛、夸大；

要把握时机，不要拖延；

要真心诚意，不能虚伪。

4. 真诚原则

真诚，顾名思义就是真实诚恳。在当今社会，呼唤真诚是时代主旋律。有人曾做过一个统计，从描述人品的词语中选出你认为最重要的几个，真诚被排在了第一位。沟通最基本的心理保证是安全感，没有安全感的沟通交往是难以发展的。真诚使沟通者有安全感，一个人不管是否善言辞，必须有真诚，没什么比真诚更能打动人。说话真诚的人，更易得到别人信任。

北宋词人晏殊素以说话真诚著称。他 14 岁时参加殿试，宋真宗出了一道题让他做。晏殊看过后说：“我十天前做过这个题目，草稿还在，请陛下另外出个题目吧。”宋真宗见晏殊这样真诚，感到他可信，便赐他“同进士出身”。晏殊在史馆任职期间，每逢假日，京城的大小官员常到外面吃喝玩乐。晏殊因为家贫，没钱出去，只好在家和兄弟们读书写文章。有一天，宋真宗点名要晏殊担任辅佐太子的东宫官，许多大臣不解。真宗对此解释说：“近来群臣经常游玩宴饮，只有晏殊和他的兄弟们闭门读书，如此自重谨慎，正是东宫官的合适人选。”晏殊谢恩后说：“我也是个喜欢游玩宴饮的人，只是家里穷而已，如果我有钱，也早就参加宴游了。”真宗听了，越发赞叹他的真诚，对他更加信任。

真诚，不论对于说话者还是听话者都非常重要。与人交往，不以诚待人就是欺骗、愚弄，若轻信他人不实之词，可能会耽搁大事，造成不良后果。

5. 宽容原则

古人云：海纳百川，有容乃大。宽容是一种豁达的风范，无论是面对人生的何种境遇，与

何种人打交道，都能坦然接纳，不抱怨，不放弃。

一位德高望重的长老，在寺院的高墙边发现一把椅子，他知道有人借此越墙到寺外去。长老搬走了椅子，在这儿等侯。午夜，外出的小和尚爬上墙头，再跳到“椅子”上，他觉得椅子不如先前硬，软软的甚至有点弹性。落地后小和尚定眼一看，才知道椅子已经变成了长老，原来他跳在长老的身上，长老是用脊背来承接他的。小和尚仓惶离去，这以后一段日子里他诚惶诚恐等候着长老的发落，但长老并没有这样做，压根儿没有提及“这天知地知你知我知”的事。小和尚从长老的宽容中幡然悔悟，他守住心再没有去翻墙，通过刻苦的修炼成了寺院中的佼佼者，若干年后他成为了这里的长老。

宽容是种伟大的行为，心中有爱，我们才会以同情的态度对待他人，能容人之过。以宽容之心待人，就像播撒种子，我们以宽容之心待人的同时，自己也会心平气和、轻松愉快。

心胸的宽度决定人生的高度。西点军校有这样一句话：天空收容每一片云彩，不论其美丑，故天空广阔无比。曾国藩认为“做人应有豁达的胸怀和恬淡的情趣，能容别人难容之事”，历史上的许多伟人都有“虚怀若谷”的胸襟。

清朝初期，努尔哈赤在率军攻打齐吉达城时，被城中守将额尔果一箭射中头顶，接着又被城中另一斗士洛科射中颈部，虽然未伤及性命，却伤得不轻。后来的战斗中，这两人都成了努尔哈赤的俘虏。但努尔哈赤宽容大度，不顾众人臣的反对，不但没有杀他们，而且还赐给俸禄，官升一级。努尔哈赤明白，一个有远大目标的人必须有容天下的胸怀，才能得到天下。

发明家爱迪生和他的助手们辛苦了一天一夜，制作了一个灯泡。随后，爱迪生让一名年轻学徒将灯泡拿到楼上另一个实验室。这名学徒小心翼翼地走上楼梯，生怕手里的新玩意儿滑落。但他越这样想，就越紧张，手也禁不住哆嗦起来。当走到楼梯顶端时，灯泡最终还是掉到了地上。

爱迪生没有责备这名学徒。过了几天，爱迪生又和助手们花了一天一夜的时间制作出了一个灯泡。做完后，还得有人把它送到楼上去，爱迪生想都没想，就将灯泡又交给了那名学徒，这次学徒安安稳稳地将灯泡拿到了楼上。

事后有人问爱迪生：“原谅他就够了，何必再把灯泡交给他拿呢？万一又摔到地上怎么办？”爱迪生回答：“原谅不是光用嘴巴说说的，而是要靠做的。”

在学徒工作失误时，爱迪生没有说什么，而是选择再次相信他，并把灯泡交给他，这是宽容最好的表现。将心比心，多给人一些关心与帮助，才能得到别人的尊重与支持。

宽容并不代表无能，恰恰是一个人卓识、心胸和人格力量的体现。《周易》中提出“君子以厚德载物”，荀子主张“君子贤而能容罢，知而能容愚，博而能容浅，粹而能容杂”。学会宽容，也是学会了处世。世间并无绝对的好坏，往往正邪善恶交错，所以立身处世有时也要有清浊并容的雅量。

6. 互动原则

沟通是互动的，需要双方共同参与。有传递，有反馈，有说有听，才有双方意见的交流，在反复互动中达成共识，共享说话权利是互动的前提。沟通中若想从对方那里获得更多的东西，就必须做到明确交谈目的，把握交谈主题，多听少说，学会提问，多问开放式问题，多谈对方的优点与长处，气氛自然会变得融洽。与人交谈，口齿伶俐固然好，但独自一人滔滔不绝地大发议论，就很难获得对方的认可了。所以沟通应少谈论自己，从“你”开始，少将话题集中在自己身上，这样能立刻抓住听者的注意力，同时得到他人的正面回应。

五、影响沟通的四个因素

1. 沟通的技巧

世上没有天生的演说家，成功沟通的技巧不外乎以下两点：

第一，讲话的人要怎么把这个话讲给别人听。成功的沟通有赖于讲演者使他的思想成为听众的一部分，并使听众与自己真正地融为一体。很多人无法成为讲话高手的原因就是，他们只顾谈他们自己感到有趣而与听众毫不相关的话题。

第二，听的人要怎么去听。“听”有两个要求：首先要给对方留出讲话的时间；其次听话听音，也就是说，对方讲话时不要打断，应做好准备，以便恰当时机给对方以回应，鼓励对方讲下去。

2. 沟通的态度

沟通态度决定了沟通的效果，因此我们在沟通前一定要调整好自己的心态，摒弃偏见、敌意或固有的思维模式，以一种敞开、包容的心态，积极面对沟通对象，这样才能帮助我们打开沟通壁垒，实现有效沟通。

3. 知识储备

知识输出与传递，是人际沟通的一部分。知识储备的差异，会造成大脑塑造结果的巨大差异。一人一世界，不同专业背景、不同职位、不同的成长环境，会使人在理解力、思考模式上出现较大差异，最终造成极大的沟通成本。因此，无论我们拥有多么好的沟通技巧和积极的沟通态度，都必须依托强大的知识储备，才能应对不同角度、不同层次、不同方向的沟通，并实现较好的沟通效果。

4. 社会文化背景

不同文化背景的人会有不同的想法，与他人沟通时，既要多注意地域文化的不同，也要多注意国家、民族习惯的差异。否则，可能会发生这样的事情：我们在“编码”给别人的时候，自以为是好意，但人家却看成是一种勉强；自认为是一种解释，但人家却误解你的初衷；自以为是一种直言，但人家却觉得你讲话太刺耳了。

六、良好沟通习惯的养成

习惯是人的行为倾向，是逐步固定下来变成自动化的行为方式，是不假思索的行为。习惯具有顽强而巨大的力量，可以主宰人的一生。人的许多行为都是在习惯的左右下进行的。人的沟通交流也具有习惯性，如果将良好的沟通行为固定下来，变成习惯，那么我们的人生将少走弯路，获益无穷。

1. 重视养成沟通意识

一个人有了重视沟通的意识，就会慢慢去尝试各种各样的有益的沟通行为，最终逐渐形成沟通习惯。尊重身边的每一个人，与大家友善平等相处，在平凡的生活中体验人生价值，成为一个优秀的人。如果在意识上有了沟通意愿，那么行动中就会处处以培养良好的人际关系为出发点，不做伤害他人的事，不说伤害他人的话，就会主动地构建和谐的交际环境，根据他人的需要去想问题，做事情，把乐于助人的精神作为自己追求的方向。

2. 改变不良沟通习惯

改变不良习惯在于培养自己的规矩意识。许多人缺乏良好的习惯是因为没有规矩意识，如说话没有礼貌，粗声粗气，举止随意，缺乏最基本的礼仪等。这些看起来是小事，却是关系到人的基本素质的大事，没有规矩意识的人，被认为是素质低下没有教养的人，会受到他人的唾弃和谴责。

改变不良习惯，树立规矩意识，认识到其对人生发展的重要作用。习惯不论好坏，力量都是巨大的，能主宰人心的美丑，决定人的命运。因此，努力克服沟通中不良习惯，对于人的成长进步就格外重要。

3. 自觉自律，贵在坚持

良好沟通习惯的养成除了靠教育，还要靠自觉认识，产生自律。只有坚持从每一次沟通做起，学会“吾日三省吾身”，从一点一滴做起，真正做到“勿以善小而不为，勿以恶小而为之”，和谐的人际关系就会出现。

卡耐基在谈及成功秘诀时说：“如果成功只有一个秘诀的话，那应该是坚持。”学习有益的沟通习惯，并将其坚持下去，最终才会见到成效。每天坚持一点点，最终就会有大的进步。有的人明白良好的习惯需要坚持，但就是没有毅力去做，或找出诸多借口。实际上，坚持有益的行为、习惯是没有时间、年龄限制的。凡是不能坚持的人，都说明他并没有想通，没有懂得什么是沟通的魅力，只有坚持下去才会感受到主动沟通的习惯带来的人生快乐。

【自我实践锻炼】

如何在大学期间提升自己的沟通能力？

一、多积累，为提升自己的沟通能力打下坚实的基础

知识储备是提升沟通能力的基础，在日常学习中我们要从以下四个方面进行知识的积累：

（1）历史资料——历史事件、人物故事等可以分门别类的收集整理。

（2）现实资料——对于国内外发生的重大的政治、经济、文化、科技等各个领域的事件、人物要保持敏感，持续关注；认真思考，形成自己的观点。

（3）加强记忆——多记名人名言、俗语谚语、古典诗词、经典文学、寓言故事等。

（4）专业领域——不满足于课堂，要及时获取行业最新的资讯、前沿的信息。

二、多实践，增加阅历，拓宽视野

1. 参加志愿活动

学校会举办各种志愿活动，虽然是志愿活动，但同学们也要积极报名参加，志愿活动不仅能传承中华民族乐于助人的美好品德，还能让我们见到社会上形形色色的人，和他们的沟通会让我们学习到很多东西，也会让我们的沟通能力得到锻炼。

2. 参与校园竞赛

大学的生活丰富多彩，时常有很多竞赛可以参加，在活动来临时，大家要踊跃报名。不要害怕失败，多参与活动可以改变怯场的心理，让自己得到锻炼，不要以为参加竞赛是在表现自己，其实这种方法可以增进我们与其他参赛者的交流，从沟通中得到启发，进而提升自己。

3. 利用节假日与寒暑假，参加企业实习、打工或社会公益活动

大学期间要让自己的触角伸向社会，与更多人接触，可以锻炼和提升我们的沟通能力、表达能力，积累社会经验，增长阅历。大家在选择工作或活动时，不要过于局限在自己的专业领域里面；不同方向、不同层次、不同种类的体验，更能够丰富我们的视野与生活，哪怕是份送外卖的工作，也可以看到世间百态、人情冷暖，所以请同学们大胆的尝试，一定会有所收获。

三、多训练，提升表达能力

1. 利用课堂时间，充分锻炼自己

所有的课程，都要积极利用课堂发言机会，参与教学活动，回答问题，与老师互动，争取到更多表达与展示自我的机会。

2. 关注发声习惯，利用课后时间练习发声技巧

可以借助教材和相关App，提升自己的发音技巧，使自己的普通话更标准，声音更富于魅力。

【基础练习】

（1）沟通能力强弱对人生发展有什么影响？

（2）你的人际关系如何？你如何与“喜欢”的人或“讨厌”的人建立人际关系？

（3）我们每天都会遇见各种人和事，请尝试用积极的沟通意识去面对，看结果如何，记录下来，并与从前的沟通方法进行比较。

（4）想和别人搞好关系，应先与自己搞好关系，能接受自己的一切才能使自己的身心得到充分发展。一个能悦纳自己的人，才能受到别人的喜欢。面对镜子的时候，问问自己，你是否喜欢镜中的人？

（5）扁鹊见蔡桓公的故事。

先秦名医扁鹊医术高超。有一次，扁鹊见蔡桓公说：“国君您的病在皮肤表面，不治将加重。”蔡桓公笑着说：“我没有任何病。”扁鹊告辞后，蔡桓公对臣下说：“医生喜欢给没有病的人治病，以显示自己的本事。”

过了十几天，扁鹊又来见蔡桓公，他仔细看看蔡桓公的脸色说：“国君您的病已经到了皮肉之间，不治会加重。”蔡桓公生气，没有理扁鹊，扁鹊走了，蔡桓公气还未消。

又过了许多天，扁鹊又来见蔡桓公，凝重地说：“国君，您的病已入肠胃，再不治就危险了。”蔡桓公气得叫人将扁鹊轰走。

后又过了十几天，蔡桓公出巡，扁鹊远远望见，转身就走。蔡桓公很奇怪，派人去追问。扁鹊叹息说：“皮肤上的病，用药敷贴就可以治好；皮肉之间的病，用针灸就可以治好；在肠胃中的病，服用汤药就可以治好；但病入骨髓，那么生命已经掌握在司命之神的手里了，医生是无能为力了。如今国君的病已经深入骨髓，所以我不敢再去谒见了。”

蔡桓公不信，五天后蔡桓公病入膏肓，连忙派人去请扁鹊，扁鹊已经逃往秦国躲起来了。蔡桓公不久病死了。

分析：

①蔡桓公为何不将扁鹊的话当一回事？

②请从沟通角度分析扁鹊的失误，应该怎样改进其沟通策略？

【素质目标】

（1）良好沟通依靠的不是技巧，而是态度：在人际交往中，爱、宽容和理解，能够化解矛盾、误会与纷争，实现真正的有效沟通。

（2）提升学生责任意识，使其客观看待个人与家庭、社会的关系。

（3）培养人际交往中的同理心，养成良好的沟通习惯。

陶行知先生的四块糖果

陶行知先生当校长的时候，有一天看到一位男生用砖头砸同学，便立即制止并叫他到校长办公室去。当陶校长回到办公室时，男孩已经等在那里了。

陶行知掏出一颗糖给这位同学：这是奖励你的，因为你比我先到办公室。接着他又掏出一颗糖，说：这也是给你的，我不让你打同学，你立即住手了，说明你尊重我。男孩将信将疑地接过第二颗糖。

陶先生又说道：据我了解，你打同学是因为他欺负女生，说明你很有正义感，我再奖励你一颗糖。

这时，男孩感动得哭了，说：校长，我错了，同学再不对，我也不能采取这种方式。

陶先生于是又掏出一颗糖：你已认错了，我再奖励你一块。我的糖发完了，我们的谈话也结束了。

第二章 沟通心理

【课前热身】

课前我们一起来思考一下，我们在沟通中遇到的最大的问题和困惑是什么？有些同学可能会说，我经常不知道在一些特定的场合该讲什么，或者常常觉得没有话题可谈，再或者，我总会觉得紧张，大脑一片空白，等等。你们有没有发现，其实这些问题的根源都在于心理，本章我们一起来学习沟通心理。

【学习目标】

1. 了解自己在沟通中的问题，克服沟通中的心理障碍。

2. 认识到自己心理方面的问题，改变自己的沟通心态。

【知识讲解】

一、沟通心理的概念

沟通心理是一个与人际沟通相关的社会心理学概念，从心理学的角度出发研究如何让人们的沟通更顺畅、更有效、更愉快。

在心理学中，认为人是一种社会的动物，人需要与他人相处，就像需要食物、水和住所等一样重要。如果一个人失去了与其他人相处和接触的机会，大都会产生一些症状，如产生幻觉、丧失运动机能，且变得心理失调等。但山居隐士们自愿选择遗世独立，是一种例外。我们平常与其他人闲聊琐事，即使是一些不重要的话，也可以使我们因为满足了彼此互动的需求而感到愉快与满意。

由于沟通，我们能够探索自我以及肯定自我。如何得知自己有什么专长与特质？有时是藉由沟通，从别人口中告诉你的。与他人沟通后所得的互动结果，往往是自我肯定的来源，人都想被肯定，受重视，从互动结果中就能找寻到部分的答案。

二、常见的沟通态度

每个人在沟通过程中，由于外部环境或个性心理等原因，所采取的态度都是不一样的，进而带来不同的沟通效果，我们将其分为五种不同的沟通态度：

1. 强迫性态度

强迫性态度，果敢性非常强，却缺乏合作的精神。在工作和生活沟通中，属于强势的一方，习惯于将自己的观点、想法、愿望强加于沟通对象，如父母对小孩子、上级对下级等，在这种强迫的态度下，沟通实际是不容易达成一个共同的协议的。

2. 回避性态度

在沟通中既不果断地下决定，也不主动去合作，这样一种态度称为回避的态度。他总是回避着你，不愿意与你沟通，不愿意下决定，经常处于犹豫不决的状态，所以得不到一个良好的沟通结果。

3. 迁就性态度

具有迁就性态度的人，虽然果敢性非常弱，但是他却能与你合作，你说什么他都会表示同意，但对工作而言，这却不是最好的处理方案。在平时工作生活中，通常下级对上级往往采取一种迁就态度。所以当你与下级沟通的时候，发现他采取了迁就态度，就要及时调整沟通方式；否则，沟通就失去了意义。

4. 折中性态度

折中性的态度，果敢性有一些，合作性也有一些。秉持此种态度的人，通常擅长中庸之道，能够平和、理性地对待沟通对象。在沟通中，呈现出不愠不火、不远不近的社交距离。

5. 合作性态度

合作性态度，既有一定的果敢性，勇于承担责任、下决定；同时又有合作性，能与别人配合，这是一种比较积极的沟通态度，通常有以下六种表现：

（1）直接说明型。这种类型的态度就是在双方沟通时不作保留，直截了当地说明自己的一些意见和建议。

例如：李昕和曼妮是某公司的同事，有一次，李昕有点事情，就对曼妮说："曼妮，我半个小时后要离开公司出去一趟。"上述这则对话中，李昕讲话既没有侵略性，也没有退缩的意味，她是积极直接主动地说出了事实，以便对方根据具体情况来及时调整工作。曼妮听说李昕有事要先走后，很快做出了回应："好的，你放心去忙吧。"

这段对话中，李昕简洁明了地表达了自己的想法与诉求，曼妮听到后也迅速给出积极的反馈，双发完成一次愉快的沟通。

（2）同情型。这种类型既要表现出同情对方，谅解对方的一些不足和错误，又要表现出自己仍然需要对方完成某项事务。

例如：周五的时候，安然被叫到了经理办公室。经理对安然说："安然，很抱歉，你负责的方案需要在下周一进行汇报评估。我很同情你，但是请你在周末把这个方案赶出来，可以吗？"

这段对话中，经理说出来的话语，既包含了对安然的同情，又明确提出要求——务必在周一之前把方案完成。

（3）告诫型。在沟通中，使用这种类型一般是向对方说明问题，如果不改变原有的思路或做法，就会产生严重的后果。从而让对方重新考虑自己的做法。

例如：有一次王明需要报销 2 000 元出差费用，公司财务人员李娜对他说："王明很抱歉，实在帮不了你，公司规定，1 500 元以上的报销需要由总经理审核后才能通过。你这次超过了这个报销限额，我也无能为力，否则就成为挪用公款了。我建议你去找总经理审核，如果通过了，我马上给你报销。"

在这段对话中，李娜意在告诉王明正确的做法，以免他在错误中白费力气。

（4）利用提示型。当一方需要提醒另一方一件过去承诺的事情，但现状却与之前的状况有出入时，就可以采用这种提示型的沟通态度。

例如：秘书马丽在处理公司订单时，发现了一个问题需要向经理请示。

"经理，以前您跟我说，需要订 ×× 型打字机 2 台，但是我发现订单上却标注要求订 5 台。我是按照您原来的要求订 2 台，还是照订单订 5 台？"

在与经理的沟通中，秘书马丽利用提示的方式，让经理发现了问题所在，从而提示对方及时作出明确指示。

（5）直言不讳型。采用这种态度沟通时，大都是对方的某些言语或者做法已经触犯了行为准则，对你造成了一定程度的影响。

例如：吴森因为上班经常迟到，被经理叫到了办公室。经理对他说："吴森，你怎么回事，最近怎么经常迟到？公司规定，上班要准时，你这周已经迟到2次了，对公司产生了很不好的影响。如果你再迟到，我就得按照公司的规定，对你进行一定的处罚了，希望你以后注意。"

经理通过警告，给出了做事的行为底线，以此要求对方停止不当行为。

（6）询问型。采用这种态度和别人沟通，是希望通过一些问题让对方说出内心的想法，从而了解对方的立场或者意愿。

例如：鲍明在一家总部设在北京的企业任经理，有一天公司总裁对鲍明说："鲍明，最近我们在上海开办了一个分公司，急需出色的管理人员去打开那边市场。你工作能力突出，我们打算把你派过去，你觉得怎么样？有什么要求尽管说。要不要把你的妻子和儿子也接过去？"

总裁通过对鲍明的询问，了解鲍明的想法与心声，以便为鲍明解决困难，进而推进工作顺利开展。这种沟通有商量、有体谅、有理解，所以沟通顺畅。

通过以上这六种沟通态度，既能呈现出沟通者性格中的果敢性，又能体现出沟通者的合作性，在沟通中，能够做到既不显露出侵略性，又不让别人感觉你太过软弱。这些积极的沟通态度，有利于自己同对方更好地沟通，表达自己的想法，实现沟通的目的。

三、沟通心理障碍

社交心理障碍对社会交往造成很多不良的影响，比如不敢或不能与人交往，交往带来的是不愉快、压抑等消极的情感体验等。造成这种社会交往心理障碍的原因是多方面的，下面我们来共同了解常见心理障碍有哪些，以及如何去克服心理障碍。

（一）常见心理障碍

（1）恐惧心理：表现为与人交往时（尤其是大众场合下），会不由自主地感到紧张、害怕，以致手足无措、语无伦次，严重的甚至害怕见人，常称为社交恐惧症、人际恐怖症。其中有些人会表现为对异性的恐惧，称为异性恐惧症。

（2）自卑心理：表现为在社会交往中想象成功的体验少，想象失败的体验多，缺乏自信，总认为自己不行，缺乏交往的勇气和信心。

（3）孤僻心理：有两种情况，一是孤芳自赏，自命清高，不愿与人为伍，另一种是属于有某种特殊的怪癖，无法正常融入社会，从而影响了社会交往。

（4）害羞心理：表现为社会交往中过多地约束自己的言行，以致无法充分地表达自己的思想感情，阻碍了人际关系的正常发展。

（5）封闭心理：表现为把自己的真实思想、情感掩饰起来，试图与人保持严格的距离。

（6）自傲心理：表现为不切实际地高估自己，在他人面前盛气凌人，自以为是，常使交往对方感到难堪、紧张、窘迫，从而使交往变得困难，尤其表现在两代人的关系上。

（7）敌意心理：这是一种比较严重的社会交往障碍，表现为讨厌他人，乃至仇视他人，把人与人之间的关系视为尔虞我诈，另一种情形是认为别人总在寻机暗算他、陷害他，从而逃避与人交往，甚至表现为攻击心理。

（8）干涉心理：表现为专门打听、传播或干预别人的私事、秘密，从而引起别人的不满、厌恶情绪，影响彼此关系。

结合以上心理，对于人际关系适应不良状况，应作具体分析，分清哪些是正常的，哪些是异常的，对于异常类型的，要分清哪些属于思想问题，哪些属于心理问题，哪些是两者皆有。只有分辨清楚，才能对症下药。

（二）如何克服沟通心理障碍

克服沟通心理障碍，是一个长期努力和坚持的过程，我们需要打破过去固有的沟通模式与习惯，调整沟通心理状态，不断突破自我，实现破茧成蝶。

1. 进行心理疏导，打破沟通障碍

人际关系是否和谐，自己能否为他人所接受，也直接影响到自己的心理健康。人际交往是个体适应环境与社会生活、担当一定的社会角色、形成丰富人格的基本途径，具有沟通信息、相互激励、产生合力、形成互补、调节情感和保障身心健康等多种功能。所以，要鼓励自己主动与他人交往，不逃避、不孤守，积极把自我融入群体，在生活中学会处理人际冲突，学会宽容、体谅、尊重和以诚待人。

（1）挫折历练。适量的挫折可以锻炼人的意志，增强心理承受能力，心理承受能力强的人，即使遭受较大的挫折，也能避免自身行为失常。而耐挫能力差的人一遇到刺激和打击，就很容易形成心理困扰，觉得无法接受和摆脱，出现逃避（逃学）、抗拒等行为。所以，现代人应有意识地去经历风雨、见世面，主动向自我挑战，有意给自己出些难题（如内向的人应多参加社会实践活动，脾气急躁的人去参加美术班的学习等），在设法解决问题的过程中，积累经验，增强心理承受能力，维护心理健康。

（2）理智控制。生活不能万事如意，挫折在所难免。一旦遇到挫折，很多人都会产生愤怒、焦虑、苦恼、悲伤和痛苦等消极的情绪，影响其正常工作、学习与生活。这时应善于用理智控制强烈的感情，不要冲动，一方面要多侧面、多角度地思考问题，不钻牛角尖；另一方面要进行换位思考，多想想："我是对方会怎么办?"或"某某遇到这种情况会怎么办?"在思考的过程中让自己冷静下来，并按理智的判断去采取行动，避免一时冲动后又产生后悔、自责等消极情绪。

（3）注意转移。这是一种常见且有效的方法。即通过注意力的转移，暂时忘却烦恼，淡化不良情绪，选择自己比较喜欢的事去做。具体的做法有：听轻松的音乐；散步以领略大自然的风光；阅读报刊杂志，发现奇闻轶事；看电影并投入其中；回忆最愉快、最成功的时刻等。

（4）合理宣泄。情绪是需要发泄的，否则"情郁于中"很容易引发心理问题。所以当人有了不愉快的情绪时，不要始终积压在心里，而应通过合理、恰当的方式发泄出来。如向朋友、老师、家长或日记本倾诉；在无人处大喊大叫，高声唱歌；摔布娃娃，砸枕头；将自己关在房间里听震天的摇滚乐；参加剧烈的体育运动让自己疲惫不堪等。

（5）自我升华。每个人都有自己的长处，也都会遇到失意、挫折，在这种情况下，宜采用自我激励法，调节自己的情绪，用激起的能量来调节、引导到对人、对己和对社会都有利的方向上去。

（6）灵活幽默。许多看来令人烦恼、厌恶的事物，如果用幽默的办法应对，往往使人的不快情绪荡然无存，立即变得轻松起来，正所谓"一个小丑进城，胜过一打良医"。平常不妨多开开玩笑，说说俏皮话，多看漫画、小品，培养自己的幽默感。这样既能消除不良情绪，又能融洽人际关系，可谓一举两得。

（7）活动充实。紧张有序、充实的生活能帮助人克服空虚、寂寞和孤独感，培养良好的生活习惯，锻炼自我意志，可以使人拥有积极、乐观的心境。所以，应多参加群体活动，在

活动中培养能力，增进与他人的了解，体验合作与成功的喜悦。

（8）巧妙安慰。在实现目标的过程中受挫时，为了消除心理的痛苦与不安，可以巧妙地寻找理由或借口来为自己辩解，进行心理调适。如合理使用“酸葡萄心理”，就像狐狸因为吃不到葡萄就说葡萄是酸的，可以对自己说“胜败乃兵家常事”；又如“甜柠檬心理”，即把本来是酸的柠檬硬说成是甜的，把自己拥有的都看成是最好的；当与好朋友发生争执后，在激动之余可以这样想：“幸亏今天把话说清楚了，要不然不知他要骗我到什么时候呢！”但是自我安慰法不可滥用，否则会助长惰性，带来消极作用。

2. 悦纳自己，建立自信心

俗话说：“人贵有自知之明。”能否正确认识、评价和接受自己，是保持自身心理健康的前提。但“当局者迷”，并非人人都能真正做到自知。自我认知失调是导致心理失衡的一个重要的原因。应全面认识自己的心理特点，了解长处和短处，并对自己做出客观的、恰如其分的评价，防止因评价过高而变得自负，或因评价过低而陷入自卑。要努力让自己树立“我是这世上独一无二的”这一观念，悦纳自我，才能以积极的状态面对学习与生活。

（1）获得正向反馈。我们不够自信，常常是因为我们并不了解自己却一直都在自己不擅长的领域里折磨自己。所以划分好自己的能力范围是特别重要的，知道你什么事情可以做好，什么事情超出了自己的能力范围，然后在自己能做好的那个领域续努力，去获得一些正向的反馈，取得一些成绩，在这个过程中自信心就会逐渐建立。

（2）专注自身优点。有些人过去在意自己的缺点，把目光聚焦在缺点上，认为只有改正缺点，才能变得自信，这个想法是错误的。其实只要把自己关注的焦点转移到自身优势上，去充分发挥特长，自然就会获得自信。

（3）重视成长性。不要过分纠结于自己过去的失败，人生是一个不断成长进步的过程。今天失败了，只能证明你今天不擅长做这件事情，承认现在能力不足，但不要否定未来的自己。我们要做自我批评，但是不能自我厌恶。要破除对自己的完美想象，完美主义者特别容易引起自我厌恶。

（4）正确地认定责任。很多敏感自卑的人遇到问题时，习惯在自己身上找原因，这种思维方式是错误的，以后再遇到类似情况时一定要分清责任。第一步就是自我反省，反省之后，第二步去看对方身上可能有哪些问题。通过这种下意识的管理归因过程，你会慢慢发现：原来每个问题的出现都是双方的责任，这个时候你对自己的看法也会客观公正了，就不那么敏感自卑了。

【课堂训练】

正确认知自己、评价自己

知己：价值、性格、兴趣、能力、家庭背景。

知彼：社会环境、经济发展、就业机会。

训练1：选择五位同学到讲台上，请结合上述内容，给自己做综合性评价，实现正确、理性认知自我；其余同学针对个人情况，做出书面评价。

训练2：请写下你自身的最让你痛苦的不可改变的几个缺点。

【自我实践锻炼】

大学里提升自信心的小方法

1. 挑前面的位子坐

你是否注意到，无论在教室还是各种聚会中，后排的座位往往会首先被坐满。这是为什么？大部分占据后排座位的人，都希望自己不会“太显眼”，而他们怕受人注目的原因就是缺乏信心。坐在前面能建立信心。请把它当作一个规则试试看，从现在开始就尽量往前坐。当然，坐前面会比较显眼，但要记住，有关成功的一切都是显眼的。

2. 练习正视别人

一个人的眼神可以透露出许多个人信息。某人不正视你的时候，你会直觉地问自己：“他想要隐藏什么呢？他怕什么呢？他会对我不利吗？”不正视别人通常意味着：在你旁边我感到很自卑；我感到不如你；我怕你。躲避别人的眼神意味着：我有罪恶感；我做了或想到什么我不希望你知道的事；我怕一接触你的眼神，你就会看穿我。这都是一些负面的信息。正视别人等于告诉大家：我很诚实，而且光明正大；我相信我告诉你的话是真的，毫不心虚。不断练习正视他人，你会越来越自信。

3. 练习当众发言

不论是参加什么性质的会议，每次都要主动发言，也许是评论，也许是建议或提问题，都不要有例外。而且，不要最后才发言。要做破冰船，第一个打破沉默。也不要担心你会显得很愚蠢，因为总会有人同意你的见解。

4. 微笑面对困境

大部分人都知道笑能给自己很实际的推动力，它是医治信心不足的良药。但是仍有许多人不相信这一套，因为在他们恐惧时，从不试着笑一下。真正的笑不但能治愈自己的不良情绪，还能马上化解别人的敌对情绪。如果你真诚地向一个人展颜微笑，他实在无法再对你生气。成功学大师拿破仑·希尔讲了一个自己的亲身经历：“有一天，我的车停在十字路口的红灯前，突然‘砰’的一声，原来是后面那辆车的驾驶员的脚滑开刹车器，他的车撞了我车后的保险杠。我从后视镜看到他下来，也跟着下车，准备痛骂他一顿。但是很幸运，我还来不及发作，他就走过来对我笑，并以最诚挚的语调对我说：‘朋友，我实在不是有意的。’他的笑容和真诚把我融化了。我只有低声说：‘没关系，这种事经常发生。’转眼间，我的敌意变成了友善。”

5. 直面怯场，说出即释怀

内观法是研究心理学的主要方法之一，这是实验心理学之祖威廉·华特所提出的观点。此法就是很冷静地观察自己内心的情况，而后毫无隐瞒地说出观察结果。如能模仿这种方法，把时时刻刻都在变化的心理秘密，毫不隐瞒地用言语表达出来，那么就没有产生烦恼的余力了。例如初次到某一个陌生的地方，内心难免会疑惧万分，此时，不妨将不安的情绪清楚地表达出来：“我几乎愣住了，我的心忐忑地跳个不停，甚至两眼也发黑，舌尖凝固，喉咙干渴得不能说话。”这样一来，不但可将内心的紧张驱除殆尽，而且也能使心情得到意外的平静。

当我们在紧张的时候说出自己的紧张感的同时，其实就是在释放压力，向周围的人示弱，当你获得他们的同情、赢得了他们同理心的时候，你自己也就放松下来了。

【基础练习】

（1）注意分析自己，在与不同的对象进行言语交际时，自己的心理状态是不是有所不同？自己的口才水平发挥是不是有所不同？试总结出原因并与同学交流分析。

（2）如何克服当众表达的恐惧心理？

【素质目标】

（1）不同程度的心理问题，已经成为影响当代大学生身心健康的主要因素，进而影响到未来的就业与发展。

（2）学生要学会正视自己，正视现实，克服沟通障碍。

（3）养成乐观健康、积极向上的阳光心态。

大学生患上“社交恐惧症”

23岁的小张来自苏北农村，现在南京某大学读书。他性格内向，父母对他期望很高。小张高中成绩一直不错，但去年高考考砸了，没有考上理想中的重点大学，仅考取南京某高校二级学院。看着父母失望的眼神，他由此产生很强的自责感，觉得自己没出息。随着时间推移，这种感觉越来越强烈，以致发展到与别人交流就浑身感到不自在，不敢正视对方，甚至出现脸红、神情慌张、浑身冒汗等症状。由于不堪忍受这种症状的折磨，最近小张鼓起勇气，到医院看精神心理专科。医生采取药物和脱敏疗法，经过一段时间治疗，小张的恐惧症状渐渐消失。

据心理医生介绍，小张的症状属于社交恐惧症，是一种常见的精神疾病，一般发病在青春期前后。患者往往夸大自己的弱点，主观要求过高，存在极强的完善欲。只要做不到尽善尽美，就会非常痛苦。这种病症不仅影响患者的基本社会交往功能，甚至个别人还会有轻生的念头。为此，医生建议，青少年要多参加户外活动，多与同学朋友交流。家长也要注意留心孩子的言行，多与内向的孩子沟通。

第三章

沟通体态

【课前热身】

在交际过程中，也许我们只专心于和朋友闲聊、与同学交谈或者说服别人，可能从来没有注意过自己的表情与手势。实际上，你的一举手、一投足、一挑眉、一弄眼、一更换坐姿，虽在你的无意之中，但却伴随着你的交际过程，传递你的潜意识。所有这些自认为的下意识和无目的行为已构成了科学家和心理学家口中的体态语——沟通中的利器。

【学习目标】

（1）掌握体态语言沟通的基本知识。

（2）学会察言观色，善用体态语言，提升交流技巧。

【知识讲解】

一、体态语的含义

人类生来就富有动作。当人采取行动时，伴随而来的就是动作与表情。从某种意义上说，动作与表情是语言的一种表达方式，他们以独特的信息形式直接显示行为的意义。人们将这些在一定程度上显示行为意义的，即能够表达人的思想感情的人体动作，诸如表情、手势、姿态和服饰等，叫做体态语，也叫无声语言、身体语言或态势语言。

有声语言经过理性加工，往往不会直率地表露一个人的深层心理和真实意图。身体语言能弥补有声语言的不足，通过有形可视的具有丰富表现力的各种动作和表情，协助有声语言将内容准确无误地表达出来。身体语言是人们内心愿望所发出的信号，每一个看似无足轻重的表情、眼神、手势与体态都透露着人的内心信息。人的身体动作几乎不懂得如何同语言一起协调一致地“撒谎”。因此，学会正确地使用表情、眼神、手势、姿态控制自己的身体，在沟通中察言观色，更准确洞察别人的内心世界，可以提高沟通能力和交流效果。

在交际中人们所获得的感觉印象大多数来源于视觉，心理学家有一个有趣的公式：一条信息的表达 =7% 的语言 +38% 的声调 +55% 的表情动作。这正表明，人们获得的信息大部分来自视觉印象。因而美国心理学家艾德华 · 霍尔曾十分肯定地说：“无声语言所显示的意义要比有声语言多得多。”

举止表情变化所产生的信息交流作用，在于它能诉诸人的视觉，对人的心理产生种种暗示，达到心领神会。它有时甚至先于“有声语言”而在听者心中形成第一视觉印象，这种印象往往直接影响沟通与表达的效果。正确的体态语不但能增强说话者的威信，赢得更多的听众，而且能对有声语言起到辅助、补充、辐射和渲染作用，有时甚至可以单独表意，替代有声语言传递微妙的信息。

二、体态语的特点

体态语是社会通用的一种习惯，使用有一定的范围并具有多义性、历史性、间接性、地区性和民族性等特点。

（1）多义性：指一种动作表示好几个意思，如点头既表示同意，也表示礼节。拍桌子既表示生气也表示下决心或叫好。

（2）历史性：表示一些动作过去用，现在已经不用了，如表示礼节的跪拜作揖，现在已由握手、鼓掌、注目、正步走所代替。

（3）间接性：相对有声语言来说，体态语往往起辅助作用，它无法离开一定的语言环境，特别是无法完全脱离口语单独起表意作用，给对方的影响方式比较间接，所以我们一般把体态语作为沟通与表达的辅助语言去研究。

（4）地区性：有些动作只用于某个地区，如天津人用头向右上稍微偏一点，表示无可奈何的意思。

（5）民族性：指每个民族都有自己独特的动作，如拥抱、贴面是东欧贵族的见面礼，耸耸双肩是俄罗斯人表示惊讶和无可奈何的动作，碰鼻尖是新西兰岛上居民的礼节。同样的动作在不同民族中表示的意义不同。如一般点头表示同意，摇头表示不同意，但印度、尼泊尔则相反。顿足是中国人愤怒的表示，而德国人却用来表示称赞。

三、体态语的运用

日常交际中的沟通与表达不仅需要言辞声音，同时还需要辅助以动作表情。在沟通与表达中的体态语言是一个系统，由讲话者的表情语言、姿态语言、仪表等三个部分组成。体态语所传达出的信息包括讲话者所讲的内容，对待听众的态度，讲话者的个人情绪、习惯等，是人际交往中观察了解交际对象的重要依据，也是传达个人态度、思想的重要途径。

（一）表情

俗话说“进门看颜色，出门看天色”，这是有用的经验。这里的看颜色就是观察分析对方的表情，进而做出判断，采取合适的方式交往，只有这样交往才得以成功。

罗曼·罗兰说：“面部的表情是多少世纪培养成功的语言，是比嘴里讲到的复杂到千百倍的语言。”在 70 万人体语言中，表情语占了 35.7%。人脸部的眉、目、鼻、嘴正组成了表情语最集中、最丰富的“三角区”。而三角区加上脸部肌肉、脸色，便有了对表达内容最容易配合的表情语。表情是由脸的颜色、光泽、肌肉的收与展，以及脸面的纹路所组成。它以最灵敏的特点，把具有各种复杂变化的内心世界，最迅速、最敏捷、最充分地反映出来。如：愉快时，面肌横伸，面孔显得较短；不愉快时，面肌纵伸，面孔显得长些。面部的舒展表情，是集中于五官，尤其是眉眼。

一个人的内心世界是极其复杂的，表现于外部的表情也是极其复杂的，完全透过外部的表情去洞悉其内心世界，有时就难免会碰钉子。那么怎样判断对方的表情呢？心理学家们认为，人的表情可以用对称与否来鉴别。一般说，诚恳、热忱、爽朗、欢愉等的情感表露是对称的、自然的；而虚伪厌烦、勉强、支吾的感情难免做作、不自然，对称不起来。

1．微笑

微笑是一种“高级表情语言”，也是一种处事艺术。任你去领会、去捕捉、去揣摩，从而获得心理上的安慰与满足，它不仅能解愁、健身、美容，而且更重要的是能给人以美感，能调节人际关系。在表情语中，微笑是最有感染力的，微笑是放之四海而皆准的“人际交往的高招”。

往往一个微笑能很快缩短你与他人之间的距离，表达出你的善意、愉悦甚至是道歉和拒绝（很容易让人接受和理解），给人春风般的温暖。

在社会交往中，交谈双方目光的接触会使对方感到你对他所说的一切很有兴趣，令人产生知己感。而微笑则是对谈话方的热情激励，在交谈结束时，微笑是一个最佳的“句号”，会使对方对你留下一个深刻而愉快的印象。微笑永远是受欢迎的，它创造和谐的人际关系。

2．笑声

笑声和微笑一样，都是面部肌肉运动模式化反应，参与了各种不同的情绪的发生和人们之间各自不同情绪的信息传递。当然笑声与微笑毕竟是两种不同的伴随语言，是有区别的。与微笑相比，笑声不仅是发出声来，而且形式复杂，语义不固定。同一形式的笑声，可能是负载着正信息，也可能负载着负信息，如哈哈大笑，有时可能是表示一种高兴、赞同的思想情感，也可能是一种不祥之兆。捂着嘴笑可能是不好意思，也可能惧怕某人的威严，而不敢放声大笑；含着泪笑可能是激动时的表情，也可能是“有苦难言”。笑声语的这种多义现象只有在特定的语境中，语义才是明确的、单一的。

笑声语是交际中一种必不可少的辅助语言，特别是碰到比较尴尬的场合，笑声能缓和僵局，打破拘谨，改善交际氛围，这常是一般词语难以取得的效果。

3．眼神

在整个面部表情中，最鲜明、最突出、最能反映深层心理的是眼睛的神态，即眼神。“眼睛是心灵的窗户”，人的喜怒哀乐、爱憎好恶都能从眼神中表现出来，甚至能表达出用言语难以表达的极其微妙的思想感情。讲话者要学会用眼睛说话，把自己真实的感情流露在眼睛里，随时运用眼睛与听众交流感情。

听众接触到什么样的眼光，就会有什么样的反应。例如：听众接触到兴奋、热情的目光，就会感到格外高兴；接触到和蔼关切的目光，就会产生亲切感。如目光呈反复游移状，听众注意力会分散；目光呈呆滞状，听众会感到索然无味；目光呈黯淡状，听众就会情绪低落；眼光根本不与听众接触，听众就会感到对他不注意、不关心、不尊重。因此，在沟通中善于运用眼神辅助交流，会达到事半功倍的效果。运用眼神的方法主要有五种，具体如下：

（1）前视法。前视法即视线平直向前流动的方法，它要求讲话者的视线平直向前流动、统摄全场。一般来说，视线的落点应放在全场中间部位、听众的脸上。在此基础上适当地变幻视线，照顾到全场听众，并用弧形的视线在全场流转，不可忘掉任何一个角落的听众。这样，可使每个听众都感到讲话者在关注自己，从而引起听众的注意。同时也有利于讲话者保持端正良好的姿态，随时注意会场的气氛和听众的情绪。

（2）环视法。环视法即用眼睛环视听众的方法，要求讲话者的视线，从会场的左右前后迅速来回扫动，不断地观察全场，与全体听众保持目光接触，增强双方的情感交流，将前视法与环视法结合起来，即可观察到听众的心理变化，还可检验沟通效果，控制全场的情绪。

（3）专注法。专注法即把视线集中到某一点或某一方面的方法，要求讲话者的视线有重点地观察个别听众或会场的某一个角落，并与之进行目光接触，同听众个别交流感情。这种方法既可启发、引导听众，也可以批评、制止不守纪律的听众。

（4）斜视法。斜视法即把眼珠向左或向右移动的方法，即可表现对左右观众的关注，同时配合面部表情，又可表现喜欢或鄙夷的情感。

（5）虚视法。虚视法即目光没有焦点、似看非看的方法，可表现对左右观众的关注，这种视而不见的方法，可减轻讲话者的心理压力，还可表示思考，把听众带入想象的境界。

讲话者学会了“用眼神说话”。就很容易撩拨人的心弦，与听众形成互动。

（二）姿态语言

姿态语言是指讲话者的身体姿态和身体动作，即日常交际中一个人的一举一动，坐、立、行、走。我们往往在与人见面的 7 ~ 20 秒内就会对对方作出判断，而对方也会在同一时间对你作出判断，这就是第一印象，而且第一印象极难改变，甚至可能延续一生！虽说人不可貌相，可是最先判断一个人就是从外在的“相”去揣测。这种以貌取人很片面，甚至是很不科学，但却是一个不争的心理现象。所以为给初次见面的人留下良好印象，姿态语言不可忽视。

姿态语言主要由讲话者的头、手势和身姿三部分组成：

1. 头部语

头为仪容的主体，它的位置应当平正闲适，而不要偏侧倾斜，头部动作不宜过多，应该和身躯手势相应。

头部语表情达意的方法一般有：点头表示赞同，摇头表示否定，低头表示谦逊或忧虑，昂头表示勇敢或高傲，后仰表示软弱或失望，倾斜表示得意或愉悦，左右微摇表示怀疑或不忍，前突表示惊讶或逗趣，微倾表示观察或思考，直立表示庄严或坚强。

2. 手势语

手也会说话，手是人的第二张脸，平常沟通与表达中人们会频繁的使用手势传达信息。所以了解常用手势的含义，谨慎地使用，恰当地表达，有助于提升交流效果。

手势语是指讲话者运用手掌、手指、拳和手臂的动作变化来表达思想感情的一种身体语言。手势是指从肩部到指尖的各种活动，包括手臂、肘、腕、掌、指的各种协调动作。手势所表达的意义，是由手势活动的范围、方向、幅度、形式几方面来共同决定的。

（1）手势活动的范围。手势活动的范围，大体分为三个区间：肩部以上为上区手势，表示积极向上或激昂情绪，如，讲到激动时，演讲者常常双手向上举甚至挥动拳头；肩部到腹部间为中区手势，表示客观冷静的态度，如，叙述一件事，分析一个道理，讲话者的手势常常在胸前出现；腹部以下为下区手势，表示鄙夷、厌恶、决裂等情绪，如，当讲到“我们需与一切没落的、腐朽的思想决裂！”讲话者会做出一个往下劈的手势。

（2）手势活动的方向。一般来说，向内、向上的手势，意味着肯定、赞同、号召、鼓励、希望、充满信心，是积极的手势；向外向下的手势，意味着否定、拒绝、制止、终止、摒弃、冷漠，是消极的手势。如，同样是搓手，朝上搓，可能是摩拳擦掌、急不可待；往下搓，则可能是局促不安、不好意思。同样是举起两个手掌，掌心向内，往内缩，表示向我靠拢、注意我；掌心向下、往外推，则是意味着拒绝、回避。

（3）手势活动的幅度。手势幅度的大小与讲话者的感情、语势有很大关系。幅度大，表示感情强烈；幅度小，表示语气平和。手动臂不动，是小幅度；手臂挥动，甚至还带动全身，双手挥舞，这是大幅度。一般来说，讲话者大幅度的手势不宜过多，只能偶尔使用，“手之舞之足之蹈之”像个疯子，会破坏协调美，甚至还会引人发笑。

（4）手势活动的形式。手势活动的形式是由手指和手掌构成的各种不同手形，即手势活动的形状。讲话中常见的手形有以下几类：

①指法，由手指构成不同形状。

食指法：伸直食指。向上或向下，起强调作用，即强调话题所涉及的人和物；向前指，指听众的某个人，挑明话题，表明说话的针对性，常有一定的威胁性。

拇指法：翘起拇指，表示叫好、赞许；向鼻前翘，表示称道自我；向前或向后翘，表示夸

奖别人。

啄指：五指互相啄紧，构成两种手势，一是五指接触，啄成一团，向内，表示反复强调重点；二是指尖不接触，尖锐地对着听众，表明不是泛泛而谈，而是有某种针对性。

叉指：手指伸直叉开，可叉两指，也可叉三指或四指，一般都是表示数字，有时也可以表示摒斥。

抓指：五指僵硬地弯曲，呈爪状，表示力图控制全场，吸引观众。

②掌法，由手掌运动的不同方向所构成的不同形状。

伸掌：五指合拢，手掌平伸。掌心向上，表示征求意见；掌心向下，表示要抑制和安定听众的情绪，制止某种行为的发生；掌心向前，表示回避；掌心向内，并向胸前缩拢或向外推，这是一种表示抚慰性的手势；掌心向上侧向外，即摊开双手，表示希望听众理解。

劈掌：手掌挺直展开，像一把斧子“嗖嗖”劈下，这是一种很果断的手势，表明要果断地下决心解决某一的问题。

合掌：双手慢慢合拢，一只手搭在另一只手上，表明有必胜的把握。

③拳法，这是由拳头运动的方式所构成的手势。

拳头向上摆动，这说明说话者的心情不允许听众持有怀疑的态度，以此抓住听众的注意力；拳头向上举，这是一种挑衅性的动作，能给持不同观点的人以打击性的印象。

手势并没有什么统一规定，也无须作专门的训练。手势不在乎多，而在于简练、富有表现力。因此，作为一个擅长沟通的人，既要注意培养和加强这种非语言表现力，又要适当控制这种表现力。手势宜自然协调，符合讲话内容的需要，符合听众的文化心理需要，符合讲话者的身份和性格特征，恰如其分。同时，与讲话者的表情配合，与有声语言同步，与其他动作一致，不生硬、不粗俗、不琐碎。

3. 身姿语

身姿语就是通过身体的姿态变化来进行表达的一种无声语言。它包括站姿、坐姿、步姿等。

（1）站姿：站姿是通过站立的姿态进行表达的一种无声语言。

①标准的站姿是全身挺直，挺胸收腹，精神饱满，两肩平齐，两眼平视前方，腿要绷直，双脚略微分开。

②站姿有如下几种禁忌：

双脚并拢、昂首挺胸，很有精神，却显呆板，不能给人美的感觉。

• 双脚叉开，不能给人谦虚的感觉。

• 呈“稍息”姿态，一只脚还在不停地抖动，给人不严肃、不稳重的印象。

• 摆弄衣角、纽扣，低头不面向听众，给人胆怯之感。

• 耸肩或不停地晃动身体、扭腰，将手插入兜内，给人懒散的感觉。

③站姿注意事项：

男士和女士脚的摆放区别：

• 男士的脚呈“稍息”姿态：两脚之间距离适中，不能太小也不能太大。

• 女士的脚呈“丁字步”：前面的一只脚放在后面的一只脚的 1/3 处，两只脚之间的夹角是 45°，站立时，重心应放在前面那只脚上。

男士和女士手的摆放区别：

• 男士和女士的手都可以合拢来放。左手放下，右手放上。男士双手放后，女士双手放前。女士的手应放在腹部，不能太上也不能太下。

• 男士和女士的手也可分开来放。男士左手放后，右手放于胸前。女士左手垂放，右手放于胸前。

• 男士和女士的双手都可垂放。

（2）坐姿：坐姿是我们在人际沟通中常用的一种体态语。坐姿有严肃性坐姿和随意性坐姿。不同的环境，我们用不同的坐姿。在一些严肃的场合采用严肃性坐姿，在一些非严肃的、随和的场合可采用随意性坐姿。

坐姿的一般要求如下：

• 入座时，应当轻而稳，不要给人毛手毛脚不稳重的印象。

• 坐的姿态要端庄、大方、自然。

• 无论什么坐具，都不要坐得太满。

• 上身要挺直，不要左右摇晃，腿的姿势配合要得当，一般不能跷起二郎腿。

• 讲话时，上身要些许前倾，用倾听姿态表示对对方的尊重。

• 上身需要后仰时，幅度不能太大，否则会给人困扰、无聊、想休息的印象。

（3）步姿：步姿是通过步态的变化来传递信息的一种无声语言。脚步轻快、步履轻松，表示“春风得意”；走路时拖着步子、步伐小或时快时慢，则表示拖沓、自卑、紧张。

步姿的一般要求：行走时脚步自然、轻盈、敏捷、矫健，自然而不别扭、轻盈而不鲁莽、敏捷而不笨拙、矫健而不自卑。如果登台做演讲，则需用“庄重礼仪”型，即行走时，上身挺直，步伐矫健，双膝弯曲度小，步子幅度、速度要适中。如果演讲大受欢迎，我们的步伐也可采用“稳重自得”型，即行走时步履稳健，昂首阔步，步伐较缓，幅度较大。

（三）仪表

讲话者的形象，在一般人看来，这是小事一桩，不值一提，然而在实际生活中，仪表风度同样是一种姿态语言，代表着个人的生活习惯、家庭教育、修养风度等。不拘小节、不修边幅在社交中并不会广受欢迎，因此修饰自己的仪容，展现优雅的风度，就是沟通交际的必要行为，良好的仪容会比不修边幅更容易获得成功。

仪表就是人的容貌、姿态，包括长相、体形、身材以及服饰等，主要是指讲话者的外部特征，也是人们在人际沟通中第一印象的重要组成部分。人际沟通与表达的仪表要求如下：

1. 容貌清新整洁

讲话者在大庭广众面前应是整洁、大方的。男士要将头发梳理整齐，胡须要修理干净；女士要注意发型大方，妆容得体，切不可浓妆艳抹、“点缀”过多。

2. 着装打扮得体

首先，着装打扮要和讲话者的思想感情及所讲内容的基调协调一致。表示喜悦、欢庆内容的讲话最好穿色调明快的衣服，如在欢迎、庆祝等场合发表演讲穿浅色服装会让人愉快；而在发表严肃、庄重、哀痛等内容时应穿深色或黑色的衣服，这样能更好地表达讲话者的情感，烘托气氛；以青春、理想为主题的演讲则可穿较简洁、时尚些的服装，以传递青春气息和热情奔放。

其次，着装打扮要和肤色、体形、年龄相适应。一般来说，服装不能和自己的肤色反差太大。稍胖的人宜穿深色和竖条纹的服装，较瘦者宜穿暖色和明度较高的服装。青年人宜穿款式活泼和色彩鲜艳些的，中年人可穿淡雅些的服装。

再次，着装打扮要和自己的气质、性格及职业相吻合。好动的人可借助蓝色增加静的感觉；沉稳的人可借助浅色增加活力；在特定的情况下，有时可以穿职业装（如民警、税务人员、军人、护士等），以显示自己的身份和职业的热爱。

最后，要注意讲话环境。例如，在建筑工地或抗洪一线进行即兴演讲，可不必换装，带着泥水的工作服要比笔挺的西装更有感染力；出席重要庆典做发言要着正装，方显庄重。

3. 有"和谐统一"的美感

所谓和谐统一是指：一要注意服装和鞋子要配套；二是上装和下装从款式到颜色要和谐；三是装饰物要和服饰及人物身份、气质相统一。服饰、妆容是和谐的，美感就会自然呈现。

【课堂训练】

1. 站姿训练

全班起立，进行站姿训练，具体要求如下：

头要正，头顶要平，双目平视，面带微笑，动作要平和自然；脖颈挺拔，双肩舒展，保持水平并稍微下沉；两臂自然下垂，手指自然弯曲；身躯直立，身体重心在两脚之间；挺胸、收腹、立腰，臀部肌肉收紧，重心有向上升的感觉；双腿直立，女士双膝和双脚要靠紧，男士两脚间可稍分开点儿距离，但不宜超过肩宽。

以上是基本的站姿，工作中可在此基础上进行调整：

女士工作中的站姿，双脚可调整成"T"字形，右手搭在左手上，贴在腹部。

男士工作中的站姿，双脚平行，也可调整成"V"字形，双手下垂于身体两侧，也可以将手放在背后，贴在臀部。

2. 坐姿训练

讲台前放置两把椅子，两人一组，到讲台上来坐好，模拟访谈主持人的坐姿，并进行简单的交流。

3. 面部表情训练

（1）盼望着，盼望着，东风来了，春天的脚步近了。（喜）

（2）这笑容仿佛在哪儿看见过似的，什么时候，我曾……（疑）

（3）这几天，大家晓得，在昆明出现了历史上最卑劣最无耻的事情！（恨）

（4）残阳如血啊，映着天安门前——低垂的冬云，半落的红旗……（悲）

（5）月光如流水一般，静静地泻在这一片叶子和花上。（静）

4. 手势训练

请结合语意，给下面每一句话设计一个合适的手势：

（1）大家安静，安静！

（2）我讲的这个问题非常重要！

（3）这么一讲，我们不就全明白了吗？

（4）注意，有一点切不可大意！

（5）有人想这么办不行，这是触犯刑律的，绝对不行！

【自我实践锻炼】

生活中的体态语训练

体态语这种无声的表达，是我们个人生活习惯、生活阅历以及身体状况等多方面原因作用的结果，除了我们之前提到的体态语技巧外，我们同学更应该从日常生活中的小细节、小习惯入手，来提升体态语表达能力，于无形中通过自己的外在体态展示个人的魅力与风采。

1. 进行形体训练，养成健康体魄

如果有条件，可以在大学期间，系统地进行形体训练，通过专业系统的训练形成挺拔、健康、

阳光的形象，这会在人际沟通中为我们加分。如果没有条件进行系统的形体训练，也可以为自己制定符合自己身体状况的运动计划，坚持一项运动，不仅能够强身健体，还能够从根本上改变自己的体态、气质和形象，让人散发着健康、自信的光芒。

2. 关注自己的体态，养成良好习惯

（1）公众场合时刻注意自己的站姿、坐姿及动作姿态。

（2）也可以询问同学、朋友、老师，发现自己在日常生活中的不良习惯和体态，并加以注意。

3. 利用课堂机会，锻炼体态语表达

每一节课、每一次实习实训，都可以是我们体态语展示的舞台，抓住锻炼的机会，有意识将体态语展示融入我们的日常学习与生活中。

4. 通过录像，关注个人问题与优势

可以利用空闲教室进行表达训练，并通过手机将个人展示记录下来，有针对性地分析个人的问题与优势，扬长避短，形成个人风格。

【基础练习】

（1）仪态表情练习：

①静态练习。对镜模仿不同表情，细心体会各种心态。

②身姿练习。有意识地做几次“坐如钟”（正襟危坐）和“立如松”（挺身直立）训练，逐步养成与人谈话时的良好身姿习惯，纠正失礼、失当的不良身姿。

（2）情境训练：

①从座位上沉稳站起来。迈步走上讲台时，要精神饱满，神态自若，步子沉稳，面带微笑，不左顾右盼。

②上台时站直站稳，站姿要符合要求。轻轻吸一口气，环视听众。

③问候听众，面对听众讲话，或朗诵一首诗、唱一首歌。

④讲完话后向听众致谢。下台动作沉稳，态势端庄，走姿与上台相同。

（3）通过一个人的服饰可以看出什么，试着找不同的人观察分析人物个性特点与心态。

（4）观察一位教师在讲课时的手势动作，并说明其特点及在讲课中所起的作用。在看电影时，注意观察影片中人物的表情。

（5）面对镜子，做微笑练习，看看自己怎样笑最好看。尝试一周内尽量用微笑这一表情与周围的人交往，看看会有什么不同。

【素质目标】

（1）职场沟通中，绝大多数工作都要求我们要温和、友善、礼貌、谦恭，这是一个职场人应具备的基本职业素养。

（2）大学生应关注自身形象，纠正不良习惯，形成良好的体态语；全面打造合适的个人形象。

（3）学会观察沟通对象的体态语，提升个人沟通技巧。

面试第一印象很重要

王晓雪是一所高职院校汽车营销与服务专业的大三学生，她相貌出众，成绩优异，在学校担任校学生会主席。但在一次信心满满的求职中，软硬件都很优越的她，却败下阵来。

她百思不得其解，经过慎重的考虑后，一向不服输的她，拨通了招聘公司的电话。在认真沟通后，她终于明白了事情的原委。她所应聘的岗位是汽车销售，对于应聘者亲和力的要求是比较高的，而她当天应聘的妆容及“学生干部的作派”给面试官留下强势凌厉的印象，以至于对方草草结束了她的面试，后续也并未认真阅读她的求职材料，最终导致她错失了这个岗位。

第四章

朗读艺术

【课前热身】

朗读，是一种将文字材料转化为有声语言的再造性艺术活动。朗读，是一种技巧，是一种技术，更是一种艺术。中国自古就有“三分诗、七分读”之说。我国宋代大理学家朱熹也非常主张朗读，他说：凡读书，需要读得字字响亮，不可误一字，不可牵强暗记。而且要“逐句玩味”“反复精详”“诵之宜舒缓不迫，字字分明。”这样我们可以深刻领会文章的意义、气韵、节奏，产生一种“立体学习”的感觉。

那么，该怎样朗读好一个作品呢？朗读时，还常常会有以下问题：

- 发音不准；
- 气息不畅；
- 声不达情；
- 拖腔甩调；
- 配乐欠妥。

解决了这些问题，你也就掌握了朗读艺术。

【学习目标】

（1）了解准备稿件的基本方法，掌握朗读的基本技巧。

（2）通过欣赏和训练，提高朗诵水平，增强学生的语感，提升人文素养。

【知识讲解】

一、朗读的基本要求

进行朗读活动，必须明确要求，否则就会陷入盲目性、随意性，就很难达到预期的目的。大体来说，朗读的基本要求有如下几点：

（一）全面、准确、深入地把握作品

全面、准确、深入地理解作品的内容，体会其中蕴涵的思想感情，是朗读取得成功的首要前提和基础。朗读中各种声音技巧是重要的，但是，如果对作品没有全面、透彻地把握，甚至理解出现了偏差，那么声音技巧就失去了存在的基础，就成了无本之木，就无法起到表情达意的作用。

首先，要弄清作品中生字生词、成语典故、专有名词术语和语句的意思。

其次，要理清作品的层次脉络，即通过反复阅读、理解和分析，将作品从内容上划分为几个部分，概括出每个部分的主要意思，并进而从整体上理清作者写作的思路。只有朗读前做到对作品的层次结构心中有数，用声音表达时才能做到层次分明。

最后，要比较深刻地认识作品的主题，即作者通过语言文字表达的内涵和字里行间蕴涵的思想感情。

（二）具体、细致、真切地感受作品

作品是由语言文字组成的，而语言文字从本质上说是一种有意义的符号，是反映客观事物的。朗读者要通过对语言文字的分析、理解，“感受”到作品所写的客观事物。

朗读者对作品的感受首先表现为形象感受。这里说的形象感受，包括由语言文字符号引起的具体的视觉、听觉、味觉、嗅觉、触觉、空间知觉、时间知觉和运动知觉等，是由作品引起的各种感觉、知觉的内心体验。有时我们听一个人朗读某篇写景的散文，可能他的读音很标准，但却不能使我们在脑海中浮现出作品描绘的美丽景色。其中一个重要原因恐怕就在于他在朗读之前和朗读过程中视觉形象感受不够。就视觉感受而言，朗读者有没有感受，感受的程度如何，直接关系他能否做到“以声给形”。

还以视觉形象感受为例，例如峻青的《海滨仲夏夜》第一自然段：

夕阳落山不久，西方的天空，还燃烧着一片橘红色的晚霞。大海，也被这霞光染成了红色，而且比天空的景色更要壮观。因为它是活动的，每当一排排波浪涌起的时候，那映照在浪峰上的霞光，又红又亮，简直就像一片片霍霍燃烧着的火焰，闪烁着，消失了。而后面的一排，又闪烁着，滚动着，涌了过来。

在朗读这部分文字时，朗读者应该“看到”：一片橘红色的晚霞，被霞光染红的大海，以及火焰般红色的浪峰……这种视觉形象感受越清晰、越强烈，朗读时声音的形象性就越强，朗读效果就越好。

“情景再现”是加强形象感受的一个很有效的方法。所谓“情景再现”，就是要求朗读者不仅要在头脑中浮现出语言文字描绘的客观形象，而且还要进入作品描绘的特定情境、场景之中，仿佛我就是作者，我就是作品中的主人公或事件的参与者，把作品中叙述、描写的一切都作为亲眼所见、亲耳所闻、亲身所历，进行设身处地的感受。

朗读者对作品的感受还表现为逻辑感受。这主要是指对整篇作品各部分之间、各段之间、各自然段之间以及某一自然段中各句之间和各句子中各词语之间逻辑关系的感受。朗读者既要善于从总体上把握文章起、承、转、合的内在逻辑联系，又要能具体而微地理解句子之间、词语之间的逻辑关系。

（三）正确、流利、有感情地朗读作品

正确地读，首先要求要用普通话朗读。语音正确、标准是朗读最基本的要求。我们在朗读作品前，先要解决每个字、每个词的声母、韵母、声调、轻重格式、儿化、音变等问题。发音上力求做到吐字清晰、响亮，声母成阻、持阻部位准确，韵母读得完整值到位。此外，正确地朗读还包括要做到不落字、不添字、不颠倒和不重复。

流利地读，是指在正确朗读的同时读得流畅，不顿读，不读破句子，不中断朗读，并能根据作品内容确定合适的朗读速度。有关研究表明，做到流利地朗读，就必须扩大“视音距”。所谓“视音距”，是指在朗读过程中要先用眼睛看文字，然后再读，阅读心理学把这种看先于读称为“视音距”。只有加大视音距，才能扩大视知觉单元，才能减少直至避免朗读不流利的现象。另外，还要注意克服读字念词时有口无心、两字或三字一拍的“唱读”等固定腔调。

有感情地朗读，是指恰当运用各种朗读技巧，准确而生动地表达出作品中蕴涵的思想感情。

二、朗读的基本技巧

我们反对形式主义的脱离作品内容的单纯为技巧而运用的朗读技巧。但是，我们并不否认朗读技巧对表现作品的重要作用，而且只有熟练恰当地运用各种朗读技巧，才能收到比较好的朗读效果。朗读技巧主要包括停连、重音、语气、节奏等，下面逐一予以介绍。

（一）停连

停，指的是停顿；连，指的是连接。朗读中，在作品部分之间、段落之间、层次之间、自然段之间和句子之间、词组及词之间，都存在着声音的停顿或连接。停顿和连接是有声语言表情达意的重要方法。我们这里主要介绍停顿，而且主要是指句子内部各成分之间的停顿。

停连的方法如下：

1．落停与曲连

落停，即朗读时停顿时间相对较长，句尾的声音顺势而落，声止气尽。当一个相对完整的意思使用有声语言表达完以后，使用的就是落停的方法，这时停顿使用的多为句号、问号、感叹号。例如：

由四川过湖南去，靠东有一条官路。这官路将近湘西边境到了一个地方名为“茶明”的小山城时，有一条小溪，溪边有座白色小塔，塔下住了一户单独的人家。（《边城》）

这是沈从文在《边城》的开篇中写到的内容，句末使用的就是落停，从意义上表示的是对故事发生地理位置介绍的结束。

曲连，即在连接的地方有一定空隙，又环环相扣，迂回向前，常用于既要进行连接，又要有所区分的地方。曲连一般要与落停配合使用。例如：

我们要学好古代汉语。古代汉语有许多修辞手段，我们今天还用得上，我们研究中国文学史，更不能不学好古代汉语。否则，我们连古文、古诗都看不懂，怎能研究文学史呢？（《语言与文学》）

2．扬停与直连

扬停，即停顿时间相对来说比较短，停顿时声停但是气不断、意不断，也就是声虽止但气未尽，而且，在停之前，声音稍上扬或持平，停之后的声音或缓起或突起，使听众一听便能知道还有下文。这种停顿多用于一个完整的意思没有表达完，但是中间又需要停顿的情况。例如：

翠翠在风日里长养着，把皮肤变得黑黑的，触目为青山绿水，一对眸子 / 清明如水晶。自然既长养她 / 且教育她，为人天真活泼，处处依然如一只小兽物。（《边城》）

“一双眸子”后还有对它的描写，“长养她”后还有“且教育她”，未讲完的意思中间加上短暂的停顿，更利于思想的表达。

直连，即顺势而下，连接迅速，连接得不露痕迹。在内容联系紧密、持续抒发感情的地方，经常用直连，而且通常会与扬停配合使用。例如：

梅雨潭是一个瀑布潭。// 仙岩有三个瀑布，/ 梅雨潭最低。// 走到山边，/ 便听见哗哗哗哗的声音；/ 抬起头，/ 镶在两条湿湿的黑边里的，/ 一带白而发亮的水便呈现于眼前了。//（《梅雨潭》）

这里，标记“//”的为落停、标记“/”的为扬停，落停时配合曲连，扬停时配合直连，使整个部分朗读起来抑扬顿挫，把梅雨潭的美淋漓尽致地展现出来。

【课堂训练】——停连练习

训练提示：春原本是一个抽象的概念，看不见，摸不着，但作者却能巧妙地抓住春的千差万别的个性特征，从而生动地描绘出了情意绵绵、生机勃勃的春天的美景，让人无限神往。文章的结构大体上可分为盼春、描春、颂春三个部分。朗读时注意句与句、词与词之间的关系，合理处理停连位置。

春

朱自清

盼望着，盼望着，东风来了，春天的脚步近了。

一切都像刚睡醒的样子，欣欣然张开了眼。山朗润起来了，水涨起来了，太阳的脸红起来了。

小草偷偷地从土里钻出来，嫩嫩的，绿绿的。园子里，田野里，瞧去，一大片一大片满是的。坐着，躺着，打两个滚，踢几脚球，赛几趟跑，捉几回迷藏。风轻悄悄的，草软绵绵的。

桃树、杏树、梨树，你不让我，我不让你，都开满了花赶趟儿。红得像火，粉得像霞，白得像雪。花里带着甜味儿；闭了眼，树上仿佛已经满是桃儿、杏儿、梨儿。花下成千成百的蜜蜂嗡嗡地闹着，大小的蝴蝶飞来飞去。野花遍地是：杂样儿，有名字的，没名字的，散在草丛里，像眼睛，像星星，还眨呀眨的。

“吹面不寒杨柳风”，不错的，像母亲的手抚摸着你。风里带来些新翻的泥土的气息，混着青草味儿，还有各种花的香，都在微微润湿的空气里酝酿。鸟儿将窠巢安在繁花嫩叶当中，高兴起来了，呼朋引伴地卖弄清脆的喉咙，唱出宛转的曲子，与轻风流水应和着。牛背上牧童的短笛，这时候也成天在嘹亮地响。

雨是最寻常的，一下就是三两天。可别恼。看，像牛毛，像花针，像细丝，密密地斜织着，人家屋顶上全笼着一层薄烟。树叶子却绿得发亮，小草也青得逼你的眼。傍晚时候，上灯了，一点点黄晕的光，烘托出一片安静而和平的夜。乡下去，小路上，石桥边，有撑起伞慢慢走着的人；还有地里工作的农夫，披着蓑，戴着笠的。他们的草屋，稀稀疏疏的，在雨里静默着。

天上风筝渐渐多了，地上孩子也多了。城里乡下，家家户户，老老小小，他们也赶趟儿似的，一个个都出来了。舒活舒活筋骨，抖擞抖擞精神，各做各的一份事去。“一年之计在于春”，刚起头儿，有的是功夫，有的是希望。

春天像刚落地的娃娃，从头到脚都是新的，他生长着。

春天像小姑娘，花枝招展的，笑着，走着。

春天像健壮的青年，有铁一般的胳膊和腰脚，他领着我们上前去。

（二）重音

一篇稿件，是由有许多表达独立意思、蕴涵一定感情的语句组成的，语句中的词或词组，并不处于完全并列、同等重要的地位，其中，有的重要些，有的次要些。对那些重要的、主要的词或词组，要着重强调，以便突出、明晰地表达出具体的语言目的和具体的思想情感，我们着重强调的词或词组就是重音。

任何时候，我们也不应只从文字语言的形式出发，而应在把握重音与思想感情的运动状态的内在联系上下功夫。

1. 确定重音的位置

（1）依据结构。有些句子，平平常常，没有特殊的感情色彩，也没有什么特别强调的意味。这种句子的重音可以依据其语法结构来确定，一般地，需要重读的有短句中的谓语、宾语、定语、状语、补语、某些代词。这类重音叫做语法重音或意群重音。这类重音在朗读时不必过分强调，只要比其他音节读得重些就可以了。

（2）依据语意和感情。有些句子或由于构造复杂，或由于表意曲折，或由于感情特殊，它的重音往往不能一下子确定，必须联系上下文，对它细加观察，进行认真推敲，尤其要把它放到特定的语言环境中加以考察，才能确定其重音，通常把这类重音叫做逻辑重音（强调重音）和感情重音。它同语法重音有时是一致的，有时则是不一致的。当逻辑重音（感情重音）和语法重音不一致时，后者必须服从前者。

2. 表示重音的方法

（1）加强音量。朗读时把要突出强调的字、词语读得重一些、响一些，这是表示重音最常用的方法。例如：

那欢乐的叫喊声，把树枝上的雪都震落下来了。（《第一场雪》）

在乌云和大海之间，海燕像黑色的闪电，在高傲地飞翔。（《海燕》）

（2）拖长字音。这是通过有意延长重音音节来达到强调的目的。例如：

园子里，田野里，瞧去，一大片一大片满是的。（《春》）

大雪整整下了一夜。（《第一场雪》）

一路上巴尼忍着剧痛，一寸一寸地爬着。（《难以想象的抉择》）

第一句中“一大片一大片”适当读得慢一些，可以表现出小草到处都是，分布范围很广，第二句中的“整整”“一夜”拖长读，突出下雪时间之长。第三句中“一寸一寸”要读得慢一些，突出巴尼忍痛爬行的艰难吃力。

（3）重音轻读。朗读中读音的轻重是相对的，有时有意地轻读主要重音，更能起到突出强调的作用。重音轻读常用来表示深沉、含蓄、细腻的思想感情和轻巧的动作、轻微的声音、幽静的环境等。例如：

冬天的山村，到了夜里就万籁俱寂，只听得雪花簌簌地不断往下落，树木的枯枝被雪压断了，偶尔咯吱一声响。（《第一场雪》）

这句话中的“万赣俱寂”“咯吱”要轻读，以显示山村雪夜之寂静。

她是从小河走向那个世界的，那轻轻的流水声多像母亲温柔的语声，那缓缓拍打堤岸的河沙，多像母亲温柔的手。（《小河》）

“温柔的语声”“温柔的手”轻读，以表示母亲的慈爱。

昨天整日都在朦胧的雾罩之中，今天却阳光一片，这庄严秀丽、气象万千的长江真是美极了。（《长江三日》）

这句话中“朦胧”“美”轻读，更能突出长江三峡风光的优美，表达作者由衷地赞美之情。

（4）提高音高。提高音高，是朗读时把要强调的音节的调值增强、夸张一些，以收到引人注意、渲染气氛的效果。例如：

这是胜利的预言家在叫喊：——让暴风雨来得更猛烈些吧！（《海燕》）

（5）一字一顿。一字一顿，是在要强调的音节前后做适当的停顿来表示重音。例如：

第二天清晨，这个小女孩坐在墙角里，两腿通红，嘴上带着微笑。她 / 死 / 了，在旧年的大年夜冻 / 死 / 了。（《卖火柴的小女孩》）

在“她死了”“冻死了”之前停顿时间稍长一些，一字一顿地读出几个字，以表现作者不忍说出这令人心碎的悲惨结局的沉痛心情。

别了，我爱的中国，我全心爱着的中／国！（《别了，我爱的中国》）

朗读这句话时，“中国”之前停顿稍长，然后一字一顿地加重读“中国”两个字，表明此时作者那种炽热的爱国之情已经达到了顶峰。

【课堂训练】——重音训练

训练提示：我们在朗读时要注意：①在选择语句重音时，要注意联系上下文，不仅使语句目的准确，还要使句与句之间的逻辑关系清晰；②恰当地运用重音；③避免重音过多。

差不多先生传（节选）

胡适

你知道中国最有名的人是谁？

提起此人，人人皆晓，处处闻名。他姓差，名不多，是各省各县各村人氏。你一定见过他，一定听过别人谈起他。差不多先生的名字天天挂在大家的口头，因为他是中国全国人的代表。

差不多先生的相貌和你和我都差不多。他有一双眼睛，但看的不很清楚；有两只耳朵，但听的不很分明；有鼻子和嘴，但他对于气味和口味都不很讲究。他的脑子也不小，但他的记性却不很精明，他的思想也不很细密。

他常说：“凡事只要差不多，就好了。何必太精明呢？”

他小的时候，他妈叫他去买红糖，他买了白糖回来。他妈骂他，他摇摇头说：“红糖白糖不是差不多吗？”

他在学堂的时候，先生问他：“直隶省的西边是哪一省？”他说是陕西。先生说：“错了。是山西，不是陕西。”他说：“陕西同山西，不是差不多吗？”

后来他在一个钱铺里做伙计；他也会写，也会算，只是总不会精细。十字常常写成千字，千字常常写成十字。掌柜的生气了，常常骂他。他只是笑嘻嘻地赔礼道：“千字比十字只多一小撇，不是差不多吗？”

有一天，他为了一件要紧的事，要搭火车到上海去。他从从容容地走到火车站，迟了两分钟，火车已开走了。他白瞪着眼，望着远远的火车上的煤烟，摇摇头道：“只好明天再走了，今天走同明天走，也还差不多。可是火车公司未免太认真了。八点三十分开，同八点三十二分开，不是差不多吗？”他一面说，一面慢慢地走回家，心里总不明白为什么火车不肯等他两分钟。

（三）语气

语气是重要朗读表达技巧之一，它是“思想感情运动状态支配下语句的声音形式”。通过定义我们知道，语气由两方面构成：“一方面是一定的具体思想感情，另一方面是一定的具体声音形式。”二者相辅相成。前者决定后者，后者对前者有反作用。思想感情不同导致声音形式的变化，而恰当的声音形式将准确体现思想感情的运动状态，不恰当的声音形式将影响思想感情的准确体现。因此我们在学习、运用语气技巧时，要把握好这两方面的关系，不要顾此失彼。

语气的具体语音表现形式，叫语势。语势表明语流中语音形式的状态和趋向。语势主要有以下六种形态：

（1）上山类：形如上山，渐次升高。例如：让暴风雨来得更猛烈些吧！

（2）下山类：形如下山，逐渐下降。例如：我就是这样学会游泳的。

（3）平缓类：形如水平，保持平直。例如：在我依稀记事的时候，家中很穷，一个月难得吃上一次鱼肉。

（4）半起类：形如上山至山腰，气提声止。例如：你猜这个穿军装的人是谁？

（5）波峰类：形如水波，中间凸起。例如：起初四周围非常寂静。

（6）波谷类：形如水波，中间凹陷。例如：我是太阳底下最幸福的人。

【课堂训练】——语气训练

（1）训练提示：在朗读《天山景物记》时，应注意感情细腻，轻不着力，虚实结合，平中有变。

朋友，你到过天山吗？天山是我们祖国西北边陲的一条大山脉，连绵几千里，横亘准噶尔盆地和塔里木盆地之间，把广阔的新疆分为南北两半。远望天山，美丽多姿，那长年积雪高插云霄的群峰，像集体起舞时的维吾尔族少女的珠冠，银光闪闪；那富于色彩的不断的山峦，像孔雀正在开屏，艳丽迷人。

天山不仅给人一种稀有美丽的感觉，而且更给人一种无限温柔的感情。它有丰饶的水草，有绿发似的森林。当它披着薄薄云纱的时候，它像少女似的含羞；当它被阳光照耀得非常明朗的时候，又像年轻母亲饱满的胸膛。人们会同时用两种甜蜜的感情交织着去爱它，既像婴儿喜爱母亲的怀抱，又像男子依偎自己的恋人。

如果你愿意，我陪你进天山去看一看。

（2）训练提示：《高山下的花环》中的雷军长性格刚烈正直，勇于坚持原则。我们选的这一片段，充分展示了他的性格特点和凛然正气，在表达时要注意：①把握人物的性格特点及规定情境；②声音形式要注意变化，虽以强控制为主，但不能一喊到底。

眼前，这“雷神爷”为何又甩帽？人们目瞪口呆！只见他在台上来回踱了两步又站定，双手卡腰，怒气难抑。终于，炸雷般的喊声从麦克风里传出：“我的大炮就要万炮轰鸣，我的装甲车就要隆隆开进！我的千军万马就要去杀敌！就要去拼！就要去流血！！可刚才，有那么个神通广大的贵妇人，她竟有本事从几千里之外，把电话要到我这前线指挥所！此刻，我指挥所的电话，分分秒秒，千金难买！可那贵妇人来电话干啥？她来电话是让我给她儿子开后门，让我关照关照她的儿子！走后门，竟敢走到我这流血牺牲的战场上！我雷某不管她是天老爷的夫人，还是地老爷的太太，走后门，谁敢把后门走到我这流血牺牲的战场上，没二话，我雷某要让她的儿子第一个扛上炸药包，去炸碉堡！去炸碉堡！！……”

（四）节奏

节奏，是在一定的思想感情起伏的支配下，在朗读过程中显现的抑扬顿挫、轻重缓急的语音形式的回环往复。节奏一般是就一篇作品的整体而言的，是贯穿作品的始终的。确定节奏要依据作品内容和表达的思想感情，同时要根据作品大多数句子的感情色彩、语势，并注意到作品中语意之间是如何转换的。

运用节奏技巧，具体要掌握几种方法：

1．欲抑先扬，欲扬先抑

语流中的抑扬关系，虽在高低变化之中，却并非简单的高与低的对比，因为高有稍高、较高、更高、很高等层级，低也有稍低、较低、更低、最低等层级。抑到什么程度，扬到什么程度，都因思想感情的色彩和分量而不同。

有声语言的驾驭能力，在于创作主体在理解语气内容、引发思想感情的运动状态基础上，根据语感通悟的创作思路，预知语流态势与走向，把握抑扬进程。如果将表达的语气、语势扬起，其前边的句子便要下抑；反之则先要扬起，再转为下抑。在扬抑之间，便显现出不同层级的抑扬变化。

2. 欲停先连，欲连先停

停连关系主要体现思想感情的有序运动及词语系列的各种关系，而不仅仅是区分语意。在播音中，连接是大量的，停顿是少量的，连要连得顺畅，停要停得恰当。停顿次数的多少、停顿时值的长短与节奏关系十分密切，有时需要多停少连，有时又需要少停多连，甚至可以强化或弱化语气内部的停连关系。

运用节奏技巧时，要善于处理停连关系，使语流中充满停连的有机结合成分。就是说，在连接时，要同时考虑停顿，在停顿中要注意连接。如果下面要一气呵成，前面一定要有适当的停顿；下面有必要的停顿，前面一定要推进语流，注意连接。

3. 欲轻先重，欲重先轻

轻重对比，主要是主次关系的显现。当然重音并非一概加重声音，次要词语也不一定全是弱化声音。语流推进过程中，由于色彩和分量的需要，在加重声音之前，一定要先弱化声音，在轻化声音之前，一定要先强化声音。

4. 欲快先慢，欲慢先快

快慢变化，可以是语速的不同，也可以是停顿的增多。重点句需要慢时，前面句子则需适当加快，重点句需要快时，前面句子则需适当减慢。快慢并不是单指一个语节，应该扩大些，甚至是多个句子。在加快和减慢时，不可使疏密度千篇一律，仍要注意变化的多样性。

以上四对矛盾，完全是浑然一体的，不应割裂，不应单一使用。这四种方法各有长处，不同语篇可以有所侧重。在把握基调、统摄语气、驾驭回环往复的基础上，根据节奏类型抑扬顿挫、轻重缓急的对比，控制与放开都有一个“度”，不可不及，也不可过。

【课堂训练】——节奏训练

训练提示：南方北方的雪同样纷飞，一样美。雪的洁白与儿童的天真，都令人心旷神怡，注意朗诵时节奏要舒缓。

雪

鲁迅

暖国的雨，向来没有变过冰冷的坚硬的灿烂的雪花。博识的人们觉得他单调，他自己也以为不幸否耶？江南的雪，可是滋润美艳之至了；那是还在隐约着的青春的消息，是极壮健的处子的皮肤。雪野中有血红的宝珠山茶，白中隐青的单瓣梅花，深黄的磬口的蜡梅花；雪下面还有冷绿的杂草。蝴蝶确乎没有；蜜蜂是否来采山茶花和梅花的蜜，我可记不真切了。但我的眼前仿佛看见冬花开在雪野中，有许多蜜蜂们忙碌地飞着，也听得他们嗡嗡地闹着。

孩子们呵着冻得通红，象紫芽姜一般的小手，七八个一齐来塑雪罗汉。因为不成功，谁的父亲也来帮忙了。罗汉就塑得比孩子们高得多，虽然不过是上小下大的一堆，终于分不清是壶卢还是罗汉，然而很洁白，很明艳，以自身的滋润相粘结，整个地闪闪地生光。孩子们用龙眼核给他做眼珠，又从谁的母亲的脂粉奁中偷得胭脂来涂在嘴唇上。这回确是一个大阿罗汉了。他也就目光灼灼地嘴唇通红地坐在雪地里。

第二天还有几个孩子来访问他；对了他拍手，点头，嘻笑。但他终于独自坐着了。晴天又来消释他的皮肤，寒夜又使他结一层冰，化作不透明的水晶模样，连续的晴天又使他成为不知道算什么，而嘴上的胭脂也褪尽了。

但是，朔方的雪花在纷飞之后，却永远如粉，如沙，他们决不粘连，撒在屋上，地上，枯草上，就是这样。屋上的雪是早已就有消化了的，因为屋里居人的火的温热。别的，在晴天之下，旋风忽来，便蓬勃地奋飞，在日光中灿灿地生光，如包藏火焰的大雾，旋转而且升腾，弥漫太空，使太空旋转而且升腾地闪烁。

在无边的旷野上，在凛冽的天宇下，闪闪地旋转升腾着的是雨的精魂……

是的，那是孤独的雪，是死掉的雨，是雨的精魂。

三、不同类型作品的朗读

（一）记叙类作品的朗读

记叙类作品常常是通过对人物、事件的具体叙述，或赞扬某种品质，或肯定某种行为，或表达某种认识，等等。

很多记叙类作品往往是以一个事件的经过贯穿全文的，而人物又是事件的主体，所以要注意通过各种朗读技巧，表现出不同人物的个性，尤其要读好人物的语言。例如，《落花生》中出现的人物有母亲、父亲和孩子们，人物的年龄、身份、性格等都是不同的。在读母亲的话时，声音可以低一些，语速慢一些，语气柔和，表现出母亲对孩子们态度的亲切、和蔼。在读姐姐、哥哥和“我”的话时，要表现出孩子说话的特点：音调高，语速快。比如朗读“花生的味美”“花生可以榨油”和“花生的价钱便宜，谁都可以买来吃，都喜欢吃。这就是它的好处”这几个句子时，中间的停顿要缩短，每个音节要读得短促些，表现孩子们争着回答父亲问题的情景。父亲生活阅历丰富，他的话蕴涵着深刻的人生哲理。读父亲说的话时，语速应稍慢一些，停顿可以适当多一些，给人以理解、回味的时间；语气应是亲切的，循循善诱的，并略带庄重、严肃。

朗读记叙类作品，还要注意把人物的语言和叙述、描写等区别开来。一般情况是，叙述、描写的部分声音可以低一些，而人物对话部分声音要高一些，突出一些。

朗读叙述、描写部分时，既不要喧宾夺主，同时也要避免过于平淡。例如，《落花生》第一自然段中有这样一句：“我们姐弟几个都很高兴，买种，翻地，播种浇水，没过几个月居然收获了。”这句话概括叙述了孩子们种花生的经过，其中“都很高兴”要读得重一些；“买种，翻地，播种，浇水”，中间的停顿应缩短，语速略快，表现孩子们种花生的天真、愉快的心情；“居然收获了”之前的停顿稍长，区分出种花生与收花生的界限，读“居然”字音拖长，“收获”重度，表现出孩子们喜出望外的兴奋心情。

此外，朗读时要体现出事件发展的阶段性，注意内容层次之间的转换要自然。

（二）抒情性作品的朗读

这里所说的抒情性作品，主要是指抒情散文。有时作者在作品中用直接抒情的方法表达自己的感情。朗读这样的语句需要特别注意强调。例如，《小河》最后一句话是：“如今我离去了，小河被我远远地抛在故乡，可我永远地思念着你，小河。”作者在这里直接表达了对小河、对故乡、对母亲的怀念、思念和眷恋。

更多的情况是，作者在作品中通过叙事、写景、状物或议论，表达思想感情。这就需要我们在深入理解、感受作品的基础上，体会和表现字里行间蕴涵的思想感情。例如《爱痕》中有这样的一段话：

“我一边吃力地蹬着车，一边当导游，向母亲介绍改革开放给农村带来的巨大变化。我的衬衫和后背贴在了一起，额头沁出一层汗珠，爬上道陡坡，准备跨越一条铁道。我弯腰弓背，喘着粗气，小心翼翼地行。突然，车子在沙泥的路基上颠簸了一下，我的身体失去了平衡。就在车倒人翻的一刹那，我猛然地侧过头，用自己的身体挡住了母亲。母亲安然无恙，我却觉得眼前一黑，下颌被坚硬的铁轨磕伤，殷红的鲜血顿时淌了下来。母亲潸然泪下：“好玉玉，妈难为你了……”我用手帕擦去母亲腮边的泪水，打趣地说：“磕破点皮，没关系。这不正好多了个‘酒窝’吗！”

这段文字中，没有一个“爱”字，语言平实，看似平淡无奇，只是客观记叙，但是通过对女儿动作、神态、语言的具体、真切的描写，我们会感受到女儿对母亲的朴素而真挚的爱，并会被这种人间真情深深地感动。

朗读抒情散文，还要注意散文“形散神聚”的特点，把握住对全篇起统领作用的主要感情线索的基调。

（三）说明性作品的朗读

说明性作品，有的是介绍客观事物的形状、性质、特征、成因、功用的，有的是说明客观事理的关系、规律的。它要求用准确、简明的语言按照一定条理对事物、事理进行直接的说明。朗读说明性作品，要突出其说明性、知识性、科学性、准确性。对作品中关键性的词语、句子主要运用停连、重音加以突出强调。例如：

地面上的水/被太阳晒着的时候，吸收了热，变成了水蒸气。水蒸气/遇到冷，凝成了/无数小水滴，漂浮在空中，变成云。云层里的小水滴/越聚越多，就变成雨或雪落下来。（《太阳》）

（四）议论性作品的朗读

议论性作品，主要由论点、论据和论证三要素构成。论点是作者的观点、见解或主张，朗读时一般采用重读、拖长音节的方法来突出，同时语气要肯定，态度要鲜明。

虽然有时作品中也夹有叙述、描写、说明的文字，但这些或是为了引出论点，或是为了证明论点提供事实依据，或是作为议论的补充，与论证的部分相比，显然是次要的，朗读时要注意区分。

议论性作品的一个突出特点是句与句、段与段之间有着严密的逻辑关系，朗读者要对这种逻辑关系有较为深刻的认识、感受，并通过恰当运用停连、重音等技巧予以表现。例如，《为人民服务》第二自然段，首句提出观点——死的意义不同，第二、三两句从两方面进一步具体说明死的价值、意义不同，第四句是结论：张思德同志的死是重于泰山的。朗读时可以这样处理停连和重音：

人/是要死的，但死的意义有不同，中国古时候/有个文学家叫司马迁的说过：“人固有一死，或重于泰山，或轻于鸿毛。”为人民利益而死，就比泰山还重；替法西斯卖力，替剥削人民和压迫人民的人去死，就比鸿毛还轻。张思德同志/是为人民利益而死的，他的死/是比泰山还要重的。

【自我实践锻炼】

日常朗读训练

1. 坚持每天朗读

自己读书，大声地读出来。每天坚持朗读一些积极向上的文章，既练习口齿清晰伶俐，又积累一些知识；同时对身体也大有裨益，清喉扩胸，纳天地之气，成浩然之身。

2．尝试躺下来朗读

每天睡觉之前，躺在床上大声地朗读十分钟；每天醒来之前，先躺在床上唱一段歌，再起来。坚持一至两个月，你会觉得自己呼吸流畅了，声音洪亮了，音质优美了，更有穿透力，更有磁性。

3．对镜训练

在平时的训练过程中，大家可以在自己的寝室或是家中准备一面大镜子，每天在朗读过程中对着镜子训练，训练自己的眼神、表情和肢体语言，这样效果更好。

4．自我录音录像

如果条件允许，建议每隔一到两周时间，把自己的声音和朗读过程拍摄下来，这样可以反复观摩，哪儿手势没到位，哪儿表情不自然，天长日久，你的朗读水平会有很大提高。看一次自己的录像比上台十次二十次效果都好。

【基础练习】

（1）为什么要在朗读前分析稿件?

（2）停连与重音在表达中有什么联系?

（3）你是否存在“心里有”却不能充分表达的问题？应如何改进?

【素质目标】

（1）能够精确、优雅的使用汉语，提升艺术审美素养。

（2）通过一定的声音训练，提高自己的朗读水平，养成明确客观的表达习惯。

（3）大学生应当用优美的文字作载体，用清澈的声音、纯洁的思想、高尚的情操，去影响打动身边的每一个人，营造更美好的精神生活。

“朗读者”——给灵魂片刻自由

“朗读者”是中央电视台推出的大型文化情感类节目。以个人成长、情感体验、背景故事与传世佳作相结合的方式，选择经典作品，用最朴素的情感读出文字背后的故事。

不少人把“朗读者”喻为是传播文化的又一股“清流”，而节目中朗读嘉宾分享各自的动人故事，带给观众文学、文字以外的享受及思考，则让这股“清流”更加透彻、明亮。例如，有一次斯琴高娃老师朗诵了贾平凹《写给母亲》。朗诵前董卿问斯琴高娃：“最近哭是什么时候?”斯琴高娃说：“没有。”观众笑了。当斯琴高娃朗读这篇散文时，她哭了，董卿哭了，观众也都哭了……董卿说：“让您难过了。”斯琴高娃接下来说的这段话质朴但让人瞬间热泪肆流。她说：“该难过一下了，我们大家在座的人，都有爹有娘，而我们中有的人包括我自己，爹娘都走了。所以呢，我希望在座的人……如果你们的爹娘还健在的话，从现在做起不晚，好好地爱他们，好好地伺候他们，好好地哄哄他们，别太多的犟嘴。真的，不然的话，后悔也来不及了……”生活需要这样的感动，对生命的敬畏，对亲人的思念，对身边人的珍爱。

“朗读者”传递了社会责任感，传达着中国人独有的敬老孝亲的传统观念。

第五章 有效倾听

【课前热身】

在日常生活中，你花在倾听上的时间要比阅读、写作或说话多。倾听占据了我们40%的交际时间。每天，你需要接收来自交谈、课堂讲座、小组会议和电子媒体等大量的信息，你可能会认为这么多的听的经历已让你成为一名优秀的倾听者，其实不然，你可能不知道在听的过程中，很容易遗漏一些重要的东西。日常沟通、学习以及工作中，我们会因为哪些不良的倾听习惯而导致信息的遗漏呢？请思考以下问题：

（1）你知道倾听对于人际交往的意义吗？

（2）生活中有哪些矛盾是因为不注意倾听导致的？

（3）保持全神贯注的倾听状态，你能维持多长时间？

（4）导致倾听障碍、影响倾听效果的因素都有哪些？

（5）在倾听中，怎样才能做到高效率地获得信息？

（6）你是否关注过自己的倾听习惯，发现存在的问题？

（7）你是否关注过周围人的倾听习惯，他们有何优点，又有哪些需要改变的地方？

【学习目标】

（1）了解倾听的概念、分类，明确影响倾听的障碍有哪些。

（2）学会提高倾听能力的训练方法，提升倾听能力。

【知识讲解】

沟通与表达的目的是为了交流思想、沟通信息、解决问题。因此，沟通与表达的最基本特征就是双向交流性。这就要求一个人在沟通时，不仅要会说话，而且要会倾听，否则不了解对方所要表达的真实意思，不了解对方的思想现状，就很难做出有针对性的反应，也就很难做到有效沟通。

一、倾听的概念

倾听，是接收口头和非语言信息、确定其含义并对此做出反应的过程。倾听包括用耳听、用眼观察、用嘴提问、用脑思考和用心感受。倾听能力，是人的文化素质在交际沟通过程中的一种无形的显现。它以听话人的知识积累和理解能力为基础，借助于判断和推理能力，作用于口才交际的全过程。

在交际沟通过程中，“倾听”与“说”是两大构成要素。“说”是为了向外部发布信息，“倾听”则是为了从外部接收信息。“发布”与“接收”在这里构成了一个相互依存并相互促进的良性循环系统。在某种意义上，“倾听”是为了更好地“说”，听得准才能说得好，“听”服务于“说”，具体表现为对讲话者表述内容的准确理解，并为听话人的言行反应提供依据。不能想象，一个听话能力很差的人，会是一位擅长交际者。

倾听虽然以听到声音为前提，但更重要的是我们对声音必须有所反应。倾听必须是主动参与的过程，这个过程中，人们必须接收、思考、理解、辨析，并作出必要的反馈。

生活中，“倾听”往往被当做“听见”，但事实上，人际沟通中的倾听能力并不是简单的生理上的听见——对声音的感官反应。这种错误的理解会导致人们产生“倾听是与生俱来的本能”的错误看法，而不去致力于倾听技巧的提高。

二、影响倾听的不良习惯

错误的倾听习惯会阻碍倾听的顺利进行。如果想要成为一个更好的听众，就需要认识到自己存在哪些问题，并且在沟通中纠正这些问题。多数人会有以下不良习惯：

1. 消极的听

有些人在倾听时比较懒散，自己的注意力随意的集中或放空，因此经常会错过重要的事实或观点。

2. 思想不集中状态下的听

沟通中，人的大脑能够理解的信息远比听到的内容多。有可能大脑每分钟能处理400个词汇的信息，而大多数人每分钟只能表达125~200个左右的词汇。因此在空出的时间里听众会想别的东西。比如：当别人在讲话时，你可能会回忆曾经的生活、计划明天的工作或者考虑下次见面的时间、场合等。

3. 受外界干扰状态下的听

外界干扰指沟通时所处的实体环境中有会干扰倾听的因素，例如，窗外建筑工地的嘈杂声、正午强烈的阳光或者讲话者的夸张体态语等。如果倾听者的注意力被外界实体环境所打扰，那么他就只能听到并处理一部分信息。

4. 带着固有偏见的听

听众的固有想法会影响倾听效果。如果听众对沟通话题与内容早已形成自己的观点和看法，在倾听时抱着这些固有的态度想法去理解、去分析对方的语言信息，那么就很难实现客观的反馈，达不到该有的倾听效果。

三、倾听的分类

现实生活中，让我们产生倾听的原因多种多样，但最重要的问题是:“我听的目的是什么?”是想要获取信息或见解来做决定，还是为了取悦自己，抑或是为了理解他人的感受？清楚明确自己倾听的目的后，交流会更加高效。

根据交流目的，倾听分五类：欣赏性倾听、曲解性倾听、移情性倾听、理解性倾听、批判性倾听。

1. 欣赏性倾听

欣赏性倾听关注的并不是主要信息的声音部分。一些听众是喜欢看到著名的学者、公众人物；一些听众喜欢的是好的演讲、一部经典电影的精彩对白或经典戏曲唱段。在这类情况中，倾听的目的主要是愉悦自己。

2. 曲解性倾听

曲解性倾听指听众按信息表达的方式来下结论，而不是就信息内容本身。在此类倾听中，听众希望理解讲话人信息背后的意思，对演讲人真正的想法、感觉或情绪不感兴趣。当听众不是根据内容本身而只根据对方说话的方式，进行错误解读或过度解读，推断出对方并不存在的意图，这就是在进行曲解性倾听。

3. 移情性倾听

移情性倾听为讲话人提供情感支持，这类倾听更偏向人际交流，但在公共演讲场合也存在这类倾听。例如，当心理医生在听到病人的痛苦时，当听到受灾者讲述被拯救的经历时，听众都在进行移情性倾听。

4. 理解性倾听

理解性倾听是为了理解信息、想法或过程而进行的倾听。当听众希望从演讲者口中获得额外信息或见解时，理解性倾听就开始了。学生对这类倾听最熟悉，因为在接受教育时大部分都属于这类目的的倾听。

5. 批判性倾听

批判性倾听是最难的一种倾听，因为需要同时理解并评价信息。不仅需要理解信息，更需要解读信息，并判断其优缺点。在课堂上主要进行的就是批判性倾听。日常生活中，谨慎的消费者需要运用批评性倾听来评价电视广告的有效信息有多少、销售人员提供的观点是否可供参照。当我们进行批判性倾听时，我们可以清醒地决定接受或者拒绝沟通交流对象的观点。

四、有效倾听的提升途径

为在倾听中获得有效信息，避免信息的丢失、曲解，需要倾听者提升对信息的理解能力与批判能力，具体方式如下：

（一）提升倾听中的理解能力

1. 关注讲话内容的三要素

想要对沟通交流信息完全理解，就要清楚在日常沟通中，讲话者讲话内容的三大基本要素：观点、结构、辅助性材料，即听众需知道要接收的观点是什么，这些观点是如何联系在一起，以及支持这些观点的事实性论据。

想要更好地理解所听信息，听众可以问自己三个问题：

（1）对方讲话内容的中心思想（或交流目的）是什么？确定讲话内容的中心观点，找到相关陈述句。这些中心观点是讲话的基础。

课堂是倾听者理解能力训练提升的主要场合。听众可以在与同学的课堂讨论中、话题辩论中或课堂演讲中，尝试找到对方的主要思想。面对沟通对象，养成习惯，时刻注意寻找、总结其讲话内容的中心思想和观点。

（2）对方中心思想是如何通过一系列观点组织起来的？一旦明确中心思想后，应该注意中心思想下面所罗列的观点之间的联系，也就是说找到讲话内容的结构和内在逻辑。

例如，关于一场未成年人权益保护法的演讲。演讲人在解释未成年人权益保护法时，倾听者应该关注整场演讲的中心思想是什么、演讲的中心思想下涵盖了哪些观点、这些观点之间的逻辑是否合理、演讲者对于自己观点的解释是否合乎逻辑、演讲中引用的概念是否清晰准确、演讲人是否表现出对某一观点的主观倾向等问题。

当倾听者对以上问题全部明晰后，演讲者的讲话结构就整体呈现出来了。

（3）对方讲话时用哪些辅助性材料支持主要观点？（讲话的辅助性材料是否合适，要从材料的时效性、质量以及内容三方面进行评判。）这些事实性或观点性材料是不是过于陈旧？演讲者引用时标明出处了吗？材料是否能清晰阐明讲话者的中心观点？

例如，“校园暴力事件会对青少年的成长产生严重的影响”这一话题，那么听众可以针对演讲的话题、观点追问自己如下问题：该话题涉及的校园暴力事件的材料对观点有说明作用吗？校园暴力事件对青少年的影响有具体数据吗？讲话中有对近一段时间校园暴力事件的现状描述吗？所用材料来源可靠吗？校园暴力的界定标准有科学依据吗？

通过对讲话人所用辅助性材料的分析，倾听者能够在脑中形成清晰明确的判断，知道这一场讲话所用材料的质量如何，有助于加深对讲话内容的理解。

综上所述，倾听中理解力的真正提升，是站在对现实中沟通对象讲话内容的反复分析基础之上。要提升倾听中的理解力，倾听者就要细心关注沟通对象的讲话内容，知道对方讲话的主要观点、结构、支撑论据和辅助材料。

2．学会 RRA 技巧，成为积极主动的倾听者

RRA 技巧是指倾听者为提升专注度，在倾听时大脑同时进行的三项活动：回顾 (Review)、关联 (Relate)、预测 (Anticipate)。具体做法如下：

回顾，倾听者要在倾听的同时花几秒回顾一下讲话者刚刚说了什么。每当讲话人提出一个新观点时，先在脑海中回顾和概括已经听到的信息。

关联，将所听到的新信息、新观点与已经回顾和概括出来的信息相关联，看看二者之间是什么样的逻辑关系，思维结构是否合理，有什么样的问题存在。

预测，根据回顾与关联的信息内容，推断预测讲话人接下来的讲话思路与讲话内容，并在接下来的倾听过程中验证自己的预测是否准确，从而锻炼自己的推理能力。

通过回顾、关联和预测，倾听者会更主动地将注意力集中在所倾听的信息内容上，利于更有效地理解倾听内容，积极参与到沟通过程中。

（二）提升倾听中的批判能力

提升倾听中的批判能力可以通过分析讲话情境、讲话人以及沟通信息三大方面进行。

1．分析讲话情境

（1）讲话情境是否会影响听众接收对方讲话的内容？对方在这一情境采用某种方式去讲话的原因是什么？职场、校园、家庭以及公众场合的沟通交际类型互不相同，所以听众必须要根据不同场景调整自己的评价标准。

（2）讲话情境是如何影响听众判断的？交流沟通的所在场所太冷或太热了吗？太大、太拥挤或太喧闹了吗？还有哪些因素让人分心？外界环境十分重要，能够影响到你的听辨能力。在不舒适的环境中，你可能需要身体往前倾、向前移或更加专注。

2．分析讲话人

（1）作为听众你对讲话人了解多少？讲话人的声誉是否会影响到你的判断？你会仅仅因为讲话人的声誉而对其过于恭敬或严苛吗？当讲话人能代表你的利益或者利益与你相近时，你会觉得讲话人是诚实、公平的吗？不要让对讲话人的评价标准影响到你的批判性听辨。

（2）讲话人的可信度是多少？讲话人的动作、表情、语言、声音有哪些让你愉悦、抗拒或怀疑的地方吗？讲话人用以支持观点的辅助性材料数量充足、具有说服力吗？找到你接受、抗拒的原因，问自己是否能相信这个讲话人。

（3）讲话人准备充分吗？不准确的评论、重复、倒回重说、模糊或漏说数字、缺乏可靠论据等都是准备不充分的表现。涉及重要问题的谈判、竞标、重要决策的讨论、学术研讨等等类似问题，当讲话人不能提供重要的数据、指标、相关规定、有关协议，不能对所涉问题

的因果关系、发生背景、影响、前景、作用、危害等方面解释清楚，那么其他内容的可靠度也需要被质疑。

（4）讲话人对听众的态度是怎样的？听众是怎样被对待的：友善的还是尊重的？被作为个体还是群体？被视为弱者还是与讲话人平等？回答这些问题，不仅能够帮助听众评估自己的经历，还能方便其向讲话人提问。

（5）讲话人的观点表达方式可信吗？作为听众需要批判性地评估讲话人的观点。对于全新、不同，甚至听上去奇怪的观点，更要仔细听讲，确保能够理解这些观点，避免自己被误导。

3．分析沟通信息

（1）沟通中提及的观点正确吗？是否受时代、年龄、职业、知识储备、地域等方面的影响？讲话人的观点与听众的不相符，知道问题差异在哪里吗？有支持观点的充足信息吗？

（2）讲话的结构合理吗？一些重要的观点被遗漏了吗？内容完善吗？所讲内容存在明显的逻辑问题吗？数据、信息进行的对比是否公平？因果关系是否清晰合理？提议是否可行？观点间的结构性关系使演讲内容是否更具有连贯性？

（3）讲话者提供的论据信息充足吗？来源可靠吗？是否经过时间或实践的检验？能否经得起反复论证与批判？

由于每次倾听的目的并不相同，倾听者可能不会每次都将这些问题全部问一遍。但是在做重大决定前，我们考虑以上问题，更有利于掌控局面，做出客观、理性、精准的判断，提升理解力，增强沟通效果。

【课堂训练】

一、全文复述式听话训练

（一）训练目标

训练机械记忆与即兴复述能力，克服瞬间记忆的“遗忘曲线”干扰，克服表述中的心理障碍。

（二）训练模式

（1）教师任选一部政论文选或文集，按学生序号要求同学逐一听读。

（2）教师慢速朗读 3~5 行文字（初始训练 3 行为宜，对优秀者可增至 5 行），连读三遍后，请被试同学起立，背诵复述全部文字内容。

（三）训练说明

（1）政论性材料比记叙文、散文、说明文等其他文体的记忆难度更大。

（2）学生在听读时不得笔录。

（3）该项训练要求被试学生瞬间思想高度集中，这种高度集中一般无法长时间坚持，为使学生在被试时发挥最好水平，除被试学生外，未轮到的学生不得出声，不得走动，不得对被试学生有任何提示。

（4）从教学实践看，该项训练的机械记忆难度不是很大，常常在教师读完第二遍后，就已经有一部分学生可以背诵复述了。但问题在于，一旦点名让某生起立背诵复述，能较好完成者少；而坐着的不相关学生能背诵者众多，二者相比，不难看出心理障碍的干扰之大。所以在训练中，教师应注意引导学生一方面集中注意力，一方面放松情绪，以消除心理障碍的干扰。

二、要点复述式编码训练

（一）训练目标

训练机械记忆基础上的理解记忆，也就是训练要点复述能力。克服表述中的心理障碍。

（二）训练模式

（1）教师事先选好政论文选或文集为训练材料，学生按序号逐一听读。

（2）教师慢速朗读 6~10 行文字（初始训练以 6 行为佳，表现优秀者可加练至 10 行）。连读三遍后，请被试同学起立，复述该部分文字的几个要点。

三、听话过程中的正误辨析训练

（一）训练目标

训练在记忆、理解基础上的即时判断能力、辨析能力、反应能力，克服表述中的心理障碍。

（二）训练模式

（1）教师可于课前准备一些广告词、寻人启事、失物招领、会议通知之类的简短文字材料，每一份中制造 2~3 个语法、逻辑等方面的错误（成分不全、语意不详等）。按学生序号逐一听读。

（2）教师将一份材料连读三遍后，请被试学生起立，指明错误所在。

（三）训练说明

（1）正误辨析是学生在全文理解基础上进行的一种逻辑分析活动，需要经过思考后才能得出结论。所以此类材料在同一篇中错误不宜太多，以免干扰全文理解。

（2）同一份材料，在一个班的教学中，最好只用一次，不得超过两次。如使用两次，也须拉开时间距离。

（3）被试学生一律不得用笔记录训练内容，全凭心记完成口述。

四、模拟抗回避训练

（一）训练目标

训练向有关方面坚持合理请求的能力，训练谈判交涉能力。

（二）训练模式

（1）由指导教师在训练开始前一周公布训练项目。要求每两个学生为一个组合，两人共同商定一个话题，并明确身份（如话题为“退货请求”，确定一方为要求退货的客户，另一方为售货方代表；再如，下级向上级提意见，能构成矛盾冲突即可。）

（2）话题内容限定为一方向另一方提出请求并要求其受理，而另一方则设法推卸。训练过程中，提出请求方应想方设法使对方不得不受理请求，而推卸责任方则想方设法推卸责任，以回避对方的请求。训练展开前，双方按各自规定立场准备理由，互不通气，背靠背进行。

（3）双方的立场不得发生转变，但理由与某些程序可以虚构。

【自我实践锻炼】

生活中的有效倾听练习

在学校学习中，我们总是对一部分信息表示特别的关注和兴趣。我们把杂乱无章的信息分门别类，集中储存起来，为下一步服务。面对接收到的信息，我们的大脑搜寻已知信息，调动大脑存储的知识和经验，通过判断、推理获得正确的解释或理解。在日常生活中有许多提升倾听能力的方法。

1．练习评价同学的演讲

（1）养成用笔记记录他人讲话的习惯，完善记笔记的能力。

（2）向演讲的同学提有关演讲内容的问题。

（3）评价演讲同学的优缺点、得失并提出有效建议。

（4）参与演讲后的问题讨论。

你可以通过这些方式随时养成良好的听辨能力。

2．借助校园中各类沟通交流场景练习批判性倾听

（1）批判性分析在校园中倾听到的各类公共信息。

（2）在其他课堂理论课学习中锻炼理解能力，找到老师所讲学习内容的观点、结构、辅助性材料，做课堂笔记；课后利用 RRA 法复习。

3．对课堂外的各类讲话者进行听辨练习

参加公共讲座或者观看电视、网络上各类演讲，观察、分析他们的讲话内容、技能和风格。

4．养成用批判性思维阅读思考的习惯

在阅读中养成批判思考的习惯，利于批判性思维的养成。倾听中的分析、理解、批判能力是由倾听者的知识储备和思维方式共同决定。因此，在阅读中分析所读书籍、报纸、杂志中文章的论点、结构、辅助性论据和语言风格，有助于提升个人的逻辑分析能力，养成批判思考习惯，保持思想的清醒与独立。

【基础练习】

（1）有的人在交际沟通过程中，较多地偏好于自己多说话；而在别人说话时，则由于种种原因，显得耐心不够，在和别人交流时，常常打断别人讲话。在沟通与表达过程中，你也有诸如此类的表现吗？试注意检查自己，并从正反两个方面总结自己的表现。

（2）在文化水平、理解能力近似的情况下，听话能力的差异往往更多地源于参加者的心态。例如，能不能和对方保持平等对话的心态，有时候也是一个重要原因。反思一下自己在和别人对话时能否保持平等对话的心态。

（3）观察你周围的同学都有哪些不良倾听习惯。

（4）有些学生，同样的表述内容，坐在座位上表述、在原座位站立表述、走上讲台当众表述，三种表述方式会有三种水平表现。一般以坐着表述为最佳，而以走上讲台当众表述为最弱，其原因在哪里？请你试一试在这三种状态下你的表述效果如何。

【素质目标】

（1）沟通中，面对大量的信息要做清醒而客观的分析、取舍，避免被无意义的信息干扰正常的生活。

（2）大学生应锻炼自己的思辨思维，不犯主观主义错误，盲目偏听偏信。

（3）养成独立思考习惯，在学习工作中处理具体问题要学会主次分明，提升专注度与执行力。

天大的消息

从前有一个村子，村里住着一个老人，他学问很好。有一天，一个年轻人来找他，进门就说："老人家，我要告诉你一个天大的消息。"

老人就问："这个消息重要吗？"

年轻人愣了一下说："不是很重要。"

老人又问："这个消息真实吗？"

年轻人说："我也是听来的，不知道是不是真实的。"

老人又问："这个消息对我有好处吗？"

年轻人说："没什么好处，八卦新闻，有什么好处！"

老人便说："既然不重要，也不真实，又没好处，那你还是别说了吧，说了只是增加困扰罢了。"

第六章

主题演讲

【课前热身】

主题演讲是面对公众沟通的最常见形式，在课堂、校园、职场中经常会有人通过主题演讲发表意见、交流思想、解释问题、沟通情感。一次成功的主题演讲既是有效的公众沟通手段，又是展现自我的最佳平台。

那么，该怎样准备主题演讲？准备一次演讲前，我们会有以下问题：

（1）我的演讲目标是什么？

（2）我如何选择话题？

（3）我的听众想听什么？

（4）我怎样寻找演讲的素材？

（5）我需要用什么辅助手段？

（6）我该做哪些设计？

（7）我事先该怎样排练效果才能最好？

（8）该怎样克服内心的恐惧？

通过以下学习，我们尝试解决上面的学习困惑，学会做主题演讲。

【学习目标】

（1）了解演讲的基础知识，知道准备演讲的具体步骤、过程。

（2）通过准备演讲，学会选题、确定演讲的目的与目标、分析听众的特点与需求、搜集演讲素材、制作演讲大纲。

（3）知道演讲前怎样演练。

【知识讲解】

一、选题

演讲时，有些内容是定好的，有些需要自选内容，自拟题目。对于需要自己确定选题的演讲，许多研究者面临的一大难题是选题。合适的演讲选题会让演讲者发挥自己的特长与优势，更好地把握听众的需求，达到演讲目的。好的选题符合两个标准：第一，演讲者自己能讲明白该选题；第二，听众对该选题感兴趣并能听明白该选题内容。

（一）精心选择并缩小话题

演讲者在选题时需考虑以下问题：

（1）你想谈什么？

（2）你的知识储备主要在哪个领域？你比较擅长什么？

（3）演讲的场合倾向于讨论什么话题？

（4）该话题你是否有能力操作？

（二）考虑听众的需求

（1）听众的兴趣点在哪？

（2）你的选题怎样才能与听众的兴趣点建立联系？

（3）听众已经对该选题有哪些了解？还希望知道什么？

经过仔细思考，你在选择话题时会逐渐缩小话题的范围。

通过广泛的阅读与查找，用头脑风暴法将自己选择的话题一一列出，记录在纸上，然后逐一筛选，留下的合适话题应具有以下特点：

（1）话题内容具体而有意义。

（2）话题有趣，演讲者与听众都感兴趣。

（3）话题内容难易适度，演讲者能够讲透彻，听众能听明白。

（4）话题所涉及的知识领域能够搜集到相关的演讲材料。

二、明确演讲目标与主题

一个清晰的目标能使演讲者在演讲过程中时刻把握演讲的重点。能否实现演讲的目标，是衡量演讲成功与否的唯一标准。演讲目标包含三个层次：总目标、具体目标、核心目标。具体如下：

（一）总目标

演讲最终目标一般有三种：

（1）告知性演讲：扩大听众的知识面，为他们提供新信息或新观点，向听众说明某个事物、现象、情况，分析某类问题，解释某类疑惑。如：要描述一个物体或现象，展示某种东西如何起作用，报告一次事件，解释一个概念等。

（2）劝说性演讲：通过演讲，希望改变或形成听众的某种态度，或引发听众的思考，引导听众的行为。如：捍卫一个思想，推销一个产品，激发人们采取行动等。

（3）娱乐类演讲：娱乐听众，使听众开心，使听众放松或得到享受。如：毕业典礼上的演说，朋友聚会上的发言等。

（二）具体目标

具体目标是总目标与具体话题的结合，指的是演讲的意图以及希望听众在演讲后做什么。如：你的总目标是告知听众资源再生的重要性，具体目标是让听众重视垃圾分类并积极做出配合，更深远的目标是让听众认识到地球资源的有限性，节约资源，实现可持续发展。

（三）核心目标

核心目标指为达到目的而准备的几个重要观点。

例：你想说服听众骑共享单车低碳出行，让他们相信自行车是世界上最好的交通工具，那么目标如下：

总目标：说服。

具体目标：说服听众，让他们相信自行车是陆地上最好的交通工具。

核心目标：

（1）骑自行车是陆地上交通的最佳形式，因为比步行或跑步快。

（2）骑自行车是陆地上交通的最佳形式，因为不耗能源，无污染。

（3）骑自行车是陆地上交通的最佳形式，因为有益健康。

三、了解分析听众

了解分析听众就是根据听众的需求和喜好来组织演讲的内容与方式，这样能够更好地达到演讲预期目标。这是整个准备过程中最为重要的环节之一。

演讲是一个面对公众的交际过程，演讲者不仅仅将信息传递给听众，还需要考虑演讲中听众的接受效果。因此在演讲的准备中，要学会分析听众，根据听众的情况准备演讲内容与演讲结构。虽然听众有种族、年龄、成长经历、家庭背景、学历、职业、地域、价值观、社会财富等方面的区别，但演讲者可以在听众中找到共同点，发现影响演讲效果的因素，在演讲内容与听众间形成认同，建立合理联系。

（一）了解分析听众的自然属性

对于所有听众，都可于找到共有特征：

1．年龄

听众以哪个年龄段为主体，是年轻人、中年人还是老年人？不同年龄的人生活阅历、价值观、世界观也会相对不同，吸引他们的方式也不一样，对演讲的期待与反馈也各不相同。

2．性别

听众以男性为主还是女性为主，或者人数相当？这决定了演讲者讲话的话题选择角度是男性的关注点还是女性的关注点，或者选择不涉及性别的话题。

3．教育背景及职业

教育背景及职业决定了听众的学习经历、工作经历、知识储备、认识能力、语言表达方式等。演讲者可以根据听众的教育背景、工作背景决定演讲的语言风格、内容的难易程度，保证听众能听明白，受触动，并能做出正向反馈。

4．文化、地域背景

演讲者的演讲内容要考虑听众的文化背景、地域风俗，尽量不与听众的文化、风俗、习惯相冲突，否则将会引起听众的抵触情绪，无法达到演讲预期目的。同时，听众是否属于特殊的文化群体，演讲者所处的地域是否拥有多元文化，听众是否拥有特殊的家庭文化背景，这些也要考虑在内。

（二）分析听众的态度与价值观

听众心中的态度、价值观决定了听众的心理。分析听众心理能清楚地使演讲者知道听众在想什么？推行新的观点、改变听众想法、建议或呼吁听众行动时，这点尤为重要。

1．态度

态度是对人、物、事件积极或消极的倾向。态度能表达个人的喜好与感受，是情感的表达。如：“我热爱自己的家乡”“中国美食世界闻名”“西藏是个很美丽的地方”。听众会对演讲的话题与演讲的目的持有自己的态度，从而影响其接受程度。

2．价值观

价值观是对世界、对生活的基本看法、观念，是构成个人信念、态度的基础，是由个人生活环境、成长经历、教育经历等众多因素综合作用的结果。如：“珍惜生命”“为家庭负责”“热爱祖国”，都是听众心中根深蒂固的价值观，经得起时间的考验，不太容易被改变，属于安全话题。在演讲中，演讲的观点、目的的设定要尊重听众的价值观，能与听众形成共同的价值观，就容易说服听众。

（三）应对不友好听众

面对意见与你不一的听众，怎样获得积极评价呢？虽然想要转变所有人的看法并不太可能，但以下方法可以帮助你增加获取信任的机会：

（1）建立良好意图。让听众知道你是在关心这件事或者问题。

（2）从统一的想法开始。在展开可能产生争议的内容前，先从双方共同点开始，这样也可以促进社会认同。

（3）提供判断标准。明确你和你的听众进行评判的标准。

（4）建立信任关系。如果听众尊重你，那么就不太容易拒绝你的想法。

（5）采用听众会接纳的专家意见和辅助性材料。选择论据时要充分考虑到听众的感受。

（6）用幽默卸下听众的防御。双方的笑容能建立和谐融洽的关系。

（7）采用多面展示。展示话题的多方面观点。

（8）最后，在面对不友好的听众时，要理智、现实。记住，一个听众越反对你的意见，你越不太可能改变他的想法，只能冷处理。

四、搜集演讲材料

确定演讲的主题、目的，分析了听众和场合后，接下来需要开始收集演讲的材料。通常情况下演讲者需要先明确自己对所讲话题知道多少，确定演讲想要包含的内容。如果现有的知识不足以支撑整个演讲，演讲者还需要额外的信息，如事实、图解、数据、故事、实例等辅助材料。这就需要围绕演讲主题进行材料的搜集。

信息的来源可以有以下途径：书籍、杂志、报纸、政府文件、电视节目、电子数据库、网络等；还可以通过采访，与熟悉相关领域的人士进行交流等方式获取信息。通过电子数据库和网络等渠道可以获取许多关乎大众利益的新闻杂志资料；通过图书馆或网络可以找到百科全书、年鉴、政府工作报告和其他参考资料。下面详细介绍如何找到合适的材料支持观点。

（一）选择合适的材料的角度

演讲材料的选择需要考虑主要话题、听众以及想要讨论的观点。在搜寻素材前，先考虑以下问题：

（1）你的话题需要怎样的素材支持？具体话题需要具体的材料。演讲的话题决定了哪种形式的辅助性材料是合适的。

（2）你的听众需要知道什么？你需要了解你的听众已经知道什么，以及需要知道什么。你搜寻的材料应该体现听众的需求。

（3）哪种形式的辅助材料对你的演讲最有效？不同形式的演讲材料会达到不同的效果。解释、比较和各类数据可以帮助听众更好地理解你的话题；例证、证词会使演讲更有趣。

（4）你的辅助性材料客观吗？演讲者要批判性阅读、深入思考，需要在众多信息来源中辨别信息的真假和有效性，根据听众需求选择合适的材料。

（二）素材的质量和种类

（1）复杂、抽象的观点需要具体的素材来阐述，例如视觉辅助和具体的事例。一张图表或者日常生活的一件事便可以更好地解释抽象理论。

（2）争议性观点需要大量权威论据。例如，涉及经济问题的演讲应该用数据、预算趋势信息和专家观点来增加说服力。

（3）可信度低的演讲人应该比可信度高的演讲人使用更多辅助性材料。假如你打算对教育改革进行演讲，但你只是一个学生，那么就应该使用大量的辅助素材。

（4）如果听众的注意力、理解力相对较低，那么应使用大量的具体事例。例如：在谈与疫情防控相关的演讲时，涉及专业医学知识，讲具体的事件、例子，把演讲内容与实际工作相结合，听众更容易接受。

五、演讲内容的组织架构

为准备演讲搜集的信息材料数量庞杂，需要演讲者对信息进行筛选、梳理、组织、加工，以形成观点；将观点按逻辑顺序排列，建立讲话结构，形成组织架构。通常会从演讲者的角度和听众的角度进行组织架构。

（一）演讲导向的内容结构

演讲导向的内容结构是根据演讲内容的自身特点及听众的接受理解能力设定的。

（1）时间结构：按时间顺序排列观点，从一个时间点开始，然后向之前或向之后的时间推演下去，明确事物发展的时间线，展开演讲。例：

人类登月的历史

手机怎样走入人们的生活

（2）空间结构：按照事物的空间顺序排列观点，展开演讲。例：

伟大的都江堰水利工程

吃遍中国——中国美食地图初探

（3）因果关系结构：按事物发展的因果关系排列观点，观点之间有因果逻辑关系。共分两种结构：

①从因到果，例：

生育率持续下降对中国未来发展的影响

国家政策能否决定新能源汽车生产行业的未来

②从果到因，例：

一线城市房价持续上涨的原因分析

鸟类为何要每年都进行迁徙

（4）分类结构：将演讲所涉及的内容进行分类，着重介绍最重要、最有趣的方面。例：

压力会对人体健康产生哪些危害

新冠肺炎的传播途径与预防措施

（二）听众导向的内容结构

以听众为中心，基于听众的需求，设计演讲问题，组织信息材料。

（1）熟悉程度顺序。按照听众的接受理解能力，由浅入深地组织演讲内容，从听众熟悉的、易接受的内容、观点入手，讲解陌生的、较难理解的、较为有争议的话题。例：

《现代人为何仍然需要婚姻》

内容组织：

一、现代人的婚姻状态

二、婚姻在个体、家庭与周边社区间建立了稳固的关系

三、婚姻可以确保社会的稳定，推动种族、社会与国家的发展

（2）解决问题顺序。能发现听众的问题与困惑，在演讲中提出这些问题并予以解答，激发听众的好奇心，使其保有积极的参与度。例：

《如何解决社交中的自卑心态》

内容组织：

（1）人为什么会自卑

（2）产生自卑的原因

（3）改变自卑心态的办法

六、建立演讲提纲

（一）建立提纲的作用

1. 检测

提纲框架能够帮助演讲者明确自己的观点。列出提纲后，可以知道哪些观点需要着重强调，哪些可以被省去或者粗略带过。

2. 引导

在大多数的演讲场合，提纲是提示工具。一份优秀的提纲能够告诉演讲者哪里已经说过了，现在正在说哪里，以及还有哪些点是你想讲的。演讲提纲还可以包含一些特殊的提示，哪里需要重点强调，如哪里需做特殊展示。

（二）建立提纲的过程

建立提纲的过程是思考演讲主题，梳理演讲材料，以便思路一步步清晰，内容一步步细化。

下面以“需要关注的儿童肥胖问题”为例，学习演讲提纲的建立过程：

首先，在准备一篇较短的演讲中，无法详细介绍所有内容，考虑到时间限制和听众需求后，选择介绍最重要的内容：

（1）儿童肥胖的原因

（2）儿童肥胖的危害

其次，再进一步细化内容，记录下可说的观点，一步步缩小观点范围后，你打算说以下几点：

（1）当代社会儿童肥胖问题的现状

（2）怎么定义肥胖

（3）儿童肥胖的原因

（4）肥胖的危害

（5）具体应对办法

再次，选择组织这些观点的结构形式。针对这个演讲话题，考虑完各类演讲结构形式的优劣后，决定采用话题结构，呈现五组信息：

（1）儿童肥胖问题愈发严重（引发听众关注与思考）

（2）肥胖被定义为正能量平衡（解释什么是肥胖）

（3）儿童肥胖症主要有三点原因（通过三个方面解释肥胖的成因）

（4）肥胖症有哪些危险（提供准确数据）

（5）控制儿童体重的三个方法（在措施部分，提供科学、有效、可行的方法，并附带准确的数据及案例）

最后，进一步将这五组信息细分，可以制作成如下提纲：

需要关注的儿童肥胖问题

一、儿童肥胖问题愈发严重(该演讲以举例和数据趋势开始)

1. 一个典型的超重儿童的个案

2. 儿童肥胖症发病率

3. 未来趋势不容乐观,低龄幼儿的体重也在不断增加

4. 定义完肥胖症后,我们来看儿童肥胖的主要原因、危害以及可以采取的措施

二、肥胖被定义为正能量平衡(解释什么是肥胖)

1. 这意味着储存的能量要比消耗的多,转变为脂肪细胞

2. 每多 3 500 卡路里,体重就增加 1 磅 (0.45 kg)

三、儿童肥胖症主要有三点原因(通过三个方面解释肥胖的成因)

1. 一些儿童是肥胖基因携带者

(1)肥胖父母会将肥胖基因遗传给孩子。

(2)专家表示,体重增加的遗传性因素是导致儿童肥胖的重要因素。

2. 不健康的饮食习惯

(1)医学研究表明,肥胖儿童通常进行“高密度”饮食。

(2)高密度饮食指儿童饮食多次、多量。

(3)高密度饮食行为也能引起儿童肥胖。

3. 看手机、电视时间太久

(1)家长将电子产品作为孩子的玩耍工具与学习工具,许多儿童面对电子屏幕的时间为 20 小时 / 周。

(2)缺乏运动:不爱运动或没有时间运动。

(3)儿童的饮食习惯受高糖、高脂肪食物的电视广告影响。

四、肥胖症有哪些危险(提供准确数据及医学依据)

1. 60% 的肥胖儿童有患心脏病的风险

2. 肥胖症提高了二型糖尿病的威胁

(1)85% 被确诊为二型糖尿病的儿童是肥胖儿童。

(2)肥胖儿童中,25% 已出现二型糖尿病初期症状。

(3)自 1990 年起,每年新增二型糖尿病率为 4%,大多数患者为肥胖儿童。

3. 肥胖症加重了其他疾病,例如哮喘

五、三个方法控制儿童体重

1. 不要忽视问题,可以在问题加剧前进行干预,4/5 的儿童可以获得帮助

2. 控制进食时间

(1)限制高密度饮食,不允许加餐和吃零食。

(2)教会孩子如何慢速进食。

(3)如果全家人能转换为低脂饮食习惯,儿童也更容易接受。

3. 用其他活动取代看电视、手机

(1)如果家长能关上电视、手机,那么儿童超过一半的肥胖问题都能有效解决。

(2)儿童每天需要有足够的体育锻炼。

一个粗略的提纲能帮助演讲者明确主话题、提供适量的副话题、呈现演讲的组织形式。如以上提纲所示,演讲者可以根据话题将主要观点和次要观点进行整理。但同时也要防止各观点间断层明显、缺乏连贯和独特性。使用话题结构时,要确保各话题能够连贯,在准

备演讲时，就要注意有效地过渡和承接。

（三）建立演讲提纲的注意事项

（1）提纲中的每一部分内容都应有只有一个清晰的观点。

（2）次重要的观点应附属于主要观点。

（3）主要论点措辞有力，语言简明、生动，对于同等重要的论点尽量用并列结构。

七、演讲开头结尾的设计

（一）巧设开头，吸引听众

演讲稿的开头，也叫开场白，它犹如戏剧开头的“镇场”，在全篇中占据重要的地位。好的开场白应达到三大目的：一是拉近距离，二是建立信任，三是引起兴趣，为下面的演讲做好准备。演讲稿的开头有多种方法，通常使用的主要有以下几种：

1．制造悬念

演讲伊始就巧设悬念，可以迅速抓住听众的心，激发听众的强烈兴趣，推动演讲的顺利展开。

例如，一位演讲者刚上台便问听众“人是从哪里衰老的？”台下立即活跃起来，有的说心脏，有的说大脑，有的说脖子……答案各异，妙趣横生。演讲者开始是一言不发，等大家安静下来后，不慌不忙地说：“我看，有的人是从屁股先衰老的。”全场哄堂大笑，欲听其详。接着演讲者说：“某些领导不深入实际，整天泡在‘会海’里，坐而论道，屁股可受苦了！既要负担身上的重压，又要与板凳摩擦，如此一来，岂不是屁股先衰老吗？”

在一片欢声笑语中，演讲开始了。

2．开门见山，提示主题

这种开头是一开讲就进入正题，直接揭示演讲的中心。运用这种方法，必须首先明晰地把握演讲的中心，要求演讲者具有较强的概括能力，适合较为正规、庄重的场合。

例如，黑格尔美学讲座绪论部分的开场白：“女士们、先生们，这次演讲是讨论美学的，它的对象是广大的，美的领域，说得更精确一点，它的范围就是艺术；或者毋宁说就是美的艺术。”

3．介绍情况，说明根由

这种开头可以迅速缩短与听众的距离，使听众急于了解下文。

例如，恩格斯在 1881 年 12 月 5 日发表的《在燕妮·马克思墓前的讲话》的开头：

我们现在安葬的这位品德崇高的女性，在 1814 年生于萨尔茨维德尔。她的父亲冯·威斯特华伦男爵在特利尔城时和马克思一家很亲近；两家人的孩子在一块长大。当马克思进大学的时候，他和自己未来的妻子已经知道他们的生命将永远地连接在一起了。

这个开头对发生的事情、人物对象作出必要的介绍和说明，为进一步向听众提示论题作了铺垫。

4．抒情开头，激发情感

这是一种以“情”激“情”的方式，用富有情感的语言抒发内心感受，营造一个情感氛围，使听众迅速受到感染，被演讲的内容所吸引。

例如，冬花在《走进历史这条古巷》中的开场白：“走进历史系，你就走进了博大与恢宏，也走进了沉重与孤独。你定是拥着浪漫的梦幻踏着青春的舞步而来的，而千万年的风霜烟尘，千万里的沧海桑田，都积淀在你年轻的肩头。”

除了以上四种方法，开头的方法还有释题式、警策式、幽默式、双关式、案例式、提问式等。

演讲者根据自己的演讲内容与演讲目标，结合个人能力，可以设计出多种多样的开头，但所有开头的设计目的都是吸引听众关注、引发兴趣、切入主题。

（二）结尾简洁有力，余音绕梁

结尾是演讲内容的自然收束。俗话说：“编筐织篓，难在收口。”怎样才能有一个成功的结尾呢？美国作家约翰·沃尔夫说：“演讲最好在听众兴趣到高潮时果断收束，未尽时戛然而止。”这是演讲稿结尾最为有效的方法。在演讲处于高潮的时候，听众大脑皮层高度兴奋，注意力和情绪都由此而达到最佳状态，如果在这种状态下突然收束演讲，那么保留在听众大脑中的最后印象就特别深刻。结尾的一般原则就是要给听众留下深刻的印象，常用的方式有：

1. 总结式

在演讲的最后，简明扼要地总结演讲的内容，起到深化主题、提醒听众的作用。

例如，毛泽东《纪念白求恩》的结尾：“一个人的能力有大小，但只要有这点精神，就是一个高尚的人，一个纯粹的人，一个有益于人民的人。”

这个结尾恳切、真挚，概括、点化主题，给听众留下了清晰、完整而又深刻的印象。

2. 感召式

这种结尾，或提出希望，或发出号召，或表示决心，或展望未来，以激起听众的情感、信念，进而产生一种蓬勃向上的力量。

例如，《你没有理由自卑》的结尾：“可以毫无夸张地说，自卑就是自我埋没、自我葬送、自我扼杀！一个人要想写出瑰丽的诗篇，要想为人类做出有益的贡献，就要摆脱自卑的困扰，点亮自信的明灯！”

3. 抒情式

这种结尾是演讲者在叙述事例后，油然而生的激情，言尽而意未尽，给人启迪。

例如，郭沫若的《科学的春天》的结尾：“春分刚刚过去，清明即将到来。‘日出江花红胜火，春来江水绿如蓝’。这是革命的春天，这是人民的春天，这是科学的春天！让我们张开双臂，热烈地拥抱这个春天吧！”

这个结尾热情奔放，以诗一般的抒情语言激励人们向科学进军，拥抱科学春天，具有很强的鼓动性。

4. 以问作结式

在演讲中，“问”有两种：一是提出问题，引人深思；二是以反问作结，启人思考。

例如，演讲词《孝敬父母》的结尾：“青年朋友们，虽然我们还年轻，但每一个人都应该有这样的思考：父母养育了我们，我们将如何回报父母呢？”

演讲词《超越自己》的结尾：“战胜他人、超越他人也许很难，但战胜自己、超越自己却是能够做到的。用不着多举例，就拿今天来参加演讲大赛的人来说，我们不都是在战胜自己、超越自己吗？”

5. 名言警句式

就是借用名言、警句、诗词等方式结尾，能产生“名人效应”和“权威效应”，使内容显得更加充实丰满，具有哲理性和启发性。

例如，《保护水资源，就是保护人类自己》的结尾："别让世界上最后一滴水成为人类的眼泪！"

八、演讲前的演练

（一）熟悉演讲稿

经过一系列充分的准备，演讲提纲已经变成了演讲稿。但演讲稿是演讲的思维梳理、语言准备，不是最终的定稿，最终的定稿是演讲者在众人面前的演讲内容。演讲时主题、结构不变，其他的语言、案例均允许发生变化。

在主题演讲中尽量做到脱稿演讲。脱稿演讲可以使演讲者语言口语化，显得亲切自然；可以使演讲者的注意力从演讲稿上转移到整个会场上，获取演讲信息的反馈，调整演讲的内容和方法；同时也有利于演讲者与听众之间情感的交流。

为保证整个演讲流畅自然，演讲者需要对演讲的结构、辅助材料反复熟练，关键的案例、事件、时间、数据等需要认真记忆，反复熟练。这里包括已经准备好的演讲内容和在准备演讲过程中收集的各类没有用到演讲中的辅助材料，目的是多做准备，应对演讲中的忘词现象。一旦忘词，可将事先准备的材料及时补充进去。下面就介绍三种常见的记稿方法：

1. 朗读记忆法

这是一种常用的记稿方法。这种方法具体包括小声读、大声朗读、自己读、他人读等多种形式。其中用得最多的一种是大声朗读。通过高声朗读，演讲者不仅容易记住演讲稿，而且也能寻找讲话的语感，体会演讲的临场效果。

2. 提纲记忆法

这种方法主要用于记忆比较长的演讲稿。当演讲内容较多时，选择记住演讲内容的结构大纲和关键案例、数据、时间，会提高记忆的效率，同时利于演讲者在演讲中进行创造性的发挥，产生意想不到的效果。

3. 形象记忆法

形象记忆法也称“图画法”，即用画图画的方式启发记忆。例如，驰名世界的美国作家和幽默大师马克·吐温，在刚开始其演讲生涯时，也常常记不住讲稿。为避免忘词，他想出了图画法，即形象记忆法。有一次演讲前他画了几幅这样的图：

第一幅是一个干草堆，下面有条曲线——代表响尾蛇，这幅图提醒他演讲的内容是关于美国西部的牧场生活；第二幅图是几条歪斜的线和一个像雨伞的图案（雨伞代表卡森城），伞旁边有个罗马数字Ⅱ，这张画显示的是一场大风在下午两点袭击卡森城；第三幅画是几条像闪电一样的线条，含义是讲完第二点后，应该谈谈圣弗兰西斯科城（一个常有闪电和雷雨的城市）的恶劣天气了。图画是具体形象的,尤其是自己画的画．更便于记忆。这种方法符合记忆特性，简单易学，实践证明它也是一种行之有效的记稿方法。

（二）演讲的配形设计

演讲内容熟练后，还应该根据表情达意的需要作配形设计。演讲中，语音、语调、语速等如何运用，何处用什么手势、动作、表情、眼神，都应该在事先进行揣摩和设计。

1. 口语练习

包括语音准确、语气恰当等内容。演讲者应该在熟记演讲内容和掌握准确发音的前提下，将演讲内容尽量口语化，进行发音吐字、语气轻重快慢、抑扬顿挫的练习。为了提醒自己注意，可以在演讲稿的相应位置上标示各种有关声情的符号。

2．体态语设计

演讲时在用语言来表情达意的同时还需用到体态语，合适的体态语有助于提升演讲者的表现力，让演讲更加的形象生动。

演讲者可以边讲边用手机或镜子观察自己的身体姿态表现，力求大方、自然、舒展，不断地进行自我修订，精益求精，将身体姿态与演讲内容有机地结合为一个整体。

（三）反复试讲

试讲是正式登台演讲之前的最后一道“工序”，主要有单独试讲和公开试讲两种形式。

1．单独试讲

单独试讲比较简便。演讲者可以对着镜子讲，也可以对着虚拟听众（如桌椅、树桩等）讲，还可以用手机将自己的演讲录下来，然后以听众的身份，听录音，看录像，认真分析，发现不足之处及时纠正。

2．公开试讲

找几个关系比较好的同学或朋友做听众，观察听众的反应。公开试讲，能强化记忆，锻炼胆量，有助于消除紧张情绪，克服怯场现象，同时也能够直接观察听众的反应，听取听众的意见，便于自己改正缺点。所以，公开试讲对初学者来说是完全必要的。

九、主题演讲的技巧

当一切都准备就绪了，我们面对的就是那易登又难登的讲台了。在登台演讲之时，演讲者还要掌握一些必备的技巧，学会审时度势，才能应对各种错综复杂的场合，保证演讲的顺利进行。

（一）控场技巧

所谓“控场技巧”，就是演讲者对演讲场面进行有效控制的技能和办法。在正式演讲过程中，由于各种原因，听众的情绪、注意力及场上气氛、秩序常有变化的可能。演讲者要有效地调动听众情绪，集中听众的注意力，驾驭场上气氛及秩序向有利方向发展，就要借助于控场技巧。

1．登台自信从容

生活经验表明，“第一印象”往往能够决定听众注意力集中的程度。所以，演讲者要特别注意自己的仪表和举止，从上场开始，就应该给听众留下良好的第一印象。演讲者应该挺胸抬头，面带微笑，稳步走到讲桌和麦克风前，从容转身，恭敬地向听众鞠躬致意。待场内安静下来，再提高声音，从容开讲。

2．开场亲切动人

演讲开场，演讲者应以亲切友善的目光扫视全场，进行情感上的交流。待听众的注意集中到讲台上，便可用洪亮而亲切的声音，以“同志们、朋友们”或“女士们、先生们”等来称呼听众，使听众精神为之一振，产生一种融洽心理。紧接着用事先设计好的既能吸引听众，又能引入正题的开场白演讲。

3．动静结合吸引听众

演讲者不仅要把目光、动作的变化作为表达感情的一种方式，而且要作为吸引听众注意的重要手段。演讲者的目光要始终保持与听众交流，或平视、或扫视、或点视。在目光的交流中培养与听众的感情，获取来自听众的反馈信息。演讲者的手势动作要大方简洁、干净利落。在运用目光、动作的变化时，要做到动静相间，两者结合。如果目光一直游移不定，动作过于频繁，反而会引起听众的不舒服感。

4. 现场互动激发热情

演讲者根据演讲内容和场上情况，在适当之处问一句“是不是、对不对、好不好”或者让听众回答“为什么”“怎么办”等简单的问题，不仅可以活跃场上气氛，还能够促使听众产生积极的思考。听众思考问题时，会加倍注意演讲者的言论。演讲者就可以借此良机，以自己对问题的精当见解“征服”听众。此外，还可以通过让听众举手或让听众重复短小而重要的句子等方法来激发听众的热情和参与。

（二）应变的技巧

应变，就是应对事态变化，就是演讲者在演讲过程中观察到演讲现场出现异常情况时，当机立断，采取有效措施控制现场的气氛和秩序。在命题演讲中，尽管演讲者可以事先做好充分的准备，也能够积极地对演讲现场进行调控，但演讲过程中仍然可能出现一些意料不到的问题。面对这些情况，演讲者就必须做出临场应变。下面介绍一些常用的应变技巧和方法。

1. 演讲时间不够

演讲者应严格控制演讲的时间，在预定的时间里完成演讲。有时临时决定要缩短演讲的时间，演讲者必须果断地压缩内容，或详叙改为概述，或删除某些段落和事例，但仍需保持演讲的完整体系。不要“拦腰一刀”，也不要“虎头蛇尾”。

2. 演讲内容重复

在一次演讲会上，自己准备好的内容或材料被前面的演讲者先讲了，自己再讲，就是重复。在这种情况下，紧急处理的方法有：一是丢掉原稿，重新选题；二是从原稿中取出一部分，引出新意，深化开去；三是主题不变，换一个角度加以阐述。

3. 听众反应冷漠

由于种种原因，听众对你的演讲不感兴趣，会场上出现困倦、溜号、交头接耳，甚至开小会的不利局面。这时演讲者不可再一意孤行地讲下去，也不能着急烦躁，而要积极地寻找原因，采取一定的应对措施。演讲者可以提高演讲的声音，突然短暂地停讲，恰到好处地敲击桌子，或者压缩听众不感兴趣的内容，插入一些有趣的事例、幽默笑话，从而调动听众的情绪，改变冷场现象。

4. 演讲者自身失误

尽管事先作了充分的准备，演讲者在演讲中有时还是会出现忘词或口误等自身失误的现象。这时，一不能惊慌失措；二不能丧失信心，失去勇气；三要能够随机应变，及时弥补。

（1）中途忘词，一般有两种应急方法。第一，强迫自己集中思想，争取在两三秒内回忆起演讲的词语；第二,万一一时想不起下一句的内容，千万不要僵持不语，而应根据原来的意思另换词语，或者干脆“另起一行”，即把下一段内容提上来讲。

（2）造成口误，要沉着冷静，既不能置之不理，也没必要特别声明。一般可以按照正确的讲法重讲一遍，借以纠正错误。有时还可以采取随机应变的方法，补充一些词语，挽回不好的影响。例如：上海市某高校学生本打算用一段诗词作为演讲的开场白：“浓浓的酒，醇醇的……”但他一上台却说成了“酒——”，“浓浓的”漏掉了，于是他灵机一动，干脆加重语气改为“酒——浓浓的、醇醇的……”语音刚落，会场响起一片热烈的掌声。

（三）应对听众现场提问技巧

在演讲过程中，听众采用口头提问或递条子的方式，向演讲者提出不同的看法、要求和问题，这是正常的，是听众认真听讲、善于思考的表现，演讲者必须持欢迎的态度。演讲者可以根据演讲的主旨、气氛、环境、时间，以及与演讲内容相关的程度以及自身的能力等因素酌情处理。处理现场提问一般有四个步骤：

一是认真倾听。一定要听完问题之后再开始思考答案，不要打断提问人的问题抢先回答。

二是诚恳接受。通常用“谢谢”表示接受提出的问题。

三是确认问题。在回答之前向所有听众重复这个问题，表明你已听到并正确地理解了这个问题，同时给自己一个思考的余地，避免匆忙作答。

四是归类应答。听众的提问，情况是错综复杂的，必须具体情况具体对待。简单的问题，简明扼要地回答；复杂的问题，与主题联系起来，进行总结性回答；不知道答案的问题，告诉提问人将寻找答案并给予答复；怪诞、离奇的问题，可不作回答；不相干的问题，承认是一个有意思的问题，但不是今天要讨论的问题。

这里要说明的是：对待现场提问，要带着自信的微笑，要保持冷静，使用平静和善的语气和语调，要实事求是，切忌不懂装懂，东扯西拉。

以上列举的是几种最常见的意外情况及应变措施，这远远不能包罗实际演讲中可能出现的各种情况。演讲者要善于在实践中总结经验、教训，认真而艺术地发表演讲，并纯熟地掌握一定的应变技巧。这样，面对一切出乎意料的情况，就能灵活自如地进行处理。

【课堂训练】

老师提出演讲任务要求：要求学生选择一个社会热点，分析其产生原因，面对全班同学做一次传授性演讲。

（1）分析听众练习：请在选题前分析听众的特征与需求，并写出分析结果。

（2）建立演讲提纲练习：要求学生将自己所选话题进行分析整理，建立简单的演讲提纲。

【自我实践锻炼】

（1）在日常交际沟通中勤观察、多思考，养成分析听众心理的习惯，听众的兴趣点由什么决定？受什么影响？

（2）加大阅读量，在阅读中实现知识的积累。

（3）读书时尝试梳理书中的主要观点与次要观点，整理所读书籍的思维结构，建立书籍的思维导图。

【基础练习】

（1）演讲时为何要紧紧围绕听众的需求准备演讲？

（2）演讲的内容如果与听众的兴趣不一致，是否该放弃？如果答案是否定的，那么演讲者该怎样引发听众的兴趣？

（3）演讲的信息材料是否是越多越好？如果信息很多，该怎样处理信息材料？

【例文借鉴】

屠呦呦诺奖报告演讲

尊敬的主席先生，尊敬的获奖者，女士们，先生们：

今天我极为荣幸能在卡罗林斯卡学院讲演，我报告的题目是：青蒿素——中医药给世界的

一份礼物。

在报告之前，我首先要感谢诺贝尔奖评委会，诺贝尔奖基金会授予我2015年生理学和医学奖。这不仅是授予我个人的荣誉，也是对全体中国科学家团队的嘉奖和鼓励。在短短的几天里，我深深地感受到了瑞典人民的热情，在此我一并表示感谢。

谢谢William C. Campbell（威廉姆·坎贝尔）和Satoshi ōmura（大村智）二位刚刚所做的精彩报告。我现在要说的是四十年前，在艰苦的环境下，中国科学家努力奋斗从中医药中寻找抗疟新药的故事。

关于青蒿素的发现过程，大家可能已经在很多报道中看到过。在此，我只做一个概要的介绍。这是中医研究院抗疟药研究团队当年的简要工作总结，其中蓝底标示的是本院团队完成的工作，白底标示的是全国其他协作团队完成的工作。蓝底向白底过渡标示既有本院也有协作单位参加的工作。

中药研究所团队于1969年开始抗疟中药研究。经过大量的反复筛选工作后，1971年起工作重点集中于中药青蒿。又经过很多次失败后，1971年9月，重新设计了提取方法，改用低温提取，用乙醚回流或冷浸，而后用碱溶液除掉酸性部位的方法制备样品。1971年10月4日，青蒿乙醚中性提取物，即标号191#的样品，以1.0克/千克体重的剂量，连续三天，口服给药，鼠疟药效评价显示抑制率达到100%。同年12月到次年1月的猴疟实验，也得到了抑制率100%的结果。青蒿乙醚中性提取物抗疟药效的突破，是发现青蒿素的关键。

1972年8至10月，我们开展了青蒿乙醚中性提取物的临床研究，30例恶性疟和间日疟病人全部显效。同年11月，从该部位中成功分离得到抗疟有效单体化合物的结晶，后命名为“青蒿素”。

1972年12月开始对青蒿素的化学结构进行探索，通过元素分析、光谱测定、质谱及旋光分析等技术手段，确定化合物分子式为$C_{15}H_{22}O_5$，分子量282。明确了青蒿素为不含氮的倍半萜类化合物。

1973年4月27日，经中国医学科学院药物研究所分析化学室进一步复核了分子式等有关数据。1974年起，与中国科学院上海有机化学研究所和生物物理所相继开展了青蒿素结构协作研究的工作。最终经X光衍射确定了青蒿素的结构。确认青蒿素是含有过氧基的新型倍半萜内酯。立体结构于1977年在中国的科学通报发表，并被化学文摘收录。

1973年起，为研究青蒿素结构中的功能基团而制备衍生物。经硼氢化钠还原反应，证实青蒿素结构中羰基的存在，发明了双氢青蒿素。经构效关系研究：明确青蒿素结构中的过氧基团是抗疟活性基团，部分双氢青蒿素羟基衍生物的鼠疟效价也有所提高。

这里展示了青蒿素及其衍生物双氢青蒿素、蒿甲醚、青蒿琥酯、蒿乙醚的分子结构。直到现在，除此类型之外，其他结构类型的青蒿素衍生物还没有用于临床的报道。

1986年，青蒿素获得了卫生部新药证书。于1992年再获得双氢青蒿素新药证书。该药临床药效高于青蒿素10倍，进一步体现了青蒿素类药物“高效、速效、低毒”的特点。

1981年，世界卫生组织、世界银行、联合国计划开发署在北京联合召开疟疾化疗科学工作组第四次会议，有关青蒿素及其临床应用的一系列报告在会上引发热烈反响。我的报告是“青蒿素的化学研究”。20世纪80年代，数千例中国的疟疾患者得到青蒿素及其衍生物的有效治疗。

听完这段介绍，大家可能会觉得这不过是一段普通的药物发现过程。但是，当年从在中国已有两千多年沿用历史的中药青蒿中发掘出青蒿素的历程却相当艰辛。

目标明确、坚持信念是成功的前提。1969年，中医科学院中药研究所参加全国“523”抗击疟疾研究项目。经院领导研究决定，我被指令负责并组建“523”项目课题组，承担抗疟中药的研发。这一项目在当时属于保密的重点军工项目。对于一个年轻科研人员，有机会接受如此重任，我体会到了国家对我的信任，深感责任重大，任务艰巨。我决心不辱使命，努力拼搏，尽全力完成任务！

学科交叉为研究发现成功提供了准备。这是我刚到中药研究所的照片，左侧是著名生药学家楼之岑，他指导我鉴别药材。从1959年到1962年，我参加西医学习中医班，系统学习了中医药知识。化学家路易·帕斯特说过“机会垂青有准备的人”。古语说：凡是过去，皆为序曲。然而，序曲就是一种准备。当抗疟项目给我机遇的时候，西学中的序曲为我从事青蒿素研究提供了良好的准备。

信息收集、准确解析是研究发现成功的基础。接受任务后，我收集整理历代中医药典籍，走访名老中医并收集他们用于防治疟疾的方剂和中药，同时调阅大量民间方药。在汇集了包括植物、动物、矿物等2 000余内服、外用方药的基础上，编写了以640种中药为主的《疟疾单验方集》。正是这些信息的收集和解析铸就了青蒿素发现的基础，也是中药新药研究有别于一般植物药研发的地方。

关键的文献启示。当年我面临研究困境时，又重新温习中医古籍，进一步思考东晋（公元3~4世纪）葛洪《肘后备急方》有关“青蒿一握，以水二升渍，绞取汁，尽服之”的截疟记载。这使我联想到提取过程可能需要避免高温，由此改用低沸点溶剂的提取方法。

关于青蒿入药，最早见于马王堆三号汉墓的帛书《五十二病方》，其后的《神农本草经》《补遗雷公炮制便览》《本草纲目》等典籍都有青蒿治病的记载。然而，古籍虽多，却都没有明确青蒿的植物分类品种。当年青蒿资源品种混乱，药典收载了2个品种，还有4个其他的混淆品种也在使用。后续深入研究发现：仅Artemisia annua L.一种含有青蒿素，抗疟有效。这样客观上就增加了发现青蒿素的难度。再加上青蒿素在原植物中含量并不高，还有药用部位、产地、采收季节、纯化工艺的影响，青蒿乙醚中性提取物的成功确实来之不易。中国传统中医药是一个丰富的宝藏，值得我们多加思考，发掘提高。

在困境面前需要坚持不懈。70年代中国的科研条件比较差，为供应足够的青蒿有效部位用于临床，我们曾用水缸作为提取容器。由于缺乏通风设备，又接触大量有机溶剂，导致一些科研人员的身体健康受到了影响。为了尽快上临床，在动物安全性评价的基础上，我和科研团队成员自身服用有效部位提取物，以确保临床病人的安全。当青蒿素片剂临床试用效果不理想时，经过努力坚持，深入探究原因，最终查明是崩解度的问题。改用青蒿素单体胶囊，从而及时证实了青蒿素的抗疟疗效。

团队精神、无私合作加速科学发现转化成有效药物。1972年3月8日，全国523办公室在南京召开抗疟药物专业会议，我代表中药所在会上报告了青蒿No.191提取物对鼠疟、猴疟的结果，受到会议极大关注。同年11月17日，在北京召开的全国会议上，我报告了30例临床全部显效的结果。从此，拉开了青蒿抗疟研究全国大协作的序幕。

今天，我再次衷心感谢当年从事523抗疟研究的中医科学院团队全体成员，铭记他们在青蒿素研究、发现与应用中的积极投入与突出贡献。感谢全国523项目单位的通力协作，包括山东省中药研究所、云南省药物研究所、中国科学院生物物理所、中国科学院上海有机所、广州中医药大学以及军事医学科学院等，我衷心祝贺协作单位同行们所取得的多方面成果，以及对疟疾患者的热诚服务。对于全国523办公室在组织抗疟项目中的不懈努力，在此表示诚挚的敬意。没有大家无私合作的团队精神，我们不可能在短期内将青蒿素贡献给世界。

疟疾对于世界公共卫生依然是个严重挑战。WHO 总干事陈冯富珍在谈到控制疟疾时有过这样的评价，在减少疟疾病例与死亡方面，全球范围内正在取得的成绩给我们留下了深刻印象。虽然如此，据统计，全球 97 个国家与地区的 33 亿人口仍在遭遇疟疾的威胁，其中 12 亿人生活在高危区域，这些区域的患病率有可能高于 1/1 000。统计数据表明，2013 年全球疟疾患者约为 1.98 亿人，疟疾导致的死亡人数约为 58 万，其中 78% 是 5 岁以下的儿童。90% 的疟疾死亡病例发生在重灾区非洲。70% 的非洲疟疾患者应用青蒿素复方药物治疗（Artemisinin-based Combination Therapies，ACTs）。但是，得不到 ACTs 治疗的疟疾患儿仍达 5 600 万到 6 900 万之多。

疟原虫对于青蒿素和其他抗疟药的抗药性。在大湄公河地区，包括柬埔寨、老挝、缅甸、泰国和越南，恶性疟原虫已经出现对于青蒿素的抗药性。在柬埔寨—泰国边境的许多地区，恶性疟原虫已经对绝大多数抗疟药产生抗药性。请看今年报告的对于青蒿素抗药性的分布图，红色与黑色提示当地的恶性疟原虫出现抗药性。可见，不仅在大湄公河流域有抗药性，在非洲少数地区也出现了抗药性。这些情况都是严重的警示。

世界卫生组织 2011 年遏制青蒿素抗药性的全球计划。这项计划出台的目的是保护 ACTs 对于恶性疟疾的有效性。鉴于青蒿素的抗药性已在大湄公河流域得到证实，扩散的潜在威胁也正在考察之中。参与该计划的 100 多位专家们认为，在青蒿素抗药性传播到高感染地区之前，遏制或消除抗药性的机会其实十分有限。遏制青蒿素抗药性的任务迫在眉睫。为保护 ACTs 对于恶性疟疾的有效性，我诚挚希望全球抗疟工作者认真执行 WHO 遏制青蒿素抗药性的全球计划。

在结束之前，我想再谈一点中医药。“中国医药学是一个伟大宝库，应当努力发掘，加以提高。”青蒿素正是从这一宝库中发掘出来的。通过抗疟药青蒿素的研究经历，深感中西医药各有所长，二者有机结合，优势互补，当具有更大的开发潜力和良好的发展前景。大自然给我们提供了大量的植物资源，医药学研究者可以从中开发新药。中医药从神农尝百草开始，在几千年的发展中积累了大量临床经验，对于自然资源的药用价值已经有所整理归纳。通过继承发扬，发掘提高，一定会有所发现，有所创新，从而造福人类。

最后，我想与各位分享一首我国唐代有名的诗篇，王之涣所写的《登鹳雀楼》：白日依山尽，黄河入海流。欲穷千里目，更上一层楼。请各位有机会时更上一层楼，去领略中国文化的魅力，发现蕴含于传统中医药中的宝藏！

衷心感谢在青蒿素发现、研究和应用中做出贡献的所有国内外同事们、同行们和朋友们！

深深感谢家人的一直以来的理解和支持！

衷心感谢各位前来参会！

谢谢大家！

【素质目标】

（1）大学生理想要远大，脚步要踏实，知识要丰富。

（2）大学生要具备良好的心理品质，能正确认识自我、评价自我，建立和谐的人际关系。

（3）在工作与实践中养成简洁生动、高效有力的表达习惯，不断提升民族意识，培养文化自信。

中国最值得追的明星

2019 年 9 月 16 日，袁隆平院士出席了湖南农业大学 2019 级新生开学典礼，瞬间引爆开学季。开学典礼变成了巨型追星现场，同学们夹道欢迎、掌声如雷，纷纷表示：“激动万分，热血沸腾”！袁隆平在开学典礼中做了题为《做躬行实践、厚积薄发的新时代青年》的讲话：

各位老师、家长，2019 级新同学们，你们好！

中秋时节，湖南农大迎来 2019 级新生入学的美好时刻，我也非常高兴来参加新同学们的开学典礼，藉此，我要对你们成为光荣的大学生并开启求学的新航程表示热烈的祝贺！

同学们，站在人生新起点的你们，是一群有朝气、有热情的年轻人，面对活泼开朗、意气风发的你们，我希望不是以长辈身份，而是作为朋友来与你们交流。你们正值如花的年龄，也正是充满梦想的时候，但是停留于做梦是不够的，我希望你们要树立理想并努力为实现理想而奋斗。我讲我一直有两个梦：第一个梦是禾下乘凉梦，这是追求水稻的高产梦；第二个梦是杂交水稻覆盖全球梦，我始终都还在努力使梦想成真，也寄希望与你们共勉来共同实现这两个梦想。

经常有人问我成功的“秘诀”是什么？其实谈不上什么秘诀，我的体会是“知识、汗水、灵感、机遇”这八个字。首先，知识就是力量，是创新的基础，同学们不但要打好基础，还要开阔视野，掌握最新发展动态。第二点，汗水指的是要能吃苦，任何一个科研成果都来自于深入细致的实干和苦干。第三，要有灵感，灵感就是思想火花，是知识、经验、思索和追求综合在一起升华的产物，同学们要做“有心人”，随时注意捕捉思想的火花。第四是机遇，偶然的东西带给我们的可能是灵感和机遇，你们要学会用哲学的思维看问题，透过偶然性的表面现象，找出隐藏在其背后的必然性。我认为坚持做到这几点，才能突破障碍实现梦想。

同学们，中国进入了新时代，你们是新时代中国青年，肩负着中华民族伟大复兴的使命，未来赋予了你们强农兴农的责任，我相信你们必定会在追求真理的道路上躬行实践、厚积薄发，并将不会辜负时代的担当。

最后，祝愿你们在湖南农大度过你们美好的大学时光！

谢谢大家！

第七章 即兴演讲

【课前热身】

即兴演讲要求演讲者临场镇静，反应迅速，既能快速组织语言，又能结合现场气氛作出合理的应对，对语言能力、思维能力、心理承受能力都有较高要求。

做好即兴演讲，我们需要解决哪些问题呢？

（1）什么是即兴演讲？

（2）生活中有哪些场合需要即兴演讲？

（3）怎样说话才能调动现场气氛？

（4）怎样才能找到演讲的合适切入点？

（5）即兴演讲需要用什么样的思维方式？

（6）即兴演讲的语言有何要求？

（7）平时该做哪些练习与准备？

【学习目标】

（1）掌握即兴演讲的构思方法。

（2）能独立面对公众做即兴演讲。

【知识讲解】

一、即兴演讲的含义、特点

（一）即兴演讲的含义

即兴演讲又称即席演讲或即时演讲，它是相对于命题演讲而言，指演讲者在某种特定的景物或某种特定的人物、气氛的激发下，兴之所至，在事先没有准备或没有充分准备的情况下有感而发的临时性演讲。

像各种大小会议上的开场白、总结致辞；各种礼仪讲话（生日祝词、婚庆祝词、开业庆典祝词、节日祝福、迎送答谢辞；各种集会、座谈、谈判、聚会上的即兴讲话）；甚至于日常生活中的各种应酬（如介绍和自我介绍、应聘面试、新上任时的发言、刚参加工作与领导同事间的简短沟通、交流寒暄）等，严格意义上虽然不算即兴演讲，但和即兴演讲性质是一致的，它们都具有表情达意方面的针对性、即时性、适应性。而此类的即兴演讲恰恰是我们日常生活中最常用的表达方式，是每位希望将来在社交生活中受人欢迎的同学所必须具备的基本素质。

（二）即兴演讲的特点

1. 话题集中，针对性强

一般是对近期或眼前情况有感而发的，因此话题内容选取角度较小，说明议论求准、求新、求精。例如一位班主任在开学班会上的即兴演讲：

亲爱的同学们：

大家好！我叫国志铭，是你们的班主任。看看你们，多好！年轻、充满活力，美丽、激情四射，兴奋、未来充满无数种可能！面对着一张张笑脸，我也回到了20年前，回到了我自己的17岁，回到了意气风发的青春岁月。那时的我……

演讲者紧紧围绕开学之初学生们的激动、兴奋、惶惑心情，从自己对青春的理解，来引导学生情绪，这是非常聪明的做法。

2．临场发挥，直陈己见

即兴演讲不像命题演讲事先拟好讲稿，也不像辩论演讲事先进行模拟训练，即兴演讲往往是当场打腹稿，即席讲话；说情况、讲道理、表看法、提意见直截了当，切忌观点模棱两可，晦涩艰深，令人不知所云。

例如，某企业在有关安全方面的会议上，一位代表的即兴发言：

安全是幸福之本，是企业管理中永恒的主题。对个人来说，安全就是孩子仰视你时的笑脸，安全就是黄昏时餐桌旁全家人的欢声笑语，安全是公园里扶老携幼的全家福；对于企业来说，安全意味着发展，意味着稳定，意味着效益，意味着基础保障，意味着管理水平。

“我要安全”是一种严肃的生活态度，是一份对家人对亲人的责任。如果你哭了，先湿了的是你父母的面颊；如果你伤了，最痛的是父母的心。在父母的心中，儿女能平平安安，是他们心中最大的期待。“安全不牢，地动山摇。”这不是危言耸听，而是安全事故以后的痛定思痛。为了爱我们和我们爱的人，请你牢记安全生产，你的安全是他们幸福生活的有力保障。所以，安全生产请从点滴做起，从每时每刻做起，不要一失足成千古恨！我要安全，不是因为怕被罚款，而是因为我要幸福生活！

3．生动活泼，短小精悍

即兴演讲贴近生活实际，短小精悍，简明扼要（时间上一般控制在1~5分钟之内，有的甚至只有一句简短的话），亲切感人，具有思想性，趣味性，知识性，忌讳冗长杂散、罗嗦重复、不着边际的空话。

林语堂是我国现代著名的文学家，他的演讲常妙语迭出，生动有趣。

有一次，纽约某林氏宗亲会邀请他演讲，希望借此宣扬林氏祖先的光荣事迹。这种演讲吃力不讨好，因为不说些夸赞祖先的话，同宗会失望，若是太过吹嘘，又有失学人风范。当时，他不慌不忙地上台说：“我们姓林的始祖，据说是有商朝的比干，这在《封神榜》里提到过，英勇的有《水浒传》里的林冲；旅行家有《镜花缘》里的林之洋，才女有《红楼梦》里的林黛玉。另外还有美国大总统林肯，独自驾飞机越大西洋的林白，可说人才辈出。”

林语堂这一段简短的精彩演讲，令台下的宗亲雀跃万分，禁不住鼓掌叫好。然而，我们细细体会他的话，就会发现他所谈的都是小说中虚构的人物，或是与林氏毫无关系的美国人，并没有对本姓祖先进行吹嘘。林语堂的演讲内容既满足了林氏宗亲的要求，又没有吹捧祖宗，幽默可喜，不愧为是中国的“幽默大师”。

4．以小见大，借题发挥

以点带面，从现象到本质，阐述具有普遍意义的人生道理、生活哲理、社会真理。

著名教育家陶行知1938年在武汉大学做过一次演讲，各界人士都闻讯赶来，一睹他的风采。

陶行知上场，开始时并没有讲话。他从包里抓出一只活蹦乱跳的大公鸡。公鸡喔喔地乱叫。台下听众一个个目瞪口呆，不知他葫芦里卖的什么药。接着，陶行知从口袋里掏出一把米，放在桌上。他左手按住鸡的头，逼它吃米。鸡直叫不吃。陶行知又掰开鸡的嘴，把米硬塞进去。鸡挣扎着仍不肯吃。接着，陶行知轻轻松开手，把鸡放在桌子上，自己后退了几步。只见大公鸡抖了抖翅膀，伸头四处张望了一下，便从容地低下头吃起米来。

这时，陶行知说话了："各位，你们都看到了吧。你逼鸡吃米，或者把米硬塞到它的嘴里，它都不肯吃。但是，如果你换一种方式，让它自由自在，它就会主动地自己去吃米。"陶行知又向会场扫视了一圈，加重语气说："我认为，教育就跟喂鸡一样。先生强迫学生去学习，把知识硬灌给他们，他们是不情愿学的，即使去学也是食而不化，过不了多久，他还会把知识还给先生的。但是，如果让学生主动去学习，充分发挥他的主观能动性，那么，效果一定会好得多！"陶行知讲完，把公鸡装进皮包，又向大家鞠了一躬，说："我的话讲完了。"便退下场去了。

听众们一时还没有反应过来。但只是过了一会儿，会场上便爆发出雷鸣般的掌声。

陶行知在演讲现场用了一个形象生动的试验告诉听众，教育是就是让鸡主动吃米，让学生主动学习。

二、即兴演讲的准备

进行即兴演讲需要多方面的知识素养，又需要敏捷的思维能力、快速的语言表达能力和临场应变能力。这就要求演讲者不断地丰厚知识底蕴、拓展兴趣爱好、丰富人生阅历、提升人格修养。

为达到以上目标，演讲者在学习与生活中需要做以下准备：

（一）知识素养的准备

"巧妇难为无米之炊"，许多演讲者感到演讲的最大困难在于没有演讲材料。这就要求我们平时做有心人，"家事、国事、天下事、事事关心"，广泛地阅读、收集、积累材料，上下、古今、中外的人文科学、自然科学都要学习，同时加强自我的思想、道德、情感等各方面的修养。这是一个长期、琐碎而复杂的工作。重点从以下几方面入手：

（1）多积累专业知识。演讲者对自己所从事的专业、职业的相关知识有系统、扎实、全面的了解，对自己专业的前沿发展情况随时关注。这样在即兴演讲或发言中，涉及相关专业知识的时候，演讲者能够自信、流畅的表达。

（2）多积累人文类知识。现代社会，各类知识飞速增长，信息增速极快，社会对人的学习要求是终身学习。在人的终身学习生涯中会涉及大量的文学、史学、哲学、政治学、经济学、社会学、心理学、人类学、民俗学、美学等知识，对这类知识的记忆、理解、运用，就构成了一个人的人文素养。丰厚的人文素养会使人讲话的底气更足，讲话的内容更丰富、生动、有趣。

（3）多积累时事资料。对当今国内外发生的重大的政治、经济、文化、科技、教育、军事等各个领域的事件、人物、数据等信息有相对全面的了解，并能理性分析，有个人的见解。

（4）博文强志，广学约取，积累讲话素材。多记名人名言、俗语谚语、古典诗词、经典文学、寓言故事、风土人情、山川地理、时文政评等，以便于在讲话时顺手拈来、灵活运用。

（二）心理素质准备

即兴演讲是有感而发，要求演讲者有稳定的情绪，十足的信心，必胜的信念，这样才能保证演讲时思路通畅，言之有物，情绪饱满，镇定从容，灵活机变。这就要求演讲者在心理上经常做以下准备：

1. 时刻做发言准备

即兴演讲通常无充分准备，所以没有经验的演讲者容易产生怯场、忘词的情况。针对这种情况，练习者要养成一种随时准备讲话发言的心态。无论该场合是否需要自己讲话，都在心中默默准备，思考假如自己是台上的即兴演讲者，自己该怎样表达，怎样应对。

这样的练习多了，等到真正即兴发言的时候就有了丰富的经验，不至于内心慌乱、茫然，不知所措。

2. 将关注点放在听众身上

即兴演讲时，许多人会将注意力放在自己身上，担心自己说错话、担心自己忘词、担心听众不喜欢自己的演讲。将大量的注意力、精力放在这种没有意义的内耗上，不但浪费时间，而且诸多的担心等同于自我怀疑与自我否定，会消耗演讲的热情与勇气。

针对这种情况，演讲者可以尝试改变思维视角，将注意力放在听众身上，思考听众想听什么内容，听众期待什么样的即兴演讲，听众属于什么样的群体，有哪些特有思维方式、心理状态等。这种注意力的转换会有效降低演讲者的焦虑情绪与紧张状态。

3. 降低期待标准

演讲者在做即兴演讲之前，大脑中都会想象并预设一个比较完美的演讲过程，并将之理所当然地设定为自己应有的状态，这实际上不符合演讲能力提升的过程。将即兴演讲的标准与期待值定得比较高，就会导致实现难度变大，在做演讲时就会有畏难、紧张情绪。解决办法是降低演讲期待，先完成，再完美。面对即兴演讲任务，先尝试完成，在日后的学习工作中再努力做到完美。经过多次循序渐进的尝试与体验，即兴演讲的效果才会越来越好。

三、即兴演讲的思维技巧

由于即兴演讲的内容是临场组织的，这就要求演讲者具备快速的思维反应能力，具有对事物深入透彻的分析洞察能力、多角度的思考发现能力和素材的综合整理能力，发挥出演讲者知识的广度和思想的深度。这样才能宏观地把握内容，通过表层迅速深入到事物本质上去认识，形成一条有深度的主线，围绕着它丰富资料，在很短的时间里把符合主题的材料组合、凝炼在一起，连贯成文，避免事例繁杂、游离主题。

即兴演讲者需要做到的是，在演讲前快速动脑组织内部语言、快速创作打腹稿，迅速做好即兴演讲的“三定”：定主题、定观点、定框架。

（一）定主题

主题是即兴演讲的最关键的内容，是整个表达的根本依据。演讲中的每一个层次、每一个段落、每一句话语，甚至每一个词都代表着一个具体的含义并统帅于主题之下。主题一旦确定，材料的增删取舍就有了标准。由于即兴演讲篇幅较短，表达的主题具有鲜明性、唯一性和凝缩性等特点。因此，即兴演讲时要寻找素材、临场引发，及时提炼出正确而健康、深刻而新颖、典型而突出的主题，选择那些你想说的、观众想听的、你能讲的、社会生活需要的主题。

生活中的即兴演讲如大会演讲、祝辞、贺辞等主题比较灵活，只要是为听众所喜爱所关心的话题都可选取；带有较浓厚专业色彩的即兴演讲如军事、外交、法律、学术等场合的话题可相对确定，灵活变化的范围不是很大；而演讲比赛现场的即兴演讲命题范围则比较明确。

即兴演讲的主题无论大小，选题时都要做到：立足时事热点，抓住社会焦点，适合听众论点，寻求奇特的激发点，讲出新颖独特的观点。

（二）定观点

即兴演讲的主题之下要有观点，观点要明确精练、正确深刻、能为观众普遍接受且言之有理。要求做到：

（1）观点明确简练，便于记忆。

（2）数目适宜，一般多用三个，最好不要超过四个。

（3）几个观点之间要有逻辑性，可用第一、第二、第三，或首先、其次、最后这样的连接词。

（4）观点要经得起推敲，模棱两可的话不要讲。

（三）定框架（六种模式）

即兴演讲的框架也叫演讲的结构。以一个基本模式框架作为快速构思的依据，使即兴演讲既符合人们的思维习惯，又能把信息传达清楚，话题集中。短时间内迅速理出讲话框架，会使整个演讲过程更加清晰流畅。即兴演讲所用框架共有如下六种：

1. 开门见山式

开门见山式也叫金字塔式。方法为先亮出主题，然后对主题作较详细地论证和分析说明。

开门见山式优点是主题明确突出，结构清晰严谨，说理透彻明白；缺点是形式刻板，内容枯燥，不易赢得听众的关注和兴趣。

例如下面这段演讲词：

我们系一年一度的大学生辩论赛圆满结束了。对这次辩论赛，我的评价概括起来是两句话：两个新突破，一种好形式。第一个突破是，突破了往届各讲各的、交锋不激烈的老一套，开始了真正的短兵相接、唇枪舌剑，辩出了水平、辩出了智慧……第二个突破是，突破了往届只注意引经据典、脱离实际的老一套，开始贴近我们大学生的生活，辩出了思想、辩出了风格……我认为，辩论赛是一种好形式，是大学生自我教育、展示风采、锻炼口才的好形式。

2. 三点归纳式

三点归纳式是参加各类活动时养成边听边想的习惯，用“三点（要点、特点或闪光点）归纳”的方式进行思考，随时作好即兴演讲的准备。如果演讲者在现场有即兴讲话的需要，那么就可归纳前面所有讲话人的要点，提取前面某个或某些讲话人的特点，捕捉前面某个讲话人的闪光点。三点归纳式运用时，一般总结概括类的即兴演讲可综合运用“三点”；中场发言类的即兴演讲，可选用其中某一点（如特点、闪光点）。

此方式的优点是可以突出重点、纲举目张，便于演讲者操作，也容易给听众留下深刻印象；缺点是频繁使用会落入俗套。

某学院“青春与梦想”挑战杯演讲比赛现场，评委老师做现场即兴点评，内容如下：

我很荣幸，有机会听到这样一场精彩的演讲比赛。从比赛现场爆发出的一次次热烈的掌声中，我们能看到台上选手用自己的实力征服了观众。俗话说：台上一分钟，台下十年功。今天各位选手的出色表现是与他们平时的努力分不开的。

现场选手身上有许多值得我们学习的闪光点：

首先，参赛选手们的演讲的基本功非常扎实。吐字发音清晰响亮、语言节奏不徐不急，台风从容沉稳，控场收放自如，整体状态非常的好，如果没有事先的精心的准备和反复练习是很难做到的。

其次，参赛选手临场应变能力非常强。有些选手非常擅长调动气氛，能抓住观众的心理，会设悬念，会讲故事，一步步牵引着我们的好奇心，最后达到成功说服的目的。

再次，参赛选手的演讲选题都很有特色。既有对社会热点的关注，也有对历史家国的思考，还有对未来梦想的追求。观众听得开心，让自己讲得顺心。能做到这一点，确实需要花许多心思。

这场演讲比赛让我看到了什么叫勇于挑战，什么叫青春与梦想，什么叫信心与激情。常言道，下棋找高手，弄斧到班门。有这样的优秀选手，有这样的参赛态度，才能通过比赛，赛出真正的高手，赛出真实的水平。

比赛已经结束，但人生的赛场刚刚开始，我相信这些优秀的同学将来进入职场的舞台上也会这么出色。

祝福你们，也期待你们！

继续加油，未来可期！

谢谢！

3. 散点连缀式

即兴演讲前在紧张的选材构思时，人的头脑中会出现很多散乱的思维点，演讲时要捕捉住这些思维点，从这些点的关系中确定一个中心，并用它连缀这些点，与主题无关的全部舍去，当表达网络形成后，就可以开始演讲了。

散点连缀式的优点是有话可说、内容丰富，与现场气氛结合紧密，容易引起观众共鸣；缺点是跳跃性强，结构易散，不好掌控，容易跑题，所以它适合思维敏捷者。

例如：上海市新闻工作者协会的王维同志一次出席上海市企业报记者协会成立大会，大会是在上海第三钢铁厂新建的宽敞的俱乐部会议大厅召开的。他发表了如下的即兴演讲（从会场、人员、鲜花三个散点讲起）：

我来参加会议，没有想到有这么好的会场，这个会场不要说上海市企业记者协会成立大会，就是上海市记者协会成立大会也可以在这里召开。没有想到会有这么多的企业记者、编辑参加这个大会，它说明企业报的同仁们是热爱自己的组织，支持这个组织的。没有想到，今天摆在主席台上的杜鹃花这么美丽。鲜花盛开这标志着企业报记者协会也像杜鹃花一样兴旺发达……

4. "三么"框架式

"三么"框架式是在即兴演讲前短暂的准备时间里，快速思考三个最基本的问题，即"是什么?""为什么? "怎么办?"

"三么"框架式优点是结构清楚，易于学习和掌握；缺点是只适合论点式题目，如《珍惜青春》《人生的价值在于奉献》等。在实际运用中要注意"三么"框架只是演讲前和演讲中的思维模式，而不是口语表达模式，表达时要选准"切入口"，不露"三么"的痕迹。

例如，有关注意班级团结的即兴演讲：

"是什么"：今天，我要讲的问题是班级团结问题。我们要创建文明班级，就必须搞好团结。

"为什么"：班级团结很重要，它是班级凝聚力的体现……

"怎么办"：我们要这样……

5. 链条形构思法

链条形构思法又称演讲的"线形结构"，它是延展性思维的体现。特点是先确定演讲的主旨，以此为"意核"，作为导向定势，通常为"开篇首句"；然后，句句紧扣意核（首句），单线纵向发展，形成一条环环相扣的链条。

优点是环环相扣，能抓住观众注意力；缺点对演讲者的逻辑思维能力要求很高。

例如：即兴演讲《当你遇到挫折的时候》结构主线：挫折是一种宝贵的经历——小时候极想将来成为一名巴金式的大作家——中考失误，录取到一所普通高中，为此而哭过，感到失望、痛苦——去年暑假到山区考察，那里环境可爱，人可爱，但落后现状令人痛心——在现实生活启迪下觉悟，摆脱了理想受挫的痛苦。

6. 互动交流法

互动交流法是采用给听众提问、与听众呼应的方式做演讲，与听众互动。

优点是可以拉近与听众的距离，在演讲者、听众之间架起沟通的桥梁，使讲话更有亲和力，很自然地把活动推向高潮；缺点是场面容易混乱，要求演讲者控场能力要强。

请看下面这段演讲的范例：

"同学们，听于老师的报告爽不爽？"

学生齐答："爽！"

"还想不想再听？"

"想！"

"于老师的报告让我们如坐春风，当然很爽，当然想听。能听到于老师这场魅力十足的报告，是我们的荣幸。而我比大家更荣幸，因为我不仅听了她的报告，还在15年前听过她的课。15年前她的课就很有名了，如今她的课肯定更好了。同学们想不想看她上课？"

学生大声回答："想！"

"于老师您听，呼声很高啊，同学们不仅想听您的报告，还想看您的课，但愿您今后还能给我们作报告，并且把您的课例带来，好不好？我们热切地期待着！谢谢！"

关于怎样建立即兴演讲的框架，这里列举了常用的六种构思模式，在实际运用中可根据演讲题目、内容、场合、观众的特定要求，结合本人的思维习惯去具体灵活的操作。

四、临场观察，寻找即"兴"因素

在初学即兴演讲时，许多演讲者比较困惑的问题是，即兴演讲"兴"从何来？该怎样寻找"兴"的切入点？即兴演讲是在一定的场合、情境下进行的，每一种场合又是由一定的"因素"组成的。比如，人的因素或物的因素，主观因素或客观因素，宏观因素或微观因素，等等。这些因素看似与演讲内容没有直接联系，但高明的即兴演讲者往往能抓住某些因素结合演讲内容作文章，来为演讲内容服务。这种方法至少有两种作用：一是过渡，用场合因素开场，可以避免一上场就正正经经演讲给听众造成的生硬感；二是给听众带来亲切感，由于这些"因素"都是就地取材，取之于现场而用之于现场，所以很容易使听众感到亲切、贴近。因此演讲者要尽快观察、熟悉演讲现场，及时收集捕捉现场的所见所闻，包括现场环境（时间、地点、场景布置）、听众、其他演讲者的演讲等，以确定自己的话题，增加演讲的即兴因素。

常用的即兴因素有：

1. 即"物"兴讲

例如著名语文教育家谢曙东应邀参加春节团拜会，事先没准备发言，可主持人在会上请他讲几句。他看到桌上一改过去摆设丰盛糖果、高级糕点的习惯，仅清茶一杯。于是灵机一动，以"一"字引发，即兴赋诗："欢聚一堂迎佳节，清茶一杯显精神，团结一心创伟业，步调一致向前进！"大家报以掌声，欢迎再来一个，他急中生智，顺着刚才"一"字进行下去，卖了这一个关子："别喊，还有一横批：说一不二。"得体的即兴演讲得到了与会者的交口称赞。

再如在一次退伍老战士的欢送大会上，有一位代表的即兴演讲是这样开头的："三年前，你们胸前戴着鲜艳的红花，耳边响着欢庆的锣鼓，走进了军营，走进了我们这个光荣的集体；今天，当胸前再一次戴上红花，耳边再一次响起锣鼓，却是该说再见的时候了。”复退工作是一年一度的，每次欢送大会上，退伍老战士都会戴着大红花，就座于会场前排，留队的战友们则敲锣打鼓，营造欢送气氛。这是通过经验就可以想象的场面。这位代表在演讲方案的构思中捕捉到了这一特点，他的演讲，显然就利用了现场存在的红花和锣鼓两个物的因素，因为来自现场，所以听来让人觉得亲切；因为联想和对比合理、自然，所以容易激起听众内心的感怀，这就为演讲者向主题过渡创造了极好的条件。

2. 即“时”兴讲

蔡元培 70 岁生日时，上海各界人士在国际饭店为他设宴祝寿，他在答谢时风趣洒脱地说：“诸位来为我祝寿，总不外要我多做几年事。我活到了 70 岁，就觉得过去 69 年都做错了。要我再活几年，无非要我再做几年错事喽。”宾客一听，哄堂大笑，整个宴会充满了欢声笑语。试想，如果他摆出一副严肃相，一本正经地致答谢辞，就不会形成这样轻松愉悦的气氛。

3. 即“事”兴讲

孙中山先生旅居日本时，为动员捐款，有一次给当地华侨作演讲，他先讲了这么一个故事：南洋爪哇有许多中国人，这些中国人勤劳能干，再加上聪明和智慧，很多人都成了当地的富翁。一次，一位富翁外出访友，由于他与朋友聊得过久，回家时天已经黑了。当时，当地政府规定：夜间出行必须带有通行证，否则被巡捕房查获，私自外出，轻则罚款，重则坐牢。这位富翁万般无奈，只好花了一元钱雇了一名日本妓女送自己回家，因为巡捕不会过问日本妓女的客人。

讲到这里孙中山话题一转，接着说道：

“日本妓女虽然很穷，但是她的国家很强盛，所以她的地位高，行动也就自由。这位中国人虽然是个富翁，有百万家产，但由于他的祖国不强盛，所以他连行走的自由都没有，地位还不如一个日本娼妓。如果我们的国家灭亡了，不仅我们要到处受气，连我们的子子孙孙都要跟着处处受气啊！”

听完这番话，在场的人都默不作声，但大家都明白了“国家贫弱，人民必受欺凌”的道理。这种通过所见所闻的故事来阐述道理，更具体、形象，比直接讲道理更易接受。

4. 即“人”兴讲

一位演讲者通过这样一段讲话，把听众不知不觉地引入演讲之中：“我刚才发现在座的一位同志非常面熟，好像我的一位朋友。仔细一看，又不是。但我想这没有关系，我们在此已经相识，今后不就可以称为朋友了吗？我今天要讲的，就是作为大家的一个朋友的一点儿个人想法。”显然，这位演讲者是不是真地觉得“一位同志非常面熟”，我们不得而知，但是我们可以看到，通过这种铺垫，他很自然地引入了“朋友”这个概念，沟通了自己与观众的情感，营造了友好的气氛。

5. 即“偶然”兴讲

1999 年 5 月 4 日，为纪念五四运动 80 周年，《演讲与口才》杂志社与中国教育电视台联合举办的“演讲与口才杯”演讲比赛，主题是“做文与做人”，这是一场高水平的比赛，参赛选手都是电视节目主持人或从事文字工作多年的新闻记者，而且是通过层层选拔入围的。中央电视台的白岩松也以选手的身份参加了这场比赛。来自西藏日报的记者白娟用极富感染力的语言向大家讲述了自己作为一个驻藏记者的自豪和身为母亲的心酸及对儿子的歉意。身为记者，她常年战斗在雪域高原和千里戈壁滩上；身为母亲，她每年和儿子在一起的时间只有三个月，每次都是和儿子刚刚混熟又不得不分开。讲者情真意切，听者无不动容。白岩松紧接着上场，一上场就衔接前面演讲者的话题谈："我是一个两岁半孩子的父亲，我知道，在一个孩子一岁半到两岁之间，没有母亲在身边，对于母亲来说该是怎样的一种疼痛，我愿意把我心中所有的掌声，都献给前面的选手。"这段极富人情味的演讲，显然不是"早有准备"，而是"就地取材"，话音刚落，听众就报以热烈的掌声，这既是对亲情的再一次共鸣，又是对白岩松这种现场取材的急智的认可。白岩松接着往下讲："是的，我也很紧张，这种紧张不仅来自于我将面对评判，更来自我身后'做文与做人'这个沉沉的题目。"纵观这两段简短的开场白：前者"承上"，后者"启下"，各司其职，两次过渡，连接极其自然；同时这也巧妙地把观众的情绪从前者身上拉开，使大家自然而然地将注意力转移回来，白岩松的这样一段开场白，的确是浑然天成。

即兴演讲就是要这样即"时"兴讲，即"事"兴讲，寻找"触媒"，临场引发。可以从听众所关心的问题引发；可以根据场地的布置、大小、标语引发；可以按天气、时令、突发事件引发；可以根据前面演讲者的内容引发；等等。只要用心，随机应变，每位演讲者都能找到合适的即兴演讲的"兴"点。

五、运用特定材料进行即兴演讲的技巧

即兴演讲训练或比赛，所用题目都由抽签决定。但组委会（或训练老师）在"签"上写的文字，有的是一个明确的标题，有的只是一段材料并没有具体题目，题目要由演讲者自定。演讲者抽到一段材料时，应怎样处理呢？

1．复述材料

演讲题目已给出材料的就必须复述，因为演讲本身应是一个独立完整的艺术品。如果不复述材料，而演讲中又对材料进行分析评判，那么单独欣赏你的演讲时，就会使人感到突兀和莫明其妙，因为你的演讲是残缺不全的。

材料的复述位置可自由处理，可将材料放在演讲的开头；也可以用材料后出法，先阐述演讲主题或引说事例，然后在适当的时候把材料复述出来。能够准确详尽一字不差地复述材料固然是好事，但如果你没有这种特强的听记复述能力时，适当使用模糊法也未尝不可。例如，当无关大体时，"7 950 千克"可以说成"近 8 000 千克"；长长的一串外国人名没有记清也不要紧，用"一位名人""一位思想家"或是别的称呼代替一下也可以。

2．防止跑题

特定材料虽不给出具体的演讲标题，但主题还是有的，所以谨防跑题是演讲者应当重视的首要的问题。防止跑题要做到两点：一要审准主题，二要选好事例。审准主题是防止跑题的关键，演讲者应当明确，这类演讲的主题依附于材料。

请看下面的特定材料。"尼采说：'成熟就是重新培养儿时嬉戏的认真态度。'请就此发表演讲。"这是一个名人名言的材料题。稍加分析可以看出：第一，这则材料谈的是什么是成熟；第二，这则材料将成熟与认真态度联系在一起，离开了认真态度，就无所谓成熟. 基于这种分析，演讲者不仅要把话题集中在什么是成熟这个范围内，更重要的是要把成熟和认真态度二者联系起来。如果在演讲中只谈什么是成熟，自始至终未涉及"认真态度"，那就很难说这位演讲者对主题的把握是准确的。

主题审准了，还应选好事例，事例是用来证明主题的，事例选不好，不仅不能证明主题，而且还会起到淡化主题、破坏主题表达的负作用。

请看下面的特定材料："游客来到一条乡村马路，见到一个路牌，上面写着'马路封闭，

不能前进’。他见前面没什么障碍，自信旅游经验丰富，便继续前进。不久，他发现一座桥断了，不得不回头。当他来到刚才放置路牌的地方时，见到路牌背面写着：‘欢迎你回来，傻瓜。’请就此发表演讲。”某演讲者在演讲时分析出游客由于不听信路牌上的说明，盲目自信，才做出可笑的事来。他拟定的演讲主题是：要善于接受他人的忠告。应该说，主题的确定没有错。然而他演讲所引用的事例却不够贴切。他演讲时说：“……实际上像游客那样的人，在我国古代就有了，大家一定听说过拔苗助长这个故事吧，其中那个农民自作聪明，违反植物生长规律，过分热心地帮助禾苗生长，结果事与愿违，遭到了自然规律的惩罚……”说这个事例不够贴切，是因为材料中的游客在行为之前有他人的奉劝——路牌，而拔苗助长的故事里却没有，这一点与演讲主题要善于接受他人的忠告不符。假如这个演讲者用曲突徙薪这个故事就切题了。(《汉书·霍光传》记载，有一户人家，灶上装了个直直的烟囱，灶旁堆满了柴火．有人劝他把烟囱改弯，把柴堆搬开，免得发生火灾。这一家不听，后来果然失火。)

3．比体型材料

先看一个讲题：“一幅漫画画一幼儿园阿姨给孩子发糖，每人发给一块糖，其中有一个孩子把分得的一块糖扔在地上，坐在地上大哭大闹．这时，阿姨手拿一大把糖，交给这哭闹的孩子。漫画的标题是：‘哭闹的孩子多给糖（副题是：并非指幼儿园）’，请就此发表演讲。”

这便是一则比体型材料。什么是“比”？比就是譬喻，“以彼物比此物也”，表面上说的是乙，实际上说的却是甲，乙是表露在外的，甲却是隐含不露的，我们将乙称为比体，将甲称为本体，上面这则材料是一幅漫画，漫画本身是个比体，它的本体是讽刺老实人吃亏而无赖却能占便宜的不良社会现象。然而某些演讲者在讲这一讲题时，却未能分析出本体来，而仅仅将思维局限在比体上，大谈幼儿园阿姨施教不当、溺爱孩子不利于孩子健康成长之类的话，使演讲听来不中要害。

有些比体型材料不完全是比体，而是半比半本的。如下面这个比体材料：“一幅漫画画一个人拿着一支笔想在意见本上提意见，可意见本却挂得高高的，他根本就够不着它。漫画的标题是‘有意见往上提’，请就此发表演讲。”提意见的方式尽管有多种多样，但在意见本上把意见写出来毕竟是其中的一种方式，因此，材料中出现的有人拿着笔想在意见本上提意见是现实中可能出现的情形。而把意见本挂得高高的，让人根本够不着它就是现实中不可能出现的了——这是打个比方，喻指某些领导只不过是戴着听取意见的假面具，而骨子里是十分害怕、反对别人提意见的。材料一部分是真实情形，另一部分是虚拟情形，所以我们称之为“半比半本”。

遇到这类讲题，也须格外留心，不能错把比体当成本体。请看某演讲者就该题而作的演讲片断：“……有的领导看上去像是在接受意见，实际上却没有真心实意，他们把意见本挂得高高的，让人无法取下来；有的把意见箱挂在墙上，很长时间过去了，从来没见有人打开过，那上边的锁也一天天地开始生锈……你既然挂出来了意见本，但又挂得那么高，让人无法取下来，那么这意见本挂与不挂又有什么区别呢？”

这段讲辞将材料中的虚拟情形当成了真实情形，并将此与“意见箱”等现实中其他真实情形并列而论，可以说是犯了“以比当本”的错误。

4．材料所含主题多元性

有些材料的主题是单一的，有些材料的主题却显现出多元性。在多元性主题的材料中，一般来讲，有一个主题是主要的、明显的，我们称之为主主题；其他主题则处于次要地位、不够明显，我们称之为次主题。当演讲采用主主题时，次主题可不必提及；但如果演讲者抛开主主题，而采用次主题时，则一般应该在演讲中提一下主主题。如果不这样，那么，要么听众会觉得你分析能力欠佳，竟然分析不出材料的主要思想；要么听众会认为你看问题偏激、片面，你演讲的说服力会因之受到影响。

请看下面这一讲题："作家纳斯列金一次穿件旧衣服去参加宴会，他进门时没有人理睬他，也没有人给他安排座位，他既尴尬又生气。当即返身回家把最好的衣服穿起来，又来到宴会上。只见主人马上起立迎接他，给他一个好座位，并摆上最好的菜。纳斯列金并不因此而感谢主人，他脱下外衣按在菜肴里，戏谑地说：'外衣，吃吧！'主人感到奇怪不解。纳斯列金讥讽道：'你们的酒菜不就是给我的衣服吃的吗？'主人的脸羞红了。请就此故事发表演讲。"

某演讲者就此题演讲时讲道："以衣帽取人是待人接物之大忌，这一故事中主人的做法固然不可取，然而从另一方面看，参加宴会等社交活动，衣着应该尽可能整洁华贵，这不仅仅是个人的着装习惯问题，还能体现对主人及其他客人朋友的尊重。在交际中，恃才傲物、目中无人、不拘小节是令人讨厌的，纳斯列金明明有好衣服却不穿，相反穿了旧衣服去参加宴会，这种做法并不值得恭维，他因此而受到冷遇不值得同情。"

这位演讲者对主题多元性问题的处理是成功的。人际交往中不能以衣帽取人——这是材料的主主题，他的演讲并未采用它，而是采用了次主题——社交中衣着应尽可能讲究。在演讲中，他先用"以衣帽取人是待人接物之大忌，这一故事中主人的做法固然不可取"这句话概括了主主题，接下去再阐述他所采用的次主题，给听众留下了分析问题深刻、全面的良好印象。

六、常见的即兴演讲形式

（一）自我介绍

在人际交往和演讲活动中，自我介绍常被使用。它是经过自己主动沟通或者通过第三方从中沟通，使双方相互认识、增进了解、建立联系的一种最基本、最常用的方式。自我介绍的目的，就是让对方记住自己，对自己留下良好的、深刻的印象。"它就是人际交往的第一张有声名片"。除了讲清自己的姓名、单位、身份外，要根据不同的场合，确定介绍的内容和技巧，做到以下几点：

1. 注重礼仪，表情生动

自我介绍场合上，最先给人留下印象的，不是言辞，而是礼仪和脸孔、态度、服饰等。要学会用握手礼、点头礼、注目礼首先给对方以尊重；其次，要面带微笑，平静温和，落落大方地表现自己的真诚和热情。

2. 肯定的言辞，明朗的语调

这是精神饱满、充满自信、对自我充分认识的表现。肯定自我的成绩和优势并不是夸耀，否定自己的优点也不是谦虚。我们看到许多节目参与者的自我介绍，都是对自我的充分肯定、对个性的适当张扬。在人才招聘和面试中，自我介绍更需要把自己的能力、干劲、志向、愿望展现出来。

在"蜀秀礼仪小姐大赛"决赛中，有一位叫江南的少女作了这样一段即兴演讲："唐代大诗人白居易有一首词：'江南好，风景旧曾谙。日出江花红胜火，春来江水绿如蓝。能不忆江南？'我就是'能不忆江南'的江南……'春风又绿江南岸'的'江南'，愿美的春风飘落神州大地的每个角落，飘在你的心中。"

作为即兴演讲，能以古诗词开头就已很吸引人；而演讲者能切合"礼仪小姐大赛——选美"

这一主题，在观众心中创设出一种美的意境，则更难能可贵；更重要的是，她还借此达到了更好地推销自己的目的，给观众的感觉是人美、名美、语言更美。

3．生动幽默，蕴涵深意

自我介绍要求简洁而有新意，常常从名字籍贯和个人特点出发，采用释意和自嘲的方法，增强幽默感和趣味性。

同学们好！我是来自内蒙古的姜鑫，但是我不会骑马，不会说蒙古语，不住蒙古包，不吃手把排，因为我不是蒙古族人。（笑声）虽然我不是蒙古族人，但我周围曾经的同学大部分都是蒙古族人，和他们一起生活，使我拥有了草原般宽广的胸怀，让我养成了草原人热情爽朗的性格，希望在未来的生活与学习中与大家成为朋友，希望我的青春记忆中有你们的笑声。（掌声）

这段话，借自己的籍贯引出自我介绍，欲扬先抑，幽默风趣，迅速赢得了全体同学的好感，轻轻松松就和新同学打成一片。

在开场白里自嘲，会使听众倍感亲切，无形中缩短了与听众间的距离。胡适在一次演讲时这样开头:“我今天不是来向诸君来作报告的，我是来‘胡说’的，因为我姓胡。”话音刚落，听众大笑. 这个开场白既巧妙地介绍了自己，又体现演讲者谦逊的态度，而且活跃了场上的气氛，起到了沟通演讲者与听众的作用，一石三鸟，堪称一绝。

（二）竞聘演讲

竞聘演讲是人们在工作和生活中，为了获取某一职位、工种，充分展示自己的水平，使“英雄有用武之地”而进行的一种竞赛性的演讲，强烈的竞争性是它最突出的特点。其实质就是要充分展示自己的优势，吸引听众，争取听众，让听众更加全面、深入地了解自己、信赖自己，壮大自己支持者的阵营，最终获得理想职位。它不是纯粹性的即兴演讲，通常有一定的准备。

1．竞聘演讲的内容

（1）自我介绍，张扬个性，展示优势，用事实说话。

（2）对竞聘工作提出自己独到的见解、打算和工作思路。

（3）表明态度，进一步突出个性，显示信心，表明决心。

2．竞聘演讲的要求及策略

（1）竞聘职位要明确，有的放矢。

（2）表达自我要真诚，不讲大话。

（3）了解民心要认真，诚心诚意。

（4）认清工作要务实，不讲空话。

（5）语言表达讲技巧，突出个性。

【例文借鉴】

例文 1

校科研室主任的竞聘演讲

各位领导、各位同志:

大家好！

参加竞聘之前，我一直在想：我应不应该参加这次竞聘？思索再三，我想，我愿意把这次竞聘当成争取多尽一份责任的机遇，更愿意把这个竞聘过程当作我向各位老师学习、接受各位评判的一个难得的机会。因此，我是鼓着十二分的勇气，参加竞聘来的。

（开宗明义，点名竞聘的目的，而且谦虚得体。）

我知道，要成为一名合格的科研室干部不容易，要成为转型期的科研室干部更不容易。我之所以鼓起勇气参加科研室主任的竞聘，首先缘于我对教育科研事业的热爱和执着。我相信，一个人，只要他执着地爱自己的事业，他就一定能把他的事业做好。当然，也如各位所知，我也有过一些科研管理工作经历，积累了一些工作经验。有人说，经历是一笔财富，而我更愿意把自己的经历当作一种资源，一种在我今后的工作中可以利用、可以共享、可以整合的资源。当然，我更清楚，成绩也好，经验也罢，它只能说明过去，并不能证明未来。

（对优势与成绩的阐述，简单而又不乏说服力，给听众留下不炫耀、不浮夸的好印象。）

假如我能竞聘成功，我将努力扮演好以下几种角色：

一是以身作则，当好科研兴校的“领头雁”……

二是立足本职，当好领导决策的“参谋者”……

三是脚踏实地，当好教师科研的“服务员”……

四是与时俱进，当好学校科研的“管理员”……

五是甘为人梯，当好青年教师的“辅导员”……

（对今后工作角色的总结体现出务实的态度和求实的精神，颇具感染力和说服力。）

说到这里，我想起了阿基米德的一句名言：“给我一个支点，我可以撬起整个地球。”但在这里，我不敢高喊这类豪言壮语，我只想表达一个愿望，那就是：给我一个舞台，我会为学校的发展尽一份责任。

（结尾处充满激情和号召，为竞聘演讲画上了一个圆满的句号。）

（选自《演讲与口才》2004 年 12 期）

例文 2

湖湘文化区小语会成员的竞选演讲

尊敬的各位领导、老师：

冬阳暖照，大家下午好！

我叫彭晓明，自 1987 年参加工作以来，一直从事小学语文教学，系省级普通话测试员，市级骨干教师，现任校园文学社社长。昨天下午，校领导通知我来参加今天的竞选，毫不夸张地说，我可是“激而动之”，即“感激地行动起来”；“谨而张之”，即“谨慎地张罗起来”，因为这既是一次锻炼机会，也是一次难得的学习机会。

（简练的个人情况说明。）

能成为我们湖湘文化区小语会成员是我到岳麓区四年来不倦的追求，因为我觉得，没有目标的生命是灰暗的生命，没有目标的人生是残缺的人生！要想事业成功，就得有个明确的目标，并专著于它，清楚地认识它，紧紧地盯住它，正如岳飞“精忠报国”、屈原“江边绝唱”，是目标锁定了奋斗轨迹，是信仰成就了一代英豪，因此，这一神圣的目标将我引上了这演讲台。

能参加今天的竞选，自我感觉条件有四：

一是有机智的应变能力。这是对学生的才情和灵性捕捉的敏感。每次开放日家长听完课，总说：“应变自如，让人惊叹！”……我艰辛的劳动得到了中肯的评价！

二是扎实的基本功。刚进博才，就经历过了“上刀山，下火海”：公开招聘考试，学科知识竞赛、抽签面试、特长展示、三笔字竞赛……还好，居然都名列榜首。

三是喜人的教改成果。……四年来，曾获全国论文比赛一等奖、全国现场评课一等奖、岳麓区教案设计一等奖、论文一等奖、校演讲比赛特等奖及辅导学生作文“最佳园丁奖”。

四是良好的合作精神。“不求索取，只讲奉献”“只求实在，不图表现”是我的行为法则，良好的合作精神让我赢得了我的合作伙伴，我校的54个语文老师都是我的“盟党”……

（说明竞选的条件，条分缕析。）

曾有个这样的故事：一位禅师和一位痴圣，一起用积雪掩埋一口小井，这个行动引起围观者的嘲笑，因为连小孩都知道，雪不可能把小井封住。原来禅师在进行一个反面教化，只要你心中有活水，冰雪就无法封冻你求索的热情！

作为一个竞选者，我有着为岳麓教育无私奉献的理想，也有着为语文教学不懈钻研的热情，照耀我们的是理想，理想不灭；温暖我们的是热情，热情永随！

相信我：“即使碎了，片片也是真诚！”

（以抒情的排比句再一次说明自己竞选的信心、决心和勇气。）

（三）生活、礼仪演讲

这是出现在节日、纪念日、庆典（生日、结婚日、校庆、开业、落成等）、聚会等场合中的演讲，以及迎来送往时的欢迎、欢送、答谢演讲。这类演讲的具体要求有以下几点：

（1）有非常浓厚的礼仪色彩。它十分注重称呼语（尤其是各种尊称）的使用、各种祝福语的不厌其烦地堆积、各种感谢言辞的反复罗列。

如中国驻俄罗斯特命全权大使刘吉昌，2003年10月3日在他的母校——江苏射阳中学，参加母校60周年庆典时的即兴演讲中说：“一是感谢射阳中学老师对我的培养。二是感谢家乡人民对我的哺育。三是感谢射阳领导对我的支持。”

（2）注重吉祥、喜庆、和谐、快乐、幸福、美满、成功氛围的渲染。语言上的修饰充满热情，充满激情，充满感染力。

例如《老师们，节日好》的演讲开头：走过了夏天，迎来了秋天。在这金风送爽的季节，我们盼望，就像花蕾盼望绽放，就像孩子盼望过年，终于盼来了教师节。在这个让人仰慕的日子里，请允许我向全体老师表达我心中最最热诚的问候和祝愿——问候一声：辛勤培育我的老师们，你们辛苦了！祝愿一声：无悔奉献人生的老师们，你们节日好！

（3）文字精炼，概括简要。这类演讲要将主题的由来，它蕴涵的意义，与现实的联系，与现场观众、与当事人的关系等讲明讲透，并借题发挥，对这个演讲主题作延伸性的阐发和拓展，尤其要注意唱好赞歌。

例如：在纪念中国人民抗日战争和世界反法西斯战争胜利50周年的演讲——《胜利的日子，我们祈盼明天》的开头就讲明了“由来”：公元1995年，对于中国人民和世界人民来讲，注定不是平凡的一年，因为它是中国人民抗日战争和世界反法西斯战争胜利50周年。又如：《在紫阳县庆祝老人节大会上的祝词》，就是对老人们的赞美与景仰，讴歌了老人壮心不已、老有所为的品格：在跨世纪的历史进程中，你们老骥伏枥，志在千里，余热生辉，壮心不已。三通建设有你们的足迹，企业复活有你们的卓识。你们的行动给人以力量，你们的精神给人以鼓舞，你们理当受到全县人民的爱戴与尊重。

生活礼仪类的演讲常常要借题发挥，拓展现实意义。生日可以引申出对人生的思考，婚庆日可拓展出对未来生活的向往，聚会可回顾过去、展望前程，等等。譬如庆祝“五四”青年节的演讲，一定要认识到：虽然我们和“五四”运动时的青年不属于同一时代，但处在今天这样的新形势下，我们同样“今天是桃李芬芳，明天是社会的栋梁”，同样肩负着振兴中华、振兴祖国、振兴民族的重任，因此我们也必须具有“五四”青年那样的风采，也必须让奉献者的赞歌中有我们的音符，让奋斗者的进程中有我们的足迹，也要把我们的全部深情都献给这一方纯净的土地。

（4）风格多样，语调激扬。这类演讲的风格或轻松、活泼、幽默，或庄重、深刻、富有哲理。但不论是哪种演讲风格，用词用句都要注重色彩明亮鲜活，力戒沉闷灰暗，格调要昂扬向上，热烈奔放。

例如，一位婚礼主持的借题发挥：

朋友们，新郎的名字叫海泉，新娘的名字叫涛。“海”“泉”“涛”三个字都与水有关，所以我们可以说，两位新人的名字就蕴涵着一种缘分。此外，水还孕育了生命，蕴涵着生机，凡是有水的地方都会呈现出一派蓬勃的景象。这两个名字的结合，预示着他们的爱情，会像大海一样的深厚与深沉；预示着他们的婚姻，会像泉水一样的清澈与甘甜；预示着他们的家庭，会永远充满着生机与欢乐！

（四）颁奖或领奖演讲

颁奖典礼上的讲话有两种角色：颁奖人和领奖人。颁奖讲话应注意的一个技巧是把受奖人的名字留在最后说出来，即使大家都知道你说的是谁。这样会保留悬念并制造高潮。无论你扮演什么样的角色，你都应该对受奖者以及奖项本身做点研究，挖掘出一些鲜为人知但却引人入胜的相关事实。如果什么东西能使你感兴趣或者令你开心，那么，它们也很可能对听众发挥同样的作用。

颁奖演讲的大忌是冗长、政治化，一定要紧紧围绕身边的主题与事件，讲些有深度的内容，否则就会流于肤浅，对听众也是种折磨。

如果你在角逐某一奖项，可以效仿运动员那样发自内心地去赞扬你的竞争者，这是一种双赢的做法。如果你输了，没关系，因为你已经说过他们的确很棒；如果你赢了，有你给对手的溢美之辞会让你更显风度。当你在竞争中胜出，发表受奖讲话时，尤其不要说得太长，只要说句谢谢就好了。还是那句话，要学习职业运动员的做法，获胜时“少言胜过万语千言”。你可以高兴但不能骄傲，可以把自己当成是别人汲取教训的榜样，但千万不要自视为英雄，那样就太像是在自吹自擂了，会使人大倒胃口。

1991 年 11 月，李雪健因主演《焦裕禄》的主角焦裕禄，而同时获得“金鸡奖”和“百花奖”两个大奖，他在答谢时没有用别人常说的毫无新意的套话。只是诚挚地说：“苦和累都让一个大好人——焦裕禄受了，名和利都让一个傻小子李雪健得了。”他话音刚停，全场掌声雷动。他的演讲不仅让人“开胃”开心，而且让人了解了他的人格，对他生出了几分敬佩，他的演讲同他的形象一样印在听众心中了。

【课堂训练】

一、语言快速组织能力练习

教师让学生每人写一个大家都关注的话题做成题签（要求：所有人都知道，能看懂，能说明白），由学生随机抽签后，经过一分钟思考准备，上讲台针对题签上的话题，做一分钟的即兴演讲。

二、自我介绍练习

让学生做一次别开生面的一分钟自我介绍：要有特点、有亮点。

【自我实践锻炼】

（1）养成随时准备发言的习惯。利用课堂讨论、社团活动、校园演讲等机会锻炼自己讲话能力，提升表达的自信心。

（2）养成关注社会热点事件的习惯，对社会热点事件进行分析，形成自己的观点，尝试与同学交谈并发表自己的观点。

【基础练习】

（1）以“人为什么要努力工作”为题目，选用三种模式构思即兴演讲稿，写出思路图（提纲）。

（2）请在以下设置的场合中分别做即兴发言：新学期第一天、寝室同学集会、毕业了、应聘现场、同学的婚礼、爷爷或奶奶的生日、父母的结婚纪念日。

（3）你刚交了一个外国朋友，请任选择中国的美食、美景、节日、风俗、城市、山川等，做一次即兴讲解，使他对中国文化产生兴趣。

【例文借鉴】

例文 1

真正的和谐幸福来源于劳动、奉献、奋斗

（青年演讲家时亮在 2009 横店影视杯大学生演讲大赛上的即兴演讲）

尊敬的各位领导、老师、亲爱的大学生朋友们：

大家好。

我叫时亮，来自齐鲁大地，泉城济南。是这次大赛的一名评委。面对着“和谐幸福在中国”的演讲主题，倘若你真的问我，什么是“和谐幸福”，我将准确而又诚实地回答你：不知道。但是我又可以毫不犹豫地告诉你，此时此刻，你我的脸上洋溢着的是——幸福，此时此刻的会场流淌着的是——和谐！

当我们走在天下第一店——横店的街头，感受到横店人敢为天下先的气魄和勇气，感受到天地人的和谐，我想我是幸福的。

当我们走进大赛赛场，看到组委会老师同学紧张忙碌辛苦劳作的和谐，我想我是幸福的。

当我们走近评委们，听到评委老师仔细研究激烈争议的和谐，我想我是幸福的。

当我们走近站在演讲台上演讲幸福和谐的大学生，我想我是幸福的。

是的，我们没有理由不感到和谐幸福，而我却又陷入了进一步的思索，我们的幸福和谐中少了些什么。我禁不住轻轻问自己：是我幸福，还是敢为天下先的横店人幸福；是我幸福，还是紧张忙碌的组委会老师同学更幸福；是我幸福，还是激烈争论的评委老师更幸福；是我幸福，还是站在演讲台上激情澎湃的你更幸福。

是的，不言而明，是他们更幸福。原来幸福是有层次的，我的幸福和谐来源于他人创造的幸福和谐，我的幸福是支流，而不是源泉，而真正的幸福和谐来源于劳动，来源于奉献，来源于奋斗。

马克思曾经坚定地告诉燕妮：你问我的幸福是什么，我的幸福就是不停地奋斗。

我找到了我的幸福比他们少了些劳动、奉献和奋斗。而只有劳动、奉献和奋斗才能够创造真正的和谐幸福。

我们作为当代大学生，不仅要享受和谐幸福中国带给我们的种种幸福种种和谐，我们更要为和谐幸福的中国去创造新的更大的幸福，更美好的和谐，这样我们才能深深地感到发自心底的那种幸福和谐！

那我们应该怎样去奋斗呢？我与同学们交流几个问题与同学们共勉。为便于掌握，我把它概括为“两句话、三个动作、四个字”。

两句话：

（1）我有一个梦想。

（2）坚持到底，永不放弃。

三个动作：

（1）我是精英。在座的大学生来自全国 55 所高校，是全国大学生的优秀代表。给自己一

个高高的大拇指吧，让我们给自己一些鼓励，一个赞美，实现自身的和谐。

（2）你是精英。把掌声和大拇指献给你的同学，实现人与人的和谐。

（3）命运掌握在自己手中：天上不会掉馅饼，只会设陷阱，把手紧握成拳头，唯有不懈奋斗。

四个字：拼、悟、恒、精。

和谐幸福在中国，使命光荣责任大。

中华巨龙再复兴，立即行动你我他。

亲爱的朋友们，让我们在梦想的引导下，承担起祖国赋予我们的神圣使命，承担起人民赋予我们的责任，去创造更加幸福、更加和谐的盛世中华。

最后真诚地祝愿各位领导、老师工作顺利，万事如意，祝愿同学们学习快乐，不断进步。

祝愿美丽的横店、富庶的东阳、伟大的祖国更加的和谐幸福。

谢谢大家。

例文 2

矮子的风采

（湖南师范大学戴海同志在一次大学生晚会上的即兴演讲片段）

……这话题之二嘛，是“矮子问题”。（哄笑）由我当众提出这个问题，岂不惹火烧身？（鼓掌）这也要点勇气呢！老实说，在我年轻的时候我并不觉得“矮”有什么问题，直到80年代，在舆论压力之下，才感觉成了问题。（哄笑）其实，白鹤腿长，鸭子腿短，都是生来如此，何必自寻烦恼！现在要问，矮子能有风采吗？答曰：“高个儿不见得都有风采，矮个儿不见得都不风采。”（鼓掌）那么，矮个儿怎样才能也具有风采呢？我有几点心得可供参考：

第一，是要有自信。论个子，我比他低一头，而论觉悟、学识、才能，可能比他更胜一筹！这也叫“以长补短”吧？（鼓掌）

第二，不要犯忌讳，大凡麻子怕说麻子，秃子甚至怕说电灯泡，其实越犯忌讳越尴尬，不如自己说白了反而没事。我常有机会跟北方汉子们在一起开会或聊天，我跟他们开玩笑：我不如你高，你可别怪我，怨只怨我们那山上的猴子就个子小些！（鼓掌、哄笑）

第三，把胸脯挺起来，但也用不着踮脚尖，衣着讲究适当，比方不穿横条、方格的衣服，但也用不着老穿高跟鞋，我主张矮要矮得有骨气，还是脚踏实地好！

第四，最重要的还是本人的德学才识，有修养，有风度，对社会有贡献，自然受人爱戴。

趁着晚会的高兴劲儿，解开这个“矮子问题”，不知台下的某些同学心里是否踏实些？（长时间热烈鼓掌）

【素质目标】

（1）人生的逆境是磨炼，也是考验，大学生要在学习与工作中积蓄战胜困难的力量、锻炼挑战困难的勇气，勇于创新、乐于奋斗。

（2）拥有逻辑思维能力，能应对生活工作中的即兴演讲，提升语言的快速构思和控场能力。

（3）培养学生树立社会责任意识和深厚的家国情怀。

逆境中的坚守——改变山区女童命运的公益校长张桂梅

2020年2月17日晚，《感动中国2020年度人物颁奖盛典》播出，张桂梅当选为感动中国2020年度人物。

颁奖词：

“烂漫的山花中，我们发现你。自然击你以风雪，你报之以歌唱。命运置你于危崖，你馈人间以芬芳。不惧碾作尘，无意苦争春，以怒放的生命，向世界表达倔强。你是崖畔的桂，雪中的梅。”

2000年，在云南儿童之家工作的张桂梅看到了很多农村贫困家庭的不幸，她希望创办一所免费女子高中，彻底解决山区贫困问题。2007年，张桂梅成为党的十七大代表，她向公众讲述了自己的梦想，引起了社会广泛关注。2008年，华坪女子高级中学成立，这是全国唯一一所免费女高，专门供贫困家庭的女孩读书。

学校建校12年以来，已有1 645名大山里的女孩从这里走进大学完成学业，在各行各业做贡献。华坪女高佳绩频出之时，张桂梅的身体却每况愈下，患上了10余种疾病。张桂梅说：“当听到学生大学毕业后能为社会做贡献时，我觉得值了。她们过得比我好，比我幸福，就足够了，这是对我最大的安慰。”

第八章 职场沟通

【课前热身】

职场中的沟通方式决定了职场的人际关系，良好的人际关系会对工作产生正面影响，让工作变得更顺利，效率更高。

初入职场的新人通常会有许多的沟通问题，比如：

（1）对于具体问题无法正确做出判断时，不知道到底哪些问题该请示，哪些问题该自己做决定。

（2）过于自我，不懂得该怎样与他人合作。

（3）不了解企业文化。

（4）有问题消极等待，不主动与上司沟通，不主动学习。

（5）不主动了解上司、同事的性格与行事风格。

（6）遇事不担责任，逃避推脱。

（7）交流中不注意倾听，忽略工作中的重要信息。

（8）将公司内幕与机密随机泄露。

（9）面对工作牢骚多，抱怨多，心态消极。

以上都是职场新人在沟通中的常见问题。希望通过本章内容的学习，让你掌握职场沟通的技巧，为走入职场积累经验。

【学习目标】

（1）学习职场沟通方法与技巧。

（2）能根据实际情况使用恰当的沟通技巧解决问题。

【知识讲解】

职场沟通能力是个人事业发展的关键能力。有效的沟通合作可以构建和谐的职场人际关系。职场沟通主要有三种常见的形式：与上级沟通，与同事沟通，与下级沟通。

一、与上级沟通技巧

作为下属，坚持与上级进行有效沟通，让双方产生良性互动，方能得到有效的指导与帮助，提高自身工作效率与业绩；另一方面，也能在内部资源分配中保持良好的敏锐性，得到领导与同事赏识，获得更多展现自己、证明自己的机会，让大家清楚地认识到你的价值和能力。

1. 平时工作，主动沟通，积极反馈

在职场中，作为下属应学会积极主动地与领导沟通，消除彼此间可能存在的隔阂，使上下级关系融洽。下级积极主动地与上级沟通有四个好处：

（1）能对现有工作进展情况做有效反馈。

（2）能从上级那里获得有效、可行的指导意见。

（3）能及时掌握所在部门的发展动向，得到准确、可靠的信息，使自己在瞬息万变的职场中掌握主动权。

（4）能使上级清晰地了解下级的工作进展，出现意外可以及时应对。

2. 面对分歧，求同存异，保有自我

上级通常工作经验丰富，在工作上要把握布局，协调发展，而下级通常做具体而细致的工作。二者思维视角的出发点不一致，难免会产生意见上的分歧。当这种情况发生时，下级要有大局观，多与上级沟通协调，对上级保持尊重的同时，要学会坚持保有自我的正确观点、方法与原则，求同存异。不能主观臆断，自行其事，或者阿谀奉承，阳奉阴违。

3. 重要沟通，充分准备，选好时间

职场工作千头万绪，事务繁多，当下级有问题需要向上级汇报或者听取上级的意见与指示时，下级应当根据自己工作内容的轻重缓急，选择适当时机与上级沟通。

沟通前最好先将自己要汇报的工作梳理清楚：工作进展如何？有哪些成绩与收获？存在哪些问题与困惑？现有资源与条件是否够用？有可能出现什么样的预期结果？需要上级予以什么样的指导与支持？自己有什么样的想法和建议？

关于沟通时间的选择，如需商量重要事件尽量选择上级不忙的时间；假如下级是为个人琐事就不要在上级正埋头处理事务时去打扰他；如果下级不知道领导何时有空，不妨先电话预约，讲明沟通目的、要求，方便上级安排时间。

4. 工作汇报，客观全面，简明扼要

下级对上级做工作汇报时，应提前做好准备。在汇报时，应讲清工作的重点、要点、难点、特点，语言要简练，态度要客观，逻辑要缜密，观点要明确。如果有些问题是需要请示的，自己心中应有两个以上的方案，而且能向上级分析各方案的利弊，这样有利领导做判断。在陈述方案前，事先应当周密准备，弄清每个细节，要考虑清楚问题解决的可行性，随时可以回答上级的提问。如果领导同意某一方案，下级应尽快将其整理成文字再呈上，以免日后领导又改了主意，造成不必要的麻烦。

5. 面对质疑，有理有据，不卑不亢

在工作过程中，下级的工作方法、时间安排、数据信息、判断决策等难免会受到上级的质疑。当质疑与分歧产生时，下级要学会清晰准确、有理有据地阐明自己观点、提供准确信息、讲清事情经过、给出合理的答复；对于自己没有把握的问题，不轻易答复；在回复上司质疑时，要从工作的立场出发，避免带着不良情绪讲话。

二、与同事沟通技巧

（一）用心尊重

工作中的同事是我们职场生活中打交道最多的人，同事关系融洽，沟通顺畅，能够提升所在团队的合作能力，让工作效率迅速提高。

1. 重视同事的意见

工作中面对同事的意见要认真听取，仔细鉴别，尤其是有工作经验的同事提出的中肯意见，更要认真对待。多方听取同事的意见，既可以避免犯错，又能建立良好的人际关系，形成谦虚谨慎的工作作风。

2. 尊重同事劳动

与同事的沟通中要时刻保持一种平等的姿态与同事沟通，对同事的工作要多肯定、多鼓励、多学习，少泼冷水、打击否定。肯定同事工作的价值，能够迅速获得同事的情感接纳，有利于进一步合作与交流。

3. 尊重同事人格

每一个人都渴望获得尊重，职场上的最大的善意就是尊重对方的人格。在与同事沟通时尽量对事不对人，少议论他人，自觉地尊重同事的隐私，保守属于同事的秘密。涉及个别人的谣言不参与议论，背后不传播。只有真正尊重他人的人，才会获得他人的尊重。

4. 语气自然、态度平和

日常工作中，与同事交流应语气自然随和、目光专注、情绪平静，不把个人情绪带到工作中。尽量避免在情绪激动或心情恶劣时与同事沟通工作上的事宜；如不能避免，要提前告知对方，以免造成不必要的误会与矛盾。

如果与同事沟通中出现了矛盾、分歧，宜协商解决，不做主观臆断，更不要背后攻击，伤了同事间的和气。

（二）注意倾听

倾听属于有效沟通的必要组成部分。倾听要带着善意，做到虚心、耐心、诚心。职场中，一个认真倾听的同事往往要比一个会说话的同事更加受欢迎。在职场倾听中要尽量做到：

（1）涉及工作上的任务分配、工作量、工作要求、工作程序、完成时间等内容要认真记录，不清楚的地方要反复确认。

（2）对于工作上意见的分歧，要细心听取多方意见。工作中的分歧，不同声音的存在，有可能会推动新方法、新事物的产生，并不一定是坏事，要乐观看待，宽容接纳。

（3）当同事在沟通时，表现出敌意、不满或攻击性语言，要控制情绪，冷静对待，学习站在对方的角度思考问题，探寻对方说话的动机，化解矛盾。

倾听是获取信息的重要手段，也是分析人性、发现问题、解决问题的有效途径。有效利用倾听可以将职场中的许多误会、分歧、矛盾消灭于无形，是好用又省力的有效方法。

（三）坦诚相待

职场同事由于年龄、学习经历、工作经历、个人经历、成长环境的差异，人与人之间心理距离要更远，信任感也更难建立。但同时彼此之间的工作又要求双方或多方要紧密合作才能协调多方力量，完成工作任务。

建立信任感的前提是坦诚。怎样才能让周围的人感觉到自己的善意与坦诚呢？

（1）与同事沟通，语言要真实准确，不浮夸、不做作。

（2）对事物的评价要客观、公正，角度避免偏颇、主观。

（3）对自己的知识、能力做客观评价，不懂的问题不随意解读，做不到的事情不轻易许诺，知之为知之，不知为不知。言行一致，谨言慎行。

（4）对对方有益的事情、建议要据实以告，事成之后不居功，不骄傲。

（5）不得不说的坏消息、意见，委婉表达，不刻意隐瞒。

本着坦诚对人的原则，可以在职场建立良好的人际关系，营造和谐的工作气氛，利于提升个人与集体的工作效率。

（四）虚心学习

孔子曰："三人行必有我师。择其善者而从之，其不善者而改之。"学习他人，丰富自己，这是迅速适应职场的有效法宝。初入职场，同事身上有很多的宝贵经验值得我们学习。以谦虚的态度去学习同事的成功经验和失败教训，可以让职场新人少走弯路，加快成长。具体做法如下：

（1）工作上有困惑多向有经验的前辈请教，虚心又积极的态度容易获得职场前辈的青睐。

（2）他人有优秀的方法多学习，多交流，不故步自封、嫉贤妒能。

（3）学无止境，获得成绩不骄傲、不停止学习，将优秀作为职场习惯，不拖沓、不应付，有出色的工作习惯才会有优秀的工作业绩。

虚心是一种脚踏实地的生活态度，更是职场不断进步的动力。永远保持虚心学习的人在职场中才能走得更高更远。

三、与下级沟通技巧

1. 面对任务，信息传达清晰准确

在职场，信息不明，任务传达不清是许多上级传达工作事项的大忌，下级没有明确工作目标，或具体工作任务不明确，会导致工作的延误、效率的低下。作为上级，针对下级下达工作任务或指示时任务描述应清楚，目标明晰准确，将所有下级可能用到的信息、数据、资源完整传达，避免下级对工作任务解读不清或做错误解读。

2. 面对工作，有责任意识，有担当精神

作为上级，位置越高，责任越重。工作中大的方向、政策、决策、原则，虽然是群策群力的结果，但最终定下决定、担责任的是上级。下级有事务、有困难需要向上级请求支持时，上级应及时做出应对，尽可能地在自己能力范围内予以帮助支持，并承担相应责任，忌讳推诿责任，不作为。有认真、负责、敢担当的上级，才会有大胆、肯干、忠于职守的下级，整个部门才会形成良好的工作态势，工作效率才会随之大大提高。

3. 面对下级的工作，勇于放手

有些上级工作认真负责，但容易事无巨细，全部过问。下属面对这样的上级会形成很强的依赖心理，缺乏工作主动性、创造性，也不可能迅速成长，独当一面。

针对这种情况，上级在工作中要明确自己的领导责任，在面对具体工作时要学会抓大放小，将具体工作分配给下属，定好大方向的目标要求，不做过多的细节控制，让下属有锻炼与发展的空间，有试错机会，有创新可能。

4. 面对下级的错误，要批评适度，鼓励发展

下级在工作中难免会犯错误，面对下级的错误，上级的批评原则应是"惩前毖后，治病救人"，不要因为一个错误轻易否定一个人的能力。上级对下级既有支持指导的责任，也有为部门、为团队培养人才的义务。批评的目的是让人改正错误，不断成长，而不是否定、打击、惩罚、伤害。

因此，批评下级时要选好场合，尽量不当众批评，伤其自尊心；要选好时机，尽量在双方情绪平和时单独交流；批评时交流内容要就事论事，不做人格、能力的质疑；批评态度要中肯，观点要客观，语言要委婉，避免让下级产生抵触情绪。

会批评的上级通常也擅长教育与鼓励。最好的批评效果是，被批评过的下级不会因为批评丧失工作热情，反而能斗志昂扬，全心投身工作，这就实现了批评的真正目的。

5．面对下级意见，建立发言倾诉渠道

走上领导岗位的人，通常都有较强的工作能力。但领导不是全知全能的，对于复杂的工作，广泛听取意见，集思广益，才能制定周密可行的计划，并将其顺利推进。同时下级人员是工作的主体力量，绝大多数具体而细致的工作均是由下级来完成，他们既是工作的执行者，也是对工作情况了解最清晰详细的人。面对下级的意见，上级应建立交流沟通渠道和沟通机制，让真实的群众意见能够上达，并对下级意见及时反馈。

在工作中有话语权的人会对工作有更强烈的责任感，意见情绪有倾泻渠道的员工会对工作有更真挚的热情。舆论自由、气氛民主的企业，才会激发员工对企业的归属感与认同感。

四、职场沟通障碍

在现实生活中，会有一些因素造成沟通必要条件的缺失，致使职场人际沟通受到阻碍。障碍一般都来自做事动机和思考角度不同。如果能够设身处地从对方的处境、职责、压力、背景、经历、个性等各方面来考虑问题，很多沟通障碍都会迎刃而解。学会职场“换位思考”的人在不知不觉中就会提高自己的沟通效率。

1．认知差异导致的沟通障碍

不同的人通常具有不同的意识、价值观念和道德标准，从而造成沟通的困难。不同阶层的成员，对同一信息会有不同的认识，会有政治差别、宗教差别、职业差别、年龄差别，这些都可能会成为职场沟通的障碍。

例如，不同职业常常造成沟通的鸿沟——“隔行如隔山”，甚至年龄也会成为沟通障碍，所谓“代沟”即为一例。

2．组织结构导致的沟通障碍

有些单位组织结构庞大，层次重叠，信息传递的中间环节太多，从而造成信息的损耗和误读；也有一些单位组织结构不健全，沟通渠道堵塞，导致信息无法顺利传递；处于不同层级组织的成员，对沟通的积极性也不相同，也会造成沟通的障碍。

3．文化差异导致的沟通障碍

文化背景的不同对沟通带来的障碍是不言而喻的。如语言不通带来的困难，社会风俗、习惯的不同引起的误解，历史文化不一样导致的隔阂等，这在我们社会生活中是屡见不鲜的。

4．个性障碍导致的沟通障碍

这主要指由于人们不同的性格特征和个性心理所造成的沟通障碍。气质、性格、能力、兴趣、爱好等不同，会造成人们对同一信息的不同理解，为沟通带来困难。个性的缺陷也会对沟通产生不良影响。一个自我、独断、固执的人很难理解他人；一个虚伪、卑劣、欺骗成性的人传递的信息，也往往令人难以接受。

五、职场沟通语言技巧

1．以最委婉的方式传递坏消息

句型：我们似乎碰到一些状况……

报告坏消息应该以不带情绪起伏的声调，从容不迫地说出，千万别慌慌张张，也别使用“问题”或“麻烦”这一类的字眼，要让上级觉得事情并非无法解决，而“我们”听起来像是你将与上级站在同一阵线，并肩作战。

2. 上级传唤时责无旁贷

句型：我马上处理。

上级在传唤时，冷静、迅速做出这样的回答，令上级直觉地认为你是高效、能干事的好下属；相反，犹豫不决的态度只会惹得责任本就繁重的上级不快，还可能迁怒于你！

3. 表现出团队精神

句型：某某的主意真不错！

同事想出了一条连上级都赞赏的绝妙好计，你的做法是应立即以欣赏的口气说出来："这个主意真不错！"在这个人人都想争着展现自己的社会里，一个不妒嫉同事的下级，会让上级觉得此人本性纯良、富有团队精神，因而另眼看待。

4. 说服同事帮忙

句型：这件事没有你不行啦！

有件棘手的工作，你无法独力完成，非得找个人帮忙不可，于是你找上了对这方面工作最拿手的同事。怎么开口才能让对方心甘情愿助你一臂之力呢？送高帽，并保证他日必定回报。而那位好心人为了不负自己在这方面的名声，通常会答应你的请求。不过，将来有功劳的时候别忘了记上人家一笔。

5. 巧妙闪避你不知道的事

句型：让我再认真地想一想，三点以前给您答复好吗？

上级问了你某个与业务有关的问题，而你不知该如何作答，不能说"不知道"，而是要让上级认为你在这件事情上很用心，需要仔细思考做出慎重的答复。不过，事后要做足功课，按时交出你的答复。

6. 不着痕迹的减轻工作量

句型：我了解这件事很重要……

面对上级突然安排的工作，要委婉拒绝。首先，梳理手头上的工作，按重要程度排出个优先顺序，不要直接就推辞。其次，强调你理解新工作的重要性，然后请求上级的指示，为新工作与原有重要工作排出先后顺序，不着痕迹地让上级知道你的工作量其实很重，若非你不可的话，有些事就得延后处理或转交他人。

7. 恰如其分的赢得好感

句型：我很想知道您对某件案子的看法……

许多时候，你与高层要人共处一室，而你为避免冷清尴尬的局面不得不说话。其实，这是一个让你赢得高层青睐的绝佳时机。此时，最恰当的莫过于一个跟公司前景有关，而又发人深省的话题。问一个上级关心又熟知的问题，当他滔滔不绝地讲述自己看法的时候，你不仅获益良多，也会让他对你的求知上进之心刮目相看。

8. 承认失误但不引起上级不满

句型：是我一时失察，不过幸好……

犯错在所难免，但是你陈述过失的方式却能影响上级对你的看法。勇于承认自己的失误非常重要，因为推卸责任会让你看起来就像个讨人厌、软弱无能、不堪重用的人，不过这不表示你就得因此对每个人道歉，诀窍在于别让所有的矛头都指到自己身上，坦承却淡化你的过失，转移众人的焦点。

9. 面对批评要表现冷静

句型：谢谢你告诉我，我会仔细考虑你的建议。

自己苦心的成果却遭人修正或批评时，绝不是一件开心的事。不需要将不满的情绪写在脸上，但是却应该让批评你工作成果的人知道，你已接收到他传递的信息。不卑不亢的表现令你看起来更有自信、更值得人敬重，让人知道你并非一个刚愎自用或是经不起挫折的人。

职场沟通需用心体会，反复试验，方能融会贯通。学会了以上技巧，将来在职场就会少走弯路，多交朋友，推动自己的事业走上光明坦途。

【课堂训练】

（1）观看视频《穿普拉达的女王》片段，分析其中主编米兰达·普雷斯丽与秘书安德丽娅·桑切丝职场沟通的得与失。

（2）立足专业，结合自己能力、性格的优势与劣势，为自己将要走入的未来职场做一份职场沟通计划。

（3）从职场沟通的角度分析一个出色的上司应该具备哪类特征，一位出色的下属应该具备那些能力。

【自我实践锻炼】

（1）尝试在假期或周末为自己找一份经常与人打交道的工作，体验职场中的人际关系。在工作中观察上级或同事的沟通习惯与沟通效果，分析其成功或失败的原因。

（2）阅读《三国演义》《西游记》，分析书中的职场沟通案例，总结书中人物成败的经验教训。

【基础练习】

（1）说说同学关系与职场同事关系有何不同。

（2）尝试着做下面的检测：可将任课教师假设为你的上级，看看你能从中发现什么。把结果拿出来对比讨论。

（3）怎样才能不动声色的将自己的优势与长处在职场展现出来?

（4）职场中最核心的竞争力是什么?

（5）职场中有可能会发生哪些不良沟通行为?

【素质目标】

（1）尊重、理解、包容、肯定的沟通态度更利于建立良好的职场氛围，提升团队凝聚力。

（2）养成良好的倾听习惯，培养人际交往中的同理心。

（3）养成善于合作的团队意识和乐观向上的进取精神。

职场沟通面对面

研发部梁经理才进公司不到一年，工作表现颇受主管赞赏，不管是专业能力还是管理绩效，都获得大家肯定。在他的缜密规划之下，研发部一些延宕已久的项目，都在积极推行中。

部门主管李总发现，梁经理到研发部以来，几乎每天加班。但是，即使在工作最吃紧的时候，本部门其他同事也是准时走，很少加班。李总对梁经理与其他同事沟通的方式感到好奇，开始观察他。原来，梁经理总是以电子邮件交代下属工作；他的属下除非必要，也都是以电子邮件回复工作进度及提出问题，很少找他当面报告或讨论。电子邮件似乎被梁经理当作和同事们沟通的最佳工具。

李总找到梁经理下属部门的陈经理，以闲聊的方式问梁经理的工作情况。陈经理的看法是梁经理工作相当认真负责，但可能对工作以外的事就没有多花心思。甚至，梁经理与隔壁办公室的陈经理沟通，也都是打电话交流工作。

了解这些情况后，李总找了梁经理交流这一问题。梁经理觉得效率应该是工作最需要追求的目标，所以他希望用最节省时间的方式达到工作目标。李总以过来人的经验告诉梁经理，工作效率重要，但良好的沟通绝对会让工作顺畅许多，效率也会随之提升。梁经理听后若有所思。

模块三

应用文写作

第一章 应用文写作基础

【学习目标】

（1）了解应用文的特点、作用，理解学习应用文写作的意义。

（2）掌握应用文的含义、种类及应用文习惯用语。

（3）掌握应用文写作的方法。

（4）用应用文解决实际生活与工作问题，顺利完成工作任务。

一、应用文的含义

对应用文这个概念的理解有狭义和广义之分。人们有时把“某人不会打借条”“不会写信息”，说成是“不会写应用文”，这种应用文概念只是狭义的，即日常应用文。应用文的广义概念，重在“应用”二字上。本书使用的是广义概念，这样，我们给应用文下的定义是：“国家机关、企事业单位、社会团体以及人民群众办理公私事务、传播信息、表述意愿时所使用的具有惯用格式的实用性文章。”

二、应用文的种类

划分应用文的种类，可以帮助我们明确应用文的范围。按照应用文的使用功能来划分，其种类如下：

（一）通用类

指人们在办公或办私事中普遍使用的文书。

（1）行政公文类：指《党政机关公文处理工作条例》中所规定的文种，包括命令（令）、决定、公告、通告、通知、通报、议案、报告、请示、批复、意见、函和会议纪要等。

（2）通用事务类：包括调查报告、工作总结、述职报告、简报、计划、规章制度和会议材料等。

（3）日用事务类：如启事、信函、证明信、介绍信、海报等。

（二）专用类

指专业性较强的文书。

（1）科技类：如毕业论文、学术论文、专利申请书、实验报告等。

（2）财经类：如市场预测报告、市场调查报告、经济活动分析报告、经济合同等。

（3）司法类：如诉状、辩护词、公证书、判决书等。

（4）宣传类：如消息、通讯、特写、解说词等。

此外，专用类还有外交、军事等方面的文书，但由于其使用太专一，这里不再赘述。

三、应用文的特点

1. 直接的功用性

所有文章都是现实的反映，一切写作活动都是为现实服务的。从这个意义上说，所有文章都具有功用性，但应用文有更强烈、更鲜明、更直接地功用性。比如文学作品，它不以直接办理事务为目的，散文、小说、诗歌等，以塑造艺术形象、反映社会生活为目的。而应用文主要是用来办理事务，用来解决生活与工作中的实际问题。写一篇财务报告，目的是向上级报告财务状况；写一篇民事诉状，是为了解决所发生的纠纷；写一篇广告，是为了向公众宣传某种商品或服务。

这种办理事务的直接的功用性，是应用文的主要特点。了解这一点，就要求在撰写应用文时，应当首先明确具体的写作目的，思考如何撰写才能达到目的。

2. 内容的真实性

应用文的真实性与文学作品的真实性是有区别的。文学作品的真实性，要求的是艺术真实，即文学作品中的人物和事件能反映社会生活的某些本质方面或发展趋向，而不要求写真人真事，可以大胆进行艺术虚构。而应用文的真实性完全排斥虚构和杜撰，要求所依据的材料真实、准确，内容实事求是。比如写调查报告，决不允许主观臆造；写新闻，更要注意时间、地点、人物、事件的真实与准确。

内容的真实性也表现在应用文的表述上。从语言来看，主要要求表述准确、不产生歧义，简明精炼，具有平实的特点；而比喻、夸张等修辞方式的使用也受到了一定限制。即使是可以运用文学手段的广告，也不能对商品和服务的内容作不切实际的夸张和渲染。

3. 思维的逻辑性

应用文写作在思维上更侧重逻辑思维，虽然应用文在撰写过程中也有运用形象思维的时候，但多数问题是以具体的事件（或问题）为中心的，需要把观点阐述清楚，把前因后果、现象和本质分析明白，所采用的是逻辑思维的方式。例如：写总结，应在陈述具体成绩和存在问题的基础上，分析说明成绩取得和问题存在的原因。

4. 格式的稳定性

通常说文章的格式包括两方面的意思：一是文章的结构形式，比如计划，先写目的意义，然后再写工作安排，写调查报告，一般先介绍调查的目的、调查的对象、调查的时间和地点、调查的方式，然后再就调查的问题分项说明；二是文面格式，包括标题的形式、有无说明等。如国家行政机关公文在文面上，要求有秘密等级、发文机关标识及发文字号等指定说明，对文种的使用有严格的规定。格式是在长期写作实践中形成的，如果逐渐为大家所接受，约定俗成，就称为惯用格式；如果格式被法定固化，就称为规范格式。应用文的格式具有使用的稳定性，所以要求写作时应根据应用文的具体类型，遵守各自的惯用格式或法定规范格式。

四、应用文语言的表述要求

应用文的语言运用，总的来说，要求表述准确、恰当，不能使记载与传递的信息变异、失真或导致接收者歧解，从而贻误工作。应用文的语言表述，根据不同文体，须遵循下述要求：

1. 严谨庄重

应用文中的公文代表机关发言，具有法定的权威性，其用语应当严谨、庄重，以体现出公文的严肃性，因此，既不宜使用口语，也不宜用文学语言。具体要求是：

（1）使用规范化的书面语言。规范化的书面语言词义严谨周密，正确使用它可以使读者准确理解公文、不产生歧义，从而能认真执行。首先，不要使用口语。如：在文件用语中，使用“商榷”“诞辰”“不日”“业经”“拟”等书面语言,而不使用“商量”“生日”“不几天”“早已经过”“打算”等口语，以示庄重。其次，不使用生造的晦涩难懂的词语和不规范的行话、方言或简称。如称“少女”为“细妹子”，称“打击经济犯罪办公室”为“经打办”，将“爱国卫生运动”简称为“爱卫运动”等。这不仅会使读者费解，影响到公文传递信息的功能，而且也影响公文制发机关的尊严与文件的权威性。

（2）使用专用词语。长期以来，人们在应用文中沿用一些使用频率较高的专用词语。这些词语虽非法定，但已约定俗成。尤其应用文中的专用词语，虽然与旧文书中的套语有一定的联系，但经过历次改革的筛选提炼，已去除其糟粕，保留了至今仍具积极作用的部分。掌握这些词语，有助于文章表述得简练。这些专用词语具有以下几类：

①称谓词，即表示称谓关系的词。

第一人称:“本”“我”，后面加上所代表的单位简称，如:部、委、办、厅、局、厂或所等。

第二人称:“贵”“你”，后面加上所代表的单位简称，一般用于平行文或涉外公文。

第三人称:“该”，在应用文中使用广泛，可用于指代人、单位或事物，如:“该厂”“该部”“该同志”“该产品”等。“该”字在文件中正确使用，可以使应用文简明、语气庄重。

②领叙词，是用以引出应用文撰写的根据、理由或应用文的具体内容的词。常用的有：为了、为使、前接、近接、根据、按照、遵照、悉、敬悉、惊悉、收悉、电悉、获悉、欣悉、关于、由于、鉴于、据查、近查、为……特……、现……如下、拟于、兹等。

应用文的领叙词多用于文章开端，引出法律、法规以及政策，指示的根据或事实根据；也有的用于文章中间，起前后过渡、衔接的作用。

③追叙词，是用以引出被追叙事实的词，如：业经、前经、均经、即经、复经、迭经等。

在使用时，要注意上述词语在表述次数和时态方面的差异，以便有选择地使用。

④承转词，又称过渡用语，即承接上文转入下文时使用的关联、过渡词语，有：为此、据此、鉴此、综上所述、总而言之、总之、因此、对此、有鉴于此、以上各条等。

⑤祈请词，又称期请词、请示词，用于向受文者表示请求与希望。主要有：希、即希、敬希、请、拟请、提请、特请、敬请、烦请、恳请、希望、要求、望、切盼等。使用祈请词的目的在于造成机关之间相互敬重、和谐与协作的气氛，从而建立正常友好的工作联系。

⑥商洽词，又称询问词，用于征询对方意见和反映，具有探询语气。有:是否可行、妥否、当否、可否、是否妥当、是否可以、是否同意、意见如何等。

这类词语一般在公文的上行文、平行文中使用，在使用时要注意确有实际的针对性，即在确需征询对方的意见时使用。

⑦表态词，又称回复用语，即针对对方的请示、问函，表示明确意见时使用的词语。如:同意、不同意、可行、不可行、责成、照办、速办、遵照执行、贯彻执行、参照执行、研究办理、供参考、应、应当、准予备案、特此批准、请即试行、按照执行、迅即办理等。在使用上述词语时应对公文中的下行文和平行文严加区别。

⑧受事词，即向对方表示感激、感谢时使用的词语，如：蒙、承蒙，属于客套语，一般用于平行文或涉外的公文。

⑨命令词，即表示命令或告诫语气的词语，以引起受文者的高度注意。如表示命令语气的语词有：着令、特命、责成、令其、着即；表示告诫语气的词语有：切切、毋违、切实执行、不得有误。

⑩目的词，即直接交代行文目的的词语，以便受文者正确理解并加速办理。

用于上行文、平行文的目的词，还须加上祈请词，如：请批复、函复、批示、告知、批转、转发。

用于下行文，如：查照办理、遵照办理、参照执行。

用于知照性的文件，如：周知、知照、备案、审阅。

⑪ 结尾词

结尾词即置于正文最后，用以结束上文的词语。如：特此报告、通知、批复、函复、函告、特予公布、此致、谨此、此令、此复、特此。

再次明确行文的具体目的与要求，如：……为要、……为盼、……是荷、……为荷、……为宜。

表示敬意、谢意、希望，如：敬礼、致以谢意、谨致谢忱。

使用这些词语，可以使文章表述简练、严谨并富有节奏感，从而赋予庄重、严肃的色彩。

2. 恰当准确

文学创作讲“文贵曲”，而应用文有很强的政策性、实用性。要求语言明确，使人一看就懂，一懂就可执行、答复或办理，不能模棱两可，不能有再创造的余地。如“最近他表现不好”这句话，就难以给人以准确的认识。首先，“最近”是指什么时间？而“表现不好”又缺乏明确而具体的衡量标准。在公文和科技文章中表述事物状态时，宜用含义单一、意义确定的数量词、名词、动词和代词，尽量不用或少用副词与形容词，如：说明一项工作任务已“基本完成”，不如说“已完成80%”更为确定；表述事件发生的时间，应确切地写出：“××时××分”，而不要写“太阳已经落山”或“时近黄昏”，因为后者会使读者对时间产生模糊认识。《中华人民共和国宪法》第二章第45条：“国家和社会保障残废军人的生活，抚恤烈士家属，优待军人家属。”该条中的“保障”“抚恤”“优待”表现出对三种人明确不同的政策。

各行各业的应用文中要用到许多专业术语，作者应顾及受文对象，如果面对社会公众，行文必须用明白通晓、读者能够看懂的语言诠释专业名词。例如在《中国金融》一篇《信用是扩大积累的有力杠杆》的文章中，是用如下语言解释财政资金与信贷资金的区别的：“从财政学的观点来说，财政的钱只能一个顶一个用……决不能把拨给张三的钱交给李四支配，反之亦同。信贷资金则不同，张三把一笔钱存入银行，银行把这笔资金贷给李四，李四就取得了对这笔资金的支配权；李四归还贷款后，银行又可以把这笔资金的支配权交给第三者，如此等等。”这就把一个比较专业的问题，用通俗的语言表述出来，有利于读者理解。

3. 朴实得体

应用文是办理事务的工具，也是沟通信息的基本方式，因此，强调用语朴实和得体。

朴实，即文风要朴实无华，语言实在，强调直接叙述。不追求华丽辞藻，也不搞形象描写，更不用含蓄、虚构的写作技巧。具体要做到：

（1）语言通俗，不生造词语，不是用生僻字。

（2）语言质朴，不可以雕琢，不玩弄词藻。

（3）语言自然，不装腔作势，不说空话套话。

得体，即指应用文语言应适应不同文体的需要，说话讲究分寸、适度。

4. 简练生动

“简”本来是战国至魏、晋时代的书写材料，是削制成的狭长竹片或木片。由于这种书写材料制作困难，就要求作者必须言简意赅，尽量争取以较少的文字，容进较多的意思。“练”指把丝麻或布帛煮得柔软洁白，这里是要求文字写得明白。应用文写得简练是高速传递信息的需要，是节省时间、提高办事效率的需要，也是朴实、明确这一特征在“文字量”上的体现。应用文写作中要反复锤炼语言，像鲁迅先生提出的那样，毫不可惜地删去那些可有可无的字、词、句、段。

我们所处的社会信息量越来越大，信息的传递速度、处理速度也越来越快，要求信息的容量越来越高密。例如：从北京三次申奥口号比较看，更体现了简练的特征。1991 年申奥口号共 7 条 107 字；1992 年申奥口号为 6 条 67 字；2000 年申奥口号仅 2 条 18 字。第一条是“新北京、新奥运”仅 6 个字，两个短语，第二条是“绿色奥运、科技奥运、人文奥运”12 个字，三个短语，两条口号鲜明地突现出北京申奥的新理念。

为达到语言简练，可多使用单音节词，酌情使用一些文言词语，合理使用简称。

为了加快阅文办事的节奏，应用文用语必须简明精练，即用尽可能少的文字，浓缩大量的信息，做到言简意赅。如果是面对听众的报告、演说词，以及调查报告、总结等应用文种，也可以用生动活泼的语言表达事理、吸引读者，感染读者。诚然，上述应用文文种不会像文学作品那样借用种种写作手法来塑造形象，只可以有限使用比喻、借代、夸张等修辞技巧，穿插使用成语、俗语、歇后语等来增强文章的吸引力、感染力、新鲜感。例如：1993 年，一名作者对安徽凤阳县小企业经营状况进行调查，写出了《一个小厂崛起的启示》的调查报告，在这个调查报告中作者总结凤阳县对发展小企业的经验是“五借”，即“借鸡下蛋、借巢引凤、借花献佛、借船出海、借题发挥”。采用这样形象生动的语言归纳总结，读者倍感亲切，也好记忆。2020 年 12 月 31 日，国家主席习近平通过中央广播电视总台和互联网，发表了二〇二一年新年贺词。在贺词中他深情地说：“2021 年是中国共产党百年华诞。百年征程波澜壮阔，百年初心历久弥坚。从上海石库门到嘉兴南湖，一艘小小红船承载着人民的重托、民族的希望，越过急流险滩，穿过惊涛骇浪，成为领航中国行稳致远的巍巍巨轮。胸怀千秋伟业，恰是百年风华。我们秉持以人民为中心，永葆初心、牢记使命，乘风破浪、扬帆远航，一定能实现中华民族伟大复兴。”习主席用“一艘小小红船”和“巍巍巨轮”的比喻手法，把中国共产党为国为民奋斗的百年历程，其自身由小到大、由弱变强的成长历程，鲜明、形象地呈现出来，后面的“乘风破浪、扬帆远航”使用的粘连修辞，进一步将中国共产党的特点形象化、突出化，所以合适的修辞手段也是可以在应用文中使用的。

五、学习应用文写作的意义

1. 应用文是事业发展的依据和保障

三国时，魏主曹丕在《典论·论文》中说：“盖文章，经国之大业，不朽之盛事。”社会各项事务的顺利开展，应用文是精神指导和工作开展的依据，我们不能设想，一个单位发出的公文，表述不准确、格式不规范，财务部门写的经济状况报告让人摸不清头绪会带来什么后果。这些不合格的应用文，小则误事，大则误国。曹丕把文章的功用提高到治理国家的高度来认识，这无疑是正确的，值得后世效法。我们今天正在为推进社会主义现代化和中华民族的伟大复兴而学习、而工作，就应该从思想上重视应用文写作，真正认识到它对做好本职工作的重要意义。

2. 应用文写作能力是工作能力高低的表现

人类社会已进入 21 世纪。这是一个知识经济的时代，也是一个高科技迅速发展的时代，这就是说，在这个新世纪中，社会将有更大的进步，经济将会高速发展，与之俱来的，是社会对就业人才提出了更高的要求。尽管办公现代化将彻底改变传统的工作模式，计算机将帮助人们解决大量的数据处理问题，使得办公效率得到前所未有的提高，但人们从事管理工作、经济工作、司法工作、科技工作……在具体办理事务时，还是离不开应用文。社会各个领域发展的速度越快，各种信息量就越大，用人单位对员工撰写应用文的能力就越重视。能否得心应手地撰写应用文，已成为衡量其工作能力高低的重要标准之一。

3. 应用文写作能力需要习得

应用文到处可见，机关的文件、报纸的新闻、财务的报表，等等，人们司空见惯，也许会认为撰写应用文很简单。其实不然，要学会撰写应用文，同样需要认真学习，掌握必要的理论知识，只有通过长期的写作实践，才能逐步提高应用文写作能力，达到满足工作需要的程度。有的大学生毕业后走上了工作岗位，领导布置工作，要他们写一些文书，接任务时不觉得有什么难处，写的时候却不知从何下笔。这表明，应用文写作能力，不是有了一般的语文基础就自然具备了的；如同掌握其他知识一样，只有通过学习和反复实践才能习得应用文写作能力。

因此，我们必须认真学习应用文写作的理论，自觉地进行写作训练。只有这样，才能真正提高应用文撰写能力，从而适应日常学习、工作以及现代化社会高速发展的需要。

六、学习应用文写作的方法

（一）学习本课程的基本方法

（1）以理论为指导。应用文写作的理论对应用文写作实践有直接的、具体的指导作用。掌握其理论，正确认识各类应用文的特点和写法，无疑会帮助我们进行写作实践。但是有的人存有一种偏见，认为实践性强的课程就不必学习理论，只要苦练，就能练出真功夫。很多事实证明，不学习理论，就不会有理性的提高，做起事来，容易走弯路，事倍功半。有的人学习理论，不与实践相结合，把它束之高阁，想都不去想它，那么理论就什么作用也不起。有的人上课记笔记，下课看也不想看，也属于这类问题。要把知识化为己有，需要认真掌握基本概念，理解本门课程的理论框架，熟悉重要的例文，把握其写作规律，这样知识才能转化为能力，在实践中才能得心应手地应用。

（2）以例文为借鉴。应用写作的学习需要经历模仿、熟悉、自如三个阶段，尤其在各类文稿的体式训练中，阅读例文、模仿例文写作是第一步；熟悉应用文的格式，领悟各类文种的写作思路是第二步；反复练习，最终达到写作自如是第三步。因此对例文的分析和模仿是学习应用写作的重要途径。例文分析可以使我们从中领悟具体的写作规律。

（3）以训练为中心。将应用写作知识转化为写作能力，主要依靠有目的、有计划的写作训练。尽管写作能力是各种知识的综合性体现，但有重点地针对各文种特点进行训练对于掌握其基本写作方法是十分有效的。因此，学习本门课必须重视训练。

以上三点是就课程内容本身而言的，若要提高应用文的写作水平，还必须加强修养，全面提高自身的素质。

（二）提高写作水平的根本途径

应用文写作讲究的不是文采，讲究的是规范，代表是威严和信誉。学好应用文写作，对于任何人来说都非常重要，你所写的应用文是否规范，要受到社会各方面的评说、检验，代表你所在单位的公众形象，影响到国家机关的权威性、可信度，影响到企业的美誉度和信誉度。因此，掌握正确的写作方法就很重要。

1. 学习应用文写作的基本理论

应用文写作的基本理论包括基本原理和文体知识理论两大部分。基本原理总结的是应用文各种文体普遍遵循的一般规律，如怎样确定主题，才能做到正确鲜明；怎样搜集材料，才能做到确凿典型；怎样谋篇布局，才能做到条理清晰；怎样叙述表达，才能做到简洁流畅；等等。文体知识理论总结的是应用文不同类型的文体的特殊规律。认真学习应用文写作理论，可以使写作遵循写作活动的基本规律，从盲目走向自觉，少走一些弯路，取得事半功倍的效果。

2. 掌握政策，熟悉业务

提高自身的政策理论修养，要学习有关的政策、法令、规章、制度，具备较强的政策水平和思想水平。还要提高业务知识修养，既要向书本学习，向有经验的内行人学习；更要从实践中汲取营养，使自己真正精通本部门、本系统的业务。

3. 要深入了解掌握情况，具备调查研究、收集材料的能力

在上级机关工作的同志，要随时注意收集和积累下级的情况，随时了解所属单位的工作动态。既要听取下级的口头汇报，又要深入下属各单位，尽可能地掌握第一手资料。这样，在写出有指导意义的应用文的同时，也可以提高自己的工作效率。在基层工作的同志，要多留心本单位的各种动态，收集典型材料，并做好必要的记录，这样，平时就为起草应用文做好了准备。

4. 要熟悉并掌握本部门和本系统的基本情况

一篇有价值的应用文，从内容到形式，都必须具有科学性，做到既要符合客观规律，又密切联系本部门和本系统的业务。因此，我们平时要熟悉本机关、本部门的工作性质、业务范畴、机构设置、人员构成及分工情况等，对本机关、本部门的基本情况做到心中有数。要掌握本机关、本部门的工作规律和特点，了解不同时期的中心工作，从而撰写出高水平的应用文来。

5. 要具备一定的写作知识和技能，不断提高写作能力

首先，要具有一般的写作基础理论知识和常用文章体裁知识，特别是应用文的文体知识。写作基础理论知识包括文章的材料、主题、结构、语言、表达、起草、修改和文风；常用文体知识包括记叙文、论说文、说明文、散文和应用文的写作等文体的写作知识。对应用文的写作知识，在党政机关和企事业单位工作的同志，特别是从事文字工作的同志要力求精通，熟练地掌握应用文主要样式的写作方法。

其次，要有良好的语言修养。对于应用文写作者来说，就是要掌握语法和修辞知识。语法知识是教我们把话说对、说顺畅，修辞知识是教我们把话说好、说生动。

再次，要讲究学习方法。方法得当，可以收到事半功倍的效果。要学习应用文的写作理论知识，学习和分析应用文范文，同时要结合实际，加强写作实践锻炼，在写作实践中积累、体悟和提高。

学习应用文写作，关键是要完成知识向能力的转化。要完成这种转化，写作实践是唯一的桥梁，因此要有旺盛的写作热情，坚持多写多练。经常写，经常总结经验，写是理论联系实际的过程，贵在持之以恒，锲而不舍。多写多练，形成良好习惯，写作时方能得心应手，游刃有余。

【基础练习】

一、运用应用文专用词语填空。

1.（　　）部领导指示精神，我局会同××司××办公室抽调×名同志组成了“××事件调查组”……

2.《××××办法》（　　）厂务委员会讨论通过，现发给你们，望结合本单位具体情况（　　）执行。

3.（　　）生（　　）我校××系××专业××级学员……

4. 以上命令（　　）施行，不得（　　）。

5. 以上通令，应使全体公民（　　），切实（　　）执行。

6.（　　）进一步提高我省企业管理干部的管理素质，决定对在岗企业管理干部有计划地进行培训。（　　）征得四川省行政管理学院同意，（　　）委托（　　）院举办企业管理专业班……

二、下面是一位同学写的书信，请从结构和语言上指出他的错误，并加以修改。

李烁和显峰，你们好！

惊悉你们俩人考上大学，非常高兴，谨向你们致以衷心祝贺！说来惭愧，咱们三人曾同学五年，独我落选。不过，鄙人这次虽然高考不幸，名落深山，但决不灰心，决心明年再考，即使考不上也不悲观，学府外自学成材的人不是大有人在吗？时至今日，学习计划已具雏形，诸君学习成绩显著，有何经验之谈或锦囊妙计，莫保守，来信告我。

余不赘陈，愿我们在学习的道路上比翼双飞。

此致

敬礼

九月三日

刘航

三、指出下列句子有哪些不符合公文语言的要求，并加以改正。

1. 与会者请于4月23日前来报到。

2. 我们的请示已送去一个多月，你们为什么迟迟不予批复？

【素质目标】

（1）一面锦旗也是一则简单的应用文，它代表的是发文单位的工作态度与公众形象。

（2）写好汉字、重视写作是每个公民应尽的义务与光荣的使命。

（3）培养学生客观准确的表达习惯，形成严谨认真的职业态度。

故宫赠锦旗　一字谬千里

2011年5月13日，因北京市公安局为故宫博物院找回失窃物品，故宫博物院负责人来到北京市公安局赠送锦旗一面（撼祖国强盛，卫京都泰安），对市公安局迅速破案表示感谢。

谁料只有10字感谢语的锦旗上居然还出现了一个错别字（锦旗中“撼”应为“捍”字），导致意思完全相反，引来众多网友“围观”，故宫陷入争议漩涡。17日，故宫博物院在网上公布了一封致歉信，向广大公众致歉。

第二章 事务应用文

【学习目标】

（1）掌握计划、总结、启事、调查报告等文种的写作格式和写作要求。

（2）能按要求撰写计划、总结、启事、调查问卷、调查报告等常用事务文书。

（3）能够灵活使用这些文种，应用并解决实际问题。

・第一节 计 划・

一、计划的概念

计划是单位或个人根据党和国家的有关方针、政策以及上级的指示要求，依据本部门和个人的实际情况，对未来一定时期内的工作、生产、科研和学习等拟定目标、内容、步骤、措施和完成期限的一种事务文书。在实践中，计划有许多名称，如“安排”“要点”“设想”“方案”“规划”“打算”等，这些统称为计划类文种。

规划：是一个国家、地区、系统、单位对未来全局工作的发展作出具有战略意义的总体部署和筹划。规划使用的时间较长，涉及的范围较广，内容概括宏观，如《××公司五年发展规划》。

设想：是计划项目和计划内容尚不成熟的计划形式。设想是为了长远工作或者某种利益而做出的非正式不成熟的勾勒，如《××企业员工激励体制改革的初步设想》。

方案：是对某一项目的工作，从指导思想、目的要求、方式方法到具体进度都作出周密而具体安排的计划，如《××大学第四届文化艺术节活动方案》。

要点：是对一定时期内的全局工作或者专项工作所作出的简要计划。实际上就是计划的摘要，即经过整理，把主要内容摘出来的计划，如《×××集团公司关于公司发展规划的工作要点》。

安排：是单位或个人对短期内的某项工作作出的具体计划。它是未来解决近期事项或者对工作进行具体布置而制定的，是一种短期计划中最为具体的一种，如《××公司产品展销会的工作安排》。

打算：是近期内要做的工作的具体指标或方法、措施不很周全的计划。打算中只能做初步的要求，如《×××公司清查内部员工代销现象的打算》。

其中，方案是最细致的计划，也是日常生活工作中最常用到的计划类文种。

二、计划的类型

计划的种类很多，常见的有以下几种：

按内容分：有生产计划、工作计划、业务计划、学习计划、科研计划、教学计划、文体活动计划等。

按性质分：有综合计划和专题计划。

按时间分：有长期计划、中期计划和短期计划等。

三、计划的作用

1. 明确目标

计划是把握工作目标、完成工作任务的保证。有了切实可行的计划，才能明确奋斗目标，避免或减少工作中的盲目性、被动性，做到心中有数，合理安排人力、物力、财力和时间，保证各项工作有条不紊地进行。

2. 提高效率

明确的计划，具体的措施，使各个岗位、各个环节上的人员统一认识、协同努力，保持清醒的头脑，步调一致，把人力、物力、财力有效组织起来，最大限度地提高工作效率。

3. 利于监督、检查

制订的计划报给上级，便于领导了解情况，督促检查工作；也为下级机关制订计划、安排工作提供依据；同时也有利于自身不断检查工作进展情况，掌握进度，及时发现问题、解决问题，避免造成实际损失。

总之，从宏观上看，计划对整个国家机器的运转和国民经济的管理有着十分重要的作用。从微观上说，各单位订好切实可行的计划，是完成任务、做好工作的重要前提；对个人而言，也有利于人生规划与事业发展。

四、计划的特点

1. 预见性

这是计划最明显的特点之一。计划不是对已经形成的事实和状况的描述，而是在行动之前对行动的任务、目标、方法、措施所做出的预见性想法。但这种预想不是盲目的、空想的，而是以上级部门的规定和指示为指导，以本单位的实际条件为基础，以过去的成绩和问题为依据，对今后的发展趋势作出科学预测之后设定的。可以说，预见是否准确，决定了计划写作的成败。

2. 针对性

计划一是根据党和国家的方针政策、上级部门的工作安排和指示精神而定，二是针对本单位的工作任务、主客观条件和相应能力而定。总之，从实际出发制定出来的计划，才是有意义、有价值的计划。

3. 可行性

可行性是和预见性、针对性紧密联系在一起的，预见准确、针对性强的计划，在现实中才真正可行。如果目标定得过高、措施无力实施，这个计划就是空中楼阁；反过来说，目标定得过低，措施方法都没有创见性，实现虽然很容易，并不能因而取得有价值的成就，那也算不上有可行性。

4. 约束性

计划一经通过、批准或认定，在其所指向的范围内就具有了约束作用，在这一范围内无论是集体还是个人都必须按计划的内容开展工作和活动，不得违背和拖延。

五、计划的写法

计划一般由标题、正文、落款三部分组成。

（1）标题：常见的标题包括四项内容：单位名称、适用时间、指向事务、文种。如《××建筑工程安装公司××年工作计划》《××大学××学院2020—2021年第一学期政治学习计划》；有的省略单位名称，如《××年度全民义务植树造林工作计划》；有的省略单位名称和适用时间两个要素，由指向事务和文种组成，如《科研工作计划》。

（2）正文：正文由前言、主体、结尾三部分组成。

①前言部分，是计划的开头，主要阐明制定计划的背景、根据、目的、意义、指导思想等，篇幅的详略长短要根据工作的重要程度、内容的多少来确定，总体上要求简练概括，回答为什么要做。

例如《人文社科系2021年工作要点》的前言：2021年是“十四五”规划开局之年，人文社科系将以党支部建设为保障，以双高建设为重点，持续开展人才培养质量提升行动、专业建设提质行动和社会服务提效行动，大力加强师资队伍建设，积极探索“三教”改革，打造人才培养高地，推进人才培养、科研与社会服务、文化传承等各项工作开展，不断提升人才培养质量。

②主体：计划的主体一般由目标、措施、步骤三部分构成，分别回答“做什么”“怎么做”“各阶段任务以什么方式在什么时间做完”的问题，有人将此称作计划的“三要素”，这是计划最重要的内容，也是篇幅最大的一部分。

目标，是计划工作、活动要达到的标准和要求，常被称作“目标任务”。它是对前言提出的总目标、总任务的分解与具体化，提出的应该是明确目标、主要任务与重要指标。

措施是完成目标任务的具体方法，如采取哪些方法，需创造什么条件，具体做哪些分工等。

步骤主要指时间分配，以及人力、物力、财力的调度安排，如实现目标任务过程中所应做的时间安排、各个阶段任务的划分、各项任务的完成时限等。其他，如有关检查、落实、评比、修改计划等事项，可以分别写在条文里，也可在“措施步骤”后面单独写。

③结尾：结尾即计划的结语，一般包括补充性说明，为完成目标任务而提出的希望、号召与建议，或执行计划应注意的事项等。有的计划也可无结语，主体收束，全文收尾。

（3）落款：在正文的右下方写上制定计划者的单位名称或个人名字，并署上日期。如果在计划标题上已标明了单位名称，此处可以不写单位名称，但是日期是必须要写的项目。上报或下达的计划，或以文件的形式下发的计划，还要加盖公章。

六、计划的模式

计划可采用以下几种写作模式，即表格式、条文式和综合式。

表格式一般多为固定化的项目工作，在生产计划中运用较多，大多将生产的指标、数量、种类、时间、进度等内容填入表格即可，一目了然，十分清楚。

条文式是分条列项地阐述计划的目标、任务、指标、措施等，大多采用叙述式或小标题，往往层次鲜明、眉目清晰。

综合式是将条文和表格并用，既进行必要的事务阐述，又用表格进行各项工作的具体布置，使各项工作脉络清晰，综合式往往用于比较复杂的工作。

【例文借鉴】

例文 1

销售部 10 月工作计划

填报人：胡 × ×　　　　时间：2021 年 09 月 23 日

工作性质	工作事项	本月工作计划	重要程度	所需工作支持	效果
重点工作	销售任务	本月签订合同	50%	设计师	本月完成 5 笔以上订单
	销售回款	促进十里蓝山郑老师进场交首期款和剩余的设计费	20%		本月完成一客户的回款 20 万元
	服务意识	注意日常工作中的交流方式，使客户认同我的服务	20%		服务满意度 100%，若有客户投诉，此项为 0 分
	客户沟通	完成 ×× 个电话，×× 份资料发放，建立 ×× 个 /×× 楼盘客户档案	10%		完成 300 个电话销售，2 个楼盘资料发放，建立 8 个以上客户资料

填表说明：

1. 月度工作计划作为月度绩效考核数据主要来源，请详细填写。
2. 月度工作计划需经直接上级、副总经理、总经理审批通过后执行。

总经理：　　　　副总经理：　　　　直接上级：　　　　员工签字：

例文分析：以上销售部销售计划，采用表格式撰写方式，有工作事项、目标和预期效果。表格式计划一目了然，便于执行和检查监督。

例文 2

2021 年度销售部工作计划

2021 年是全国销售大战打响的第二年，公司在提高产品质量的同时，更加大了对销售工作的投入力度，以期取得更好的销售业绩，提高公司在市场上的占有率。为圆满完成公司下达的各项销售目标，特制订本销售计划。

一、健全销售管理基础

（一）工作重点

1. 认真研究好公司下发商务政策，做好订货、进销存管理。
2. 密切跟进厂方及公司市场推广。
3. 通过实施品牌营销方案快速打开市场。
4. 通过销售管理系列培训计划提升团队业务技能。
5. 健全部门各项管理制度，规范部门运营平台。

（二）工作思路

1. 展厅现场 5S 管理

A. 展厅布置温馨化——以顾客为中心，营造温馨舒适的销售环境。

B. 销售工具表格化——统一印制合同、销售文件和 DMS 系统，使工作标准化、规范化。

C. 销售看板实时化——动态实时管理销售团队的目标达成和进度，激励销售人员开展销售竞赛。

2. 展厅人员标准化管理

A. 仪容仪表职业化——着装规范、微笑服务。

B. 接待服务标准化——电话接待流程、来店接待流程、表卡登记流程、表卡管理流程、交车流程。

C. 检查工作常态化——对展厅人员的仪容仪表、接待流程等标准化检查做到每日检查、每周抽查，长期坚持不懈才能督促人员的自觉意识，形成习惯。

3. 销售人员管理

A. 例会总结制度化——晨夕会、周会、月销售总结分析会、活动总结会。

B. 培训考核细致化——车型介绍个个过、业务知识培训考试、谈判技巧培训、竞争对手知识考核、销售话术演练等。

C. 业务办理规范化——报价签约流程、订单及变更流程、价格优惠申请流程、车辆交付流程、保险贷款上牌流程等标准化。

4. 业务管理重点

A. 数据分析科学化——来店（电）量、试驾率、展厅成交率、户外展示成交比、销售顾问个体生产力等。

B. 销售模式差异化——从顾客感受出发创新服务模式，做到人无我有，人有我细。

C. 销售任务指标化——从年度计划细分至季度、月度、每周指标，在部门内从上至下对任务指标要时刻关注、准确掌握。

D. 销售队伍竞赛化——通过不定期分组销售竞赛、促销、看板管理、以老带新、月度考核、末位淘汰，使销售队伍竞赛常态化。

E. 销售培训系统化——从业务流程培训到销售技巧培训、从现场管理培训到活动组织培训、从岗位资格培训到能力提升培训等，贯穿全员。

F. 活动组织严谨化——严谨细致地制订店头（户外）活动计划，充分与各部门沟通落实、协调分工，制订应急方案，确保顾客邀约数量达标、现场气氛活跃、促销资料发放有序、危机事件得到妥善处理。

二、培养打造优秀销售管理团队

（一）工作重点

1. 总结前期管理不足，分析提出改进方案，不断提升管理能力。

2. 以市场为中心，不断探索销售创新与服务差异化。

3. 时刻关注公司总体运营 KPI 指标并持续改进。

4. 完善各项管理制度和流程，推行销售部全员绩效考核体系。

5. 建设高素质、高专业化销售团队。

（二）工作思路

1. 关注 KPI 运营指标，降低部门运营成本。

2. 精细化进销存管理，根据月度销售量及滞销量，结合库存车型数量和在途订购车辆及日期，在充分研究内外部环境后，做好月度订货分析计划，提高资金周转率。

3. 销售创新，协同市场部、售后服务部等部门积极开拓客户、二级网点，积极推广品牌活动，紧密关注社会热点和行业发展，结合车型特点策划销售方案，适时开展二手车置换业务、汽车消费信贷业务、精品销售业务等。

4. 做好客户资源管理，不断提升客户满意度，定期举办客户维系活动，研究分析客户投诉并处理客户问卷、客户转介绍等。

5. 业务技能持续提升计划，推行维系微笑服务之星，推行工作高效率之星，开展岗位技能提升培训计划、岗位比武，形成员工内部热爱本职、钻研业务、自我学习的良好氛围。

6. 不断优化改进业务流程，创造管理效益，在实践中不断改进制订清晰严谨的规章制度和业务流程。

7. 完善奖励机制和考核，奖勤罚懒，表彰先进，提倡团队协作精神。

8. 团队长期建设，发现人才，培养人才，对员工职业生涯进行引导和规划，设置高难度工作计划，鼓励员工挑战高峰，关心员工生活，注重思想交流。

三、建立分销网络

（一）对合作商进行考察、评估

以合资的方式建立 2~4 个股份制地区分销中心，使合作商与公司的利益紧密相连，简化烦琐的工作流程和可能出现的矛盾，达成一致的目标。

（二）建立地区分销中心

各分销中心具有整车销售、储运分流、配件配送、资金结算、信息反馈、服务支持、培训评估，以及市场管理与规范八大功能，通过各分销中心直接渗透到各辖区市场，从而更直接、准确、及时地了解市场的变化情况。

分销中心统一向辖区内的代理商供货，代理商直接面向当地最终用户，不实施批发销售，代理商每月向所属分销中心预报下月的产品需求，分销中心向 4S 店销售部预报下月产品需求量，这种做法有利于促进代理商和分销中心对市场的分析和预测，对市场变化能迅速地做出反应，也有利于价格的统一和运作的规范化管理，不易造成各代理商业务的重叠。

（三）分销特点

1. 直销

由 4S 店直接向最终用户销售。

2. 总代理式

4S 店→大区总代理→片区代理→终端代理商→顾客。

3. 特许代理式

4S 店→分销中心→片区代理→顾客。

4. 品牌专卖式

4S 店→片区专卖店→顾客。

2021 年任务艰巨，工作繁多，全体销售部员工将继续秉承多渠道、广纳言、勇创新的销售思想，扎实工作，争取取得更高的销售业绩。

××汽车有限公司销售部

××××年××月××日

例文分析：这是一篇条文式销售工作计划，全篇由标题、正文、落款三部分组成。标题为三要素式，包括“时间 + 内容 + 文种”。正文包括前言、主体和结尾三部分；前言介绍工作的背景及意义；主体介绍本年度计划的基本内容，共有健全销售管理基础、培养打造优秀销售管理团队、建立分销网络三项工作，每项工作有目标、有措施，条理清楚；结尾表达了工作态度和工作愿望。全篇文章结构完整，重点突出，方法得当。

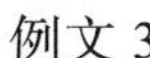

例文 3

华泰公司员工春游活动方案

为促进公司员工间的交流，营造和谐融洽的团队氛围，扩大公司影响力，特组织本次春游活动。

一、活动时间：2021 年 5 月 15 日（具体视天气情况调整时间）。

二、活动地点及介绍：京东大峡谷。

京东大峡谷自然风景区距市区 85 千米，南与盘山、东与黄崖关长城、独乐寺、清乐陵、雾灵山等景区毗邻，成为镶嵌在京、津、唐金三角地区上的一颗光彩夺目的明珠。京东大峡谷又名五龙潭大峡谷，景区总面积 6 平方千米，集青山绿水、虎洞龙潭、险峰峡谷、瀑布灵泉等数十处自然景观于一地。这些景观分布在高峰深潭幽谷之中，被一条从峡谷顶峰天池上垂落下来的蜿蜒溪流连接起来。大峡谷内有万亩松林，设茅屋草舍，备旅游帐篷及各色吊床，可供游客休息。景区内水上游乐场所龙潭湖坝高 30 米，水深 30 米，水上备摩托快艇供游人游乐消遣。

三、活动安排：

上午 9：00 公司统一集合乘车，启程前往——11：00 左右到风景区——12：00 在农家院就餐——13：00 游览景区——16：00 团队活动（详见附件）——17：00 集合乘车返回公司。

四、参加人员：华泰全体员工。

五、活动管理人：

（一）总负责人：钟海涛、胡丹。

（二）安全负责人：刘月校、耿文磊。

主要负责春游线路、休息用餐时间、乘车船安排，保证人员春游安全、有序、有趣。

（三）后勤负责人：王瑞杰、姜丽。

主要负责活动的组织协调，物品订购、车辆预订、饮食安排、摄影游戏等。

六、活动预算：

活动预算				
序号	项目	单价	数量	合计
1	门票	60 元 / 人	47 人	2 820 元
2	餐费，桌，共计	350 元 / 桌（12 人）	4 桌	1 400 元
3	租车	1 400 元 / 辆（往返）	2 次	2 800 元
4	矿泉水	25 元 / 箱	8 箱	200 元
5	条幅	20 元 / 幅	1 幅	20 元
6	常备药品	160 元	1 箱	160 元
费用合计：7 400 元				

七、活动准备：

（一）大巴车一台。

（二）横幅一条。

（三）饮用水。

（四）小药箱（晕车、中暑、扭伤药及创可贴等）。

（五）对讲机。

（六）照相机。

八、春游人员注意事项：

1. 参与活动人员名单由各项目负责人统筹安排。

2. 所有春游人员尽量着宽松的服装和运动鞋或易于登山的鞋子，根据天气情况佩戴防晒帽参加活动。

3. 天气炎热，有身体不适或晕车现象的人员应提前告知负责人。

4. 春游人员在开展游览活动中应分小组开展活动，组长由领班担任。注意游览途中人员安全，出现突发事件请拨打相关工作人员的电话。

5. 所有参与出游的员工在外出活动中应听从各环节负责人安排，不得擅自行动。

6. 应注意个人言行，自觉维护企业形象和声誉。

华泰公司宣传部

2021 年 5 月 5 日

附件：游戏项目与规则

一、缩小包围圈

1. 让员工们紧密地围成一圈。

2. 让每个员工把自己的胳膊搭在相邻同伴的肩膀上。

3. 告诉大家我们将要面临一项非常艰巨的任务，这项任务是大家要一起向着圆心迈三大步，同时要保持大家已经围好的圆圈不被破坏。

4. 等大家都搞清楚了游戏要求之后，让大家一起开始迈出第一步。迈完第一步后，给大家一些鼓励和表扬。

5. 现在开始迈出第二步。第二步迈完之后，可能就不必挖空心思去想那些表扬与鼓励的词语了，因为，目前的处境已经使大家忍俊不禁了。

6. 迈第三步，其结果可能是圆圈断开，很多队员摔倒在地。尽管很难成功地完成任务，但是这项活动会使大家开怀大笑，烦恼尽消。

二、大树与松鼠

1. 事先分组，三人一组。二人扮大树，面对对方，伸出双手搭成一个圆圈；一人扮松鼠，并站在圆圈中间；没成对的员工担任临时人员。

2. 主持喊“松鼠”，大树不动，扮演“松鼠”的人就必须离开原来的大树，重新选择其他的大树；培训师或临时人员就临时扮演松鼠并插到大树当中，落单的人应表演节目。

3. 主持喊“大树”，松鼠不动，扮演“大树”的人就必须离开原先的同伴重新组合成一对大树，并圈住松鼠，培训师或临时人员就应临时扮演大树，落单的人应表演节目。

三、笑容可掬

1. 让员工站成两排，两两相对。

2. 各排派出一名代表，立于队伍的两端。

3. 相互鞠躬，身体要弯腰成 90°，高喊 ××× 你好。

4. 向前走交会于队伍中央，再相互鞠躬高喊一次。

5. 鞠躬者与其余成员均不可笑，笑出声者即被对方俘虏，需排至对方队伍最后入列。

6. 依次交换代表人选。

四、坐地起身

1. 要求四个人一组，围成一圈，背对背地坐在地上。

2. 不用手撑地站起来。

3. 随后依次增加人数，每次增加 2 人，直至 10 人。

五、齐眉棍

全体分为两队，相向站立，共同用手指将一根棍子放到地上，手离开棍子即失败，在所有员工手指上的同心杆将按照培训师的要求，完成一个看似简单但却最容易出现失误的项目。

统一的指挥 + 所有队员共同努力对于团队成功起着至关重要的作用。

以上活动的中心目的在于培养团队合作精神、增进彼此间的沟通。

例文分析：这是综合式计划，这篇活动方案是最详实的计划，本文包含正文与附件，写得项目完整、详实具体、逻辑清晰、科学可行，是一篇优秀的范文。

【基础练习】

请对照计划的写作格式和要求，诊断下面计划中有哪些问题，并加以改正。

学习计划

在学校校风、班风的推动下，我们所面对的学习竞争越来越激烈，为了使自己的学习成绩史上一个阶梯。特制定本计划。

（1）每天坚持记 20 个单词，利用早自习时间朗读，背诵前一天所学内。

（2）利用课余时问练习英语听力和口语，每天至少听 40 分钟英语听力。

（3）上课时尽量积极发言，锻炼自己的能力和胆量。

（4）每周坚持写两篇英语日记，锻炼英语写作水平。

（5）利用周末时间多去阅览室看书，开阔自己的学习视野。

（6）为了提高计算机操作水平，每星期坚持去机房练习两次。

以上是我为本学期制定的学习计划。本人将严格要求自己，争取做到最好。

计划人：×××

2020.3.21

【写作实训】

情景描述：针对近期将要来临的一个节日，你所在的班级想要搞一次集体出游活动，请你以班级的名义写一则活动方案。

任务要求：

1. 方案要具体可行。

2. 预算要合理。

·第二节　总　　结·

一、总结的含义

总结，也叫总结报告，它是一个组织或个人在工作、学习、生活告一段落后，作以回顾、检查、分析和评价，从中找出成功的经验、失败的教训、悟出道理、得出规律性的认识，并用以指导今后的工作而形成的书面材料。

述职报告是总结的一种。述职报告是指党政机关、社会团体、企事业单位的领导者或工作人员，向所在工作单位的人事部门、主管领导以及上级机关陈述自己在一定时间内履行岗位工作的成绩、问题的自我评述性的文书。

二、总结的类型

总结的种类与计划的种类是相应的。按照不同的标准，可以分为多种类型：

按内容分：有工作总结、生产总结、学习总结、思想总结。

按范围分：有部门总结、单位总结、个人总结。

按时间分：有年度总结、季度总结、月份总结、阶段总结。

按性质分：有专题总结和综合总结。

三、总结的特点

1. 自指性

总结是对自身社会实践活动进行回顾的产物，它以自身工作实践为材料进行写作，所以其中的成绩、做法、经验、教训等都有自指性特征。

2. 回顾性

与计划正好相反。计划是设想未来，对将要开展的工作进行安排；总结是对以往工作的全面检查、回顾与反思。

3. 客观性

总结有很强的客观性特征，它以自身的实践活动为依据，所列举的事例和数据都必须完全可靠，确凿无误，任何夸大、缩小、随意杜撰、歪曲事实的做法都会使总结失去应有的价值。

4. 理论性

总结不是记流水账，不能停留在事实的表层作一般陈述，而是以辩证唯物主义和历史唯物主义观点，认真地评价得失，对大量的事实材料进行科学分析，就事论理，揭示出客观事物带规律性的认识，进而指导今后的工作与生活。

四、总结的写法

总结的结构由标题、正文、落款三部分组成。

（一）标题

最常见的标题是由单位名称、时间、内容和文种组成，如《××港务局2021年工作总结》。标题具体有以下三种：

（1）文件式标题。如《××商场2020年销售工作总结》。

（2）文章式标题。这种标题简明扼要，突出重点，主要适用于写经验总结，如《股份制使企业走上快速发展之路》《增强领导干部公仆意识》等。

（3）双标题。一般由正标题与副标题组成，正题用来概括文章主旨和中心，副题具体说明单位、时间和文种，如《改变经营方式，提高经济效益——××商厦2021年经验介绍》。

（二）正文

总结的正文部分主要包括基本情况的概述、完成工作及成绩、存在的不足、改进意见与设想等几方面的内容。

（1）基本情况概述，就是简单交代工作的时间、背景、事情的经过、基本成绩与收获等，为下一步的分析研究提供基本情况，给读者以总体认识。

（2）完成工作及成绩，是总结的重要内容。重点谈完成了哪些工作、采用了什么措施、动了什么脑筋、有何创新与成绩，列出确切的数据与典型事例，概括并阐述取得上述成绩的基本做法与经验心得。

（3）存在不足，客观地指出工作中存在的不足，并分析工作失误的原因及危害，认真挖掘日常工作中深层次的内涵，将具体问题上升到一定的理论高度，从而总结出某些规律，用以指导今后的工作。

（4）改进意见与设想，是在总结经验教训的基础上，提出改进的措施与建议，明确今后的努力方向。

总结正文的写法，没有一成不变的模式。因总结目的的不同，总结内容的侧重点和结构安排也不尽相同，可根据需要灵活选择结构形式。

（三）落款

如果单位或个人的署名已经署于标题下，此处可省略。如果是用于报送上级的总结，在单位名称处应加盖公章。

五、总结的结构模式

总结的结构形式不拘一格，常见的有三种：

（1）条文式，即将总结的内容按性质和主次轻重逐条排列，行文简要，眉目清楚。

（2）小标题式，就是正文部分有逻辑关系的，可分为几个小标题，逐层深入地进行分析，这样会条理清晰，一目了然。

（3）全文贯通式，为了前后连贯，不分章节、不列条款，按时间和事物本身发展的过程，一气呵成，全文贯通。

六、述职报告的写法

述职报告由标题、称谓、正文、落款和附件组成。

（一）标题

（1）直接用文种名称作标题，即“述职报告”。

（2）全称标题或者省略某些要素，如《××财政厅×××任职期间的述职报告》，或者《××年述职报告》《××公司×××述职报告》。

（二）称谓

即听取述职报告的对象，或是某个部门，或是负责人。

（三）正文

正文由前言、主体、结尾三部分组成。

（1）前言。一般交代任职的基本情况，包括何时任何职、变动情况及背景；岗位职责和考核期内的目标任务情况及个人认识；对自己工作尽职的整体评估，确定述职范围和基调。这部分要写得简明扼要，给听者一个大体印象。

（2）主体。是述职报告的中心内容，主要写实绩、做法、经验、体会或教训、问题，要强调写好以下几个方面内容：对党和国家的路线方针政策、法纪和指示的贯彻执行情况；对上级交办事项的完成情况；对分管工作任务完成的情况，如在工作中出了哪些主意，采取了哪些措施，做出哪些决策，解决了哪些实际问题，纠正了哪些偏差，做了哪些实际工作，取得了哪些业绩；个人的思想作风，职业道德，廉洁从政和关心群众等情况。

（3）结尾。自我批评及努力方向。自我评价自己在工作中的失误和不足，表示自己将更加尽职尽责，做好本职工作。

（四）落款

写上述职人姓名和日期。

述职报告的写作要做到：陈述工作实绩要“一分为二”；要把集体的成绩与个人贡献区分清楚。

七、文种辨析：总结与述职报告的区别

1. 写作目的不同

总结：以回顾和研究工作为主进行反思，归纳经验与教训，以指引未来工作。

述职报告：介绍个人在一段时间内的履职情况，接受上级和群众的监督检查。

2. 写作对象不同

总结：可给自己看，可给上级看，可给同事或其他部门看。

述职报告：写给（有时要汇报）上级、职代会及群众看。

3. 写作策略不同

总结：重点是分析，必须提炼经验教训。

述职报告：重点是阐述履行职位情况，具体包括德、能、勤、绩、廉五方面履职情况。

【例文借鉴】

例文 1

企业围绕市场转　产品随着效益变

——××钢厂开展“转、抓、练、增”活动总结

××钢厂是全国独立型特钢企业、全国500家最佳经济效益企业。长期以来，××钢厂始终坚持“育人为本、管理为头、质量为命、效益第一”的指导方针，立足高远，艰苦创业，以深化改革为主线，以市场经济为导向，加速企业机制转换，在调整产品结构、提高产品质量的同时，增产降耗，加强经营管理，克服了重重困难，使企业得到了长足的进步和发展，经营生产年年上新台阶，为振兴西北地方经济、发展我国钢铁工业作出了应有的贡献。现将本年度各项工作总结如下：

一、深化企业内部配套改革，加快转换企业经营机制

（一）解放思想，转变观念，走转机制、抓管理的新路子。近年来，多次派人外出考察、学习，开阔了眼界，拓宽了思路。××××年以来，根据国内外市场需求情况和自己的实际条件，制定了企业战略目标，确立了“企业围绕市场转、产品随着效益变”的经营方针，树立了大市场、大企业、大流通的观念，加强了市场预测、经营决策和营销服务工作。树立了创建全国第一流特钢的观念，积极进取，大胆实践，走出了企业转机制、抓管理的新路子。

（二）坚持实行“两保一挂”承包方式，进一步完善内部经济承包责任制。以全厂利益为重，始终坚持国家、企业、职工三者利益兼顾，责权利相结合，职工报酬与企业效益、个人劳动成果相联系的原则；坚持以市场为导向，突出经济效益的原则；坚持突出成本、质量的考核，增大对成本、质量、安全指标否决力度的原则。从而使企业内部经济承包责任制逐年走上程序化、标准化、规范化的轨道。不断完善企业内部经济承包责任制的“指标、考核、保证”体系。把企业对国家的承包指标逐级分解，层层落实，实行全员承包，设计并完善了多种承包形式。

（三）深化以“三项制度改革”为重点的企业内部配套改革，不断完善分配机制和竞争机制。

二、强化管理，深挖内潜，努力增加效益

（一）加强以标准化为重点，以班组建设为落脚点的基础管理。在标准化工作中，在积极采用国际标准和认真执行国家标准、部颁标准的同时，重新补充、修订了企业技术标准。在信息管理中，建立了厂信息中心和 17 个分中心，扩大信息网络，聘用外部信息员，扩大信息来源。在班组建设中，始终坚持以班组建设为落脚点的基础管理。

（二）不断提高专业管理水平，向管理要效益，加强以质量为中心的生产管理。××钢厂始终坚持“生产经营以质量为中心，企业管理以全面质量管理为中心”的经营思想。多年来，在全厂范围内先后开展了“西钢质量巡查”“质量万里行”等活动，进一步增强了全体职工的质量意识，促进了产品质量的提高。加强新形势下的营销管理，建立健全营销组织机构，成立了经销处和进出口公司、青海西钢物资实业总公司。把开拓两个市场、抓好物资供应和产品销售这“两头”作为营销工作的重点，始终坚持“以销定产、以销保供”的原则，积极开展营销业务。加强以成本为中心的财务管理，××钢厂一贯重视成本管理，加强成本核算。针对上游产品不断涨价的严峻形势，紧紧抓住降低产品成本这个关键环节不放。

（三）大力推广和应用现代化管理方法，积极推进企业管理现代化。先后推广和应用了方针目标管理、网络技术、价值工程、正交试验法等 15 种现代化管理方法和手段，内部局域网已广泛应用于财务、人事、生产、质量、统计等专业管理，实行无纸化办公，提高工作效率，减少开支。

三、坚持科技兴厂方针，加快技术改造步伐

（一）加快技术改造步伐，提高装备水平，增强企业发展后劲。始终坚持“小步快跑、滚动发展、保证重点”的技改方针。在各项技术改造过程中，把科学管理和现代化管理方法及手段运用于实践，取得了投资省、质量好、达产快的效果。2019 年，完成了炼钢电炉、650 连轧等八项主要工程和公辅设施的配套改造，在资金紧张的情况下，坚持自我积累、自我发展和“自行设计、自行施工、自行制造、自行安装、尽快见效”的方针，重点对炼钢进行改造，进一步改善了企业的装备水平。

（二）依靠科技进步，积极开发“三新”。××钢厂坚持市场急需、适销对路的产品研制开发方向，充分发挥新产品研制开发体系和研制开发管理网络的骨干带头作用。根据有关文件规定，每年按销售收入的 1.5% 提取技术开发费。确保技术开发工作得以顺利开展。同时，对技术难度高、对全厂经济指标影响大的攻关项目和“三新”开发项目等实行了技术承包，进一步调动了科技人员的积极性。

目前，××钢厂围绕建立现代企业制度进行公司制改造，本着“管好主体、放活辅助、加强基层、服务现场”的指导思想，重点抓好经营机制的转换，逐步实现主辅分离，为建立现代企业制度、进行公司化改制打好基础。

××钢厂

2020 年 12 月 23 日

例文分析：本篇文章是××钢厂开展“转、抓、练、增”活动的总结，重点在总结与推广经验，所以没有阐述不足和下一步工作设想。全文分为标题、正文、落款三个部分。标题为双标题形式。正文包括前言、主体和结尾三个部分；前言中介绍了活动开展的背景、单位的工作指导思想和活动取得的成绩；正文部分主要介绍了活动的经验和具体开展的工作及取得的成绩；结尾部分介绍了公司现阶段工作的指导思想。

例文 2

张建 2018 年述职报告

尊敬的各位领导、同事朋友们：

大家好！本人张建，今年 35 岁，担任超市经理已满 3 年。本人认为，身为经理要做好超市盈利、员工管理、集团良好形象建立等几个方面的重点工作。今天非常荣幸能和大家一起探讨工作，总结经验，以下是我的述职报告，请大家评议。

超市卖场走过的 2018 年是极不平凡的一年，零售市场风云变幻，家家乐、家兴超市新店扩张，北京华联豪华进驻，配合集团公司卖场压缩调整等事件对我卖场造成了巨大的销售压力，但在经理室和各职能部门的扶持和努力下，我们积极创新营销，营造消费热点，努力优化环境和服务，我们不但没有被困难和压力击垮，而且很大程度上避免了竞争对手带来的冲击和分流，稳定了卖场客源和形象，取得了不错的业绩。

一、业绩显著

总结一年来取得的成绩，主要有五方面内容，这五方面内容都围绕着“调整、提升、发展”和服务营销年展开的工作。

（一）销售业绩持续增长

2018 年度卖场实现销售 8 325.6 万元，增长幅度为 8.73%，实现毛利 853.3 万多元，同比增长 8.4 万多元，增幅 2.45%，在非常困难的局面下取得这个成绩与卖场认真贯彻集团公司“调整、提升、发展”的六字方针是分不开的。如何确保卖场持续良好的发展，如何在更加激烈的市场竞争和新的竞争力不断分流客源的情况下，巩固基础，保持可持续发展，我们围绕六字方针主要做了三件事：

1. 不断调整品牌结构和价格构成，形成卖场新的增长点。多美滋、飞鹤奶粉，金味麦片的引进，秦俑、金星奶粉的淘汰完善了冲调类品牌结构；扬子江、伊利酸奶、玉树食用油的引进丰富了日配粮油品类；杞浓、关公坊的引进优化了酒水品类；东洋之花等洗化用品的引进和妙斯、亮妆等品牌的淘汰，保证了洗化区的持续高增长；营养快线、美好时光海苔、木糖醇等强势广告商品的引进优化了卖场品牌形象。

2. 季节性商品及时调整陈列布局。水饮和酒水、杀虫系列和膏霜系列、火锅和凉菜等商品的陈列布局及时调整变化，满足了消费者的需求变化。

3. 硬件设施更新，增强对客户的吸引力

收银台的更换、购物车的更新、购物篮的补充、监控设施的安装进一步提升了卖场竞争力，确保了持续发展。

（二）做好营销文章，积极扩销创利

在营销部的大力支持下，卖场着手实施了年货赶集会，春舞飞扬洗化节，五一、十一黄金周，清凉一夏饮料节的大型活动和各双休日及常规节日的自主性营销活动及针对各竞争势力的对抗性营销活动。洗化和饮料节实施期间，两单柜在节日开幕当天均创下了淡季单柜销售过 8 万元的记录。对抗性营销活动的组织确保了卖场销售增长的同时也对竞争卖场造成了分流打击。值得一提的是在卖场压缩调整后，通过组织实施超市感恩周、涮出热情来——火锅节、腊货推广等自主性营销活动，确保了卖场后两月在面积缩小后销售照常同比增长，减少了压缩调整的影响，确保了全年销售计划的完成。

（三）积极参与到公司五好门店的创建工作中，作出了应有的成绩

我们通过调整，多形式营销确保了效益良好；通过严格食品质价管理，不满意就退换的售后和频繁的员工技能培训确保了服务优质；通过完善商品陈列、优化卖场布局、烘托节日气氛确保了购物环境好；通过安全隐患的自查自改、完善防损体系确保了卖场安全经营；通过严格的绩效考核和三工考核确保了分配合理、员工收入增加。

（四）狠抓精细化管理工作

卖场经历了连续几年的高增长，大刀阔斧的蛮劲和精耕细作相比，后者成效更为突出。我们通过晨会组织全员学习《细节决定成败》，从思想上给员工灌输精细化管理意识。要销售更要管好库存周转，2018 年全年未出现一起恶性库存事件。要优质营销企化案，更要不折不扣地执行每次营销活动，我们将工作内容明确细分到人，保证了营销活动效果。要建章立制，更要有严格的检查督办体系，各柜组长、文员递交的月度工作计划均由卖场人事助理理顺督办，保证了各项工作的准时完成。生鲜商品、联营商品一样做单品管理、单品促销是销售增长的主要原因。通过供应商主要单品、品牌的计划考核等精细措施，为压缩调整提供了淘汰依据。

（五）建立了一支团结的、能打硬仗的、高绩效的团队

盘点压缩调整的两天时间里，卖场全体工作人员充分展现了超市青年昂扬向上、不怕困难、能打硬仗的精神风貌。神采飞扬、员工才艺展示、七一革命歌曲拉唱等活动中涌现了大批有能力、有活力的青年员工，增加了卖场班子的凝聚力。后备柜长核算培训班为希望在超市有所发展成就未来的卖场积极分子提供了舞台。

二、存在的不足

当然，我们也存在一些不足，主要表现在：

1. 防损管理需进一步加强，杜绝放流等恶性事件，需进一步总结防损经验。

2. 超市生鲜硬件设施、照明需进一步完善，增加生鲜服务功能。

3. 部分课别绩效需进一步提高，文体课需加强管理。

4. 卖场团购需进一步强化。

三、今后的努力方向

回顾过去，我们信心十足，面对未来，我们永不满足，2019 年度卖场将经受更加激烈的市场环境和更加繁重的调整任务，平价业态谁领风骚，期待我们美家超市人以更大的工作热情面对挑战。按照公司精细化管理与发展年的要求，我们将着手开展以下工作：

1. 2019 年卖场总体工作目标预计实现销售收入 9 000 万元，毛利 895 万元。继续优化卖场布局，加层前的高绩效超市的实现和地下三层建筑空间的合理利用将在 8 月和 9 月实现。加层后将努力夺回平价业态市场领头羊的地位。

2. 确保生鲜集客力，提高生鲜人脉，逐步完善生鲜硬件，捍实生鲜经营，保障超市经营灵魂。

3. 分加层前、后逐步完善卖场品牌品类结构，做好挖潜工作。加强单品考核，加大淘汰力度，扩大畅销品的有效陈列，加层后要做好目前卖场缺品的引进工作。

4. 创新经营，快乐营销，营造更多、更完美的营销活动。做好传统节日食品销售，突出重点品牌和季节性商品销售，塑造好淡季市场卖场形象，通过洗化节、饮料节带动淡季销售。

5. 加强防损管理，降低卖场损耗；规范现场管理，深化服务内涵；严格质价管理，确保食品安全；储备人力资源，保障后续发展。

最后，我代表我们超市班子集体，也代表个人，对每一位为超市卖场做出努力的领导、各职能部门及兄弟卖场和超市全体员工表示感谢，感谢你们支持性的工作，为超市的发展奠定了基础，期待 2019 年里，大家一道为公司作出更大的贡献。

述职人：美家超市南岗店经理张建

2018 年 12 月 28 日

例文分析：这是一篇超市经理的述职报告，整篇文章标题、正文、落款结构完整。标题采用三要素形式，即“述职人 + 时间 + 文种”。正文中有前言、主体和结尾。主体重点谈工作情

况与取得的成绩，次要写自己的不足和下一步工作打算。结尾做礼貌感谢。落款写明述职人与述职日期。

【基础练习】

（1）2019 年 11 月，北京陆联照明工程公司完成了北京龙腾酒店照明工程项目。该项目的总体工作有很多亮点，但也存在一些问题。总经理要求各部门针对该项目分别作出工作总结，以使公司从总体上了解各部门工作情况，并促使各部门认真回顾和审视工作中的经验和教训，以便对今后的工作有所帮助。

问题：请设计此类总结的主文行文逻辑结构。

（2）北京陆联照明工程有限公司在 2020 年年终工作考评中，设计部因工作成绩突出，被授予年度优秀部门称号。总经理要求设计部提交一份工作总结，将该部门在 2019 年工作中的成功经验推广到全公司，以促进全公司各部门在今后的工作中不断提升工作水平和工作成效。

问题：请为设计部拟定这份总结的行文逻辑结构。

（3）北京陆联照明工程有限公司 2018 年年终对工作人员进行的考评中，要求每位员工均针对自己的本职工作作出年终总结，目的是让相关上级领导掌握该员工的工作情况，另外，各部门经理还应当作出部门工作总结，统一提交总经理，作为工作考评的依据。

问题：请为这类总结拟定正文行文逻辑结构。

（4）以下是学院学习部工作总结，对照总结写作格式与要求，诊断下文中的错误并进行修改。

2008 年学生会学习部总结

今年的 5 月有些特别，让人有些难忘，因为一场突如其来的大地震！

本月本部门工作挺多：一是校首届文化节之漂书活动，其次是五四青年节游园，院辩论表演赛，还有是赈灾义捐活动！

漂书活动的目的在于：用漂书的形式，分享知识的快乐和爱心，信任同学爱书护书递书，传播文香墨韵里蕴藏的优秀文化。之前我们做的工作是：收集和整理同学捐过来的书籍、杂志等书刊。三天的时间里共收集到超过百本，接下来就带着这些书刊到主校去参加漂书活动了。可是在 12 号的下午一场突如其来的地震，破坏了这一活动的正常举办，亦坏了其他的比赛活动！

由于此次的地震，震级大，破坏力强，给灾区的广大人民造成了巨大的人员伤亡和财产损失。为贡献出自己一份力量帮助灾区人民共渡难关，校分团委组织了为灾区人民募捐活动。而我部成员就在其中做些力所能及的事。并且同学们的表现也异常踊跃，纷纷慷慨解囊捐资捐物，并大都以无名的方式来表达对灾区人民的关心。

相信在经历了这场大地震后，我们的国家、民族会更加团结和强大，而我们大学生在此期间也受到了一场爱国主义精神的洗礼，让我们学习到灾区人民的自强不息，顽强拼搏精神，还有全国各族人民的团结互助，乐于奉献的精神。

地震已去，死者亦已逝，祝福那些在地震中幸存的人们早日恢复，希望他们的明天也越来越美好，也祝愿祖国的明天越来越好！

××学院学生会学习部

2008 年 5 月

【写作实训】

情景描述：有班级职务或系部职务的同学请写述职报告；其他同学请写本学期的个人总结。

任务要求：

总结要逻辑清晰，述职报告要主次分明。

· 第三节　启　　事 ·

一、启事的含义

启事是行政机关、企事业单位、社会团体或公民个人公开申明某件事情，希望公众了解情况、积极参与或者协助办理而使用的一种专用文书。

二、启事的种类

启事的种类很多，根据启事事项的不同，可以分为寻找、征招、周知类。类别不同作用也不同。

（1）寻找类启事：是为了求得公众的响应和协助。这类启事有寻人启事、寻物启事、招领启事等。

（2）征招类启事：是为了求得公众的配合与协作。这类启事有招生、招考、招聘启事，以及征文、征订、征集设计启事等。

（3）周知类启事：是为了开展工作和业务，把某些事项公之于众，以便让公众知晓。这类启事有开业启事、迁址启事、变更启事、婚庆启事等。

三、启事的特点

（1）内容的广泛性。启事可以用于招生、招聘、开业、庆典、单位成立、商标的使用与更换等多种事宜。

（2）告知的回应性。启事不同于只是向社会“告知”的声明，它要求通过告知得到社会广泛的回应，以解决具体事宜。

（3）参与的自主性。启事不具有强制性和约束力。启事的对象有参与的自主性，可以选择参与或不参与。

（4）传播的广泛性。启事通过张贴、登报、广播、电视公众号、自媒体等各种新闻媒体公开传播消息，具有广告的性质。

四、启事的写法

启事的种类很多，写法也不一样，但大体要具备以下几项：

（1）标题。第一行居中写标题，要用醒目的字体写，如“寻物启事”“招聘启事”等。有时在启事之前加上“重要”等字样；有时只写“启事”；有时只写“寻物”“征文”等；有时为了突出单位性质，可写成“××× 单位招工启事”或“××× 单位招工”。

（2）正文。另起一行空两格写正文。正文的内容一般包括目的、意义、原因、要求、特征、条件等。正文写完之后，写上“此启”“特此启事”等结束语。

（3）署名和日期。在正文的右下方写启事者的单位名称或姓名。在署名之后，要写上发启事的具体时间，并附上联系地址和联系方式等。

五、启事的写作要求

（1）要有醒目的标题，通过标题反映启事的主要内容与性质。

（2）语言要简练准确，对原因的陈述不宜过详，一两句话带过即可，而对特征、要求等重点内容的介绍则要准确清楚。

（3）团体企事业单位的启事一般要署名，个体的启事大多不署全名。

（4）启事有的可以贴在路边等公共场所（如寻人启事），有的可根据需要贴在特定地点（如迁址启事可以贴在原址、招领启事可以贴在失物招领处），但大多数启事必须刊登在报刊或者网站上（如遗失启事、征稿启事等）。

六、常用启事介绍

（一）寻物启事

寻物启事是寻找失物的启事。它应写清遗失物的名称、规格、数量、遗失的时间、地点、联系人姓名、单位、住址、电话及酬谢方式。如果是支票、证件之类，还需附上账号、号码，并宣布作废。它可以在报刊刊登，也可以张贴于丢失处。

【例文借鉴】

寻物启事

昨天早上（6月2日）5: 00——5: 40，有哪位好心人替我保管羽毛球拍1对，半成品棉裤2条。裤子对我的家人很是重要，有拾到者请与我联系。

谢谢。

联系电话：13900000000

张女士

2021年6月3日

（二）招领启事

招领启事是请人认领失物的启事。它一般只写明拾到失物的名称、时间、地点及拾到者的联系方式。至于失物的特征、规格、数量、丢失时间、地点等，不必详具，让失主在认领时自己说明，经核对属实，才可认领。

【例文借鉴】

招领启事

本人于5月4日在学子食堂一楼拾到钱包一个，内有人民币若干和有关证件，请失主速来认领，联系电话：13800000000。

特此启事

朱女士

2020年5月4日

（三）招聘启事

招聘有关人员的启事叫招聘启事。

（1）标题。有三种写法：一是“事项＋文种”，如“招聘启事”；二是“事项＋对象”，如“招聘教师”；三是“单位名称＋内容＋文种”，如“××公司诚聘水电工程技术人员启事”。

（2）正文。包括五个方面的内容：一是招聘方情况，包括招聘方的业务性质、工作范围、地理位置等；二是招聘对象，包括业务类型、工种、岗位等；三是应聘条件，包括对年龄、性别、学历、工作经历或成果、户口所在地等方面的要求；四是聘用待遇，包括有无住房、住房的面积、年薪或月薪的标准，是否安排家属或子女就业等；五是应聘办法，包括招聘的起止时间、面试事项、应交哪些资料和证件、联系地点、联系人、电话号码、传真号码、电子邮箱等。

（3）落款。招工单位名称，如果是两个以上单位联合招工，应将招工单位的名称都写上，主办单位名称要写在前面。还应写上启事日期，即写明制发启事的具体时间。

【例文借鉴】

招聘启事

武汉 ×× 公司主要从事机电设备、仪器仪表、金属结构、铝合金节能门窗、中空玻璃的生产、销售安装及消防工程、安防工程施工。企业实力雄厚，在较短的时间内奠定了自己的行业地位。因业务发展需要，诚聘以下人员。

一、项目经理 8 名：其中水电安装工程、消防安装工程项目经理 4 名；铝合金门窗安装工程项目经理 4 名。

岗位要求；28 岁以上，大专以上学历，3 年以上工作经历或项目管理经验，有较强的专业能力及协调能力，有责任感。注册项目经理优先。

二、区域营销主管 5 名：其中水电消防工程营销主管 3 名；铝合金门窗工程营销工程 2 名。

岗位要求：25 岁以上，大专以上学历，两年的营销经验，擅长沟通，表达能力好，熟悉合同及相关法规，有责任感，有一定的专业能力，有相关职称者优先。

三、水电（消防）工程技术人员 4 名。

岗位要求：24 岁以上，大专以上学历，电气自动化安装相关专业毕业，有三年以上水电、消防工程安装经验，熟悉工程、结算，有施工现场管理经验，熟悉 AutoCAD，有中级职称者优先。

四、应聘方式

请应聘者于 11 月 28 日持本人相关证件（原件和复印件）和一寸近照到公司面试。如果无法参加，请于一周内将资料寄至武汉市 ×× 路 ×× 大厦 7A24。请在信封上注明应聘职位。

联 系 人：王女士

联系电话：×××××××

邮政编码：×××××××

电子邮箱：×××××××

传　　真：×××××××

以上人员一经聘用，公司将为其创造良好的工作氛围，设计阶梯式的培训和发展计划，并提供稳定的福利保障。特此启事。

武汉 ×× 公司

2020 年 11 月 8 日

（四）征文启事

征文（征稿）启事是征求文稿的启事。它需写明所需文稿的刊名、单位、内容范围、基本要求、截止日期等。可以张贴，也可以刊登在报刊上，如“国庆征文”等。

【例文借鉴】

“我心目中的好教师”征文启事

今年 9 月 10 日是我国的第 35 个教师节，为庆贺这个即将到来的节日，学院决定举办“我心目中的好教师”征文比赛，有关事项通知如下：

（1）参赛对象：本院在校生。

（2）具体要求

内容要求：请你敞开心扉，畅所欲言。你喜欢怎样的教师，你认为一个“好教师”应该是什么样的。你心目中的好教师，是胸怀理想、充满激情和诗意的，是富有爱心、善解人意的，是博学多才、思想深刻的，还是关注社会、关注人类命运，有社会责任感的……可以写生活中遇到的，曾经教过你、给你许多关爱、使你从无知变得学有所长的一位教师，也可以是你希望碰到的、虚拟的、你想像中的“理想教师”。

形式要求：体裁不限，篇幅在 2 000 字以内。

时间要求：8 月 21 日截止收稿。

（3）奖项设置：一等奖 1 名，二等奖 3 名，三等奖 5 名。获奖作品将在校报上刊登发表。

联系方式：……

收稿单位：党委宣传部。

联系人：×××。

联系电话：13900000000。

××××职业学院党委

2019 年 7 月 9 日

（五）搬迁启事

搬迁启事是搬迁告知类的启事。启事、告示或温馨提示都可以，写明对象（亲爱的顾客朋友等），原因（可以模糊写），搬迁地址（一定要详细，有明显的参照物），联系方式，优惠活动（新店开张，吸引新老顾客）等，具名。

【例文借鉴】

公司搬迁启事

各位尊敬的新、老客户朋友：

非常感谢您一直以来的关注和支持，我公司因规模扩大及业务发展需要，2020 年 9 月 22 日起配送中心将搬迁新址，新址环境幽雅、设施齐全，更便于我公司为各位新老客户、合作伙伴提供优质的服务。

新公司办公地址：××市××区××路与××路口向南 300 米路东（中兴家园旁）。

联系人：×××。

电话：××××××。

微信：××××。

驾车路线：东四环与中兴大道交叉口向东至和兴桥口向西 2 千米路南。

公交路线：从××坐 606 路至和兴桥，转区间 221 路即到。

如因公司的搬迁给您与贵公司带来不便，我们深表歉意，并敬请谅解！

××××公司

2020 年 7 月 9 日

【基础练习】

（1）寻找类启事与招领启事的最大差别在哪？

（2）启事的特点是什么？

【写作实训】

（1）情景描述：新的学期开始了，一年一届的学校协会招收新会员的工作拉开了帷幕，请为你所在的专业社团撰写一份纳新的启事。

任务要求：文字通顺，条理清晰。

（2）情景描述：张华在大学期间与同学共同创办了一家广告创意公司，请你在报纸上为他刊发一则开业启事。（公司名、地址等信息自己拟定。）

任务要求：文字通顺，条理清晰。

· 第四节　调查报告 ·

一、社会调查

所谓社会调查，是指应用科学方法，对特定的社会现象、问题、事件进行调查分析或实地考察，了解具体情况，探究其发生的各种原因及彼此间的相关联系，从而提出解决社会问题对策的活动。

社会调查的结果是调查报告。调查报告的核心是实事求是地反映和分析客观事实。调查报告主要包括两个部分：一是调查，二是研究。

调查，应该深入实际，准确地反映客观事实，不凭主观想象，按事物的本来面目了解事物，详细地占有材料。

研究，即在掌握客观事实的基础上，认真分析问题或事件的产生原因、过程、影响、结果或事物的特征、功用等，透彻地揭示事物的本质。

对策，调查报告中可以提出一些看法，但不是主要的。因为，对策的制定是一个深入的、复杂的、综合的研究过程，调查报告提出的对策是否被采纳、能否上升到政策层面，应该经过政策预评估。所以要写一则调查报告，首先要进行相关严谨科学的社会调查工作。

（一）社会调查要素

（1）明确的调查目的。

（2）具有社会意义的调查对象。

（3）科学的调查方法。

（4）实际的调查效果。

（二）社会调查的常用方法

社会调查的常用方法有四种：普遍调查、重点调查（个案调查）、典型调查、抽样调查。

1. 普遍调查

普遍调查又称全面调查、全体调查，简称普查，就是对调查总体所包括的每个部分、每个分子毫无遗漏地进行逐个调查，例如人口普查。

普查必须符合以下两个条件：

（1）必须规定调查总体的范围。

（2）必须对范围内的每一个分子予以调查，无一遗漏。

2. 重点调查

重点调查又称“个案研究”，指对一个团体、一个组织或一个人，以及一个事件进行详尽的调查研究的方法。个案调查是一种深度调查。例如“新闻调查”，这种对特定新闻事件的深度报道就可以看作是重点调查。

个案研究的步骤是：

（1）立案，即确定调查个案。立案有两种形式：一是依进行调查单位或部门的职能，应前来请求帮助的个案要求立案；二是研究者根据理论研究或实际工作的需要主动立案。

（2）首次访问。任务是了解被调查者的个案本身的材料及背景材料，并为今后访问打下良好的基础。

（3）搜集有关资料。如果是为了做好个案工作，资料的搜集就应围绕案主需求的问题进行；如果是为了一般意义上的理论研究，资料的搜集则应围绕着调查者确定的主题进行。

（4）诊断。不仅包括资料或证据的核实、修正、补充、整理分类和分析，而且包括通过分析研究后，针对存在的问题，提出解决的建议或方案。

3. 典型调查

典型调查是根据调查目的和要求，在对调查对象进行初步分析的基础上，有意识地选取少数具有代表性的典型单位进行深入细致的调查研究，借以认识同类事物的发展变化规律及本质的一种非全面调查。典型调查要求搜集大量的第一手资料，搞清所调查的典型中各方面的情况，作系统、细致地解剖，从中得出用以指导工作的结论和办法。

典型调查的主要步骤：

（1）根据研究目的，通过多种途径了解研究对象的总体情况。

（2）从总体中初选出备选单位，加以比较，慎重选出有较大代表性的典型。

（3）进行（典型）调查，具体搜集资料。

（4）分析研究资料，得出结论。

4. 抽样调查

抽样调查是一种非全面调查，它是从全部调查研究对象中抽选一部分单位进行调查，并据以对全部调查研究对象做出估计和推断的一种调查方法。

优点：耗费的人力、物力、财力少，节约大量的调查时间。

特点：

（1）按随机原则抽选样本。

（2）总体中每一个单位都有一定的概率被抽中。

（3）可以用一定的概率来保证将误差控在规定的范围之内。

（4）适合样本数量较多的情况下采用。

（三）具体的社会调查工作方法

（1）问卷调查法：运用统一的问卷向被调查者了解情况或征询意见，是标准化的、书面的、抽样的。分为自填式问卷和代填式问卷。

（2）文献调查法：搜集各种文献资料、摘取有用信息的方法。

（3）实地观察法：调查者根据调查目的、运用自己的感觉器官或借助科学观察工具，有计划地对处于自然状态下的社会现象进行直接感知的方法。

（4）访问调查法：访问者通过口头交谈等方式直接向被访问者了解社会情况或探讨社会问题的调查方法。

（5）集体访谈法：调查者邀请若干被调查者，通过集体座谈方式了解社会情况或研究社会问题的调查方法。

（6）蹲点调查法：调查者深入到一个或几个基层单位持续一段较长时间，通过全面、深入调查研究，认识调查对象本质及其发展规律、探索解决社会问题途径的方法。

在具体的社会调查工作中，多数调查方法都需要耗费大量的人力、物力、财力以及时间

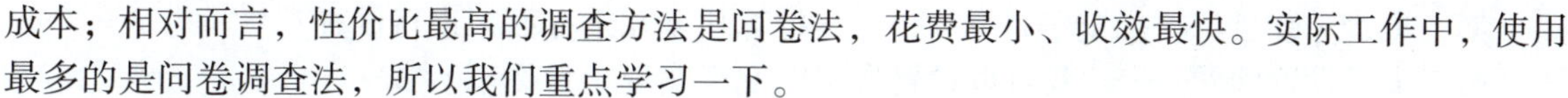

成本；相对而言，性价比最高的调查方法是问卷法，花费最小、收效最快。实际工作中，使用最多的是问卷调查法，所以我们重点学习一下。

二、问卷调查

问卷调查是一种书面调查的方式，以问卷形式提出若干固定问题来询问调查对象。这是大型调查的常用有效方式。

问卷调查是研究者用统一严格设计的问题，通过书面语言与被调查者交流搜集信息和资料的方法。

优点：简便、省时、省工；调查面大，样本多，收效大；由于不署姓名，可以获得开调查会或访问不容易获得的某种有价值的资料。

缺点：发出的问卷往往无法完全回收，如果回收的问卷少，就会影响材料的代表性；回答问卷的人如果捏造事实，无法核实；如果部分调查对象不作回答，难以了解其原因，影响问卷的效率。

（一）调查问卷的写法

调查能否获得真实的结果，与问卷的设计有很大的关系。一份完整的问卷一般由五部分组成：标题、前言、填表说明、主体内容、致谢语。

1. 标题

标题概括地说明调查主题，使被调查者对所要回答的问题有一个大致的了解。标题一般包括调查时间、调查对象、调查内容和“调查问卷”字样，在实际运用中可以省略某些要素，如《大学生牙膏消费状况调查问卷》。

确定问卷标题要简明扼要，但又必须点明调查对象或调查主题。

2. 前言

前言主要说明调查意义、目的等，以消除被调查者的紧张和顾虑。前言的说明要力求言简意赅，文笔亲切又不太随便。前言包括以下内容：

（1）自我介绍（让被调查者明白你的身份或调查主办的单位）。

（2）调查的目的（让被调查者了解你想调查什么）。

（3）回收问卷的时间、方式及其他事项。

注意：问卷的介绍部分应尽量仔细并为后面的调查打下基础，那些被听到或看到的开场白往往会影响受访者们决定是否参与此项调查。

例1：您好！我们是20级行政管理班的同学，为了了解大家对我院图书馆的使用情况，我们特邀您参加此项调查，您宝贵的意见和建议将成为我们图书资源建设的重要参考。本次调查采取随机抽查不记名的方式，我们对您的回答将予以保密，期待能收到您填写完整的问卷。

例2：您好！AA出国留学服务中心为了了解大学生的出国留学意向，特进行此次问卷调查，请您提供宝贵的意见，它将帮助我们为您提供更好地服务，您所提供的情况我们将严格保密。

3. 填表说明

指导语，主要是告诉被调查者如何填写问卷。

例：请您在您认为合适的答案的标号上打“√”，谢谢您的合作。

4. 主体内容

调查问卷最重要的部分是主体部分，我们可以通过以下步骤来设计主体：

第一步，确定调查目标——“我要调查什么？”

第二步，分解目标，确定子目标——“我打算从哪几个方面来进行调查？”

第三步，设置问题——“我可以设置哪些问题来实现子目标？”

主题内容设计要求：

（1）问卷必须紧密与调查主题相关。违背了这一点，再漂亮或精美的问卷都是无益的。而所谓问卷体现调查主题其实只是在问卷设计之初要找出与“调查主题相关的要素”。

例如：“调查某化妆品的用户消费感受”，这里并没有一个现成的选择要素的法则。但从问题出发，特别是结合一定的行业经验与商业知识，要素是能够被寻找出来的：一是使用者（可认定为购买者），包括她（他）的基本情况（自然状况，如性别、年龄、皮肤性质等）；使用化妆品的情况（是否使用过该化妆品、周期、使用化妆品的日常习惯等）；二是购买力和购买欲，包括她（他）的社会状况、收入水平、受教育程度、职业等；化妆品消费特点（品牌、包装、价位、功效、产品外观等）；使用该化妆品的效果（评价），问题应具有一定的多样性，但又限制在某个范围内，如价格、使用效果、心理满足等；三是产品本身，包括对包装与商标的评价、广告等促销手段的影响力、与市场上同类产品的横向比较等。应该说，具有了这样几个要素，对于调查主题的结果是有直接帮助的。被访问者也相对容易了解调查员的意图，从而予以配合。

（2）问卷的设计要有整体感。这种整体感即是问题与问题之间要具有逻辑性，独立的问题本身也不能出现逻辑上的谬误。从而使问卷成为一个相对完善的小系统。例如以下一组问题：

1. 你通常每日读几份报纸？

A. 不读报；B.1 份；C.2 份；D.3 份以上。

2. 你通常用多长时间读报？

A.10 分钟以内；B. 半小时左右；C.1 小时；D.1 小时以上。

3. 你经常读的是下面哪类（或几类）报纸？

A.× 市晚报；B.× 省日报；C. 人民日报；D. 参考消息；E. 中央广播电视报；F. 足球报……

在以上的几个问题中，由于问题设置紧密相关，因而能够获得比较完整的信息。调查对象也会感到问题集中、提问有章法。相反，假如问题是发散的、带有意识流痕迹的，问卷就会给人以随意性而不是严谨性的感觉。

因此，逻辑性的要求即是与问卷的条理性、程序性分不开的。所以在一个综合性的问卷中，调查者将差异较大的问卷分块设置，从而保证了每个“分块”的问题都密切相关。

5. 致谢语

结束语置于问卷的最后，一般是简短地对被调查者的合作表示真诚地感谢，也可以征询一下对问卷设计和问卷调查本身有何看法和感受。

（二）问题设计类型

调查问卷中的问题分为开放式问题（无答案的主观性问题）与封闭式问题（有答案的客观性问题）。

通常以封闭式问题为主、开放式问题为辅。封闭式问题一般放在前面，因为客观性问题便于回答，答题者没有心理负担，例如：您的性别？ A. 男；B. 女。开放式问题多放在结尾，因涉及个人观点，多数人不愿答，一般 1~2 个即可，也可以没有。例如：您对我们的酒店服务有什么建议和意见吗？

（三）问答设计的原则

（1）问题应该针对单一论题（问题中不应该使用夸张词语，问题设计要有针对性，避免无效问题）。

例如，一个题目中只包含一个问题，一般不应出现“和”与“或”。如“当学生作弊时你

赞同对给其零分并予以处分吗?”“当你遇到难题时，你会向老师或同学求教吗?”

（2）问题应该简短（问题中涉及的细节不应超出受访者的记忆能力）。

例如:“请问您为什么不购车?”（多选题，并按重要程度排列先后顺序）

A. 不喜欢开车

B. 经济条件不允许

C. 没有驾照

D. 没有需要

E. 害怕车祸

F. 其他原因

（3）问题应该使用所有受访者的核心词汇（问题不应该超越受访者的能力与经验），避免使用模糊的术语及行话。

例如，面对小学生的调查问卷，提出“你的学习动机强吗?”这个问题就设计得不好，因为对学习动机的强与弱，每个学生的理解是不一样的；况且什么叫学习动机，小学生也不一定理解。而换成“学习是为了给家长争气吗?”“学习不好在班上会感到低人一头吗?”“学习是为了将来找个好工作吗?”等问题就比较明确。这些问题都是能反映学生学习动机的问题，表现的是学生学习动机的不同水平，但由于是具体的问题，所以学生能够理解，可以明确作出回答。对结果进行统计分析后就可以得出学生学习动机的真实状况和水平。

（4）问题应尽可能使用简单句、肯定句（问题不应该涉及推断与猜测，问题中不应该使用有歧义的词语），用肯定句而不用否定句和双重否定句。如果采用否定式的提问形式，会增加问卷的难度，有时候调查对象还有可能因漏掉否定词而误解问题的意思。

如“您是否不赞成播放电视剧过程中插片广告”，就比“您对电视剧播放过程中插入插片广告的行为是什么态度”更令人费解。

双重否定会增加调查对象理解问题的难度，因而问卷中应该避免。

如“我不是没有看过这份报纸”，其实说的是“我看过这份报纸”——意思表达太费周折。

（5）避免使用隐私性或敏感性问题以及答案。问题要设置在中性位置、不参与提示或主观臆断，完全将被访问者的独立性与客观性摆在问卷操作的限制条件的位置上。

例如，了解一个商场里商户的收入情况，设计的问题是:“您每个月的平均纯利润是多少?”这是一个敏感并涉及商业机密的问题，那么对方可能不愿意说真话。

但如果换一种问法:“您了解的周围的商户，平均每个月的纯利润是多少?”那么答卷者可能会更愿意回答问题，因为这个问题与他本人无关，他会更有安全感。

（6）答案要穷尽。例如，问卷中常有“是”或“否”一类的是非式命题。如:

问题: 您的婚姻状况。答案: A. 已婚; B. 未婚。

显而易见，此题还有其他答案（离婚 / 丧偶 / 分居）。如按照以上方式设置，则不可避免地会发生选择上的困难和有效信息的流失。其症结在于问卷违背了“明确性”的原则。这样一种设置则具有了诱导和提示性，从而在不自觉中掩盖了事物的真实性。由于所设答案不一定能表达出填表人真实的看法，所以在问题的最后通常可设“其他”项目，以便使被调查者表达自己的看法。

三、调查报告

（一）调查报告的含义

调查报告是反映社会调查成果的一种书面报告，以文字、图表等形式将调查研究的过程、方法和结构表现出来，是调查研究报告的简称。

对某一情况、某一事件、某一经验或问题，经过在实践中对其客观实际情况的调查了解，将调查了解到的全部情况和材料进行“去粗取精、去伪存真、由此及彼、由表及里”的分析研究，揭示本质，寻找规律，总结经验，最后以书面形式陈述出来，这就是调查报告。有些调查报告在机关之间流通；有些调查报告在报刊上发表，通常叫做“新闻调查”。

（二）调查报告的特点

1. 较强的针对性

某一情况、某一社会问题、某一成功经验，引起了一定程度的注意，为了进一步得到它的详情、真相，认识它的性质，有人就专门对它进行调查、研究，提供规律性认识。可见，调查报告是一种针对性很强的文体。

这一特点要求我们阅读时要将视野扩大，将文章放到当前社会的大背景中，联系当前的社会政治经济状况、主流思想文化、各阶层的关注程度，实事求是地进行评价阐释。因此，对调查报告进行探究，应更多地从社会价值的角度来思考问题，关注民生、经济；有时也可以从自身的角度来对问题进行实例分析。

2. 内容真实、材料丰富

真实性是调查报告的一个最基本的特点。调查报告中所运用的材料必须是真实可靠的，时间、地点、人物、事件不能虚构，数字必须准确，既不能夸大，也不能缩小。调查报告需要列举大量的相关事例、统计数字和各方意见，在此基础上提出作者自己的观点。这使调查报告具有一种“事实胜于雄辩”的强大说服力。

3. 提供规律性认识

调查报告确切地说应该叫调查研究报告，它的价值不仅在于调查和报告，更在于研究。研究的结果就是透过现象看本质，得出规律性的认识，并把这些规律性认识提供给读者。这些规律性认识是在研究大量事实的基础上得出的，又是大量事实的理论归宿点。只列举种种现象而缺少理论归纳的调查报告是肤浅的。

4. 逻辑性强

调查报告较之通讯报导等文体在表述上更严肃，语言简洁、准确、鲜明。调查报告大部分的文字都是在列举事实来说明观点，用严密的逻辑推理来介绍情况，但决不能把自己想象的东西生硬地塞进报告中。

（三）调查报告的类型

1. 介绍典型经验的调查报告

通过反映某方面的成绩，重点介绍成功的经验，从中找出规律，使其具有普遍的指导意义，如《石家庄市 × × 技校办学成功经验的调查报告》。

2. 揭露问题的调查报告

这是针对某一存在问题展开调查，以揭示这一问题的种种现象和深层原因为主要目的的调查报告。它的主要功能是揭露和批判，探究问题产生的原因，分析问题的症结所在，提供解决问题的思路和方法，如《假冒伪劣商品为何屡禁不绝》。

3. 反映新生事物的调查报告

这是针对社会现实中某种新近产生或新近有了长足发展的事物而写的调查报告。在现实社会中，新生事物总是不断涌现的。这些新生事物，究竟是显示了社会发展的某种趋势，有着光明的发展前景，还是昙花一现的偶然现象？对这些新生事物，究竟应该肯定，还是应该引起足够的警惕？反映新生事物的调查报告的文体功能，就是全面地报道某一新生事物的背景、情况和特点，分析它的性质和意义，指出它的发展规律和前景，如《关于北京市电动汽车销售市场的调查报告》

4. 反映社会情况的调查报告

社会调查报告是针对社会生活中的某一情况、某一事件、某一问题，进行深入细致地调查研究，然后把调查研究得来的情况真实地表述出来，以反映问题，揭露矛盾，揭示事物发展的规律，向人们提供经验教训和改进办法，为有关部门提供决策依据，为科学研究和教学部门提供研究资料和社会信息的书面报告。一般包括对社会风气、百姓意愿、婚恋、赡养、衣食住行等群众生活各方面基本情况的调查研究，如《关于大学生就业地域选择问题的调查报告》。

（四）调查报告的写法

调查报告由标题、正文（前言、主体、结语）、署名及日期三个部分组成。

1. 标题

一般由调查对象、调查课题、文体名称组成，如《2020中国网游调查报告：玩家消费行为大揭底》，其中“玩家消费行为”是调查对象，“2020中国网游”是调查课题，“调查报告”显示文体。这样写标题的好处是要素清楚，读者一看就知道这是写的什么对象，涉及的是哪些问题，文种也很明确。这样写的不足之处是太模式化，不够新鲜活泼。

此外，有的标题采用常规文章标题写法，如《知识与财富决定生活满意度和乐观度》，显示作者自己的观点。

2. 正文

（1）前言。一般是介绍自己的调查情况，提出思考问题或概括调查问题的结果或对此问题的观点。常用的开头方式如下：

①提要式。提要式就是把调查对象最主要的情况进行概括后写在开头，使读者开篇就对它的基本情况有一个大致的了解。例如《靠名牌赢得市场——关于深圳市飞亚达（集团）股份有限公司的调查》的开头：

飞亚达（集团）股份有限公司（以下简称飞亚达）是一家以生产钟表为主的大型企业，1987年成立于深圳。在经济特区这块改革开放的沃土上，该公司坚持不懈地实施名牌战略，终于在竞争激烈的钟表行业后来居上。历经12年的艰苦创业，飞亚达由一个钟表小厂发展为总资产逾8亿元、年创利润8 000万元的上市公司，成为国内同行的翘楚。

这个开头把飞亚达公司发展情况和主要成绩作了概括的介绍，提纲挈领，统率全文。

②交代式。在开头简单地交代调查的目的、方法、时间、范围、背景等，使读者在开篇时就对调查的过程和基本情况有所了解。《关于北京市家用空调销售情况的调查》一文的开头就是这样写的：

为了增强计划性，加强对家用空调的经营，更好地掌握市场销售动态，我们采取了走访经营单位与分析历史资料的办法，对北京市家用空调历年销售情况以及当前社会保有量和市场需求变化进行了调查。经过分析，认为北京市场除××牌空调供不应求以外，其他品牌空调销售已趋于饱和。

③问题式。在开头提出问题来，引起读者对调查课题的关注，促使读者思考。这样的开

头可以采用提问的方式引出问题，也可以直接将问题摆出来。

例如《农村发展社会主义市场经济的成功之路——贸工农一体化、产加销一条龙经营的调查》的开头：

近些年，随着农村改革的深化和商品经济的发展，贸工农一体化、产加销一条龙的经营方式，正在我国农村迅速突起。它一出现，就显示出旺盛的生命力和巨大的优越性，为农村经济的发展注入新的活力。这种经营方式对我国农业向商品化、现代化转化有哪些作用？应采取什么方针政策扶持其发展？我们就这些问题进行了调查，并同10个县（市）的有关同志进行了座谈，形成了一些共识。

（2）主体。这一部分写的是调查研究所得的具体情况、做法和经验。常见的安排有如下几种：

①纵式结构。按照调查的顺序、时间的顺序或是根据事件发生的先后过程来写。这种纵式结构比较简单，适合表达线索单一、内容集中的报告内容。它的特点是内容连接贯通，结构条理清楚。

②横式结构。根据内容的特点，把表现基本观点的几个方面列举出来。如《2011—2021年中国高考状元调查报告》由四个部分构成："高考状元产生的省份、学校的排行情况""高考状元的性别、就读情况""高考状元的择校情况""高考状元的首选专业情况"。这四个部分是由标题所显示的基本内容贯穿起来的。

③对比结构。即把两个不同对象加以对比写。从自始至终的对比中让人们认识到不同的思想、不同的做法，会产生不同的结果。如《应届毕业生就业调查报告：供需双方存观念"代沟"》把"应聘对象"和"招聘单位"两个不同对象对比来写，让人们在对比中认识到不同的思想、不同的做法，以及由此所产生的不同结果，从而让人们认识到这个问题的重要性。

（3）结语。调查报告常在结尾部分显示作者的观点，对主体部分的内容进行概括、升华，因此，它的结尾往往是比较重要的一个部分。常见的写法有：

①概括全文，明确主旨。在结束的时候将全文归结到一个思想的立足点上，例如《关于邯郸钢铁总厂管理经验的调查报告》的结尾：

邯钢的实践证明，国有企业适应建立社会主义市场经济体制要求，必须在转换经营机制的基础上转换经营方式，切实转变经济增长方式，这样才能充分挖掘企业的内部潜力，提高企业的整体素质和市场竞争力。邯钢的做法为国有企业实行从传统的计划经济体制向社会主义市场经济体制、从粗放经营向集约经营两个具有全局意义的根本性转变提供了借鉴的经验。

这样的结尾，提供了清醒的理性认识。

②指出问题，启发思考。如果一些存在的问题还没有引起人们的注意，或者限于各种因素的制约作者也不可能提出解决问题的办法，那么，只要把问题指出来，引起有关方面的注意，或者启发人们对这一问题的思考，也是很有价值的。例如《暗访北京站前发票非法交易的调查》一文的结尾：

记者随后又转了几个地方，16:10从北京站前离开。在这40分钟里，碰见了大约20名卖发票的不法人员。听口音他们大都是外地人，从言谈举止可以感觉到他们知道自己的行为是违法的。在广场、路口维持秩序的公安、保安人员不少，也许是司空见惯了吧，记者没有看到他们出面制止这种不法行为。对发票非法交易的现象，到底该由谁来管，怎么管？这一问题值得深思。

作者在结尾指出问题，能引起有关部门的重视。

③针对问题，提出建议。在揭示有关问题之后，对解决问题提供一些可行的建议。例如，

专题调查《人情消费，让人如何承受你》就写了一个建议性的结尾：

在人情消费已成为一种风气的情况下，制止大操大办单靠哪一个人、哪一个单位很难从根本上奏效，如喝喜酒，往往是通知范围大了人们反感，范围小了没接到通知的人也有意见。遏制人情消费，建立新型的人际关系，倡导社会新风，是一项社会系统工程，需要各级各部门共同努力。首先要加强宣传和教育。提倡新事新办，勤俭持家，厉行节约，建立新型的社会主义人际关系。节日期间，报纸、电台、电视台可举办专题栏目、节目进行宣传，文化部门应挑选一批优秀的影片（主要是婚丧嫁娶、新事新办方面的）在各乡镇、村屯巡回播放。通过广泛深入地宣传教育，使人们树立正确的人情消费观。其次要制定社会规范。在政府机关和企事业单位建立红白理事会，推行节俭办红白喜事。建立约束机制，对人情消费进行引导、规范、管理。三是严格稽查。对大操大办甚至借机敛财的干部要严肃处理，直至在新闻媒体上曝光。

提出了三条建议来解决人情消费的严重问题，其中不乏切实可行的措施。

3. 署名及日期

写清进行社会调查活动的单位或组织，以及写作日期。

【例文借鉴】

例文 1

2020 年，你工作快乐吗

——2020 年终职场情况的调查问卷

当一年的忙碌中接近尾声时，职场中的你，工作的快乐吗？你收获了什么，失落了什么，又在期盼着什么呢？ ×× 晚报和河北 ×× 网联合推出年终职场调查。2020 年，你工作快乐吗？

参与调查主要有两种形式：

1. 将答案邮寄到 ×× 晚报人才周刊。

2. 登录河北 ×× 网参与调查。

感谢您的支持，您的一切信息都是保密的。

被调查者基本信息

性别：□男　　□女

年龄：A.20~25　B.26~35　C.36~45　D.46~55　E.56 岁以上

工作单位性质：A. 行政机关　B. 事业单位　C. 国企　D. 私企

1. 2020 年您一年的职场心情如何？

A. 快乐　B. 没有好心情　C. 一般　D. 起伏不定

2. 您认为自己一年来的工作压力：

A. 很大　B. 比较大　C. 一般　D. 不大

3. 2020 年您的工作最满意哪些方面？（多选题）

A. 工作业绩　B. 薪酬福利　C. 职位　D. 上司 / 老板

E. 工作环境　F. 人际关系　G. 发展前景　H. 个人能力

I. 休假　J. 其他

4. 2020 您最不满意哪些方面？（多选题）

A. 工作业绩　B. 薪酬福利　C. 职位　D. 上司 / 老板

E. 工作环境　F. 人际关系　G. 发展前景　H. 个人能力

I. 休假　J. 其他

5. 您对整体收入的满意度？

A. 满意　B. 比较满意　C. 一般　D. 比较不满意

E. 不满意

6. 您的待遇提高了多少？

A. 提高了 50% 以上　　B. 提高了 30%~49%

C. 提高了 10%~29%　　D. 提高了 9% 以下

E. 没有提高　　F. 略有下降

7. 您预计能拿到多少年终奖？

A. 没有　　B.1 000 元以下　　C.1 001~2 000 元　　D.2 001~4 000 元

E. 4 001 元以上

8. 您对个人职场表现的满意度：

A. 满意　　B. 比较满意　　C. 一般　　D. 比较不满意

E. 不满意

9. 您对所供职雇主的满意度：

A. 满意　　B. 比较满意　　C. 一般　　D. 比较不满意

E. 不满意

10. 您认为离自己的目标：

A. 已经实现了　　B. 又进一步了

C. 原地踏步，距离还是那么远　　D. 更远了

11. 今年您是否跳过槽？（答 A 的请直接跳到第 13 题）

A. 是　　B. 否

12. 您打算年后跳槽吗？

A. 是的，我一定要跳槽　　B. 没有想好，有机会就跳

C. 年终让我满意就不跳槽了　　D. 没有打算跳

13. 您为什么要跳槽？

A. 希望提高收入　　B. 时间久了，想换个环境

C. 希望进入新的行业　　D. 对上司不满

E. 原公司已经没有升职的空间　　F. 对年终奖不满意

G. 其他

14. 你对 2020 年工作状态的其他想法或建议：____

再次感谢你参与本次调查，祝您生活愉快！

例文分析：此份调查问卷，由标题、问卷说明信、问卷内容、结束语四部分组成。标题为双标题形式。问卷说明信首先说明了调查的目的，同时对被调查者表示了感谢，并针对个人信息的使用作出了说明，消除被调查者的疑虑。问卷内容问题设置有单选、多选，有封闭式题目、开放式题目,形式多样。结束语再次表示了对被调查者的感谢。这是一份逻辑清晰的调查问卷。

例文 2

谁动了大学生的“钱袋子”

——大学生消费情况的调查报告

现在大学生的生活消费究竟到了一个怎样的层次？据浙江 ×× 大学对全校学生做的一次调查显示：75% 以上的学生每月日常消费在 1 000 元左右，部分学生达到了 2 000 元，超过普通白领的消费水平。

本次调查以大二、大三学生为主，共发放了 550 份问卷，可回收有效问卷 530 份。

一、手机、电脑等电子产品消费大学生不亚于白领

调查发现：手机、电脑等电子产品，在同学中的拥有率都超过半数。77.4% 的同学已拥有手机，其中超过 70% 的同学使用中高档手机。56.6% 的同学拥有电脑。特别是对新生来说，电脑已经成为入学的必备“家当”之一。但在这些拥有电脑的同学中，58.5% 的同学的电脑用于玩游戏、上网聊天等娱乐活动，只有 26.4% 的同学用电脑来学习。

二、服饰、化妆品成女生消费大头，品牌成为第一考虑因素

对于绝大多数女生来说，各种服饰、化妆品消费是日常消费的一个大头。有将近一半的女生在购物时，将品牌作为第一考虑因素，像“耐克”“艾格”“ONLY”“兰寇”“倩碧”等中高档服装、化妆品品牌就非常受女同学欢迎。

三、为了爱情可以不要“面包”，恋爱消费成男生消费的“主战场”

恋爱消费，一直是大学生消费的“主战场”，尤其是男生，有时候为了谈恋爱，不得不饿肚子。大学生中处于恋爱状态的同学占 63.7 %，其中，男生用于恋爱支出的费用占到了个人生活费的 71.3 %。

“如果说一个月父母给 1 000 元的话，每个月的‘恋爱经费’怎么样也要保证 700 元吧。”正在读大三的田 × × 说，“大学生恋爱还是以男生出钱居多，每个月从父母那里拿的钱基本都花在这上面了，剩下的就只能保证日常饮食了。如果不够，就只能不吃早饭了 !”

据了解，在大学中像田 × × 这种属于“普遍现象”，更有甚者，花费数千元买花只为博得女生一笑。

四、交际、应酬、请客，大学生消费大大升级

“寝室同学聚餐 100 元；请社团干部吃饭 200 元……”还在上大二的李 × 正在算他上个月的开销，用他的话说，这种交际应酬的费用是不能少的。

记者对下沙高教园区做了粗略调查，发现学校周边饮食店明显比其他店多，大多是中档消费，一般一顿下来也要 100 多元，同学请客多数选在这些地方。据说，现在大学校园的交际应酬与外面社会没什么两样，许多学生抱着“不得不应酬”的想法，反而给自己造成了负担。“其实我也不大愿意请客，这的确很费钱，但人情欠不得啊。”浙江 × × 大学的周 × 抱怨道。

五、考证、出国成为大学生消费新增长点

随着大学生对今后出路问题的进一步关注，考证、出国就成为两大重要砝码，大学生花在这两方面的钱也一年比一年多，这成为大学生消费新增长点。

除了考证成风以外，还有越来越多的在校大学生将毕业出国留学提到了议事日程上，许多家庭就将一大笔钱投在了各种出国培训班里。

大学生第一次做主自己手里的钱，哪些该花哪些不该花都有些盲目。针对目前大学生消费的情况，经济学家认为，目前一些大学生的消费意识陷入了误区，许多消费行为都体现了他们不成熟的消费心理。“很多学生是进了大学后才开始自主的。对于支配手中的钱还存在一定盲目性。”商学院经济系老师解释道，“学生们花钱大多没有计划性，很可能出现家长给多少就花多少、看到别人买什么自己也买的情况。而且，由于大学生在校期间就要努力适应社会，消费的模仿趋势也越来越明显。学着社会人一样去酒吧、茶馆参加社交活动，学习白领穿着等，随之而来的就是攀比心理，家境好的可能越来越追逐名牌，而家境相对较差的就可能产生自卑心理。”所以，教育大学生理性消费，也是家长与学校要考虑的问题。

× × 调查公司
× × × × 年 × × 月 × × 日

例文分析：这是一篇情况调查报告。标题采用双标题，正标题揭示主题，副标题说明调查

的内容。前言部分简要介绍了调查的对象、调查的基本情况。主体部分从五方面做了详细的调查分析。根据调查的结果分析，说明大学生的消费是不成熟的，存在一定盲目性。

【基础练习】

下面是两则病文，试指出其存在的问题。

文章一：

大学生课外阅读情况的调查

阳光下、草坪上、教室里、图书馆……到处可以看见书不离手的大学生，他们脸上洋溢着自信的笑容。

“你课外阅读的主要目的是什么?”“你最喜欢阅读哪种类型的书籍?”“你平时看一本书用多长时间?”……前不久我们对大学生的阅读取向进行了一次访问式调查，目的是了解当代大学生读什么书、读多少书和怎样读书的问题。

通过调查发现，有部分学生的课外阅读主要是为了休闲。他们认为“平时专业课程的阅读量已经很大了”，课外阅读当然选择内容较轻松的书籍，以缓解读书的压力。这样的学生大约占44.9%。还有部分同学的课外阅读是为了拓展知识面。这样的学生所占比例较少，只有8%。

大学生不青睐具有专业知识的书籍是否合理呢？不少招聘企业都感慨现在的大学生专业能力很薄弱，学以致用的能力较差。在学校期间不注重专业知识的积累和自身专业技能的训练，不阅读、不关注相关专业课外书籍是造成这种现象的原因之一。

在回答“你最喜欢阅读哪种类型的书籍”时，大多数学生选择报纸杂志。报纸杂志始终占据大学生阅读排行榜的首位。多数学生选择此类书籍的原因是因为“阅读起来方便”和“信息量大，来源广泛，易获得”。调查中发现。学校为学生免费提供的《文汇报》成为阅读人次最多的报刊,《青年报》《环球时报》《参考消息》《电脑报》《读者》也有一定的市场。在阅读内容上，阅读新闻占61%，领先其他三项，阅读“生活信息及收集资料”占24%，阅读“文学作品”占16%，阅读“评论文章”占18%。

目前大学生的阅读结构对大学生正确世界观、人生观的形成非常不利，亟须加以正确引导。

文章二：

从劳动中得到的

今年夏天我利用放暑假的机会，到毛纺厂打了一个多月的工。工作虽然简单，但很苦，只凭着力气。所拉的那些大包、大件每个起码都有一百公斤，重的可达三百五六十斤，每辆车上只有四个人，两人抬一包，一点儿都不能偷懒。说句实在话，我以前虽也打过几次临时工，可这么累的活还是第一次碰到，况且酷暑炎炎，简直令我难以忍受，有好几次烦得我心头直冒火，几乎要拔腿一走了事，可终于没走成，因为我不愿意服输。当然，工人们对家事、国事、天下事的议论，对我也很有吸引力，另外，我还想乘机了解一下厂里的管理情况。

以前，我认为工人们只知道干活、谈工资、讲奖金、发牢骚，可是当我第一次来到他们之间时，便知道我错了，这些人谈天说地懂得还真不少。我感到有些惊讶，刚开始我认为的只不过是海阔天空、毫无根据地闲扯而已，没什么价值，可后来，慢慢地觉察到他们的闲扯有的还是很深刻，称得上有独到的见解。有些观点我虽认为不对，可也不知道怎么反驳他们，虽然如此，他们的见解、争论都迫使我去学习、去思考，无形中加深了我对社会、生活和人生的进一步理解，锻炼了我的思考能力，使我变得更加成熟。

在工厂的打工经历，切身体验到我们现在工厂里的管理混乱给管理带来的种种弊端。拿我们工厂来说吧，我们这辆车的任务是配料和入库。但由于没有统一的调度，我们常常要跑冤枉路，做无用功，从这类事情中，我痛感到加强管理的重要性。当然，改革是不容易的，会有很多阻力，但苦难再大，阻力再多，改革势在必行，不改革就没有出路。

一个多月的打工生活结束了，我觉得这段时间过得还是很有意义的，给我的教益很大，这不仅在于磨砺了我的毅力，锻炼了我的体魄，增强了今后战胜困苦的勇气和信心。总而言之，我很赞成大学生深入社会、去锻炼、去实践，这无论对于国家还是对于个人的成长，都是大有裨益的，这也是我的一点体会。

【写作实训】

情景描述：请从以下10个题目中，任选一个主题，做一份调查问卷。

（1）大学生健身情况调查问卷。

（2）大学生互联网使用情况调查问卷。

（3）大学生读书行为调查问卷。

（4）大学生手机消费调查问卷。

（5）大学生网课学习情况调查问卷。

（6）学院食堂伙食调查问卷。

（7）大学生网络游戏调查问卷。

（8）当代大学生消费状况调查问卷。

（9）大学生爱情观调查问卷。

（10）当代大学生业余休闲活动调查问卷。

任务要求：

（1）调查问卷设置合理科学。

（2）利用问卷星等调查类的App发布你的调查问卷，然后请同学们、朋友们帮忙转发，请大家帮忙填写问卷，以获得相关数据。

（3）分析App上提供的调查问卷的相关数据，合理利用，完成一份调查报告。

【素质目标】

（1）对大学生而言，写调查报告是必须要掌握的一项工作技能。

（2）要学会科学使用各种调查方法，有效搜集、整理与利用信息。

（3）培养全面客观的思维习惯，养成实事求是的工作态度，严谨认真的工作作风。

第七次全国人口普查数据公布

2021年5月11日上午10时，国新办举行新闻发布会，介绍第七次全国人口普查主要数据结果并答记者问。国家统计局局长宁吉喆在会上通报，全国人口共141 178万人，与2010年的133 972万人相比，增加了7 206万人，增长5.38%；年平均增长率为0.53%，比2000年到2010年的年平均增长率0.57%下降0.04个百分点。数据表明，我国人口10年来继续保持低速增长态势。

性别构成：

男性人口为72 334万人，占51.24%；女性人口为68 844万人，占48.76%。总人口性别比（以女性为100，男性对女性的比例）为105.07，与2010年基本持平，略有降低。出生人口性别比为111.3，较2010年下降6.8。我国人口的性别结构持续改善。

年龄构成：

0~14 岁人口为 25 338 万人，占 17.95%；15~59 岁人口为 89 438 万人，占 63.35%；60 岁及以上人口为 26 402 万人，占 18.70%（其中，65 岁及以上人口为 19 064 万人，占 13.50%）。

与 2010 年相比，0~14 岁、15~59 岁、60 岁及以上人口的比重分别上升 1.35 个百分点、下降 6.79 个百分点、上升 5.44 个百分点。我国少儿人口比重回升，生育政策调整取得了积极成效。同时，人口老龄化程度进一步加深，未来一个时期持续面临人口长期均衡发展的压力。

受教育程度人口：

具有大学文化程度的人口为 21 836 万人。与 2010 年相比，每 10 万人中具有大学文化程度的由 8 930 人上升为 15 467 人，15 岁及以上人口的平均受教育年限由 9.08 年提高至 9.91 年，文盲率由 4.08% 下降为 2.67%。

受教育状况的持续改善反映了 10 年来我国大力发展高等教育以及扫除青壮年文盲等措施取得了积极成效，人口素质不断提高。

城乡人口：

居住在城镇的人口为 90 199 万人，占 63.89%；居住在乡村的人口为 50 979 万人，占 36.11%。与 2010 年相比，城镇人口增加 23 642 万人，乡村人口减少 16 436 万人，城镇人口比重上升 14.21 个百分点。

随着我国新型工业化、信息化和农业现代化的深入发展和农业转移人口市民化政策落实落地，10 年来我国新型城镇化进程稳步推进，城镇化建设取得了历史性成就。

第三章

经济应用文

【学习目标】

（1）掌握经济合同、海报、广告的文案写作格式和写作要求。

（2）撰写经济合同、海报、广告文案这些常用经济应用文。

（3）能够灵活使用这些文种，解决实际问题。

· 第一节　经济合同 ·

一、合同的概念

《中华人民共和国民法典》规定："合同是民事主体之间设立、变更、终止民事法律关系的协议。"合同当事人根据有关法律、法规，在自愿、平等、协商一致的基础上，明确相互间的权利、义务，双方必须共同遵守。

经济合同的概念：经济合同是经济活动中使用的合同，是平等主体间为实现一定经济目的，明确相互间债权债务关系而订立的文书。

二、订立合同的原则

（一）公平、自愿、平等原则

在合同订立过程中，任何一方不得把自己的意志强加给对方，任何单位和个人不得非法干预，这一原则主要强调了三点：

（1）强调了签约双方在法律上的平等地位，在利益上的互相兼顾。不允许以上压下、以大欺小、以强凌弱，也不允许以小讹大、以穷吃富。

（2）强调了签约双方在订立合同时，必须充分协商，在意思表示真实的前提下，达成一致合同。

（3）强调了签约双方权利义务的对等，坚持商品交换的基本原则。

例如，业主与开发商另签附加合同："买方首期房款可分五次付清，每次两万元，于××××年×月×日之前付清2万元……于××××年×月×日之前付清10万元。如逾期未付的，买方应向卖方支付欠付房款5%的违约金。如超过30日仍未付清的，卖方有权收回房产并扣除违约金……"但是在标准合同中规定"发展商如果不能按期交楼，每延期1日处以总房价的万分之五的违约金，延期90日仍未交楼的，买方可以要求退房。"

分析：这个附加合同的背景是：买方因为资金问题而在发展商处取得了首期五次三年付清

的“政策”，表面上看卖方很宽容，规定也很仔细，但是，这个合同显然是不平等的，凭什么卖方可以有90天的缓冲期，而买方只有30天的缓冲期？如果大家都是90天，那样才显公正公平。

（二）明确、具体的原则

由于经济合同既是经济文书又是法律文书，既有经济效益又有法律效力，因此写作时必须持严肃审慎态度，做到语言精确，表达清楚，书写工整，绝不能马虎大意，草率从事。

明确，是说在合同中使用概念或用词必须准确无误，不能使用含糊不确定的词。例如在签订装修合同条款中写“高级木门”“优质乳胶漆”“同等质量”，这些都是模糊的词语，什么样算是高级，优质怎样量化，同等是什么标准，最好就是约定“使用‘盼盼’×××型号木门”。当然有时装修还真是很难定牌子的，那就尽量把话说清楚一点。所有用语写到足够具体，一般也就明确了。

（三）诚信原则

讲诚实、守信用，是合同当事人在经济往来中应遵守的原则，也是市场经济条件下的准则。

北京华贸公司与龙贸公司签订了购买40万元羽绒服的合同，华贸有意将“羽绒”写成“鸭绒”，龙贸未加注意，华贸中途毁约，结果被状告法庭。华贸虽然无理，但合同中的“羽绒”写的是“鸭绒”，便提出“货物与合同标的物不符”，结果使得龙贸低价抛出羽绒服，损失20万元。

凡是采取欺诈、胁迫手段把自己的意志强加给对方，订立违反对方真实意愿的合同，都属无效合同。

（四）守法原则

遵守国家各项法律法规，是合同订立的前提条件。一些国家明令禁止的物品不可作为合同的指向对象，即标的物必须合法。例如走私物品、黄色影像资料书籍、枪支、毒品都不可以作为标的物进行交易，订立违法的合同，同样属于无效合同，不能得到法律保护。

三、合同的作用

（1）订立合同有利于保护双方当事人的合法权益。

（2）有利于规范市场交易活动，维护社会经济秩序，促进经济效益提高。

（3）有利于加强国家对企业的管理和监督。

（4）有利于发展国内贸易和对外贸易，促进经济技术交流合作。

四、合同的种类

（一）按适用范围分

生活中有房屋买卖合同，供用电、水、气、热力合同，赠与合同，借款合同，租赁合同；工作中有承揽合同，建设工程合同，运输合同，技术合同，保管合同，仓储合同；等等。

（二）按合同的写作方式分

按合同的写作方式，可以分为表格式合同、条款式合同、表格和条款结合式合同。

（1）表格式合同，是将合同的当事人有关情况、合同的内容条款等，依照一定的顺序设计成一种表格，印成统一的表格纸，签约时由当事人逐项填写。

有些使用数量多、内容变化不大的经济合同，如加工承揽合同、财产租赁合同、借款合同、财产保险合同及某些计划产品的购销合同等，都常使用表格式合同，表格式合同使用起来比较简便易行。

（2）条款式合同，即将签合同双方议定的权利义务用文字分条逐项进行表述的合同形式。

条款式合同由于其内容详尽、表述清楚、严密的特点，因此适用于标的比较复杂、双方权利义务须详细说明或当事人有某些特殊要求的经济合同。如建设工程承包合同、科技协作及技术转让等合同，大多采用条款式合同。

（3）表格和条款结合式，这是将表格、条款结合起来使用的经济合同书面形式。这种形式，一方面可将较为固定而无须说明的合同内容填入表格，另一方面又可将双方协商拟定的补充内容写成条款。

这种形式的合同兼有表格式和条款式两种合同的特点。在使用过程中，常由行业管理部门或合同管理部门统一印制，并在一定的范围内使用。

五、合同的写法

合同包括标题、开头、正文和结尾。

（一）标题

标题即合同的名称，每一份经济合同都有一个以其内容和类型命名的标题，如购销合同、加工承揽合同、财产租赁合同、建筑工程承包公司等。

“经济合同”是一类合同的总概念，不能作为一份具体合同的标题。

（1）直接用合同的种类作为标题，如《技术合同》。

（2）经营范围＋合同种类，如《商品房买卖合同》。

（3）时间＋合同种类，如《2017年运输合同》。

（4）签约单位名＋合同种类，如《恒发公司仓储合同》。

（二）开头（约首）

开头包括合同双方（或多方）当事人名称、联系方式等。

在标题之下，写立合同人；当事人名称写在正文开头第一行顶格处（或空两格处），为了表达方便，还须在双方（或多方）单位后用括号注明“甲方”“乙方”“丙方”，或依照合同内容称“借方”“需方”“承租方”“出租方”等，但不能称“我方”“你方”“他方”。或直接写甲方（供方/卖方），后面写上单位全称，再写乙方（需方/买方）后面写上单位全称，一定要写全称，不写简称。例如一则房屋租赁合同的开头：

订立合同双方：

房屋出租方：　　　　　　　　（以下简称甲方）

身份证：

联系电话：

房屋承租方：　　　　　　　　（以下简称乙方）

身份证：

联系电话：

（三）正文

正文即合同的具体内容和条款。正文包括前言和主体两方面内容。

前言是签订合同的依据和目的，主体是合同的具体条款。

1. 前言

正文开头可写几句前言，简要说明订立合同的理由、目的或依据。前言只需三言两语直陈目的缘由等，文字力求简明扼要，无须详细原委、协商经过，更不要交代形势背景。

如“为了……”“根据……”或“经双方协商，一致同意签订本合同，以资恪守”，然后用“主要条款如下”或“条文如下”引入条款。例如：

（1）根据《民法典》有关规定，经双方协商一致，签订本合同，以资共同遵守。

（2）为了……目的，经双方充分协商，特订立本合同，以便共同遵守。

（3）为了繁荣市场，促进经济合作，保证果品供应，甲乙双方代表在平等互利的前提下，经过协商达成一致意见，订立如下合同，以资共同信守。

（4）为明确甲、乙双方的权利义务关系，经双方协商一致，订立本合同，双方应当本着诚实信用的原则履行该协议项下的各项约定。

2. 主体

经济合同的主要条款是明确当事人各方权利义务的，是经济合同的核心部分，也是当事人各方实际履行合同、实现各自经济目的的基础和依据。主要条款不具备，合同内容不明确或不具体、不完善，合同便不能切实履行，到头来只能是无法实现的一纸空文。主要条款有遗漏，就会使合同在履行过程中出现困难、障碍，甚至导致合同双方的纠纷，致使合同不能顺利履行。为了防止经济合同纠纷，拟写经济合同时要认真考虑怎样用文字把合同的内容表达好。经济合同一经签订之后，就具有法律效力。

合同的内容，是指双方当事人依照法律，经过协商一致而明确记载于合同条款中的权利和义务。合同的内容条款，一般应按照《民法典》规定的主要条款及其主次关系顺序表述，一般有：标的，数量，质量，价款或酬金，合同的期限、地点、方式，违约责任，解决争议的方法。有时，根据合同内容的具体情况，还可以签订双方商定的其他事项。

1）标的

标的是合同双方或几方当事人权利和义务共同指向的对象。它可以是某种实物和货币，也可以是某项工程和劳务活动，还可以是某种脑力劳动的成果等。任何合同必须有标的，但合同的标的物及标的的取得途径必须合法。例如房屋租赁合同的标的就是房屋，洗衣机购销合同的标的就是洗衣机，而在提供劳务的合同中，标的就是当事人之间的劳务关系。

2）数量

数量是标的的计量，是衡量当事人权利义务大小的尺度，它是以数字和计量单位来表示的。标的是物，数量主要表现为一定的长度、体积或者重量；标的是行为，数量主要表现为一定的工作量；标的是智力成果，数量主要表现为智力成果的多少与价值。例如鸡蛋的数量单位是千克，劳务的计量单位是天或小时等。

3）质量

质量指双方在合同中约定的标的质量及要达到的标准，是标的内在素质和外观形态的综合反映，如产品的品种、规格、型号等，有国家强制标准或行业标准的，不得低于其规定。

在合同中关于货物质量的条款要具体明确。有一份购货合同，标的是各色瓷砖，质量标准是“货到乙方损耗率不得超过3%”。结果货到开箱检查，其中白色瓷砖损耗率超过10%，而其他颜色的瓷砖损耗未超过1%，因其他颜色的瓷砖损耗率未超过标准，总耗率正好达3%。但引起合同纠纷。这起合同纠纷，原因是合同对损耗率要求措辞不严密。如果合同事先就质量标准作出明确规定，写成“每种颜色瓷砖损耗率均不得超过3%”，这样，甲方就无话可说了。

4）价款或酬金

价款或酬金是取得合同标的一方向另一方支付以货币数量表示的代价。取得对方产品而支付的代价叫价款，获得对方劳务或智力成果的代价叫酬金。

合同的标的必须明确价格的界限。在合同的条款中，除极少数产品必须执行国家制定价格外，绝大多数产品的价格界限是经购销双方协商和多轮讨价还价形成的。合同中的价格条款必须明确、清楚，必要时还可以经双方认可写进价格变更条款的内容。

执行国家定价，在合同规定的交付期限内国家价格调整时，按交付时价格计价。逾期交付的，遇价格上涨时，按原价格执行；价格下降时，按新价格执行。逾期提货或逾期付款的，遇价格上涨时，按新价格执行；价格下降时，按原价格执行。例如某药 2 元 / 包，共订货 10 000 包。逾期提货时，市场价为 3 元 / 包，买方应付货款总金额为 30 000 元。

5）合同的期限、地点和方式

合同的期限分为有效期限和履行期限。一般从合同的订立起到履行、解除或终止时的持续期间，是合同的有效期限；实现权利义务的具体时间是合同的履行期限。合同的期限必须明确，同时对合同的履行地点和方式也必须明确具体地加以规定，以免引起纠纷。当事人双方必须严格执行协议的时间，期限时间宜实不宜虚，宜具体不宜笼统，最好确定具体日期，如不能确定实际时间，应用“以前”“以内”，而不应用“以后”，也不可用“尽可能在”或“争取在”等词语。

履行合同的地点指合同履行时的具体地点，包括交货、验货或承建工程的具体地点，必须规定具体、明确，不能产生歧义。

履行方式指当事人履行合同的具体做法，包括时间方式和行为方式两方面。时间方式指的是一次性履行完毕还是分期履行；行为方式指当事人交付标的物的方式，如标的物的交付、运输、验收、价款结算等的方式。交货方式，是指双方约定的交接标的形式（是送货还是自提等）；交货形式，是指双方约定的用何种运输工具，采取何种方式运输（空运、铁路、公路……）；交货地点，是指双方约定的交接标的具体地点，是送货还是自提，如果是送货要尽量详细写清交货地点；付款方式，是指双方约定的付款方法，是现金结算还是银行转账结算等。

在购销合同中，有的不具备明确的交货期和付款期，只提“款到交货”或“货到付款”，有的不明确规定价金，是以“价格随行就市”一带而过，有的缺乏质量检验条款等，其结果不仅不能顺利履行合同，而且导致合同纠纷不断。

6）违约责任

违约责任又称“罚则”，是规定合同当事人全部不履行或部分不履行或不适当履行合同（违约）时，所必须承担的经济责任和法律责任。当前在各种经济合同中，普遍容易遗漏的是“违约责任”条款。而“违约责任”却是使合同正常履行的保证条款。当事人多是由于合同中有了违约责任的条款，才有了认真严格履行合同的责任心和紧迫感。合同中，必须规定不按合同要求履行义务的制裁措施及发生意外事故的处理等内容。

有的合同没有规定违约的责任，一旦发生违约情况，就难以制裁违约一方。因此，规定违约责任条款在实践中特别重要。

违约责任的承担方式有多种，如支付违约金，支付赔偿金，强制履约，支付价金及逾期利息，修理、更换、重做、减价或退货等。

7）解决争议的方法

解决争议的方法指签订合同后发生纠纷，自行协商不成时，在合同中约定的解决纠纷的形式（是到仲裁机构仲裁，还是去法院诉讼），选择其一写于合同条款中。

8）其他事项

当事人在签订合同时，除按法律规定应写明以上条款外，还可以根据需要对包装、运输、保管、验收、结算等环节加以明确规定，应尽量使用规范的语言，条款尽量详细，尽可能避免发生合同纠纷。

（四）结尾

结尾一般有四项内容：一是注明合同的有效期限；二是注明合同附件；三是注明合同一式几份，交由谁保管；四是由订立合同的当事人签名盖章并写上签订的年月日。如写上："本合同自盖章（或公证）之日起生效，有效期限一年，履行完毕作废。"接着还要写明合同份数和保存方法，如："本合同正本一式两份，甲乙双方各执一份，合同副本一式四份，分别由双方主管部门及 ×× 公证处、×× 银行各存一份。"

合同当事人一般要写各方单位或姓名的全称，并分别盖章。如需上级单位或公证机关签署意见，要注明并盖章。当事人是企业法人的，应盖合同专用章，不得加盖行政专用章。另外，双方的电话、账号、开户银行、地址等，都应写清。

六、合同的写作要求

（1）合同的措辞要准确、严密。不能出现漏洞或前后矛盾、相互脱节的现象。

一家服装厂与一家实业公司签订一批全毛雪花呢大衣呢的购销合同，标的物写的是"全毛雪花大衣呢"，但在质量标准条款中又写"按 7030 型号标准"供货，而"7030"表示的却是混纺的比例，即含羊毛 70%，含粘 30%，属毛粘混纺。这样就形成了一份合同中标的物概念的前后矛盾，结果引起合同纠纷。

（2）依法做好订立合同的准备工作；合同的条款要齐全、完备；规定要具体。

宁波市叶先生 2019 年底与保税区现代建筑装饰公司慈溪分公司签订了装饰工程合同，为其别墅进行装修，装修价 41.9 万元，工期 85 天。在合同履行过程中，由于装潢质量问题，原来的图纸变更了多次，致使完工日期一拖再拖，而且在款额结算中也由于原先约定不明确发生了纠纷。

慈溪市消协在调解这起纠纷中发现，该公司的装饰合同中存在多处陷阱：其一，合同中没有点明如果验收不合格，施工单位应当承担什么违约责任；其二，合同中规定了装饰工程的保修期为 6 个月，而根据国家有关规定应该为 1 年；其三，附件中有的项目只标明了价格，而没有注明用什么产品，随意性很大，如其中一项地面地板加油漆价格为 145 元 /m^2，但用什么档次的地板和油漆未作说明。

合同条款中出现大量的漏洞和不规范现象，势必会给实施工作埋下诸多隐患，引起纠纷，因此，在订立合同之前要做好充分准备，反复研究磋商，斟酌推敲字词，达到万无一失。

（3）合同不得随意涂改。合同订立之后，不可以随意涂改，如经双方同意，在涂改处必须加盖印章或签字，以示双方（或多方）确认。

【例文借鉴】

浙江派立方有限公司买卖合同（标题）

供方：浙江天东家具　　　　需方：浙江派立方有限公司（开头）

地址：　　　　地址：

代表人：　　　　代表人：

身份证：　　　　身份证：

联系方式：　　　　联系方式：

根据我国《民法典》有关规定，供需双方经友好协商，共同制定以下条款，以资共同遵守。（前言）

一、产品名称、品种规格、数量、金额、交售时间（标的、数量、质量、价款或酬金）

产品名称	型号	单位	数量	单价（元）	金额（元）	交货时间
办公桌	A86	张	30	500.00	15 000.00	2019.9.2
椅子	B55	把	50	80.00	4 000.00	2019.9.2
合计人民币金额（大写）：壹万玖仟元整						

二、质量要求、技术标准：国家标准／行业标准。供方保证质量，实行“三包”。（质量）

三、交货办法、交货地点：供方免费直送至需方指定仓库。（履约地点、履约方式）

四、运输方式和费用负担：货车运送，费用由供方负担。（履约方式）

五、包装标准、包装物的供应与回收和费用负担：供方负担。（履约期限、履约方式）

六、给付定金的数额、时间：无。（履约期限）

七、结算方式及期限：需方收货并验收合格后30日内付清壹万玖仟元整人民币。（履约期限、履约地点和履约方式）

八、如需提供担保，另立合同担保书，作为本合同附件。

九、违约责任：如供方不能按时交货，每拖延一天，由供方按货款总金额的百分之一赔偿需方的损失。需方必须按双方协商日期交付货款，若违约，每迟交付十天，由需方按货款总金额的百分之一赔偿供方。（违约责任）

十、解决合同纠纷的方式：一旦双方发生纠纷，自行协商不成时，到仲裁机构仲裁。（解决争议的方法）

十一、本合同一式两份，供、需双方各执一份。（结尾）

甲方单位名称（章）	乙方单位名称（章）
法定代表人：	法定代表人：
委托代理人：	委托代理人：
开户银行：	开户银行：
账　　号：	账　　号：
单位地址：	单位地址：
邮政编码：	邮政编码：
×年×月×日	×年×月×日

例文分析：本篇销售合同。前言写明了签订合同双方的基本情况。主体部分详细交代了合同的条款：合同的标的、质量要求、交货时间、地点、结算方式及期限、违约责任等内容。结尾处双方签字、盖章。

【基础练习】

1. 修改下面合同中不恰当的语言

“大号暖水瓶”；“碎板块”；“半年左右交货”；“如果违约，我愿打愿罚”（责任不清楚）；“5%~30%违约金”；“力争第一季度完成”；“尽量达到双方满意”。

2. 修改下面合同。

建筑工程承包合同

甲方：西丽化工厂

乙方：华西建筑公司

为建筑西丽化工厂西厂房，经双方协商，订立本合同。

一、化工厂委托承建方在甲方左侧建造西厂房壹座，由华西建筑公司按照甲方提供的规格、图样（附件一）建造。

二、全部工程造价（包工包料）为人民币玖拾贰万柒仟元整。

三、甲方在订立合同后尽快付给乙方全部建造费的百分之六十，其余百分之四十在西厂房竣工并验收合格后抓紧结清。

……

七、乙方建造的厂房如不符合附件一图样及国家有关规定标准，由乙方负责返修，返修费由乙方承担。如工程不能按时完成，由乙方按全部建造费的千分之一赔偿甲方的损失。甲方必须按双方协商日期交付建造费，若违约，由甲方按全部建造费的千分之一赔偿乙方。

八、本合同一式叁份，甲乙双方及公证机关各执壹份。本合同自签订之日起执行。

3. 修改下文。

交换写字楼合同

甲方：×× 贸易总公司

乙方：×× 市广告集团公司

甲乙双方为了便于在穗深两地联系业务，需交换写字楼作为各自的办事处。现本着友好合作的精神制定如下协议：

一、甲方在广州市隆兴路168号大楼中为乙方提供一单元住宅（三房一厅，实用面积不得小于80 m^2）作为乙方驻穗的办事处用房。

二、乙方在深圳市为甲方提供同样的一单元住宅，规格同上，作为甲方驻深办事处用房。

三、双方分别负责为对方上述办事处供水、供电及安装电话，以确保日常业务活动的正常开展。

四、本合同有效期为五年，是否延期届时根据需要商定。

五、本合同自双方同时履约之日起生效。

六、未尽事宜，由双方另行商定。

甲方代表签字	乙方代表签字
甲方公章	乙方公章
年　月　日	年　月　日

【写作实训】

情景描述：

红叶制衣厂（甲方）在2021年因生产规模扩大，资金周转上暂时出现困难，向越州市农业银行（乙方）借款人民币445万元，借期为一年，自2022年1月1日起至2022年12月31日止，利率按中国人民银行规定的一年期贷款利率支付，并由寰宇房地产公司（丙方）提供担保。借款人（甲方）保证按合同约定的用途使用借款，借款到期时准时归还本息，如果在借款期间发生了足以影响合同履行的事项，借款人保证向贷款银行如实告知。越州市农业银行（乙方）保证按照约定的日期、数额提供借款。双方还商定如果发生纠纷，就通过友好协商加以解决，协商不成可向越州市仲裁委员会提请仲裁或向越州市法院提起诉讼。

请根据以上情况，写一则借款合同。其内容应包括借款种类、币种、用途、数额、利率、期限和还款方式等条款。

任务要求：
（1）采用条文式的结构，款式规范，结构完整。
（2）内容周密、具体，语言严谨、有条理。

· 第二节 海 报 ·

一、海报的含义和作用

海报是主办单位向公众报道举行文化、娱乐、体育、展销等活动时所使用的一种张贴式的事务文书，是一种信息传递艺术，是一种大众化的宣传工具。通常张贴在有关演出的场所或较为醒目的地方，如马路、码头、车站、机场、运动场或其他公共场所。

海报的用途很广，商品展览、书展、音乐会、人文科技讲座、戏剧、电影、体育比赛、时装表演、旅游或其他专题性的活动，都可以通过海报做广告宣传。

作为信息传播的工具，海报在人类社会活动中扮演着十分重要的角色。图形和文字的巧妙运用，使海报成为强有力的传播媒介，进行政治、公益、文体和各种公共活动的宣传。它点缀着城市的街道、社区的环境、都市的色彩、校园的文化生活，成为人们生活中不可或缺的部分。

二、海报的特点

1. 广告性

创作海报是希望社会各界的广泛参与，它是广告的一种。有的海报加以美术的设计，以吸引更多的人加入活动。海报可以在媒体上刊登、播放，但大部分是张贴于人们易于见到的地方。

2. 商业性

有些海报是为某项商业活动做的前期广告和宣传，其目的是让人们参与其中，所以商业色彩较浓厚；当然，学术报告类的海报一般是不具有商业性的。

3. 张贴性

海报张贴于公共场所，会受到周围环境和各种因素的干扰，所以必须以大画面及突出的形象和色彩展现在人们面前。其画面尺寸有全开、对开、长三开及特大画面（八张全开）等。

为了使来去匆忙的人们留下视觉印象，除了尺寸大之外，招贴设计还要充分体现定位设计的原理。以突出的商标、标志、标题、图形，或对比强烈的色彩，或大面积的空白，或简练的视觉流程，使海报招贴成为视觉焦点。

三、海报的分类

（一）按内容分

1. 电影海报

这是影剧院公布演出电影的名称、时间、地点及内容介绍的一种海报。这类海报有的还会配上简单的宣传画，将电影中的主要人物画面形象地绘出来，以扩大宣传的力度。

2. 学术报告类海报

这是一种为一些学术性的活动而发布的海报。一般张贴在学校或相关的单位。学术类海报具有较强的针对性。

3. 文艺晚会、杂技、体育比赛等海报

这类海报同电影海报大同小异，它的内容是观众可以身临其境进行娱乐观赏的一种演出活动，这类海报一般有较强的参与性。海报的设计往往要新颖别致，引人入胜。

（二）按性质分

1. 公益海报

社会公益海报是带有一定思想性的。这类海报具有特定的对公众的教育意义，其海报主题包括各种社会公益、道德的宣传，或政治思想的宣传，弘扬爱心奉献、共同进步的精神等。

2. 商业海报

商业海报是指宣传商品或商业服务的商业广告性海报。

（三）按制作形式分

（1）喷绘海报。

（2）手绘海报。

（四）按表现形式分

（1）文字海报。

（2）图像海报。

（3）图文结合海报。

四、海报的格式和内容

海报的形式多种多样，这里主要侧重介绍文字海报。海报一般由标题、正文和落款三部分组成。

（一）标题

海报的标题写法较多，大体可以有以下一些形式：

其一，单独由文种名构成，即在第一行中间写上“海报”字样。

其二，直接由活动的内容承担题目，如“舞讯”“影讯”“球讯”等。

其三，可以是一些描述性的文字，如“××× 再显风采、×× 寺旧事重提”。

（二）正文

海报的正文要求写清楚以下一些内容：

第一，活动的目的和意义。

第二，活动的主要项目、时间、地点等。

第三，参加的具体方法及一些必要的注意事项等。

（三）落款

要求署上主办单位的名称及海报的发文日期，有的海报将组织活动的单位、时间写进了正文，也可以不用落款。

以上的格式是就海报的整体而讲的，实际的使用中，有些内容可以少写或省略。

五、海报设计注意事项

（一）海报设计的步骤

（1）明确海报的写作目的。

（2）明确目标受众、接受方式。
（3）选择海报的体现策略。
（4）确定创意点。
（5）选择表现手法。
（6）明确怎样与产品（或主题）结合。

（二）海报设计的具体要素

（1）充分的视觉冲击力，可以通过图像和色彩来实现。
（2）海报表达的内容精炼，抓住主要诉求点。
（3）内容不可过多，文字要求简洁明了，篇幅要短小精悍。
（4）一般以图片为主，文案为辅。
（5）主题字体醒目，一定要具体真实地写明活动的地点、时间及主要内容。文中可以用些鼓动性的词语，但不可夸大事实。

（三）特殊海报的设计要求

1. 店内海报设计

店内海报通常应用于营业店面内，做店内装饰和宣传用途。店内海报的设计需要考虑到店内的整体风格、色调及营业的内容，力求与环境相融。

2. 招商海报设计

招商海报通常以商业宣传为目的，采用引人注目的视觉效果达到宣传某种商品或服务的目的。招商海报的设计应明确其商业主题，同时在文案的应用上要注意突出重点，不宜太花哨。

3. 展览海报设计

展览海报主要用于展览会的宣传，常分布于街道、影剧院、展览会、商业区、车站、码头、公园等公共场所。它具有传播信息的作用，涉及内容广泛、艺术表现力丰富、远视效果强。

【例文借鉴】

例文 1

海　　报

为了培养同学们的书法兴趣，我校特举办全校师生员工书法展览，欢迎大家参观指导。
展览时间：10 月 12 日
展览地点：教学楼东 406
举办单位：院书法协会

院书法协会
二〇二〇年十月五日

例文分析：此则海报，写明了活动的目的意义，活动具体的时间、地点和举办单位。落款处标明单位和日期。

例文 2

海　　报

×× 杂技团演出
精彩杂技　大型幽默
技彩新颖　滑稽幽默　来去无踪　变幻莫测

演出时间：×× 月 ×× 日 ×× 晚 ×× 时
演出地点：×××××××××
票　　价：×× 元
电　　话：××××××

×××× 年 ×× 月 ×× 日

例文分析：此则海报，语言和结构构思新颖，对活动进行了宣传，吸引更多人关注。同时写明了活动具体的时间、地点和票价。落款处因内容已提了演出单位所以省略，标明了日期。

例文 3

职业规划讲座

作为高职生，我们该怎样合理规划自己的职业前景，给自己一个恰当的职业定位？受社会欢迎的高职生应具备怎样的素质？你的大学时光该如何度过？你想解答这些问题吗？那就去听一听讲座吧！

主题：职业规划从大一开始
主讲：李海洋先生
时间：2019 年 6 月 28 日 18：30—20：40
地点：本院教学楼东多媒体教室 406

举办单位：基础部、团委
2019 年 6 月 21 日

例文分析：此则是关于讲座的海报。为了吸引更多的听众，提出一系列同学们比较关注的话题，从而引出讲座主题。主体部分写明了讲座具体的时间、地点和主讲人。落款处标明单位和日期。

【基础练习】

（1）海报是广告吗？
（2）请修改完善下面这则海报的内容。

【写作实训】

情景描述：

××市中心医院特邀俄罗斯国家卫生部重点心血管病专科医院医务人员一行7人，于2019年3月10日到我院讲学并进行手术展示，共10天。

任务要求：

以此为内容，请代写一份海报，希望有此病的病人速与我院联系，住院检查。

• 第三节　广告文案 •

商业广告既是一种高效率的传播活动，更是一种高智慧的商业活动。简要的说，商业广告是一种有偿的、经由大众媒体传播的、带有商业目的的活动。

文案是商业广告作品的点睛之笔，是信息的主要载体。广告文案的文字说明因广告媒介的不同，而表现为用有声语言或无声文字传播的不同。有声语言在广播、电视、网络媒体中比较多见，无声文字在电视、报纸、杂志以及网络中比较多见。

概括说，广告文案既包括广告成品中的文字、声音信息（独白和对话、字幕），也包括在成品作品中没有完全表现出来的关于广告活动的策划书、创意阐述及脚本写作部分（比如影视广告的脚本、广播广告脚木）。这里我们主要学习的是常见广告文案的写作。

一、广告文案的特点

广告文案作为一种文体，有其自身的写作规律和特点，其主要特点是简洁性、真实性和独创性。

1. 简洁性

广告是瞬间决定成败的作品，因而能否在一瞬间抓住受众的注意十分重要。据日本电通广告公司对成功创意文案的统计，好的广告文案平均只有12.5个字。由此可见，简洁性是广告对文案创作的突出要求。那些优秀的广告文案，尤其是它的广告语，总是精炼、简洁的。例如：

怕上火喝王老吉（王老吉凉茶）

立邦漆，处处放光彩（立邦油漆）

德芙，纵享丝滑（德芙巧克力）

2. 真实性

《中华人民共和国广告法》明确规定：广告应当真实、合法，广告不得含有虚假内容，不得欺骗和误导消费者。

真实性是广告的生命。只有内容真实的广告，才能赢得消费者的信赖，才能在广大消费者中建立起信誉。广告文案虽然可以借助一定的文学表现手法而生动活泼，但不能有随意夸大或吹嘘的内容。虚假广告一旦被识破，文案的生命力就丧失了，商品、企业的信誉也将遭到破坏。

3. 独创性

为了使广告作品能在竞争对手中立于不败之地，广告文案就必须突破常规，追求独特与新颖，赋予广告文案以独特的吸引力和生命力，使广告产生与众不同的魅力。这就是广告文案所要求的独创性。

例如，雪碧汽水的广告文案：

（蝉鸣起伏……）

男孩子：渴，渴……

（跳跃的音响）

女孩子：晶晶亮，透心凉……

（喝一口，喝干的声音，如清凉的水淋头）

男孩子：哇！

男声：哦！雪碧，当今生活，无论是宴会、旅游、运动……到处有你清凉的奉献！

（孩子的欢笑声，摩托艇驶过，一个海浪，又一个海浪）

女声：雪碧（飘过）。

这则广告文案的独创性在于它将自然音响、人为音响以及有声语言“晶晶亮，透心凉”等配合起来，创造出一个极具感染力的环境氛围，以吸引消费者。在产品日益同质化的市场竞争环境下，对广告文案独创性的要求也将越来越高。

二、广告文案的写作

（一）标题

广告标题是广告文案中旨在传达最为重要的或最能引起受众兴趣的信息，位于广告文案最前面，对全文起统领作用，以吸引受众继续阅读广告文案的简短语句。标题在广告作品的整个版面和构图中，始终处于最醒目、最有效的位置。而人们在进行无目的阅读和收看时，对标题的关注率也相当高，这在受众选择性、自主性强的报纸、杂志、自媒体等媒介上尤为明显。

广告大师大卫•奥格威对广告文案的标题非常重视，他认为：“标题是大多数平面广告最重要的部分，它是决定读者是否读正文的关键所在。读标题的人平均为读正文的人的5倍。换句话说，标题代表着为一则广告所花费用的80%……在我们行业中，最大的错误莫过于推出一则没有标题的广告。”

1. 直接型标题

直接型标题，是通过标题把广告内容直截了当地告诉读者，使人们一看就清楚广告说些什么。采用直接标题的广告主要有两种情况。一是只有标题，没有广告正文，如路牌广告、招商广告等。它们多数是将标题与图画相配合，将主要的广告信息包含在标题中。例如，“白猫洗衣粉，洗衫好干净”“钻石男表，卓然超群”等。二是标题与正文相配合，以标题引导读者去阅读正文，而正文是对标题的补充和说明。这类标题往往把商品或企业名称直接引入标题中。例如：

家中有万宝，生活更美好（万宝冰箱）

星河音响，再创音乐新生命（星河音响）

东方为您设计明天的办公室（东方办公设备经营公司）

投资万科就是投资中国的未来（万科公司）

2. 间接型标题

间接型标题不要求包含产品主要信息和广告主要内容，也不在标题中点明广告主题，而是用具有文学色彩的语句诱导读者去阅读正文。只有阅读正文，才能了解广告的主要内容。间接型标题要求表现含蓄，富有文采和艺术性。例如：

把闪烁的星星揉碎，溶入绚烂的晚霞之中（化妆品广告）

该标题充满诗意，具有梦幻般的意境。但只看标题，读者不知道是什么产品的广告，只能从正文中去寻找答案。读者看了正文后方才领悟到这是一则化妆品广告，而广告标题产生的浪漫氛围已在他们心中留下了美好印象。又如：

眼睛是灵魂的窗户，为了保护您的灵魂，请给窗户安上玻璃吧！（眼镜）

这则标题没有直接说出广告的商品，但已用暗喻的手法间接告诉了消费者，同时显示了对他们切身利益的关心，因而使消费者乐于接受这样的诱导。

工欲善其事，必先利其器（常工牌焊接切削工具）

标题以谚语的形式含蓄地表明，使用该种型号的切削工具，能使人达到事半功倍之效果。又如：

发光的不完全是黄金（银器）

美国一家银器制造商，使用了这句谚语，引人注意。正文接着说明他们制造的银器也是发光锃亮的。

3. 复合型标题

复合型标题，是将直接标题与间接标题结合起来。复合标题通常由两个或三个标题组成，除了有一个正题外，还有引题或副题，位于正题的上下。引题起引导作用，引出正题来；正题以艺术的手法揭示主题；副题则是对正题的补充、说明、延伸，表现产品的名称、型号、性能等，以扩展正题的含义。因而复合标题能使消费者立即明白广告的内容。由引题、正题、副题组成的复合标题，如：

引题、正题式：

引题：速腾 2011 年型质感驾驭与格调生活的不期而遇

正题：承袭德国造车工艺，品质超越所见！

正题、副题式：

正题："康必得"得必康

副题："康必得"治感冒

家庭常备最重要

引题、正题、副题式：

引题：销售进入第二年

正题：松下电器变频式空调的受用者越来越多

副题：这么多的笑脸是舒适性和令人信赖的质量之证明

（二）正文

广告正文是指在广告文案中向受众传达主要广告信息、居于主体地位的语言文字部分。它是广告文案的中心和主体，对标题、标语提示的内容进行解释和说明，促使受众接受广告的诉求，进而采取购买行动。广告正文写作的常见样式：

（1）简介体：简明扼要介绍企业情况、商品性能、服务特点等信息，主要表达方式是说明。一般采用分列的形式或者表格的形式。分列的形式是把信息一一列举，使人一目了然，如格力公司的广告，董事长董明珠亲自代言：

标题：让世界爱上中国造

正文：格力自主研发三缸压缩机。

室外即使零下 35°。

室内也能达到 25°。

格力太阳式空调，

春天的享受。

简介体中，表格式是指用表格的方式将信息表现出来。比如一则书店的广告就是用表格将一周热销书名排列出来，使读者看得非常清楚。

（2）新闻体：用新闻笔法通过讲述一个新闻事件加以表现，这种方法可以突出新闻性、权威性，同时增强了广告的真实感和信任感。如下面一段广告文案：

汉光机械复印机随国家极地号南极考察船，历时 199 天，复印二三万张，质量始终如一，无故障。

（3）公文体：采用公文的形式表现产品信息，往往产生出其不意的幽默效果。如：

贝克啤酒禁酒令

查生啤之新鲜，乃我酒民头等大事，新上市之贝克生啤，为确保酒民利益，严禁各经销商销售超过七日之贝克生啤，违者严惩，重罚十万人民币。此布

金匙集团属下金匙啤酒有限公司

公元一九九三年贝克元年五月

（4）论说体：表达方式选择以议论为主，在阐述观点的同时，自然表现产品特点、功效以及附加值等。如 1946 年《国文月刊》为钱锺书的作品集《人・兽・鬼》做了如下广告：

《人・兽・鬼》（小说集，一元六角）。钱锺书先生是以博学和智慧闻名的，他用深邃的目光和犀利的观察解剖人生。这本小说集保持着他一贯的风格，里面包含四个短篇：《上帝的梦》《猫》《灵感》《纪念》。每篇像一朵有刺的花，美丽芬芳，发散出无限的色香，同时用毫不留情的讽刺，引起我们一种难以排遣的惆怅。

（5）散文叙述体：以叙述为主要表达方式，略带情感地介绍产品信息，好处是往往能体现出一定的风格，或者幽默，或者辛辣，有较强的感染力。如：1946 年老舍为自己的作品写作的杂志广告：

“《赶集》是本短篇小说集，并不去赶集。《猫城记》是本小说，没有真事。《离婚》是本小说，而不是提倡离婚。《小坡的生日》是本童话，又不像童话。《老张的哲学》是小说，不是哲学。《二马》又是本小说，但没有马。《老舍幽默诗文集》不是小说，什么也不是。”

（6）诗歌体：采用诗歌凝练的表达方式，跳跃并富于变化地表现产品信息，特点是形式与众不同、表达效果耐人寻味。如小霸王学习机充满个性与变化风格的广告：

你拍一，我拍一，小霸王出了学习机。
你拍二，我拍二，学习游戏在一块儿。
你拍三，我拍三，学习起来很简单。
你拍四，我拍四，保你三天会打字。
你拍五，我拍五，为了将来打基础。
你拍六，我拍六，小霸王出了 486。
你拍七，我拍七，新一代的学习机。
你拍八，我拍八，电脑入门顶呱呱。
你拍九，我拍九，二十一世纪在招手，
在——招——手。

其他还有歌曲体、相声体、快板体、戏曲体、对话体等，在电视、广播媒体中出现较多。无论采用何种形式讲述正文信息，都要合法真实，不能欺骗消费者。

（三）结尾

结尾也叫结束语，其作用是以最精练的语言再次强调商品特点、服务特色、促销方式。常见的结尾方式有如下几种：

（1）归纳性结尾。这种结尾以简洁的语言对前面文字做出总结。

当你专注于行走本身的时候，你就是幸福的。让心灵跟上你的脚步，直到遇见自己。世界是什么样子，取决于你的心。身未动心已远，让我们一起走吧！（×旅游卫视的广告）

（2）吁请式结尾。这种结尾多采用祈请、启发、鼓动、号召等话语方式，有明显的号召性。

①怕上火，喝王老吉！

②困了累了喝红牛！

③他忘记了很多事情，但从未忘记爱你。（某电视台公益广告）

（3）设问式结尾。这种结尾在结尾处不直接说出相关结论，而是设定问题，引发读者的思考。

"她用了？她没用？"——克莱罗染发水。

（4）抒情式结尾。这种结尾用抒情方式，抒发感慨，增强文字的感染力。例如一则防止石油污染的公益广告，在描述完污染所造成的现象后写道：

站在海湾的岸上，看着一望无际的黑色油污，看着所有的生命在慢慢死亡，我们觉得世界末日似乎已来临。

其中所抒发的议论与情怀，正是对前面文字中各种死亡现象的感慨，以此加强人们的关注。

（5）展望式结尾。结尾展望未来，使读者建立信心。如：

抚今追昔感慨系之，瞻顾前程愈加感奋。公司笃持敬业图强精神，为各界朋友竭诚服务，与同行同仁携手共进，开辟房地产业光明未来。

（6）祝谢式结尾。结尾表示对顾客或社会的美好祝愿，是以情感与关系争取支持的结尾方式。如：

值此节日之际，我公司全体同仁谨向全国用户表示最诚挚的谢意！

（7）表态式结尾。这种结尾采用向读者表明态度的方式，有一定的亲和力。例如：

"无论车在何处，都能享受及时、妥善的服务"，这就是我们关心备至的体现，也是每一个维修中心对您的承诺。

（8）描摹式结尾。这种结尾侧重于描摹商品外部造型或由其引发的心理意象，常以文学性的组合来引发目标受众的反应。例如：

为了保持包子的造型完美，每个"狗不理"包子捏17个或18个褶，疏密适中，看上去就像一朵白菊花。

三、广告文案写作的注意事项

广告文案创意必须符合国家的法律法规和社会伦理道德，必须与广告目标和营销目标相吻合，必须坚持对公众负责和为公众服务，必须吸引目标受众的关注、易于被受众接受，同时要坚持以情感动人、以情感吸引人，坚持简单明了和纯真质朴，坚持广告创意的真实性等注意事项。

1. 要有说服力

无论广告文案采用什么样的修辞手法，都必须要有一定的说服力。一般来说，条理清晰、有理有据的行文方式都是很有说服力的。

2. 要有创造性

创造性就是要新颖独特，与众不同。但这种独特性是要立足市场的独特性。广告文案的写作不是艺术家的“奇妙幻想”，也不是儿童的“天真遐想”，必须是在市场、商品和服务的基础上的“突发奇想”。

3. 要主题明确

主题明确，就是要切中要害，不要含糊其辞。一般认为，标题越“简明”越好，正文越“丰富”越好。但这里所说的丰富不应是大拼盘和大杂烩，丰富也必须主题鲜明，重点突出。

4. 要有风格

任何广告都要进行市场定位、目标受众定位。由于受众的年龄、身份、社会和文化背景不同，语言使用习惯各异，这就需要根据不同受众特点确定正文写作的语言风格。就是说，要用恰当的、地道的语言来接近受众。

5. 要简单易懂

学术论文可以写得艰涩深奥，文学创作也可以写得玄妙无比，但是广告文案的写作一定要写得简单易懂。因为它需要让那些稍有文化的人也看得明、读得懂。尽管有些广告的市场定位是高文化或高科技层次，受众人员也定位在高学历或高职位的人群，但又有谁会花时间去琢磨一篇广告的文字意思和深奥的内涵呢?

口语化的文字、谈天似的口吻往往可以把复杂深奥的事物说得浅显明白。

例如，世界魔术大师大卫·科柏菲尔做的牛奶广告，就采用了口语讲述的方式：

我的手弄一下，脱脂牛奶就会变成无脂牛奶。这可不是错觉啊，脱脂牛奶从来都是不含脂肪……哦，对了，这提醒了我，现在我该表演我的拿手戏——让它消失。

这则由名人推销脱脂牛奶的广告，采取的是第一人称的手法，完全口语化了。为了使普通人更容易接受，文案的撰写者还在惜墨如金的行文中夹带了“啊”“哦”这样的口语词，真可谓用心良苦。

优秀的广告文案是商家打开市场的最好名片。

【基础练习】

（1）广告文案的特点是什么?

（2）广告文案的标题有哪些写作形式，请适当举例。

（3）广告文案的写作需要注意哪些事项?

【写作实训】

情景描述：利用周末的时间，请同学们去学校周边的宠物医院、宠物之家、宠物美容院等场所进行一次社会实践。努力了解行业特点，并为其中一家公司撰写一份广告文案。

任务要求：要针对公司的特点进行广告文案的创作。文案主题明确；标题新颖、简洁；正文语言文字规范，有创新性；结尾简洁易懂。

【素质目标】

（1）写广告语时，在考虑宣传效果的同时，也必须遵纪守法，不讲假话虚话，做诚实守信公民。

（2）提升法律意识，深化职业理想和职业道德教育，养成积极向上的职业操守。

（3）培养学生的安全意识、责任意识、公平公正理念，建立契约精神。

过度夸张的广告语可能违法

在日常生活中，多数虚假广告很难被辨认，在无法确保产品信息真假时，消费者们更愿意相信一些知名品牌。然而，很多大品牌也存在虚假宣传的情况。例如：

案例一　×××双效炫白牙膏

日用品广告中，牙膏品类的宣传角度通常会从亮白、强健等功效上突出优势，吸引注意，×××的双效炫白牙膏从其品名就可以看出其宣传方向，在广告中，厂家邀请了知名的艺人作为代言人，广告词为“只需一天，牙齿真的白了”，这种说法太夸张，而且并不真实，画面上展现的牙齿变白画面，是通过后期的修图制作出来的，但实际上是不可能达到这种效果的。所以，这则广告存在实际使用效果与宣传不符的情况，属于虚假宣传，并被工商部门依法罚款306万元。

案例二　×××春夏秋冬酒

×××是一个非常知名的国产白酒品牌，在电视广告“名酒访”中为了吸引消费者的购买，用价格、销量等进行饥饿营销，比如“单箱价格变成了1 068”等，其中的交易数量存在捏造和虚构；同时，广告中出现的现场直播场景被查明是虚构的。这些都构成了虚假宣传，最终也遭到工商部门的查处，罚款15万元。

案例三　×××化妆品

重庆的某百货公司中×××专柜发布的一条印刷广告上，产品描述中的“8天肌肤犹如新生”等表现产品效果的内容，被查明为“虚构使用产品的效果”，违反《广告法》被罚20万元。

第四章

宣传应用文

【学习目标】

（1）了解新闻写作的特点与写法。

（2）能完成工作中的一般消息的写作。

（3）能根据会议情况，做出简明概括的会议记录。

（4）根据工作需要，完成解说词的写作。

（5）能灵活完成各种自媒体文案的写作。

宣传是机关团体、企事业单位的一项经常性的重要工作，它对扩大本单位的影响力、树立良好的公众形象具有重要意义。宣传应用文是指起宣传、报道、鼓动、介绍、说明等作用的应用文体。其写作或是为贯彻党的方针、政策；或是为完成某项工作任务；或是为报道社会热点新闻；或是为宣传某些观点思想，普及某些知识。

宣传应用文包括新闻、通讯、演讲稿、广播稿、解说词。此外，讲话稿、会议记录、会议报告、喜报等，也可划入宣传应用文的范畴。本章只具体介绍几种职场常用的宣传应用文。

• 第一节　新闻概述 •

新闻是对新近发生和正在发生，或者早已发生却是新近发现的有价值事实的及时报道和传播。这一定义体现了三个要点：新闻必须是新近发生的；新闻所报道的事实必须是真实的，且有价值的；新闻必须是对事件（事实）的“报道”。

一、新闻的特点和种类

（一）新闻的特点

1. 真实性

新闻的内容要真实具体，这是新闻的生命，也是新闻文体与文艺文体最本质的区别。因此，新闻要写真人真事，说真话，反映真实情况，不允许有半点虚假，也不能掩盖和歪曲事实。

2. 及时性

新闻讲究时效性。时效性与新闻价值是成正比例的，所以，当新闻事件发生时，要迅速及时地报道，要做到快采、快写、快编、快发，快速地报道。在信息竞争日趋激烈、自媒体蓬勃发展的今天，新闻的刊发时间甚至不是以天计，而是以时、以分、以秒计。

3. 准确性

新闻报道要求客观准确，记者要持中立态度，采访各方当事人，尽量客观全面地报道新闻事件。因为，当记者有了是非判断倾向时，就会影响对事件的客观表述，进而影响报道的准确性。

4. 简洁性

要用简洁的语言、短小的篇幅，直接陈述事实，寥寥数语，说明情况。新闻通常只有三五百字，短的只有几十个字，稍长的不过上千字。唯其短，才能发得快，保证报道事实的新鲜；唯其短，才能发得多，增加新闻播放的信息量。

（二）新闻的种类

按照不同的分类标准，可把新闻分为不同的种类：

（1）按事实发生状态分：突发性新闻、持续性新闻、周期性新闻。

（2）按事实发生与报道的时间差距分：事件性新闻与非事件性新闻。

（3）按新闻发生的地区与影响范围分：国际性新闻、国内性新闻、地方性新闻。

（4）按新闻事实的材料组合分：典型新闻、综合新闻、系列新闻。

（5）按传播手段分：文字新闻、图片新闻、广播新闻、电视新闻和网络新闻。

（6）按反映社会生活的内容分：政治新闻、经济新闻、法律新闻、军事新闻、科技新闻、文教新闻、体育新闻、社会新闻。

二、新闻的结构和写法

（一）新闻的结构

新闻在长期的写作实践中，形成一些富有特征的结构形式，常见的有以下 4 种：

1. 倒金字塔式

这种写作方式是媒体常用的写作方式。这种模式将新闻中最重要的消息写在第一段，或是以新闻提要的方式呈现在新闻的最前端，有助于受众快速了解新闻重点。由于该模式迎合了受众的接受心理，所以成为媒体应用最为普遍的形式。

这种模式写作的基本格式（除了标题）是：先在导语中写出新闻事件中最有新闻价值的部分（新闻价值通俗来讲就是新闻中那些最突出、最新奇、最能吸引受众的部分）；其次，在报道主体中按照事件各要素的重要程度，依次递减写下来，最后面的是最不重要的；同时需要注意的是，一个段落只写一个事件要素，不能一段到底。

因为这种格式不是符合事件发展的基本时间顺序的，所以在写作时要尽量从受众的角度出发来构思，按受众对事件重要程度的认识来安排事件要素，因而需要长期的实践经验和宏观地对于受众的认识。

2. 金字塔式

这种写作方式是按时间顺序或者事件发展的逻辑关系作为行文结构的写作方式，刚好与倒金字塔式相反，依序分别是引言、过程、结果，采用渐入高潮的方式，将新闻重点摆在文末，一般多用于特写。

3. 折中式

折中式又叫新华体，这种写作方式将倒金字塔式、正金字塔式两者进行了折中。这种结构形式，通常是在第一段导语里开门见山叙述最重要、最精彩、最使人感兴的事实，这部分类似倒金字塔式结构，但又不把最主要的事实都集中在导语里。导语之后的主体、结尾部分则按事件发生、发展的时间顺序或事实发展的逻辑顺序叙述，在结尾时再对主要事实加以说明。这又类似金字塔式结构。这是一种有头有尾、头尾呼应的写法，更使得结构完整，它既可以发扬上述两种结构形式各自的长处，又可避免各自的短处。既有一个好的新闻导语，以便开门见山，一目了然；又有一个好的结尾，使读者兴趣盎然，使新闻结构严谨。这种结构一般适合内容丰富而重要的动态新闻、综合新闻、述评新闻。

4. 平铺直叙式

此种写作方式就是注重行文的起、承、转、合，力求文字的流畅精准，此种写作方式适合组织在发表声明时使用。

（二）新闻的写法

新闻一般由标题、导语、主体、背景和结尾五部分组成。

1. 标题

标题是新闻的眼睛，一则好的新闻，首先要有一个好的标题。精心制作标题犹如“画龙点睛”，它既要概括新闻的主要内容，又要醒目、新颖、有趣味。这样才能引起读者的注意，增强阅读的兴趣。

新闻的标题有三种形式：

多行标题：主要是三行标题，由引题、正题和副题组成。引题也称眉题，它的作用是介绍背景、烘托气氛、引出正题。正题也称主题，它的作用是概括新闻的主要内容或点明新闻的中心思想。副题也称子题，它的作用是介绍与正题有关的情况、补充正题，如点明意义、指出结果等。

双行标题：是由引题、正题或正题、副题组成。正题一般都有实质的内容，因此也称实题；副题和引题一般是对气氛的烘托、意义的阐述，因此又称虚题。双行标题一般是虚实结合、彼此呼应、互为补充的。

单行标题：指只有正题的标题。这种标题要求突出主题，简明、醒目。

新闻标题写作的要求是：

准确。指事实准确、观点准确和用词准确，即标题要恰如其分、恰到好处地概括出新闻的内容、精神和实质。

生动。即在准确的基础上，要新鲜活泼、形象生动。常用对比、比喻、借代、粘连、比拟等修饰手法，借用成语、谚语等，来增强标题的形象性和生动性，以吸引读者。

新颖。“新”是新闻的一个基本要求，不新不足以成为新闻。标题要善于突出新事物、新方向，抓住最具新闻价值的问题。

简洁。就是要求文字凝练、明快，用最少的文字概括出新闻的主要事实和本质。

2. 导语

导语是新闻结构中的开头部分，被称为新闻的“窗口”，常常是单独的一句或一小段，用以概括新闻最重要、最新鲜的事实；或提炼新闻事实的精华，揭示主题。由两个以上自然段组成的导语称为复合导语。导语揭示新闻的主题，使读者对新闻内容先有一个总的概念。

导语的作用非常重要。新闻是否能引起读者的阅读兴趣，在很大程度上取决于导语写作的成功与否，所以写新闻要把最重要、最新鲜的事实放在导语中。“倒金字塔”结构就是以重要性递减的顺序来安排新闻中的各项事实，这是新闻的基本格式。而导语就是这个“倒金字塔”的最上面一层事实。

新闻导语的写法，通常有以下几种：

叙述式：这是最常见的方式。它是把新闻中最重要、最新鲜、最有吸引力的事实，高度概括地加以叙述。

“六要素”导语和“部分要素”导语：“六要素”导语，即要求导语写出全部要素（何时、何地、何人、何事、何故，简称五个W。后面再加上一个H，即怎样、如何，可理解为结果的意思），这是导语写作的传统写法，但随着新闻向短小、多样、生动的方向发展，强求每条新闻必须具备六要素则过于拘泥；因而“六要素”导语逐渐向“部分要素”导语演变。现在写新闻多半是采用“部分要素”导语方式，五W及H，每项都有可能进入导语，关键是看哪一项更具有新闻价值。

描写式：对某一个富有特色的事实和一个有意义的侧面，用简明的语言进行描写，给读者以鲜明的印象。

评论式：对报道的事实进行简洁、精辟的评论，以揭示事物的性质和作用，引起读者重视。

结论式：将新闻事实的结论在开头部分写出来，开门见山，反映事实的意义。

提问式：用提问的方式引出新闻报道的事实，设置悬念，引起读者的注意和思考。

引语式：引用与新闻有关的诗句、格言等，以增强导语的生动性。

拟写导语，应注意的几点要求：

（1）不能与标题重复。导语与标题的作用有些接近，但标题是概括全文的精神实质，而导语是标题的扩展，要用事实说话。

（2）为后文留下余地。导语固然是全文的精华，但也不能把话说尽；导语可以包含背景材料，但尽可能简略，留待下文去交待。好的导语能使新闻主体部分很自然地展开，为后面的行文提供方便。

（3）要用事实，忌空泛。新闻要言之有物，导语更应有具体的事实。初学写作者，尤其要注意避免用空洞的语言、抽象的概念和流行的口号写作新闻的导语，要用新鲜的事实来说话。

（4）语言要简洁。新闻本身即要求语言简洁，新闻导语更要逐字逐句推敲，做到字字珠玑，一字不可移易。

3. 主体

导语之后，就是主体。它是新闻的主干部分，是用充分具体的事实材料，对新闻的内容作具体全面的阐述，以体现全文的主题。

新闻的导语已经点明了新闻的主题，主体部分对新闻主题的表述、发挥，实质上就是对导语内容的展开与补充，以使导语中提到的各个事实更加清晰，使五个W和一个H更加明确。

新闻主体的结构一般有三种：

（1）时序结构。就是按照事件发生、发展的先后顺序安排层次。这种结构可以使读者对事件的发生、发展的全过程有一个鲜明、完整的印象。

（2）逻辑结构。就是根据事物之间的内在联系或逻辑关系（如因果关系、并列关系、主次关系等）来组织安排层次。

（3）时序与逻辑二者兼有的结构。对主体的写作，要求结构严谨、层次分明，内容充实、紧扣主题，注意剪裁、详略得当，简洁明确、生动活泼，等等。

4. 背景

背景即背景材料，是对新闻人物、事件的历史、环境、原因等的说明，或是对事件意义的解释。除简讯以外，一般的新闻都要交待背景。背景的作用是使读者更好、更准确地理解新闻内容，使新闻更充实饱满，生动活泼，主题更加深化。

背景不是新闻的独立部分，而是从属部分。写或不写，取决于新闻内容表达的需要和读者对内容理解的难易程度。一般来说，有关重要事件、新情况、新问题、新技术，以及政策性强的新闻，应该适当交代背景。

背景不是单独的组成部分，也无固定位置，所以不能把背景看成是新闻结构的一个独立层次。背景材料可以一次性交待，也可以分散穿插在导语、主体、结尾几个部位，一般出现在导语和主体中。背景材料不宜过多，否则就会喧宾夺主。

常用的背景材料有三种：

（1）对比性材料。对人物或事物的正反、今昔进行对比，在比较中突出其重要意义。

（2）说明性材料。即对所报道的事实中有关的历史背景、地理环境、物质基础、社会环境做出介绍与描述。

（3）注释性材料。即对新闻报道中涉及的概念、原理及名词、术语进行解释，以帮助读者理解新闻中的有关内容。

5. 结尾

结尾又称结语，是新闻的最后一句或最后一段话，是新闻的收笔。好的新闻结尾，是新闻主体部分的自然延伸或归属，常与导语相呼应。结尾的作用或收束全文，深化主题；或说明结果，指明意义；或指出发展趋势、展示未来；也有的言之已尽，没有结尾。

结尾的写法有以下几种：

小结式：对所报道的事实或意义作简要概括，以突出重点，加深印象。

启发式：在讲完主要事实后，用启发的语言给读者留下思考的余地。

激励式：用激情的语言，激发读者的热情。

意义式：指明新闻的重大意义。

展望式：在报道完主要事实后，进一步指出事情发展的必然趋势或必然结果。

号召式：根据报道的事实提出具有号召性的意见，激励读者为实现某一目标而行动。

应当注意的是，在写新闻时写不写结尾、写什么样的结尾、要根据导语与主体表达情况来考虑。如果新闻主要意思在主体中已写完，便可戛然而止，宁可无尾，也不能重复累赘。

三、新闻写作的基本要求

新闻写作的基本要求是由新闻作品的基本特征决定的。

1. 真实性

真实是新闻的生命。如果新闻不能坚持真实性，新闻就失去了它存在的价值。具体要求：构成新闻的基本要素要准确无误；新闻反映的事实的环境条件、过程和细节、任务的语言甚至动作都必须真实；新闻中引用的各种材料，如数字、史料、背景材料等，都必须准确，新闻中涉及人物的思想认识和心理活动等，都必须是当事人所述。

注意微观真实与宏观真实地辩证结合，整体不是个体的简单相加，宏观也并非微观的简单放大。微观科学固然是客观科学的前提，但宏观科学更是微观科学的指导和保证。在很多情况下，单就某一事实而言是绝对真实的，但是，把它放到全局、大背景下进行考察，就失去了原来意义上的真实性。以点代面、用一个侧面否定另一个侧面、片面性、绝对化的报道都会造成新闻的“总体失实”。

2. 时新性

时新性是时效性与新鲜性的合称。新闻写作不但要讲究时效性，还要给人以新鲜感。

新闻姓“新”，时效性是新闻的本质特征之一；记者采访必须雷厉风行，随时处于待机状态，争取在“第一时间”赶到现场。

在写作上则要坚持新鲜性：内容新（角度新、主题新），形式新（把最重要的信息放在新闻的最前面、寻找“最近点”）。

3. 导向性

导向性，即媒介通过具体的新闻报道，来影响、引导受众的思想、态度、情感和行为，最终把他们引导到一定的目标上去。坚持导向性就是坚持党和国家对新闻工作的领导，这种思想导向并不是在新闻中贴上几句政治口号就能做到的。必须寓思想性于信息传播之中，受众首先是为了寻求信息才接触媒介，继而接受媒介所要传播的思想；导向性是蕴含在事实之中的，是事物本身所具有的本质属性，并不是外加的、主观的东西；导向性应与针对性结合，抓住群众普遍关心的问题；导向性应与深刻性结合，有了深刻性，但如果对问题研究不深不透，对问题的表述如“钝刀割肉”，毫无尖锐泼辣的锋芒，不能“言人之所不能言”，也会大大削弱思想性的分量。

4. 简洁性

简洁是一切题材的新闻作品的最显著特征，简练也是最高级的写作技巧，新闻贵短。

新闻要写得短小精炼，首先，应抓住问题的要害，写起来才不会拖泥带水；其次，要舍得割爱，去掉不应有的引申和评价，去掉不应有的渲染和夸张，去掉不应有的事例和客套；再次，文字必须简洁、概括，要消除生僻艰深的字句，控制句子长度，把最主要的、最精彩的内容叙写出来，做到短小精悍。

【例文借鉴】

扎根大山办教育！张桂梅被授予“全国优秀共产党员”称号

央视新闻客户端　2020 年 12 月 04 日　12：38

12 月 3 日，中共中央授予张桂梅“全国优秀共产党员”称号。张桂梅扎根滇西贫困地区 40 多年，立志用教育扶贫斩断贫困代际传递，帮助 1 600 多名贫困山区女学生圆梦大学，在教育助力脱贫攻坚中作出重要贡献。

张桂梅，女，满族，黑龙江牡丹江人，1957 年 6 月出生，1975 年 12 月参加工作，1998 年 4 月加入中国共产党，云南省丽江华坪女子高级中学党支部书记、校长，华坪县儿童福利院（华坪儿童之家）院长。张桂梅同志把全部身心投入边疆民族地区教育事业和儿童福利事业，创办了全国第一所全免费女子高中，是华坪儿童之家 130 多个孤儿的“妈妈”。

张桂梅坚持用红色文化引领教育，培养学生不畏艰辛、吃苦耐劳的品格，引导学生铭记党恩、回报社会。她坚持每周开展 1 次理论学习、重温 1 次入党誓词的组织生活，发挥党员在学校各项工作中的先锋模范作用。

她常年坚持家访，行程 11 万多公里，覆盖学生 1 300 多名，为学校留住了学生，为学生留住了用知识改变命运的机会。她吃穿用非常简朴，对自己近乎“抠门”，却把工资、奖金捐出来，用在教学和学生身上。她以坚韧执着的拼搏和无私奉献的大爱，诠释了共产党员的初心使命。（总台央视记者　陈坚）

（编辑　孙杉杉）

【简析】

这则新闻采用单标题，何人 + 何事 2 个新闻要素，简明清晰；正文开门见山：何时 + 何人 + 何事，说清楚报道的事实；正文部分按时间顺序介绍了主人公的感人事迹；结尾处作一简要的补充说明。

【基础练习】

（1）怎样理解新闻“真实性”的特点？

（2）新闻写作的六要素是什么？

【写作实训】

情景描述：

2021年5月16日，在武汉开往杭州东的高铁列车上，一女子殴打列车长，还脱了衣服躺在车厢内。17日，合肥铁路警方通报称，据女子父亲称，该女子有精神病史，公安机关正在对其进行精神病鉴定，将依据鉴定结果依法处理。

任务要求：请根据以上信息，用倒金字塔式来完成这则新闻的写作。

• 第二节 消　　息 •

一、消息的界定与特点

（一）消息的界定

消息是狭义的新闻，是最常见、最主要、最普遍的报道形式。消息简要地报道新闻概貌，即最重要的事实，不详细阐述细节和经过，有较为严格的写作标准。

消息作为新闻文书中的“常规武器”，具有短、快、简等特点。篇幅短小，使消息适用范围广，给受众传递更多信息；发稿速度快，使人们能迅速获知信息；文字简洁，使新闻事件的核心部分得以凸显。

（二）消息的特点

1. 真实性

事实是新闻的本源，“用事实说话”是首要标准，消息写作必须反映客观事实。新闻报道的具体事实必须真实准确，新闻报道的整体概括与分析要符合客观实际。

2. 时效性

消息的价值与时效成正比，它必须在事件发生的同时或事后最短时间内进行传播。新闻界常说：“今天的消息是金子，昨天的消息是银子，前天的消息是垃圾。”

3. 简括性

行文上必须简洁明了、准确精练：挖掘新闻事件中最重要、最精彩、最典型的部分，以简练、精准的语言再现出来，这样才能在最短的时间传递最多的信息，并能突出核心内容。

二、消息的分类

按消息的内容和报道方式，可大致分为五类：

1. 动态消息

动态消息是最迅速、及时地反映国内外新近发生或正在发生的事实的报道，篇幅短小、内容单一、主题集中，即通常所说的“纯新闻”。

2. 典型报道

典型报道又称经验消息，是对某地区、某单位具有典型意义的事例、人物的报道。在叙

述客观事实的基础上，总结指导性、普遍性的经验，有较强的导向作用。

3. 综合消息

综合消息也称综合新闻，它综合了一段时间、不同领域内具有共性的事实，围绕一个中心进行报道。涉及面广、概括性强，将全面性的抽象概括与典型性的具体叙述相结合。

4. 评述消息

评述消息又称“新闻评述”，采用评述结合、边述边评的方式报道新闻事件，不仅叙述事件本身，还加入对事件的评价，包括事件性评述和非事件性评述两类。

5. 人物消息

人物消息主要以人物报道为中心，反映典型人物的主要事迹、突出成就、特殊经历等。在写作过程中，注重从人物最有价值、最具特色、最能感染大众的部分入手，挖掘精神内核。

三、消息的写作

消息的基本格式主要包括：标题、导语、主体、背景材料、结语。

（一）慎拟标题

常见的标题形式有单行题、双行题、多行题：

（1）简洁醒目的单行题。单行标题将新闻事件中最重要的精华部分提炼出来。

例如：

华北一机厂集中资金增强发展后劲

（2）虚实相间的双行题。双行题又叫复式标题，主要有“主标题 + 副题”和“引题 + 主标题”两类。主标题最为重要，副标题是对主标题的补充、解释，引题则起到引出主题的作用，其中必须有一个为实题。例如：

七折优惠隐现新年楼市（主标题）

专家表示，手有余钱，楼市火爆，优惠放贷是商业银行天然的冲动（副题）

母女情深（引题）

为女儿以身试医 母亲要放弃治疗（主标题）

（3）相得益彰的多行题。多行题一般由正题、引题（又称眉题、肩题）、副题（又称子题）构成。正题居中，字号最大，写明最重要的新闻事实；引题在正题上方，引出正题；副题则起到补充、说明的作用。通常，引题多为虚题，副题多为实题，正题则可实可虚，但必须至少有一个标题为实题。例如《光明日报》的一条标题：

一代名将叱咤风云 千年古墓规模庞大（引题）

关中程咬金墓发掘出珍贵文物（主标题）

长篇墓志披露史实，精美壁画再现初唐气象（副标题）

（二）精练导语

导语的首要目的是吸引读者。它是消息特有的构成部分，位于消息头之后，起到突出重点、吸引眼球等作用。这就要求在写作导语时，必须简洁凝练、清晰生动。导语的写作灵活多样，常见有以下六种：

（1）叙述式。用简洁的语言，将新闻事件中最精要的部分“拎”出来，这种写法最为普遍。例如：

本报广州 1 月 8 日电（记者王楚、贺林平）新年伊始，广东省委在制订国民经济和社会发展第十二个五年规划《建议》中，将广东今年经济增长的预期目标定为9%左右，“十二五”年均增幅更“降”至8%以上。——《广东自降速度促转变》

（2）描写式。对新闻现场、发生过程或新闻人物的形态等细节进行描写，使受众在阅读时产生身临其境之感。例如：

本报讯（记者彭科峰）前晚11点半左右，在西五环晋元桥南侧主路，一辆载有约20吨渣土的大货车侧翻，数吨渣土倾撒到环路上，司机砸碎前挡风玻璃逃出。受此事故影响，西五环外环该路段封路近两小时。——《数吨土铺路　西五环受阻》

（3）结论式。首先呈现事件结果，再在后文详细阐述事件的来龙去脉。例如：

羊城晚报讯（记者夏杨）高考告别“一考定终身”或将成为现实！教育部近日确定的高考改革的主要思路中提出，部分科目将实行一年多考，减轻学生高考压力。——《部分科目一年多考　广东可能先试英语》

（4）引语式。引用他人话语、名言警句、诗歌谚语等作为开头。例如：

本报重庆1月8日电（记者崔佳）日前，在刚刚建成开放的重庆市渝中区新图书馆里，双目失明的王凡卡第一次体验到了上网冲浪的乐趣。“这里的视觉障碍阅览室，配有帮助盲人上网浏览的专用电脑，网页内容不仅可以通过耳机听到，还可以转换成盲文让我们读到，真是太方便了！”王凡卡高兴地说。——《重庆渝中区建设十分钟文化》

（5）评论式。表明记者、编辑部等对新闻事件、新闻人物所持的观点和态度，揭示内在联系、因果关系等。例如：

在原成都二中近百年的发展史上，他是一本“活的历史教科书”；身为校长，他是学生眼中的“校长妈妈”；在他面前，年过半百的学生都署名“调皮学生”……昨天上午10时，原来成都二中校长童平章因病去世，享年90岁。——《老校长走了 学生挥毫写挽联》

（6）提问式。针对新闻事件、新闻人物的相关情况提出疑问，引发读者的好奇心，吸引受众继续阅读。例如：

楚天都市报讯 本报北京电（记者钟边）过去10年，中国报业谁领风骚？昨日，2010年中国传媒年会在京召开，本报会上再获殊荣，被评为新世纪头十年中国报业（都市报）领军品牌。——《2010年中国传媒年会在京召开 本报获2001—2010中国报业领军品牌》

（三）展开主体

主体，也称主干、正文等，位于导语之后，是对导语所述内容的展开、深入和解答，在精彩的“虎头”之后，要注意打造丰满的“猪肚”，紧扣标题和导语做足文章。

主体的写作从以下几方面入手：补充导语中不完整的新闻要素；详细说明导语中高度概括的新闻事实；扩展新闻事件之外的背景信息，主要包括原因、同类事件等。值得注意的是，写作中要避免机械重复导语。

主体的行文安排有较为固定的格式，绝大部分消息主体是按照“倒金字塔式”结构来进行写作的。

【例文借鉴】

龙城老人共庆申奥成功

——2008位龙城老人在广场齐扭秧歌

7月14日早晨，柳南区的2008位老人，迎着朝阳，身着色彩艳丽的秧歌服来到人民广场上，以自己特有的方式庆祝北京申办2008年奥运会成功。

上午9点，在一阵喧天的锣鼓声中，柳南区的2008位老人，打着“龙城老人庆申奥　全民健身为奥运”的横幅标语，拉开了本次活动的序幕。喜庆的音乐响起，在一片欢呼声中，老人们伴着音乐扭起秧歌。

据一位知情的老人讲，为了搞好这次活动，他们从5月开始找演员，6月开始排练，每天要练三四个小时。他还告诉我，这里年纪最大的演员已有八十高龄了。

10点多了，活动还在继续，人们脸上没有丝毫的倦意。周围的一些观众也按捺不住跟着扭起来，一时间整个广场都在舞动。又一阵喧天的锣鼓过后，几位身材魁梧的老人将一幅“热烈庆祝北京申奥成功”的大横幅高高举起，其余的老人也举起彩绸，一同高呼：“热烈庆祝北京申奥成功！”在场的人们无不为他们鼓掌，整个活动达到了高潮。

评论：本篇消息中，导语简要交代了4W，即事件、人物、时间、地点。主体为“倒金字塔式”结构，详写“庆祝申奥成功的热烈气氛”“活动场面”，略写“准备过程”等相关信息，条理清晰，便于受众把握事件重点。

（四）活用背景

新闻背景是在新闻事实之外，对新闻事件、人物信息等进行补充、解释的相关材料。它能帮助读者理解新闻，便于作者表明观点，充实新闻内容，有利于揭示主题。

选择运用背景时，要紧扣新闻主题，找出有价值、高质量的材料；要以受众为基础，配以能解答疑问、引起兴趣的材料；要根据实际情况，灵活运用、巧妙穿插，可以在导语中使用，也可在主体中使用，亦可作为消息结尾。

常见的新闻背景有以下三类：

（1）说明性材料。用以说明新闻事实的成因、社会环境、政治背景、历史沿革等，或说明新闻人物的身份、经历、特征等的材料。例如，《中国特奥代表团举行出征仪式》中，对特奥会的具体情况作了补充性说明：

据了解，本届雅典特奥会将有来自185个成员组织的约7 500名特奥运动员参赛。中国代表团将派出由97名特奥运动员、40名教练及工作人员组成的团队，参加田径、游泳、足球、篮球等11个项目的比赛。

（2）注释性材料。用通俗的语言对新闻中涉及的新科技、新工艺、新产品等加以解释说明，有利于把深奥的理论、生僻的术语、乏味的符号直观、形象地呈现给读者。例如，《桂林让生活垃圾变“再生煤”》运用简单通俗的语言，解释说明了“再生煤”这一科技术语的定义与用途：

据介绍，“垃圾环保再生煤”是以生活垃圾为原料，配以专用添加剂经机械化生产出的再生能源产品……能达到原煤热值效果，再生煤燃烧时的二恶英检测结果是0.019，低于国家标准50倍，低于欧盟标准5倍。

（3）对比性材料。对新闻事件进行纵向、横向、正反的比较，以突出新闻事实的重要性，阐明主题思想。《考研英语冲上热搜！很难吗？考生说……》对近几年的考研情况进行对比：

近年来，考研大军的规模不断增加，报名人数已是屡创新高。根据教育部发布的数据，本次考试报名人数高达341万人，这一数字较上一年度的290万人增加了51万人，再次创下历史新高。

（五）巧撰结尾

消息是对事实的阐述，叙述完毕则消息完结，没有严格意义上的结尾。但这并不意味着结尾无关紧要，相反，巧妙别致的结尾能起到画龙点睛、提升主旨的作用。写作中，可采用首尾呼应、抒情议论等手法，但一定要依新闻事件的性质而定，不可一味求新求异，否则画虎不成反类犬，起到反作用。例如：

百米冠军追贼

路见不平一声吼，众人齐心凯歌奏

只要你我莫旁观，歹徒不敢再下手

此消息以轻松幽默的小诗结尾，赞扬众人齐心协力震慑歹徒的勇敢与团结，行文至此水到渠成，引发受众回味思考。

另外，消息的语言要求简洁、精练、畅达、准确， 多用通俗易懂的词句，避免晦涩或生僻的专业术语。同时，多用具体、细化的子概念，如“猫”与“动物”这一概念相比，“猫”就为子概念，若再具体到“波斯猫”“折耳猫”则更加准确形象。手法上，主要采用“白描”，即直接叙述描写，多用动词，少用或不用形容词。时态上，采用现在进行时，如“正在……中”“现……中”等。

【例文借鉴】

破解拖欠农民工工资难题

邢台：全国首推建筑劳务实名制“一卡通”

本报讯（记者张永利、赵晓清、郭猛）11 月 10 日上午，在邢台市顺泰建集团办公楼施工工地，来自山东省曲阜市的钢筋工郝庆彬，从怀里掏出一张蓝绿相间的卡片说:“小卡片作用可不小，上班、下班刷一下，出工天数清清楚楚；发了工资到银行刷一下，一分都不差。”

郝庆彬夸赞的“一卡通”，是邢台市在全国首推的建筑劳务实名制网络管理系统。它将银行磁条卡和管理芯片卡合二为一，既具有金融功能，又有信息采集、查询、统计、考勤等功能，涵盖工程项目、参建单位、施工合同、劳动合同、技能培训、从业流动、工资发放等内容。邢台市建筑工程服务管理处主任李保坤介绍，推行“一卡通”的目的，就是通过建设主管部门对当前建筑劳务市场无序状况实施实时监控，从而在源头上防止出现拖欠农民工工资现象。

据了解，目前邢台市建筑施工企业有 326 家，从事建筑业的农民工有 8 万多人。长期以来，由于建筑业农民工组织化程度低、人员流动性强，非法用工、拖欠工资等问题时有发生，农民工的合法权益得不到有效维护，直接影响着建筑业的健康发展和社会的和谐稳定。数据显示，2004 年以来，邢台市共受理建筑业清欠投诉案件 1 201 起，解决拖欠农民工工资 9 168 万元，涉及农民工 6 812 人。“清欠工作耗费了大量人力、物力和精力，寻找根治欠薪‘顽疾’的良方迫在眉睫！”李保坤说。

为此，邢台市建设局与工商银行邢台分行、邢台职业技术学院联合进行技术攻关，研发出一套建筑劳务实名制“一卡通”网络管理系统，并于 8 月 1 日起在试点企业运行。邢台市建设局局长田留双说，各级监管部门可以通过“一卡通”系统浏览在建工程、参建单位和务工人员信息，加强农民工管理，有效解决建筑劳务市场无序流动、私招滥用、持证上岗率低、工资拖欠等问题。

“源头防拖欠，监管是关键。”田留双表示，今后，凡拖欠农民工工资的企业，一经核实，将被纳入不诚信单位“黑名单”，并取消其参加建筑工程招投标资格，情节严重的将被清出邢台市建筑市场。

据介绍，邢台市建设局目前已相继在 3 个县（市）、15 家建筑企业、20 个工地推行了建筑劳务实名制“一卡通”系统。从 11 月份开始，市区所有新开工建筑工程将全部推行，明年在全市推广。

例文分析：这则消息采用双标题形式，通篇采用倒金字塔结构。导语采用一语破的式，首先介绍消息的基本内容。主体部分针对“一卡通”的使用情况进行详细报道。结尾部分进行背景式情况介绍。

【基础练习】

（1）消息的分类有哪些？

（2）写好一则消息要注意哪些问题？

【写作实训】

情景描述：根据学校举办的某项活动，撰写一份消息文稿。

任务要求：具备新闻要素，文字流畅简洁。

· 第三节　会议记录 ·

一、会议记录的概念

会议记录是指在会议过程中，由记录人员把会议的基本情况、研究和讨论的问题、报告与发言的内容、形成的决议等事项如实准确记录下来的会议书面材料。

“记”有详记与略记之别。略记是记会议大纲，会议上的重要或主要言论；详记则要求记录的项目必须完备，记录的言论必须详细完整。

二、会议记录的类型

（1）按照记录方法和详略程度不同，一般分为详细会议记录、摘要式会议记录、重点式会议记录。

（2）按照会议性质不同，主要分为办公会议记录、专题会议记录、联席会议记录、座谈会议记录等。

（3）按照会议主办单位不同，可分为党委会议记录、企事业行政会议记录、群众团体会议记录等。

三、会议记录的特征

（1）同步性。从记录的过程看，大多数会议记录是由记录员随开会过程作同步记录。

（2）实录性。会议记录要坚持“怎么讲就怎么记”的原则，不允许在记录中加入记录者个人的观点或倾向，更不能随意删改发言者的言论。即会议记录是对会议情况和内容的客观、真实、原始记录，未经过加工整理和增添删减，具有原始性和凭据性，是会后查对有关情况的真实依据。

（3）备考性。会议记录是分析会议进程、研究会议议程的依据，是编写会议简报、撰写会议纪要的重要素材，此外，还可作为原始资料编入档案长期保存，以备必要时查阅之用。

（4）完整性。会议记录对会议的时间、地点、人物、事项等，对领导讲话、与会者发言、讨论和争议、形成的决议和决定等内容，都要记录下来，完整地反映会议的全过程实况。

（5）规范性。尽管会议记录自身并不成文，但作为事务文书，也具有一定规范性。规范性的主要表现：一是使用单位统一的记录专用笺；二是要求按统一的格式记录；三是使用规范的记录符号。会议记录要求字迹不潦草，使他人也能够辨认，尽可能使用缩略符号或规范的速记方法记录。

四、会议记录的写作格式

会议记录一般分为如下四个部分：

（一）标题

标题一般由单位名称、会议名称与文种构成，如《中共××市委常委扩大会议记录》。有的机关、单位某一类会议印有专用会议记录本，标题可省略单位名称，由会议名称加文种构成，只记会议主题（或会议时间、会议届次）即可，如《三月份教学会议记录》；可直接用文种为标题，如《会议记录》。

（二）会议基本情况

会议基本情况也称为“记录头”，主要包括会议时间（要注明具体年、月、日及会议开始、结束时间）、会议地点、出席人（人数较少的会议要将出席者姓名都写上，人数过多的会议则可只写出席范围和人数）、列席人、主持人、记录人。这部分内容一般在会议开始前记录好，每项要分行依次排列，清晰记录。

（三）会议进行情况

这是会议记录的核心部分，包括主持人讲话、会议议题、会议讨论发言、会议结论或决议事项等。会议进行情况是会议记录的重点，记录时必须聚精会神，边听边记，耳、脑、手并用，不能因注意力分散而出现疏漏。

（四）尾部

一般另起一行空两格写上“散会”“会议结束”等字样，以示记录完毕。如遇中途休会，应注明“休会”等字样。由于会议记录是不容更改的原始凭证，因此要由会议记录员、主持人等相关人员在会议记录末页下端签名，以示对该会议记录负责。

五、会议记录的写作注意事项

（1）要客观真实。会议记录应该严格遵守实事求是、客观真实、完整准确、清楚规范的原则，在记录个人发言时，要忠实于讲话人、发言人的原话，注意准确和保持原意。原话意思不完整的，可以作一些技术上的加工处理，但不能随意作内容和意思上的增减删改。

（2）要全面翔实。会议记录的内容要包括会议的基本情况和整个会议经过情形及会议结论等。有时会场的笑声、掌声和有关动态，与会者迟到、早退情况等也应记录在案。会议中如有争议问题，还应该把争议问题的焦点及有关人员的发言记录下来。

（3）要有条理性。会议发言应逐条记录，以一个发言者为一个记录单元进行换行分隔，使之单独成行，以便查阅时一目了然。

（4）要有所取舍。即使要求详细记录会议内容，也并非一字不落，对于一些与会议主题无关的发言内容可以舍去不记，对于有些发言中出现的语句重复、啰嗦、口头语之类也不必有言必录。记录的详略要视具体情况而定，一般而言，决议、建议、问题和发言人的观点、论据材料等要记得具体、详细，一般情况的说明，可抓住要点，略记大概意思即可。

（5）要及时校核。记录时要做到层次分明、语句通顺、字迹清晰易认，不要过于潦草、使用自造的简称或文字。会后要及时对会议记录内容进行全面检查，查漏补缺，改正错字。对会上没有弄清或发言人未表述清楚的地方，要对照录音或找相关与会人员一一核实清楚。如果会上漏记内容，可先做出标记，会后再进行核对、改正、补写、完善。

（6）要便于存档。记录时应使用墨水笔记录，因为会议记录是立卷归档的重要材料，因此应考虑书写材料的保存时间长短问题。会议记录在使用摄像、录音设备的情况下，也应当做好两手准备，以手工书面记录作为辅助手段，这样不仅会后整理记录的速度更快，并且可以防止录音设备中途出现故障而漏掉会议内容。如用录音设备记录，会后也应及时根据录音整理成书面记录，并交给领导过目审阅定稿。

【例文借鉴】

例文 1

×× 股份有限公司创立大会会议记录

会议时间：2010 年 4 月 12 日

会议地点：×× 股份有限公司会议室

参加人员：×××、×××、×××、×××、×××、×××、×××

出席本次创立大会的发起人、认股人共 ×× 名，代表公司股份 ×× 股，占全部股份总的 ×%，本次创立大会的举行符合法定要求。

会议议题：协商表决本股份有限公司事宜。

会议由发起人选举 ××× 作为创立大会的主持人。

主持人宣布大会开始，并宣读会议议程。会议依次讨论并一致通过了如下决议：

一、审议通过公司筹办情况报告

发起人代表 ××× 向大会作了公司筹办情况的报告，经全体与会人员审议、表决，一致同意通过该筹办报告。

二、表决通过公司章程

发起人代表 ××× 向与会人员介绍了公司章程的起草经过和主要内容，经与会人员认真讨论，一致表决通过公司章程。

三、选举董事会成员

发起人代表 ××× 向大会介绍了董事候选人名单。经与会人员讨论后，以无记名投票方式，选举 ×××、×××、××× 等三人为公司董事，同意由该三人组成公司第一届董事会。

四、选举监事会成员

发起人代表 ××× 向大会介绍了监事候选人名单，经与会人员讨论后，以无记名投票方式，选举 ×××、×××、××× 等人员为公司监事，同意上述人员与职工代表大会选举产生的职工代表监事共同组成公司第一届监事会。

五、审核公司设立费用

发起人代表 ××× 向大会介绍公司设立费用预算情况，设立费用预算 ××× 万元人民币，实际支出 ××× 元人民币（实际支出比预算超出 ×× 万元人民币）。经与会人员讨论后，一致同意对实际支出费用 ××× 万元人民币计入公司创办费，在公司成立后 1 月内如数偿还。

六、审核发起人非货币出资情况

发起人代表 ××× 向大会介绍了发起人非货币出资情况，非货币出资者 ×××，出资标的为实物，折价为 ××× 万元人民币，折合普通股 ××× 股。与会人员经讨论，一致同意上述非货币出资事项。

会议结束。

会议主持人：×××（签字）

出席会议人员：×××、×××、×××、×××、×××（签字）

记录人：×××（签字）

例文分析：这是一份公司创立大会的会议记录，记录的各个要素俱全，内容完整。标题由"单位名称 + 会议名称 + 文种"构成，会议记录采用按会议议题情况逐条记录的方式进行。条理清楚，重点突出，会后有主持人、参会人、记录人签字。

例文 2

×× 公司行政办公会议记录

时间：×× 年 × 月 × 日

地点：公司办公楼会议室

主持人：×× 主任

参加人：公司副主任 ××、劳资科科长 ××、财务科科长 ××、人事科科长 ××、办公室主任 ××

记录人：××

会议议题：

1. 二季度奖金发放办法。

2. 自然减员、招工方案。

3. 对违反劳动纪律人员的处理问题。

会议达成的决议：

1. 二季度奖金按公司 ×× 年 1 月 1 日制定的《奖金发放办法（施行草案）》第六条、第七条办。

2. 这次自然减员、招工，实行文化、技能考试，择优录取的办法（详细规定由劳资科负责制定）。

3. 对 ×× 无故旷工三天的行为，责成劳资科在公司给予通报批评，并扣发旷工当月工资及奖金。

主持人：×××（签名）

记录人：×××（签名）

（本会议记录共 × 页）

例文分析：这是一次公司行政办公会议记录，会议记录对议题和决议两项内容进行记录。单独列出议题和决议，突出重点。

例文 3

飞熊公司项目会议

时间：2019 年 9 月 1 日

地点：公司会议室

出席人：公司各部门主任

主持人：马燕（公司副总经理）

记录：祁迎峰（办公室主任）

一、主持人讲话

今天主要讨论一下《中国办公室》软件是否投入开发以及如何开展前期工作的问题。

二、发言

技术部朱总：类似的办公软件已经有不少，如微软公司的 Word，金山公司的 WPS 系列，以及众多的财务、税务、管理方面的软件。我认为首要的问题是确定选题方向，如果没有特点，千万不能动手。

资料部祁主任：应该看到的是，办公软件虽然很多，但从专业角度而言，大都不很规范，我指的是编辑方面的问题，如 Word，中国人使用起来很不方便；WPS 是中国人开发的软件，在技术上很有特点，但在编辑方面十分简陋，离专业水准很远，我认为我们定位在这一方面是很有市场的。

市场部唐主任：这是在众多航空母舰中间寻求突破，我认为有成功的希望，关键的问题就是必须小巧，并且速度极快。因为我们建造的不是航空母舰，这就必须考虑到兼容问题。

会议小结：各部门都同意立项，初步的技术方案将在十天内完成，资料部预计需要三个月完成资料编辑工作，系统集成约需要二十天，该软件预定于元旦投放市场。

散会。

主持人:（签名）×××

记录人:（签名）×××

例文分析：本文采用会议过程详细记载方式进行记录。会议中每个发言人的发言内容等都进行了详细记录。会议记录基本情况、发言过程、会议决议、会议后签字，要素齐全。

【基础练习】

下面是两则会议记录，请对照写作格式要求，指出它存在的问题。

××市经济技术开发区管委会办公会议记录

会议时间：2020年5月12日上午

会议地点：管委会会议室

会议主持：李××（管委会主任）

出席人员：杨××（管委会副主任）、周××（管委会副主任）、李××（市建委副主任），肖××（市工商局副局长）、陈××（市建委城建科科长）及建委、工商局有关科室宣传人员，街道居委会负责人

列席人员：管委会全体干部

会议记录：邹××（管委会办公室秘书）

会议议题：

（1）如何整顿城市市场秩序。

（2）如何制止违章建筑、维护市容市貌。

杨主任报告创建文明卫生城市方面取得的成绩以及近期市场秩序情况。

讨论发言（按发言顺序记录）：

肖×：个体商贩不按规定到指定市场经营，管理不得力、处理不坚决，我们有责任。这件事我们坚决抓落实：重新宣传市场有关规定，坐商归店、小贩归市、农民卖蔬菜副食到专门的农贸市场，工商局全面出动抓，也希望街道居委会配合，具体行动方案我们再考虑。

罗×：市场走到了非整不可的地步了。我们的方针、办法都有了，过去实行过，都是行之有效的，现在的问题是要有人抓落实。只要大家齐心协力问题是能够解决的。

秦×：整顿市场纪律我们居委会也有责任。我们一定积极做好思想工作，宣传发动群众配合好，制止乱摆摊、乱叫卖的现象。

李×：去年上半年创建文明卫生城市时，市政府专门出台1号文件，其中规定施工单位不能乱摆战场。工棚、工场不得临街设置，更不准侵占人行道。沿街面施工要有安全防护措施。今年有的施工单位不顾市里文件规定，在人行道上搭工棚、堆器材、违章作业，严重影响了街道整齐、美观，也影响了行人安全。希望管委会召集施工单位开一次会，重申市府1号文件，要求他们限期改正。否则按文件规定惩处，态度要明确、坚决。

陈×：对犯规者一是教育，二是斗硬。我们先宣传教育，如果施工单位仍我行我素，不执行，那时按文件斗硬处理，他们也就无话可说。

用×：城市管理我们都有文件、有办法，现在是贵在执行，职能部门是主力军，着重抓，其他部门配合抓。居委会把居民特别是“执勤老人”（退休职工）都发动起来，按1号文件办

事，我们市区就会文明、清洁，面貌改观。

与会人员经过充分讨论、协商，形成了一致意见。

散会。

2020 年 5 月 12 日

××公司党支部会议记录

时间：2020 年 3 月 8 日

地点：会议室

出席：赵××，白××，于××，刘××，郑××，刘××

记录人：刘××

主持人：赵××

首先由赵××发言。接着进行了两项内容。第一项是对入党积极分子的培养情况进行了总结。对各人的缺点和进步进行分析，提出了改进之处，支部成员一致同意将蔡××、尚××列为党建对象。

第二项是召开了党内民主生活会，全体党员进行了自我检查，并开展了相互批评。张××认为支部成员的工作还不够细致，工作方法还应改进。支部书记赵××对此进行了解释，并表力改善。

散会。

【写作实训】

情景描述：母爱是温暖的，母亲是世上最伟大的人，本周末是母亲节，请以“感恩”为题，召开一次主题班会，时间、地点自定。

任务要求：

（1）班干部要高度重视本次班会。

（2）选定有经验的主持人。

（3）邀请系团总支、学生会成员参加。

（4）会后，每位同学上交会议记录。

• 第四节　解说词 •

解说词即口头解释说明的词，是结合事物的图像、实物等进行解释说明的文辞。它通过对事物的准确描述、生动渲染来感染观众或听众，使其了解事物的来龙去脉、特征和意义等，收到宣传的效果。

解说的范围是比较广泛的，解说词可分为人物事迹展览解说词、导游解说词、影视新闻记录片解说词、专题展览解说词、商品知识解说词、某个问题或事件的解说词等。

一、解说词的特点与种类

由于解说词有着补充视觉和听觉的作用，所以无论是口语解说词还是书面解说词，都具有如下特点：

1. 附着性

解说词是配合实物或场景、图画的文字说明，是为解说实物或图画主题而产生的，所以解说词要根据解说对象的特点，有明确的主题和说明重点，不需要面面俱到，但要突出事物的主要方面，抓住事物的关键，即使是拓展性内容，也不能游离解说的主题。例如解说对象是景点的一件文物，那么就要紧扣文物的时代、艺术特点、意义价值等来介绍，不能随意发挥。

2. 顺序性

解说词是按照实物陈列的顺序或画面推移的顺序编写的。陈列的各实物或各画面有相对的独立性，反映在解说词里，应该节段分明，每一件实物或每一个画面，有一节或一段文字说明。在书面形式上，或用标题标明，或用空行表示。

3. 文艺性

解说词虽名曰“解释说明”，要符合说明对象的客观实际，要反映说明对象的本质特点，但不是干巴巴的说明和说教，而是通过富于感染力的、形象的语言对实物和形象进行描绘，使一些表面上看起来普普通通的实物、平淡无奇的画面变得生机勃勃，甚至震撼人心，感人肺腑。所以，人们又常常认为一篇好的解说词就是一首感人的诗词。

4. 大众化

解说词是供人看、供人听的，是通过语言的表达来方便人们理解和认识事物的，所以语言文字必须雅俗共赏，为广大群众所喜闻乐见。

二、解说词的结构与写法

（一）解说词的结构

解说词是对人、事、物的介绍说明，为了帮助人们认识、了解这些对象，其结构顺序应符合人们的认识规律，可按陈列或展示顺序，也可按时间和空间顺序。具体结构安排应视说明对象而定。主要的几种结构顺序有：

（1）描述型：以时间的先后作解说的顺序，对说明对象进行内在或外部的描述。人物、产品介绍、生产流程等解说多采用这种方法。

（2）说明介绍型：按照事物空间存在的形式，或从外到内，或从上到下，或从前到后，或从整体到局部，把事物的名称、功用、类型、特点、关系等依次解释明白，使观众、听众了解、熟悉。

（3）分析型：按照事物体的内在逻辑关系安排顺序。这种内在的逻辑关系或为因果，或为递进，或为主次，或为总分，或为并列等。其基本方法是从一般原理到特点结论，或从一系列事实抽提出一般原理。所遵循的写作思维方式是演绎、归纳或对比。

（4）一般认识型：按照人们认识事物的规律和习惯，一般总是由浅入深、由近及远、由抽象到具体地对事物体进行解释说明。

与结构顺序相匹配，解说词的写作逻辑大致有三种：

（1）连贯式：适用于解说相对集中的内容，比如名胜古迹、人物事迹等，解说内容紧密围绕一个中心思想，从不同侧面对解说对象进行描述，这种结构易于发挥，可进行细致的描写。

（2）罗列式：适用于解说形态不同、画面各异的展品、图片。比如背景介绍、集体人物的分述，各实物或人物具有相对的独立性，可各自成篇，表面看它们不相连属，实质上都有一条主线贯穿其中，这种结构有助于参观者领会每个画面的意思。

（3）配音式：适用于电影、电视的配音解说，它是按照影视剧的镜头划分成若干场面，先把解说词写在相应的表格中，使解说词与解说画面逐一对应，以利于播音员按图讲解。

（二）解说词的写法

1. 深入研究，解说对象

解说词是解说客观事物的，而客观事物又是复杂的，只有仔细地观察，深入地研究，才能把它如实地反映出来，生动地介绍给读者。因此，要写好解说词，首先必须认真观察、研究被解说的对象，准确把握其本质特点和各方面的内在关系，构思成一个有机的统一体。

2. 写好开头

开头应简明、概括、生动而又具有吸引力，既要引出说明对象，又要概述基本情况，还要引起观众或读者浓厚的兴趣。

3. 突出主体

主体部分应分节分段，具体介绍说明对象的各个方面。各个部分之间既相对独立，又紧密联系，从而完整准确地把事物介绍清楚。还可引用大量历史资料和权威人士的评价，但要客观准确。

4. 收尾有力

结尾的总结应画龙点睛、收束有力、含蓄隽永、余味无穷。

三、解说词的写作要求

1. 把握解说事物的关系

物与物、人与人、人与物之间，总存在着一定的关联，写作之前，要认真研究解说对象，找准它们之间的这种逻辑联系，才能真实地反映复杂的客观事物，有助于观众、读者等领会其中的意思。事物之间的联系，有并列、先后、总分、主次等关系，这种关系，有分有合，分则相对独立，合则相互联系，只有按照一定的逻辑联系把它们串通起来，方能组成一个有机的统一体。

2. 掌握多种表述手段

解说词的表述方法，常见有新闻式、文艺式和阐释式三种。这三种方式适用于不同的解说对象，各具特色。新闻式多用于电视新闻、新闻图片等的解说，其实是新闻消息在影视中的运用，但更具鲜明形象的特点；文艺式是指用文学语言进行形象描写的解说词，它大量采用诗词、成语、形容词，以及拟人、夸张等修辞格，使语言充满感情，生动形象，极富感染力；阐释式适用于知识性或科学性较强的解说词，它要求做到概念准确、解释清楚，语言平实简洁。

【例文借鉴】

例文 1

谢馥春名扬四海

创建于清朝道光十年（1830 年）的谢馥春已有 191 年的历史传承，是中国化妆品业的始祖之一，创始人谢宏业取“谢馥春”为店名，“谢”为姓，汉语中有凋零衰败之意，故加“馥春”二字，“馥”字意为馥郁芬芳，并与“复”字谐音，与“春”字相连，寓回春之意、青春永驻。

“谢馥春香粉店”原址在扬州城南下铺街上，数年后迁至徐凝门街，同治三年（1864 年）店址迁至辕门桥即今国庆路 51 号谢馥春化妆品公司门市部。香粉店最初经营香粉、藏香、香件、头油等产品。谢馥春品种繁多的香件，是扬州香粉业中的奇葩，无论达官显贵、盐商大贾、城乡百姓都很喜爱。1915年在巴拿马万国博览会上，扬州谢馥春的香件获得银质奖章。谢馥春的产品率先走出国门，远渡重洋，飘香异域，这不仅是品牌的殊荣，也是为国争光。

古代女子的化妆追溯至隋唐，以用螺子黛（古称石墨）画蛾眉为尚，至宋代喜涂口红，明清爱抹胭脂敷香粉。清代尤以敷香粉为美，以用谢馥春香粉为荣。清末，谢馥春集明朝的戴春林和清朝的薛天锡两家香粉店之长，在香粉中融合了中草药的药用功能，采用鲜花薰染、冰麝定香之工艺，并对粉型作了改进，制成鸭蛋香粉。在继承扬州美妆文化的基础上，发扬并形成了自己独特的“东方化、功效化、天然化、人性化”的风格，从而鸭蛋香粉声誉鹊起，名扬大江南北，故有“扬州出美女，源自谢馥春”之说。

例文分析：这是一篇产品牌销介绍，首先介绍了品名的由来、产品的历史渊源和成名经过，然后介绍了产品特点，突出了产品特色，语言较简明通俗，吸引人。

例文2

乐山大佛

游客们大家好，欢迎您来到乐山大佛景区，我是你们的阿强导游，简称强导，非常荣幸今天能够陪同各位乘船游览，赏大佛庄严之宝相，悟“心即是佛”之哲理。

朋友们，乐山大佛位居咱乐山市南的闽江东岸，凌云寺旁，在北周、隋、唐时期，这里被称为嘉州，真正的名字是“嘉州凌云寺大弥勒石像”，是我国现存最大的摩崖石刻造像。佛像由海通和尚发起修凿，开凿于唐开元元年，完成于贞元十九年，历时约90年。它濒临大渡河、青衣江、岷江三江汇流处。面对三江，雄峙千载，阅尽人间沧桑。他头与山齐，足踏大江，依山凿成，临江而危坐，与青青凌云山，迢迢闽江水交相辉映。正所谓“山是一座佛，佛是一座山”。很多朋友游览时都震撼于大佛的“大”，可是一回家就忘了它到底多大。没关系，数字是死的，咱导游是活的，我的介绍保证让大家记住，回家还能给亲朋好友讲个明明白白。

大家看，大佛是个大高个，坐高71米，大约23层楼高；我呢也是个大高个，一米八的帅小伙；但大佛大眼、大嘴都是3.3米长，两个我只是大佛一只眼。大佛耳高7米，痒痒的时候得两名壮汉并排钻进耳朵眼儿里挖耳朵。这脚面更是宽达八米半，斗胆打个大不敬的比方，同时容纳100个孙猴子排队写“到此一游”。

当然，大佛名扬天下不仅因其伟岸的身躯，更因其感天动地的缘起。据史书记载，建大佛前，此三江汇流处经常发生翻船的惨剧。海通法师心地慈悲，心下不忍，便云游四海，历尽艰难募得巨资，决心修建大佛镇住水魔。怎料却遭贪官上门勒索。法师盘腿坐定，大义凛然地说：“自目可剜，佛财难得”，竟说到做到，毫不犹豫的剜出自己的一只眼珠置于铜盘，默默地举到郡守面前。贪官被法师威武不屈的人格和为信仰舍身求法的精神震骇得羞愧难当，悔而惊走。可见苍生大爱与浩然正气从古至今，永远制胜！

有诗云“海通济世功无极，仁者凌云与乌尤”，便是盛赞海通“专诚一意，至忘其身”的伟大精神永存于这凌云山和乌尤山。好了，现在大家是否对大佛有了更多了解呢？其实大佛周身有迷，处处是奇，不信您看，有没有发现乌尤山小似佛头，凌云山高像佛身，两山连接形似睡佛，而大佛正好端坐在睡佛心脏处。赞叹吧朋友们，古人的匠心独运应验了“心即是佛”的佛理，形成“佛中有佛”的奇观。

朋友们，每次凝望大佛的庄严宝相，我都觉得自己在与千年前的工匠们隔空对话，他们历时近百年、不畏困苦、一斧一凿、虔诚镌刻的情景就在眼前。大佛饱经劫难却岿然不动，不正因其修建者们不忘初心、正气浩然、精益求精的工匠之心吗！游览到此接近尾声，愿大家能领略其美，亦感悟其神！

谢谢大家！

例文分析：这是一篇旅游解说词，采用连贯式写法，既能扣物说话，从乐山大佛的不同观看角度来描写景物，使游人眼前出现乐山大佛的生动形象；又有明确的主题指向解说重点，便于游客观赏景物、抚今追昔，体会其中蕴含的文化内涵。

【基础练习】

（1）解说词有哪些特点？回顾一下我们在日常生活和社会活动中都接触到了哪些解说词。

（2）解说词的写作要注意哪些问题？

【写作实训】

情景描述：以校内的一次书画展为内容，写一篇解说词。

任务要求：

（1）要扣物说话。

（2）要有明确的解说重点。

（3）要运用各种修辞方法增强其可读性。

• 第五节　自媒体文案写作 •

一、自媒体概念

新媒体是新的技术支撑体系下出现的媒体形态，如数字杂志、数字报纸、数字广播、手机短信、移动电视、网络、数字电视、数字电影、触摸媒体、手机网络等。相对于报刊、户外、广播、电视四大传统意义上的媒体，新媒体被形象地称为“第五媒体”。与新媒体伴生、迅猛发展的是自媒体。

“自媒体”是普通大众经由数字科技与全球知识体系相连之后，一种提供与分享自身事实和新闻的途径。是私人化、平民化、普泛化、自主化的传播者，以现代化、电子化的手段，向不特定的大多数或者特定的单个人传递规范性及非规范性信息的新媒体的总称。

自媒体有别于由专业媒体机构主导的信息传播，它是由普通大众主导的信息传播活动，由传统的“点到面”的传播，转化为“点到点”的一种对等的传播概念。同时，它也是指为个体提供信息生产、积累、共享的信息传播方式，传播内容兼具私密性和公开性。

自媒体的产生，使位于传播媒体之外的普通人和企业拥有了更多的话语传播权，打破了传统社会专业传播媒体对信息传播权的垄断。目前，在自媒体领域呈现百花齐放的景象，一方面自媒体平台众多，另一方面开设自媒体账号的主体也很多，其中包括自媒体达人、专业从事自媒体运营的企业或团队、各个行业的普通企业、各级政府机构和社会机构等。此外，传统大众媒体在发展融合的过程中也开通了网络社交平台账号，其地位等同于普通自媒体。

自媒体的核心是持续的内容输出和大量的用户关注，其诞生和后期运营离不开自媒体平台。自媒体平台包括但不限于个人微博、个人日志、个人主页等，其中最有代表性的托管平台是中国的微信公众平台、微信朋友圈、微博、抖音、快手、今日头条、小红书、企鹅号、百家号、大鱼号、QQ空间、人人网、百度贴吧等。

二、自媒体的特点

自媒体之所以爆发出如此大的能量和对传统媒体有如此大的威慑力，从根本上说取决于其进入门槛低、传播主体的平民化、内容多元化、交互强传播快，当然，这也带来了自媒体

质量的良莠不齐。

1. 进入门槛低

创办一个传统媒体难度很高，需要相关部门审批，需要大量资金、场地、设备和人力的投入。与之形成鲜明对比的是，创办一个自媒体则非常简单，只要一个人、一台计算机、一部手机，就可以开始自媒体的运营，有时候甚至连计算机都不是必需的。政府对待自媒体这一新生事物，采取宽容支持态度，只有在行业发展或个别自媒体出现较为严重的问题、违反国家法律和规章或者违背社会道德的时候，才会进行干预和处理。此外，在短视频和直播平台兴起之后，自媒体的创办者也不要求必须具备较好的教育背景，通过自己的努力，也可以创办广受欢迎的、优秀的自媒体。

在像新浪博客、优酷播客等所有提供自媒体的网站上，用户只需要通过简单的注册申请，根据服务商提供的网络空间和可选的模版，就可以利用版面管理工具，在网络上发布文字、音乐、图片、视频等信息，创建属于自己的“媒体”。其进入门槛低，操作运作简单，让自媒体大受欢迎，发展迅速。

2. 传播主体平民化

自媒体的传播主体来自社会各个阶层，自媒体的传播者因此被定义为“草根阶层”。平民化带来了更迅捷的新闻传播速度、更新鲜的传播内容、更多元化的评价视角以及更自由的传播方式。自媒体最重要的作用是：它使普通民众可以张扬自我、成长个性，呈现个体价值。这种普泛化的特点使“自我声音”的表达愈来愈成为一种趋势。

3. 内容多元化

自媒体的运营者可以自主选择特定的领域，针对特定的人群开展运营，所发布的内容可以是图文、短视频、直播等多种形式，具备多元化的特点，更好地满足了大众的不同需求。

自媒体的传播主体来自各行各业，这相对于传统媒体从业人员单个行业的知晓能力来说，可以说是覆盖面更广。在一定程度上，他们对于新闻事件的综合把握可以更具体、更清楚、更切合实际，位于“尾部”的他们，专业水准并不比位于“头部”的媒体从业人员差，甚至还更有优势。

4. 交互强传播快

自媒体的传播没有空间和时间的限制。得益于数字科技的发展，任何时间、任何地点，我们都可以经营自己的“媒体”，信息能够迅速地传播，时效性大大的增强。作品从制作到发表，其迅速高效，是传统的电视、报纸媒介所无法企及的。自媒体能够迅速地将信息传播到受众中，受众也可以迅速地对信息传播的效果进行反馈。自媒体与受众的距离为零，其交互性的强大是任何传统媒介望尘莫及的。

5. 质量差异大

自媒体由普通网民或非专业机构创建，其内容制作水平参差不齐。有些自媒体运营者自身拥有较好的教育背景，具备较强的写作、视频拍摄制作和内容策划能力，能够制作出高质量的原创作品。同时，也有不少的自媒体运营者自身创作能力有限，制作出的内容质量不高，图文内容粗糙，甚至有些人为了吸引眼球制作低俗内容。还有些自媒体运营者没有能力制作原创内容，大量模仿、抄袭、剽窃他人创作的优质作品。当然，自媒体出现的这种情况，长期看会受到市场机制的影响而优胜劣汰，各个新媒体平台也会采取一定的措施，鼓励优质自媒体的发展。

三、自媒体文案写作技巧

自媒体文案要写得精彩、戳中受众的“痛点”，才能不断提升自媒体文案的传播效应。这也是有技巧可循的。

1. 多用固定结构

做自媒体写文案最好是有自己的套路，有一个固定的结构，如果写的是新闻类的文章，那就是标题 + 导读 + 事实 + 背景补充 + 后续；如果是软广告，则社会焦点新闻、生活必备技能、情感之暖 + 自然婉转的转折 + 植入广告。

2. 内容有价值

好的自媒体作者，通过文案来传播自己的思想，以及对特定领域的独到见解，并将自己的思考变成了服务产品，最终实现商业变现。所以，他们写很多专业干货的文章，而很少写热点或者情感方面的内容；同时，其行文一定是逻辑严谨的，逻辑的背后，就是要深度思考。只有对用户有价值的内容，才能让用户产生极大兴趣，并产生黏性。

3. 排版

现今读者阅读的载体主要是手机，在“屏读”时代，读者很容易被各种信息打扰，注意力处于分散状态，也就格外缺乏耐心。文章必须让读者很轻松地阅读，如果文章没有经过简洁舒适的排版处理，即使写得再好，也会失去读者。

4. 多使用转接语或者问号

要想使读者对文章产生阅读兴趣，就要多用转接句，比如：——看到没，我刚刚就是使用了转接语：“比如”，看到这样的转接语，读者自然而然地往下看，大脑形成惯性与思考：“比如什么呢?”还有就是使用问句结尾，就好比向读者发问，人的大脑一旦接收到问题就会自然思考回答，不管自己是否能回答得上问题，大脑都会被动思考，然后渴望知道你接下来的内容。

四、微信公众号文案写作技巧

自媒体写作是当前写作领域中的热点。因为自媒体的载体形式多样，各有特点，很难统一写作模式。而很多优秀的写作者，都是从写微信公众号的文案开始起步的。如何写好文案，成为有影响的网络写作“大咖”，需要写作者具备综合的新媒体素养。下面，以比较常见的微信公众号文案为例，来说说文案创作技巧。

（一）选题

微信公众号的选题，即选择什么主题开展内容创作。选题的依据，通常是目标受众的关注点，基本原则如下：

（1）干货：提供具有实操指导性的图文，让用户可以拿来就用。

（2）资讯：最新最劲爆的，处于所在行业的前沿动态；以及当前阶段社会大众普遍关注的社会热点内容。

（3）正能量：生活中的趣事儿、乐事儿，要有正能量，要有自己的情感分享，要让文章读起来具有人情味。

（4）活动：活动是根据个人或者企业的实际情况而做的，要让用户有参与性。

（二）标题

标题的作用是吸引眼球，刺激读者产生点击的欲望。好的标题能够让订阅用户看到之后

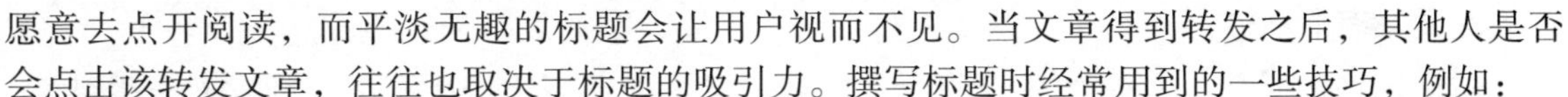

愿意去点开阅读，而平淡无趣的标题会让用户视而不见。当文章得到转发之后，其他人是否会点击该转发文章，往往也取决于标题的吸引力。撰写标题时经常用到的一些技巧，例如：

抓住读者的心理需求、痛点——如何优雅躲过“十一”扎堆的“份子钱”？

抓住社会热点话题、事件——数字人民币有何用？

突出地域名称——哈尔滨用手机支付的人，现在看还不晚，对你很重要！

用数字抓眼球——中国人口 14.1 亿背后，值得关注的是什么？

设置悬念，勾起好奇心——这个地方，比家更好，我一年去四次！

（三）正文

正文是微信公众号推送图文的主要部分，一般要求如下：

（1）主题明确，语言简洁明了，分段清晰。

（2）图文并茂。图片有两个作用：一是诠释、印证文字；二是补充表达文字的含义。

（3）提醒读者关注和推广。图文的开头和结尾应当提醒读者关注公众号、转发文章、点击“在看”，让读者成为订阅用户，并帮助公众号进行推广。

（4）引发读者共鸣。让读者成为忠实订阅用户，不仅期待下期推送，还愿意主动转发文章，主动向别人推荐公众号。

（5）提醒阅读所需时间。如果文章较长，需要占用读者较多时间，可以在文章开头进行友情提醒，告知本文的字数和大概所需阅读时间，此举可以使读者感觉很温馨，拉近公众号和读者之间的距离。

（6）引发读者互动。读者在读完文章之后，往往有发表意见的需求，因此，可以在文章末尾抛出话题，或者在留言处设置置顶的讨论主题，引发读者共鸣并参于发言。读者的回复讨论，经过审核公开之后，可以与文章一起成为受读者喜爱的内容。

（7）杜绝抄袭。微信公众平台重视对知识产权的保护，监管较严，对于识别出的抄袭文章会变成转载。

（四）排版

大部分微信公众号的排版追求简洁，图片和文字交替排列，使阅读更加轻松。

文字一般有两种排版方法：一是按照正常书籍排版样式，首行空 2 个字符；二是采取类似于诗歌排版的短句换行，居中排列。

五、自媒体文案写作注意事项

1. 文字简洁，逻辑严谨

好文章，其行文一定是文字简洁、逻辑严谨的。有逻辑思考习惯的作者，在写之前，会先想清楚自己要表达的中心思想，先打个腹稿，整理出文章的结构框架，接着提炼出论点、论据，列出写作提纲，然后在写的过程中再融入故事和情感，提炼出让人记住的金句。

2. 内容真实，文题相符

一个好的标题的确是非常重要的，它能在第一时间吸引到读者的注意力，但做自媒体不仅要创作出有吸引力的标题，还要写出与标题相关的高质量内容。令广大网民深恶痛绝的“标题党”是指那些为了博眼球，采用低俗、严重夸张等手段，撰写极具诱惑力的标题，但是其正文内容却是质量低下或者与标题毫无关联的垃圾内容。一个自媒体运营者有责任、有义务创作优质内容，为网民带来服务和价值，不能为了点击量当“标题党”，很多自媒体平台也引入了投诉举报机制，遏制标题党的出现。

3. 文案有原创性

信息爆炸的时代，自媒体分享的内容丰富，但是能让用户产生极大兴趣，并产生黏性，自媒体文案就必须足够有特点，独树风格。而文案要强调原创性与个性，就需要作者成为某一行业或领域内的专家。

4. 遵守法律法规

自媒体的数量庞大，其拥有者也大多为“草根”平民，网络的隐匿性给了网民能“随心所欲”的假象。有的自媒体过分追求新闻发布速度，或者为了追求点击率而忽略了新闻的真实性，导致了部分自媒体所传播信息的可信度降低；有的制造谣言，传播虚假信息，充当“标题党”，以谣获利、以假吸睛，扰乱正常社会秩序；有的肆意传播低俗色情信息，违背公序良俗，挑战道德底线，损害广大青少年健康成长；有的利用手中掌握大量自媒体账号恶意营销，大搞“黑公关”，敲诈勒索，侵害正常企业或个人合法权益，挑战法律底线；有的肆意抄袭侵权，大肆洗稿圈粉，构建虚假流量，破坏正常的传播秩序。这些自媒体乱象，严重践踏法律法规的尊严，损害广大人民群众的利益，破坏良好网络舆论生态，社会反映强烈。但网络不是法外之地，自媒体的自由要在法律法规的框架内进行。

近年来，国家网信办依据《网络安全法》相继出台《互联网新闻信息服务管理规定》《互联网用户公众账号信息服务管理规定》等法规性文件，对具有媒体属性和可对公众发布信息的账号及平台作了明确规定，有法可依，有章可循。这也表明，自媒体管理已经纳入法治化、规范化、制度化轨道，绝不允许自媒体成为某些人、某些企业违法违规牟取暴利的手段。

【基础练习】

（1）请寻找一到两篇点击量比较高的文章，仔细阅读研究后推荐到班级群中，并思考：为什么这些微信公众号文章阅读量比较高？

（2）请阅读以下案例，然后回答问题。

绿色发展，续写当代传奇

据中国林科院评估，塞罕坝百万亩林海筑起了一道牢固的绿色屏障，有效阻滞了浑善达克沙地南侵，每年为滦河、辽河下游地区涵养水源、净化淡水 2.84 亿立方米，防止土壤流失量为 513.55 万吨；每年可固定二氧化碳 86.03 万吨，释放氧气 59.84 万吨。

塞罕坝良好的生态环境和丰富的物种资源，使其成为珍贵、天然的物种基因库，现有陆生野生脊椎动物 261 种、鱼类 32 种、昆虫 660 种、大型真菌 179 种、植物 625 种。塞罕坝也因此成为“生态文明建设范例”，生动诠释了“绿水青山就是金山银山”，被联合国环境规划署授予“地球卫士奖”。

走绿色发展之路，功在当代，利在千秋，是造福子孙后代的伟大工程。塞罕坝之路就是播种绿色之路、捍卫绿色之路、绿色发展之路。如今塞罕坝被誉为“花的世界，林的海洋，水的源头，云的故乡”。

几百年来，塞罕坝由绿变沙、再由沙成绿的沧海桑田演变，为人与自然必须和谐共生提供了正反两个方面的经验与教训。

“我们将走好新时代塞罕坝新的长征路，全面开展二次创业。到 2030 年，林场林地面积将达到 120 万亩，森林覆盖率将提高到 86%，森林生态系统更加稳定、健康、优质、高效，生态服务功能进一步增强。”陈智卿说。

请问：这段案例中都使用了哪些自媒体写作技巧？并总结其写作特点。

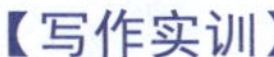
【写作实训】

情境描述：

请截取一个生活中的趣事，写成一则文案，配图后发在朋友圈中。

任务要求：

将文案配图后发在朋友圈中，设置一下发布范围，全班同学互评，看谁的点赞数最高。

【素质目标】

（1）自媒体做得好，可以成为价值观宣传的主阵地，成为红色文化输出的代言人。

（2）大学生应提升法律意识，建立大局意识、培养正确的政治观。

（3）养成规范客观的写作习惯，形成严谨认真的职业态度。

“人民日报评论”——弘扬时代精神的主阵地

“人民日报评论”是人民日报社推出的微信端新媒体公众号，根植于党报评论的厚土，坚持以党和国家的利益为出发点，以民生热点、时事新闻、家国情怀、国内外重大新闻事件评论为主的方式，精选典型案例，以透彻评论、清晰文字、独到见解来评析事件和阐述观点，树立独特鲜明的公众号形象。

每一代人，都从历史中走来，又向历史中走去。如今“人民日报评论”已经成为广大青年人首要关注的微信公众号，在这里我们不仅能看到“教师轮岗助理‘双减’落地”的人民时评，还能看到“刷来的好评，刷走的信任”这类温暖的睡前聊一会；当然，这里还有“中国和平发展、造福人类的五十年”的中国智慧、“让遵义会议精神永放光芒”的红色传承、“共建地球生命共同体”的大国胸怀等等。“人民日报评论”如同一股清流，及时地给人们传递着正确的价值观念和历史意识，中国人只有坚持走自己的路，才会唤醒内心深处的命运共同体意识，凝聚振兴中华的探索与奋斗的坚强决心，激发中华民族强烈的归属感和豪迈的进取心。

第五章

课业、就业应用文

第一节　实验、实习报告

【学习目标】

（1）了解课业、就业应用文的使用范围及作用。

（2）掌握实验、实习报告，毕业论文（设计），简历，求职信的写法。

（3）能够撰写实验、实习报告，以及毕业论文（设计）、简历、求职信等文书。

一、实验报告

（一）实验报告的定义

在科学研究活动中，人们为了检验某种科学理论或假设，通过实验中的观察、分析、综合、判断，如实地把实验的全过程和实验结果用文字形式记录下来的书面材料，即实验报告。

（二）实验报告的种类

根据性质的不同，实验报告可分为检验型和创新型两种。

检验型实验报告：重复前人已经做过的实验，来验证某一科学原理、定律或结果而形成的实验报告。

创新型实验报告：具有明显的创造性，或者描述一个从过程到结果都是全新的实验；或者得出了更精确的结论，是对前人结论的修正；或者是用新的实验方法重新论证原有的结果的实验报告。

根据科学实验的对象不同而划分，如化学实验的报告叫化学实验报告，物理实验的报告叫物理实验报告。

（三）实验报告的作用

实验报告必须在科学实验的基础上进行，它能起到帮助实验者不断地积累、保留研究资料的作用。

实验报告具有传递情报、经验交流的作用。

实验报告的书写可以初步地培养和训练实验者的逻辑归纳能力、综合分析能力和文字表达能力。

（四）实验报告的特点

（1）正确性：指实验原理、办法、数据及结论都是正确无误的，并且实验报告的表述也是正确的。

（2）可证性：指实验报告所记录的实验结果能经得住任何人的重复和验证。

（3）可读性：指实验报告写作符合语法的规范要求，文风要简洁明晰，还可用图表等辅助书面语言。

（五）实验报告的格式

1. 封面

（1）标题：概括写明实验内容，如《验证 ×××》《分析 ×××》。

（2）所属课程名称。

（3）作者、单位名称及合写作者。

（4）实验日期（年、月、日）和地点。

2. 内页

（1）摘要与关键词：摘要是对实验过程和结果的高度概括；关键词一般由三至五个词或词组构成，准确反映实验报告的主要特征。

（2）前言：概括说明进行此项实验的缘由、目的、理论依据、研究方法等。

（3）正文。

①实验原理：阐述实验相关的主要原理。

②实验内容：这是实验报告的重心。要抓住重点，可以从理论和实践两个方面考虑。这部分要写明依据何种原理、定律算法或操作方法进行实验及详细的理论计算过程。

③实验设备与材料：列出实验所需器材装置，并说明如何安装、使用以及操作的规则；列出实验所需的各种材料、用量及注意事项（可用图表说明）。

④实验步骤：如实记录操作程序，并将在实验中出现的情况或问题记录下来。

⑤实验结果：包括实验现象的描述、实验数据的处理等。原始资料应附在本次实验主要操作者的实验报告上，同组的合作者要复制原始资料。

⑥讨论：根据相关的理论知识对所得到的实验结果进行解释和分析。如果所得到的实验和预期的结果一致，那么它可以验证什么理论？实验结果有什么意义？说明了什么问题？这些是实验报告应该讨论的。但是不能用已知的理论或生活经验硬套在实验结果上，更不能由于所得到的实验结果与预期的结果或理论不符而随意取舍甚至修改实验结果，这时应该分析其异常的可能原因。如果本次实验失败了，应找出失败的原因及以后实验应注意的事项。不要简单地复述课本上的理论而缺乏自己主动思考的内容。另外，也可以写一些本次实验的心得以及提出一些问题或建议等。

⑦结论：结论不是具体实验结果的再次罗列，也不是对今后研究的展望，而是针对这一实验所能验证的概念、原则或理论的简明总结，是从实验结果中归纳出的一般性、概括性的判断，要简练、准确、严谨、客观。

⑧鸣谢（可略）：在实验中受到他人的帮助，在报告中以简单语言感谢。

⑨参考资料：详细列举在实验中所用到的参考资料。

二、实习报告

（一）实习报告的含义和用途

实习报告是学生接受专业教育后，到实习单位进行实践锻炼，对专业实习情况、收获体会和有关专业问题进行分析总结而向学校提交的专业文书。

通过撰写实习报告，学生可以理性地检视自己专业学习的水准；学校可以通过实习报告了解专业设置和建设的相关情况。

（二）实习报告的特点

（1）专业性。实习报告反映了学生在自己所学的专业领域实习的实际情况，是对所学过的专业知识的运用及检视。

（2）检视性。实习报告必须对学生自己的真实的实习情况进行总结检视，梳理收获，找出不足。

（三）实习报告的类型

实习报告按照内容划分，有生产实习报告、课程实习报告和毕业实习报告等。

（四）实习报告的写法

1. 标题

实习报告的标题一般有三种写法：

（1）由实习地点和文种构成，如《如意宾馆实习报告》。

（2）直接写，如《毕业实习报告》。

（3）正副标题式，正标题概括实习报告的主题，副标题标明实习的单位和文种。如《质量是企业的命根子——海大集团股份有限公司实习报告》。

2. 正文

一般来说，尽管因实习内容和过程的不同，实习报告的正文写法会有些差异，但基本内容结构和写法都包括以下几个方面：

（1）前言。一般写实习的缘由、实习单位和时间、背景，交代实习目的，也可顺便介绍实习生本人的情况。

（2）主体。主体内容包括：

一是实习内容、实习过程。实习内容要求写得具体而明确，因为这部分内容既是整个实习报告的重要组成部分，也是产生实习收获和体会的基础。对实习过程作简要交代即可。

二是实习收获。具体内容包括完成了哪些实习任务、实习结果如何、取得了什么成绩、专业知识与技能是否能与实习的内容相结合，抑或是否适应实习等。

三是实习体会。自己的专业技能存在什么问题，今后的努力方向，对所学专业有何思考和认识，对专业课程设计和知识结构方面的建议等。

（3）结尾。一般是对实习指导老师和实习单位的鸣谢。

正文的基本要素及其文字表述如下表所示。

基本要素	文字表述
个人简介、缘由、时间	实习报告 我是 ××× 学院 ×× 专业 ×× 年级 ×× 班的学生。根据学校的学习计划安排，我于今年 ×× 月至 ×× 月到 ×××× 公司进行了实习
实习单位情况	×××× 公司主要从事……
文种承启语	此次实习的主要目的是……现将实习的收获和有关情况报告如下

续上表

基本要素	文字表述
实习内容和过程	一、实习内容和过程（做法，专业知识与技能） 1…… 2……
专业收获	二、专业收获（专业知识与技能应用方面的收获） 1…… 2……
体会	三、体会（包括存在的问题、努力方向以及专业有关的思考与建议） ……
其他	四、对实习作出总体性结论评价 五、鸣谢

（五）注意事项

（1）写作实习报告，必须在实习过程中注重收集有关的资料，比如收集实习地点的基本情况、专业或行业的基本情况等。

（2）注重专业知识和技能在实习中的运用情况。

（3）实习报告是写实性文书，要注重对材料的概括总结，体现综合性和真实性，文章内容须依托自己的实习经历，切忌凭空杜撰。

【例文借鉴】

例文 1

家庭检测三聚氰胺的小实验

【实验名称】家庭检测三聚氰胺的小实验

【实验日期】2008-12-2

【实验员】刘琳

【实验目的】通过不同奶粉的对照实验，确定出检测三聚氰胺的方法

【实验仪器和药品】4 个玻璃杯，2 块黑布，筷子，冰箱，A 牛奶粉，B 牛奶粉，热水，清水，冷水

【实验步骤及现象】

1. 取等量的 A 牛奶粉和 B 牛奶粉分别放入两个玻璃杯中，分别向两个杯中加入等量等温的沸水（比平常冲奶粉的水要少一些），用筷子充分搅拌两杯牛奶，使牛奶完全溶解。观察两杯牛奶无明显差别，A 牛奶粉的颜色略微深一点。分别给两杯牛奶的外壁贴上标签，以便辨认两杯牛奶。

2 将两杯牛奶同时放入冰箱，待牛奶静置降温一小时。

3. 将两杯牛奶取出，仔细观察两杯牛奶，发现 B 牛奶杯底有少量沉淀，A 牛奶无明显变化。

4. 准备好一个空杯，将一块黑布罩在其中一杯牛奶的杯口上，用手把布紧紧固定，将杯子倒置且让牛奶透过黑布过滤到空杯里。用同样的方法，使用另一块黑布对另一杯牛奶进行过滤。

5. 过滤完毕，将两块黑布进行对比。发现B牛奶粉的黑布上有少量白色块状固体，A牛奶粉的黑布上无明显固体出现。将黑布合上，用清水反复进行冲洗。打开，B牛奶粉的黑布上仍存有少量白色固体。将白色固体倒入一杯冷水中，固体沉入水底。

【实验解释及结论】三聚氰胺溶于热水，微溶于冷水，在冷却热的三聚氰胺溶液后会有三聚氰胺的固体析出，为白色晶体，密度大于水。因此B牛奶粉中过滤出的沉淀很可能是三聚氰胺。在家中可以用这种方法检测出三聚氰胺。

【实验评价与讨论】这是一个难度不大、不需要专业仪器、每个人都可以做的生活实验。它唯一需要的是平静的心态和仔细的观察，而不是很深的理论知识或者过硬的实验操作水平，而且有着广泛的应用前景。这种方法的缺点是无法排除其他物质的可能，不能有力地证明沉淀物就是三聚氰胺。前景在于还是可以有效地防止饮用添加三聚氰胺的奶制品，使人们的生活多一份保障。

通过研究三聚氰胺的有关性质，我提升了获取知识和分析问题的能力，对化学产生了更大的兴趣。

例文分析：本篇是一份实验报告，介绍了实验的名称、目的等基本情况，详细介绍了实验的具体过程，得出实验结论，总结了实验心得体会。

例文2

酒店实习报告

我于20××年3月1日至20××年7月1日到哈尔滨市桔子酒店实习，这段时间我的收获很大。酒店服务是有形产品和无形服务的混合体，酒店服务质量评价的标准就是客人的满意程度。通过这次在桔子酒店四个月的实习，本人获益匪浅。

桔子酒店位于西大直街××号，是一家管理严格规范的四星级酒店。

一、实习目的

巩固所学的专业知识，同时了解酒店管理的基本职责和各岗位的工作流程，掌握酒店管理服务工作的一些基本技能，在实践中找到理论知识与实际操作的结合点，为以后就业奠定良好的基础。

二、实习时间

20××年3月至7月，共4个月。

三、实习单位与岗位

桔子饮食有限公司桔子酒店（哈尔滨南岗区），餐饮部、客房部、经理助理。

四、工作内容

（一）餐饮服务工作

餐饮部的工作流程：

迎客—给客人拉椅让座—铺餐巾、撤筷子套—派毛巾—问茶斟茶—点菜—问酒水斟酒水—上菜—席间服务（换餐碟、烟灰缸、毛巾，上水果，拿酱料，装白饭）结账—送客—翻台清场—结束。

（二）客房服务工作

客房部的工作流程：

（1）上班需提前10分钟到达房务中心，检查自身仪容仪表，化好淡妆，签到。

（2）通过房务中心工作人员领取房卡、通信工具、工作本、房态本等，查看白板上有无当天的交代事项、房态本上借用物品与白板记录是否相符。

（3）按酒店上班时间开班前会议。

（4）到达工作间后对工作车进行简单整理，检查工作车上物品是否配备齐全，根据房态做好棉织品配备。

（5）查看房态，按房间的清扫顺序工作。

（6）在平时清扫、对客服务过程中，要做到主动、热情、友好、细心、耐心，发现问题及时向领班反映，遇事及时解决，及时反馈维修结果。

（7）配合领班、主管、经理对工作程序及质量的检查、指导。

（8）整理工作间，工作车必须按规定方法摆放物品及配备数量，车身的保洁；工作车上垃圾要用袋子装好放在工作间内，不要在走廊卸，以免弄脏地毯，下班时将垃圾扔到指定位置；其他清洁工具、抹布要清洗干净分类放好。

（9）填好相关表格（棉织品盘点表、计划卫生表、易耗品领用表、工作日志等），检查有无特别交班的事项报给房务中心、有无遗留物品交给房务中心做好记录，签字。

（10）下班前与领班核实房态、维修情况，交房卡、通信工具等到房务中心人员手中，并确认，签字下班。

（三）经理助理

经理助理工作内容：

（1）负责协助经理处理公司日常事务。

（2）积极配合经理做好助理的工作，协调员工内部矛盾。

（3）认真听取经理助理、员工的意见或建议，并改正不良作风。

（4）接受领导的安排，完成公司下达的任务。

（5）要从小事做起，从自我做起，细节决定一切。

（6）不断搜集有用信息来辅助公司更好运行。

（7）督促员工积极上进，按时完成公司安排任务。

（8）发现问题，及时上报经理，协助经理解决问题。

五、实习收获

通过这次实习，我在餐饮部、客户部全面实践了酒店的一线工作，又通过做经理助理，体验了管理岗位的工作，让我比较全面地了解了酒店的组织架构和经营业务，接触了形形色色的客人，同时还结识了很多好同事、好朋友，他们让我更深刻地了解了社会，拓宽了我的视野，也教会了我如何去适应工作融入社会。

1. 沟通能力提高

作为酒店的一线员工，与客人的接触是面对面的，是最直接的。往往酒店服务人员一句话就可以影响客人对酒店的整体印象，甚至影响客人一整天的心情状态。如何让自己的话语使客人舒服、开心，是作为一名服务人员必须要学习的课程。当然，沟通不仅限于与客人之间，还存在于同事之间，甚至是对上级。每个人都会有情绪上的波动，然而这种情绪上的波动往往会影响他人的心情。如何调整好自身的心态，用最好的心态去面对客人，面对同事甚至上级，如何带给别人一个美好的笑容，是我每一天都要认真思考的问题。在这次实习中，我不但在沟通能力上得到了提高，还学会了以平和心态对待工作。

2. 突发事件应变能力提高

做服务工作，每天都必须作好作战的准备。因为每天都要接待不同的客人，面对不同的事件。入住的客人中不免会有些不大礼貌的客人，甚至会对接待员口出恶言。面对这样的清况，我努力学习如何安抚客人的情绪，同时也要保护酒店的利益与自身的安全，这些经历让我迅速成长。

3. 工作独立处理能力提高

通过这次实习，我深切地了解到，必须学会自己的事自己做。只有培养自身的独立能力，才能在工作上得到进步。在工作上，有问题、有不懂的地方应该大胆请教同事，而不是不懂装懂。

4. 服务意识提高

作为一名酒店服务人员，时刻都代表着酒店。无论是在工作岗位上，还是走在路上，只要穿着酒店的制服就应该时刻都有为客人提供最好的服务的意识。我们是微笑之城的使者，一切为了宾客，为了宾客的一切，为了一切宾客。

六、自身存在的不足

通过这次实习，我重新看到了自身的不足以及缺点。

（1）这次实习让我体会到了英语的重要性。在哈洽会期间，酒店主要的客源是外国客人。由于自己的英语口语能力不够好，所以造成了与客人沟通上的障碍。并且由于自身的酒店工作经验不足，导致工作上出现不应该出现的错误，为同事带来了许多麻烦。

（2）在工作上，我的某些缺点更是表露无疑。比如工作不够细心，容易忽略一些不易发现的细节问题，如偶尔会忘记抹掉玻璃上的水迹；还有就是工作心态不够好，有时由于周而复始的工作而产生厌烦情绪，对工作不够热情，一些小事就引起心情的烦躁；由于坚持己见，不能虚心接受同事的批评；另外，由于过于追求完美，对一些工作环节过于重视，因而导致在时间上的不必要浪费，影响了工作效率。

七、对酒店服务的建议

1. 建立酒店 VIP（贵宾）客人档案

在总台实习时，我就对总台服务员的记忆力深表赞叹，总台服务员不仅能够记住常住客人的体貌特征，更对其所在单位和证件号码都有印象。这样不仅能够提高工作效率，而且能够使客人更加快捷地入住酒店。因此，我建议酒店建立一份关于酒店 VIP 客人的档案，这样能够更好地留住常客，更快捷地为客人服务，提高前台服务人员的工作效率和服务质量。

2. 建立酒店内的小型图书馆

由于酒店的很多员工都在酒店住宿，并且酒店员工的文化水平普遍不高。建立小型的图书馆能够丰富酒店员工的业余生活；提高员工文化水平，更能加强对员工的管理。

3. 加强不同部门员工之间的交流

酒店员工对其他部门的状况了解不够会给客人带来很多不便，酒店可以在淡季组织员工参观体会各个不同部门的工作，以加强部门之间的交流和协作。这样可以方便客人、提高工作效率、加强部门之间的团结。

在为期 4 个月的酒店实习生活中，我受益匪浅。我不仅向酒店员工学习了酒店服务的基本方法和技巧，体会到跟客人和同事交流相处的技巧；更被酒店同事的无私敬业精神所感动。这为我今后的理论学习打下了良好的基础，也使我今后从事酒店行业有了一个良好的开端。最后，感谢酒店领导给了我学习的机会，也感谢同事们多日来无私的照顾和关心，使我开心顺利地完成在酒店的实习任务。

例文分析：本篇实习报告从实习基本情况、实习工作内容、实习收获与体会、对单位提出的建议等方面进行了具体的阐述，内容充实、条理清晰。

【基础练习】

下面是一则病文，试指出其主要毛病。

拆装版实习报告

为了进一步了解印刷业，将所学理论与实践相结合，同时认识印刷机的结构及印刷机的品牌，了解印刷生产的具体步骤和印刷机开启、印刷、关闭的一些过程及印刷过程中的注意事项，以及印版的卸与装、保养等，作为印刷专业的大学生，我们于2019年9月在本校工厂参加了为期一个月的实习。

一、实习单位及岗位介绍（略）

二、实习内容及过程

我们的实习任务是控制和掌握印刷机，完成印品的精美印刷。然而，印刷最基础的部分也就是拆装印版、橡皮布和保养等，这也是印刷人必须做好的工作。因为印版、橡皮布装的好坏直接影响着印刷品的质量，所以我们要从最基础的部分做起。

拆装版也是我们实习的关键，机器的清洁是维护保养机器的重要工作。做好清洁保养工作不仅可降低废品率、提高产品质量和设备利用率，还可提高机器的使用寿命。

首先，对拆装版前的要求做一下说明，胶印机的调整是机器操作的重要环节。有些机件的调整需要在机器运转中进行，有些机件的调整必须停机进行，必须要遵守安全第一的原则。如遇到需要到机器内进行检修或调整时，应切断电源。

其次，要注意人身安全、财产安全。拆装版的技术要求比较高，拆装印版的过程中，在保证质量的前提下，要尽可能地提高速度，因为在实际生产过程中时间就是金钱。

再次，调节机器也是关键的。为了更好地利用机器印出好的印刷品，就需要调节印版和橡皮布之间的压力、橡皮布和压印棍筒之间的压力，压力大小、水墨的平衡、印刷色序等，这些都是要印前处理的。

拆装印版是印刷中重要的一部分，若装印版不正确或没有装好，会直接影响印刷的套印，严重的甚至会影响到机器的安全。

1. 安装印版时注意事项：（略）

2. 拆装版步骤及流程如下：

拆版流程：

（略）

装版流程：

（1）为了避免装印版时发生糊版，装印前要检查着墨棍、着水棍等。

（2）然后转动机器使其印版转到空白处。

（3）装版前，要手动压印开关到合压位置。

（4）首先，要把印版咬口位置仔细插入与印版滚筒相应的位置，直至印版两定位孔完全卡住印版。

3. 机器保养及其清洁：

机器清洁工作是维护保养机器的重要方面。做好清洁保养工作，不仅可降低废品率，提高产品质量和设备利用率，而且能及时发现事故隐患，保证机器正常运转，提高机器使用寿命。

胶印工人务必养成干净利落的操作习惯和认真细致的工作态度，在进行清洁保养工作时，应注意下列事项：

（略）

此外，还应保持机器四周及工作环境的整洁，每天下班前，应该打扫干净。如果机器长期停止运转，应用机罩罩好，以防灰沙落入机内而加速机器的磨损。

三、实习总结及体会

通过实习，我了解到了印刷的基本流程和在印刷过程中应注意的事项，从中体会到，理论仅仅是基础，而实践才是理论的练武场。作为印刷人，必须要学好扎实的基础课，并及时地把所学专业知识应用到实践中去。

实习中，我认为印刷的难点是控制水墨平衡、压力调节、多色印刷的套印、拆装印版及调节等工作，难点涉及技术含量和印刷人的经验。而这些，都是一个高技术的印刷人才必须具备的。

实习是不可缺少的一部分。实习可以把学到的印刷知识应用到实际当中，并在实践中提高发现问题、分析问题、解决问题的能力，只有理论与实践结合，才能够更好地体会理论的精髓所在，使理论与实践真正融会贯通，从而提高自己的实践能力。

【写作实训】

情景描述：根据自己所在的专业实习情况，撰写一份实验或实习报告。

任务要求：内容充实，条理清晰。

• 第二节　毕业论文（设计）•

一、毕业论文与毕业设计的含义

毕业论文是中高等学校应届毕业生综合运用自己所学专业的基础知识、理论和基本技能，阐述对某一问题的见解或表述研究结果的应用文书。

毕业设计是高等学校应届毕业生针对某个具体课题综合运用所学专业知识、理论知识、基本技能表述专业设计情况的一种应用文书。它既是对学生学习、研究与实践成果的全面总结，又是对学生素质与能力的全面检查。

二、毕业论文与毕业设计的区别

毕业论文文理工科都适用，毕业设计一般用于工科院校学生，有固定的流程：首先由导师布置课题名称、研究内容和要求，指定完成进度、参考文献；然后学生查阅相关文献，完成外文翻译、文献综述、开题报告等前期工作；再后才是设计，包括图纸设计、实验设计、实物制作；最后是毕业论文的撰写。其撰写格式、要求与普通毕业论文一致，但更侧重说明。

理科中高等院校的毕业设计就是一篇毕业论文。

三、毕业论文（设计）特点

1. 创造性

毕业论文（设计）要求在本专业范围内，对选题有自己的独到见解，力求创新，强调选题、表达的新颖性。

2. 科学性

论文（设计）的科学性包括：论题必须正确鲜明，论据必须正确可靠，应用的材料必须准确无误，论述必须具有逻辑严密性。

3. 专业性

论文（设计）具有很强的专业性。在内容上是对某一学科领域的某一问题进行专业性的探讨，在语言表达方面，大量运用专业术语。

四、毕业论文（设计）的结构及写法

一般由标题、署名、摘要、关键词、前言、正文、注释、参考文献等构成。

（一）标题

标题是以最恰当、最简明的词语反映选题的研究过程和成果，是对论文（设计）内容的高度概括，字数一般不超过 20 字。论文题目要求简明、准确。

（二）署名

在标题的正下方书写作者姓名。

（三）摘要

概括介绍毕业论文（设计）的主要观点、内容及写作范围，主要包括：写作的目的、方法、结果、结论等。语言力求精练、准确，一般在 150~200 字为最佳。

（四）关键词

关键词是指用来表达论文（设计）主题内容信息的词语或术语，从题目或论文中精选而出。关键词是用作计算机系统标引论文（设计）内容特征的词语，一般为 3~7 个。

（五）正文

正文是论文（设计）的核心。这里我们分别讲述毕业论文、毕业设计的正文的具体写法：

（1）毕业论文一般由前言、本论、结论组成。

①前言。前言是毕业论文的重要组成部分。可以简单介绍研究工作的目的及意义、背景及原因、研究范围、研究方法、前人的成果、自己的创见等，字数不宜太多。

②本论。本论是论文的主体，对内容作全面的分析论证，详细说明作者的观点。本论是展开论述、表达作者成果的部分，要求层次清楚，富有条理，言之有据，以理服人。围绕中心，从多方面、多角度确立若干分论题，用分论题论证中心论题的正确性。经常采用分列小标题的方法来安排结构层次，或并列展开一一论述，或层层推进进行论述，或按因果关系论述。

③结论。结论是全文的结尾，是本论部分阐述的必然结果。常用的结论形式有：总结性结论、探讨性结论、预测性结论、交代性结论。

（2）毕业设计的正文一般主要写清楚以下三方面内容：

①设计内容说明。一般简单介绍设计题目或任务，本设计的指导思想及特点，设计的先进性及新技术、新工艺，设计实施的意义及经济效益等。

②设计技术部分。设计技术部分是毕业设计的核心，包括设计思路说明、设计原理的关键技术或核心问题说明、设计技术特点及优势创新等。

③设计经济部分。设计必须树立经济观点，注意经济效益，包括设计投资总额、主要技术经济指标、建设效果分析等。

（六）注释

1. 引文

（1）段中引文。引文直接放在段中，如果引用的是原话，则要加引号。如果是引用原意，则不必加引号。

（2）提行引文。若是重要的或者强调性的引文要提行一个小段，以便引起读者注意。为了醒目，印刷时可以改变字形、字号。

2. 加注

加注是交代引文的出处。加注有夹注、脚注、尾注三种。

（1）夹注。夹注就是段中注，方法是在括号里注明。夹注不宜用得太多，否则影响阅读。

（2）脚注。用①②③标注在引文后面，然后把引文的出处标注在当页下端。出处的安排顺序是：注码、作者、书名、出版地、出版社、出版时间。

（3）尾注。用①②③标注在引文后面，然后把引文的出处全部标注在文章的结尾后面。出处的安排顺序是：注码、作者、书名、出版地、出版社、出版时间。

（七）参考文献

为了尊重知识产权，也为了使读者了解论文的深度和广度，在论文后面列出使用过的参考文献。

（1）著作类应写明：参考著作名称、作者、出版社名称、出版年月、版次、起止页码。

（2）期刊类应写明：作者、文章名、期刊名、年、卷（期）、起止页码。

另外，毕业论文（设计）可以有封面和封底，使用与文稿一致的纸张。封面依次书写论文题目、作者单位、作者姓名、成稿时间，毕业论文（设计）应标注指导教师姓名。

五、毕业论文（设计）答辩

毕业论文（设计）答辩是一种有组织、有准备、有计划、有鉴定的审查论文的重要形式。

1. 答辩准备工作

毕业论文（设计）的答辩，校方成立答辩委员会或答辩小组。答辩委员会是审查和公正评价毕业论文、评定毕业论文（设计）成绩的重要组织保证。答辩委员会一般由三至五人组成，答辩中涉及的问题基本属于论题范围，必要时可以外延，所列问题多是毕业论文（设计）的重要问题或薄弱环节。

2. 答辩的程序

（1）在答辩会上，先让毕业生概述论文（设计）的标题以及选择该论题的理由，较详细地介绍论文（设计）的主要论点、论据和写作体会。

（2）主答辩老师提问。主答辩老师一般提2~3个问题。主答辩老师提出问题后，要求学生立即作出回答，随问随答。可以是对话式的，也可以是主答辩老师一次性提出三个问题，学生在听清楚记下来后，按顺序逐一作出回答。根据学生回答的具体情况，主答辩老师和其他答辩老师可以随时适当地插问。

（3）毕业生逐一回答完所有问题后退场，答辩小组根据论文（设计）质量和答辩情况，拟定成绩和评语。

【例文借鉴】

例文1

高职生毕业论文写作存在的问题及对策

【摘要】高职院校毕业生撰写毕业论文存在诸多问题，本文在分析高职生毕业论文写作问题的成因的基础上，提出了建立合理的课程体系、做好毕业论文写作准备工作等解决问题的对策。

【关键词】高职生　毕业论文　存在问题对策

【作者简介】×××（××年—），××人，××学院公共课教学部讲师，主要从事××

教学与研究。

高职生毕业论文是高职院校的学生在结束了全部课程的学习之后，在教师指导下完成的一份总结性作业。撰写毕业论文既是检验高职学生运用所学专业基础知识分析解决实际问题的能力，也是培养高职学生创新精神的重要手段。通过毕业论文的写作，使学生初步掌握研究课题的方法和技能，获得科学研究和撰写论文的初步经验，为其走上专业工作岗位奠定基础。同时，毕业论文也是高职院校综合考核学生学习效果的一个机会，是不可忽视的一个教学环节。

高职生毕业论文，除与之相应的学术水平外，主要应考查学生解决实际问题的能力、对综合知识的应用能力以及外语、计算机的应用能力等。对有些学科如工科学生，还包括经济分析、查阅资料、团队协作等能力。毕业论文的写作，要求师生围绕选题、指导、检查、评阅、答辩等环节，按照相应的规范和要求进行。

一、高职生毕业论文写作存在的问题

1. 选题脱离实际。选择合适的论文题目，是写好毕业论文的关键环节。高职院校毕业论文，一般都是指导教师从本专业下达的选题计划中，根据生产实际和生活实际拟出建议题目。这样的选题一般都能达到教学计划规定的要求，不会出现较大偏差。但目前的情况是有相当数量的学生在毕业论文写作任务下达之前，就已离校去找工作或提前上岗，致使毕业论文从选题开始，就几乎成了学生的个人行为。自己选题，自拟题目，有的学生甚至自始至终忽视与指导教师的及时沟通，最终导致论文题目过大过空、不符合实际、脱离专业方向等问题的大量出现。

2. 格式不符合规范。在毕业论文写作中，有的学生从选题到收集整理材料一步一步做得都比较好，比较扎实，可是写出的初稿却完全不像学术论文。语体上不符合学术论文准确、简洁、朴实、庄重等特点，语言词不达意，句子不通顺，标点符号使用不规范，甚至错别字连篇，参考文献的使用和标注不符合标准。有些文章从格式到构成要素都与学术论文的基本规范格式相差甚远。

3. 论证缺乏逻辑性。高职生毕业论文中论证缺乏逻辑的现象比较严重。如论点不明，文题不符，观点是观点，材料是材料，两者不能融为一体，或者论据不支持论点，不能将感性认识通过判断、推理、论证上升到理性认识，论证与结论之间不能对应甚至矛盾等。

4. 抄袭现象比较严重。高职生毕业论文的又一突出问题就是抄袭现象比较严重。学生抄袭论文的主要途径是从网络中抄袭、拼凑，或从学术刊物上抄袭，也有少数同学是互相抄袭。

二、高职生毕业论文写作问题的成因

1. 学生文化素质普遍较低。高职院校的生源质量决定了高职生的自信心普遍缺失，相对普通本科生而言，高职生文化基础普遍较为薄弱，学习的主动性和创造性较为缺乏，自我约束和要求能力也相对较差。所以，高职生在知识储备以及学习能力等方面起点较低。这也就造成了进入毕业论文写作阶段时，常常因为能力有限，或放弃、或畏惧、或应付，学生的态度明显表现为对论文写作满不在乎。

2. 学生对毕业论文的认识不到位。高职院校的培养目标是高等技术应用型人才，强调的是培养学生在专业领域从事实际工作的基本技能，基础理论知识和专业知识以“必需、够用”为原则。不少学生对此有片面认识，忽视基础理论和专业知识的学习与积累，忽视自身综合素质的培养和提高，认识不到能力培养与实践性教学相辅相成的关系。同时，他们也不清楚毕业论文写作的目的，不清楚毕业论文写作与今后工作之间的关系，认为毕业论文写作只是走形式，所以采取消极应付的态度。

3. 找工作与写论文在时间上形成冲突。对绝大部分学生来说，高职的最后一个学期都将面临找工作这个现实问题。要在找工作和写论文之间做抉择，多数毕业生都会毫不犹豫地选择前者。而且，指导教师出于对学生就业前途的考虑，在学生的论文写作上也宽容地采取“睁只眼、闭只眼”的态度。于是，许多学生因没有时间或精力写毕业论文，只能抄袭拼凑应付了事。

4. 学校和指导教师重视不够。随着高职院校招生规模的不断扩大，师生比例也逐渐拉大，专业教师指导的毕业生数量也在快速增长。一个教师指导二十多个学生甚至更多已很常见，加上正常的教学等工作，教师根本没有宽裕的时间去对学生论文写作进行有效的指导。有些教师在论文答辩前才匆匆看一遍学生的论文，即使有问题，修改已无时间了。对于一些较新较偏的选题，因为指导教师缺乏足够的时间去探讨，最终也只能不了了之。这些问题的出现，与高职院校在这方面的管理制度不完善有关。有调查数据表明，学校对毕业实习和论文写作工作重视、管理制度完善、监督机制健全，则可促进毕业实习和论文写作各项工作有序进行，保质完成。

5. 社会基本不予重视。目前用人单位在招聘高职毕业生时，通常更看重学生的专业学习成绩以及有无实践经验，而对于毕业论文及其写作却很少提及。作为一项专业知识及技能的综合考核，其受重视的程度甚至远远比不上外语、计算机。

三、解决问题的途径

（一）建立合理的课程体系

1. 应用文写作课应该在二年级开设。目前，高职院校一般都开设应用文写作课程（一年级的一个学期），而该课程作为基础课，通常是不分专业，以通用文体的写作为主要内容和重点来施教。对于专业性较强的文种，如学术论文等，其教学往往大而化之，几乎不给学生动笔实践的机会，泛泛的理论讲解和格式介绍几乎不能给学生留下多少印象。因此，建议高职应用文写作课程推迟到二年级开设，同时应根据具体专业的情况加大专业应用文的教学，加大学术论文写作的教学比例。通过学习和实践，使学生了解学术论文的写作目的和原则，掌握学术论文写作的过程及论文写作各个环节的操作规范，掌握学术论文的写作思路、方法以及一般技巧，并将以上理论运用到写作实践中。

2. 专业课加强论文写作训练。在专业课学习中，专业教师也应注重培养学生发现问题、分析问题、解决问题的探究精神和能力，在课堂活动中有意识地锻炼学生的思维能力、分析能力、表达能力等。给学生提供小课题科研训练的机会和方法，增加写作专业小论文的课后作业，甚至学期考核也可以采用开放型的主观题目让学生练笔。同时，有必要增加文献检索、资料的收集和整理、论文撰写指导等课程或者讲座。只有增加写作论文的机会，让学生勤写多练，才能从不熟悉到熟能生巧。

3. 毕业实习和论文写作时间适当提前。高职院校的学制为三年，通常毕业实习和论文写作都被安排在第三学年第二学期，而此时学生正面临毕业找工作，所以根本不能安心在校写毕业论文，这也是造成学生毕业论文质量下降的主要因素。因此，毕业实习和论文写作可考虑安排在第三学年第一学期的后半学期开始，进度上要求这一学期完成选题和收集整理资料两个步骤（时间约为两个月）。这样提前半个学期，实际上就给学生写作和教师指导都留下了较为充足的时间。最后一学期再用大约一个月的时间完成列提纲、起草初稿，修改定稿几个步骤。这不仅保证了毕业实习和论文写作的时间，也保证了毕业论文的质量，而且基本解决了学生找工作与写作论文之间的矛盾冲突。

（二）做好毕业论文写作的准备工作

1. 统一认识。要提高高职生毕业论文的质量，首先从源头上要做好铺垫，这就要求学校上下要对毕业论文的写作目的及其功能有统一的认识，认真学习教育部有关文件精神，使师生认识到毕业论文不仅仅是一次普通的结业作业，也是学校是否实现专业培养目标的重要方面，是学生学习深化与升华的标志，是对学生专业综合素质的一次全面检验。优秀的毕业论文，可以转化为生产力，可以直接或间接地为经济建设，为生产、科研服务。只有明确了毕业论文的写作目的以及毕业论文的功能，才能使师生共同树立责任感、使命感，从而以严谨负责的态度来对待和完成这项工作。

2. 把好选题关。毕业论文的选题应紧密结合专业培养目标和教学基本要求，坚持理论和实践相结合，体现专业特色。为保证选题遵循以上原则，院系有必要成立专门的专家审定小组，对指导教师拟出的题目和学生自拟题目，进行审核、筛选或修改，防止选题脱离实际，避免难度过高或过低。这样，一方面强调了毕业论文的严肃性，另一方面也增强了指导教师的责任心，避免了因教师出题不当而影响毕业论文质量的问题。

3. 建立高职毕业论文信息库。高职院校应按照学校的专业人才培养方案（教学计划）建立毕业论文信息库，结合职业技能标准、企事业单位的生产和实际，确定论文题目，明确内容与写作要求，达到对学生进行全面综合训练的目的。给学生确定的论文题目及具体要求可发布在网上，实现网上选题、网上指导与网上传递。这样就解决了因师生见不上面而不能当面指导和随时沟通的难题。同时，为达到岗前训练的目的，鼓励学生在实习岗位做毕业论文。在满足专业人才培养目标的前提下，应尽可能结合生产、建设、管理和服务等领域的实际，真题真做。在内容要求上，要明确专业基本技能训练与培养创新能力所占的比重。对毕业设计说明书、图纸和论文篇幅，按不同类别的专业，做出明确合理的规定。

4. 采取灵活多样的指导形式。在确定指导教师方面，学校应尽量安排在产、学、研相结合方面有丰富经验的教师担任毕业论文的指导工作，适当减少指导教师的日常教学工作量，把指导学生毕业论文作为主要工作来安排，且每个教师指导的学生人数不宜过多。同时，也可聘任与专业对口的企业专业技术人员为兼职指导教师。学生的毕业论文采取岗前实践和毕业综合训练等形式，由学校教师与企业的专业技术人员共同指导，结合专业培养目标和企业的生产实际进行选题，确定训练内容和任务要求。

5. 提出适度的层次要求。基于高职院校人才培养的目标，对高职生毕业论文的学术性要求不宜定得太高。论文的写作重点应定在技术与技术适用性层面，其次是写作过程的规范化以及定稿论文的标准化。

6. 建立质量监控与保障体系。对毕业实习及论文写作，高职院校应紧密结合各自学校的办学定位和社会发展需要，按照不同专业培养方案（教学计划），建立健全院系两级毕业论文教学管理规章制度，包括组织管理、指导教师、学生、操作程序、答辩细则及成绩评定等。健全毕业论文工作监控机制，有效实施过程监控和目标质量监控。实行指导教师工作奖励机制，调动教师参与这项工作的积极性。另外，学校还要统筹安排并解决毕业实习和论文写作过程中所遇到的诸多问题，应从题目来源、指导教师配备、经费投入与学生就业工作的安排管理等多方面采取有效措施，为毕业实习及论文写作创造和提供良好的环境和条件，保证毕业实习及论文写作高质高效、有序按时完成。

【参考文献】

[1] ×××. 高职院校毕业论文写作教学的思考 [J]. 岳阳职业技术学院学报.

[2] ×××. 毕业论文写作的若干问题及对策 [J]. 辽宁教育学院学报.

[3] ×××. 毕业设计（或论文）工作要力求“五位一体” [J]. 宁波工程学院学报.

[4] ×××. 谈毕业论文质量下降的原因及应对措施 [J]. 河北农业大学学报（农林教育版）.

例文分析：这篇论文主题明确，格式规范。文章从存在的问题，到问题的成因，再到解决问题的途径，用三步法清晰阐明观点，是典型例文。

例文 2

关于学生成绩管理系统的设计报告

×× 职业技术学院管理系张 ××

摘要：本文设计了一般学校通用的“学生成绩管理系统”。本设计采用目前通用的小数据库 Foxbase 语言编写，以适应现行学校内部与外部交换信息的需要。本设计以 Foxbase 为核心模块，开发出菜单模块、运算功能模块等，采用功能模块式的组合方式，构建整个系统。

关键词：数据库；学生成绩；管理系统；统计

一、前言

目前，大多数学校在利用计算机管理学生成绩方面，还停留在“单独表格式文件管理，没有形成系统”的层面上，即采用的半手工、半计算机的管理方式。在计算机上录入学生的成绩名册，并录入成绩，进行手工统计，最后排版打印。这种方式造成很大的浪费，即计算机资源得不到充分利用，且每学期录入一次名单，手工统计一次分数，费时费工。

为了解决这一问题，设计者先后调查了八所大学，分析了学生成绩管理工作一般过程的需要，设计了本管理系统。

二、系统的原理说明

（一）系统的构建依据

本系统构建依据是一般学校的学生成绩的管理过程。其过程是：新生学籍登记→年级上下学期成绩登记（包括期中成绩登记、期末成绩登记、补考成绩登记）→各学期成绩登记（各学期的期中成绩登记、期末成绩登记、补考成绩登记）→职业成绩汇总。

（二）系统内容和性能

在这个过程中，各环节所需要的功能如下：

学籍登记需要，包括名单录入、修改、查询、打印等功能。

各学期学习成绩需要，包括名单录入、学习科目名称录入、各科成绩登记、各科人平均分数、各分数段人数统计、学生个人各科成绩平均分数、各科补考人数统计和补考成绩登记。

毕业成绩汇总需要，包括登记各学期成绩、统计学习总分、平均分、登记毕业生实习和论文成绩。

以上各项必须具有录入、修改、查询、打印功能，已录入成绩要具有计算、统计等功能。

整个系统如下图所示。（图略）

三、系统设计

（一）数据库文件

1. 成绩库文件字段含义

QCJ（ABCD）库中的字段含义分别如下：

Q101——“1”代表第一学期，“01”代表第一门课程。

Q202——“2”代表第一学期，“02”代表第一门课程。

F101——F-Q101 < 60，读入 1。

FZ——第一学期不及格课程门数。

FZ2——第二学期不及格课程门数。

QZ——第一学期期中总分。

QZ2——第二学期期中总分。

QP——第一学期平均分。

QP2——第二学期平均分。

KQ01——第一学期期中考试门数。

2. 打印文件

（1）文件名：kcdy.dbf

说明：本数据库用于打印各类成绩报表有关课程名称、学院名称、专业名称。与其他库的连接为“班级”。

本库的结构与各个“管理系统”中的“课程库”（KCKA 一 BCD）结构相同。（略）

（2）文件名：Xjdy.dbf

本数据库为学籍打印库，与 XJKA-BCD 结构相同。（略）

（3）文件名：bydy.dbf

本数据库为毕业生成绩打印库，与 bykA-BCD 结构相同。（略）

（二）功能模块设计

（1）软件整体界面与功能模块程序设计。（略）

（2）录入、修改、查询界面与功能模块程序设计。（略）

（3）运算、统计、打印界面与功能模块程序设计。（略）

（三）数据库文件与功能模块文件关系一览表（略）

附件：

1. 软件整体界面程序
2. 录入、修改、查询程序
3. 运算、统计、打印程序

参考文献：

1. × ×. FOXBASE 编程 [M]. 北京：北京 × × 出版社 .1995.

2. × ×. 小型数据库实用案例 [M]. 北京：× × 工业出版社 .1998.

例文分析：这篇毕业设计，用设计课题作标题；前言简要说明设计的原因、目的，说明设计具有实用性、经济性、效益性。设计的主体内容从“系统原理说明”“系统设计”等方面介绍；将有关程序设计软件作为附件，证明报告的真实性。

【基础练习】

在网络上查找一篇论文，结合毕业论文（设计）的写作要求，对其进行分析，找出优缺点。

【写作实训】

情景描述：根据自己所学专业内容，撰写一篇小型论文或设计。

任务要求：文从字顺、逻辑清晰，格式正确。

· 第三节　简历与求职信 ·

一、简历

（一）简历含义

简历即简单的个人履历，就是对个人学历、经历、特长、爱好及其他有关情况所作的简明扼要的书面介绍。简历是有针对性的一种规范化、逻辑化的自我介绍的书面表达。对应聘者来说，简历是正式求职信的一份附件，方便其迅速了解和掌握求职者的信息。

（二）简历的功能

（1）介绍和宣传个人履历。

（2）供求双方交流信息的重要渠道。

（三）简历的特点

简历的特点是实事求是、简明、准确、突出重点。

（四）简历的内容

标准的求职简历有表格式和散文式两种形式，但主要内容都要由以下四项组成：

（1）个人基本情况。应列出自己的姓名、性别、年龄、籍贯、政治面貌、学校、系别及专业，婚姻状况、健康状况、身高、爱好与兴趣、家庭住址、电话号码等。

（2）学历情况。应写明曾在某某学校、某某专业或学科学习，以及起止时间，并列出主要课程及学习成绩，在学校和班级所担任的职务，在校期间所获得的各种奖励和荣誉。

（3）工作资历情况。若有工作经验，最好详细列明，首先列出最近的资料，后详述曾工作单位、日期、职位、工作性质等。

（4）求职意向。即求职目标或个人期望的工作职位，表明你通过求职希望得到什么样的工种、职位，以及你的奋斗目标，可以和个人特长等合写在一起。

为体现不同人群的特点，四部分的排序及组合会根据实际情况略有出入。

（五）简历的写作要求

1. 针对性强

企业中不同岗位的职业技能与素质需求各不一样。因此，建议在写作时最好能先确定求职方向，然后根据招聘企业的特点及职位要求量身定制，从而制作出一份具有较强针对性的简历，忌一份简历“行走江湖”。

2. 言简意赅

一个岗位可能会收到数十封甚至上百封简历，导致 HR 查看简历的时间相当有限。因此，建议求职者的简历要简单而有力度，大多数岗位简历的篇幅最好不超过两页，尽量写成一页（技术相关工作岗位可写成两至三页）。

3. 突出重点，强化优势

一是目标要突出，说明应聘岗位，如果简历中没有明确的目标岗位，则有可能被直接淘汰；二是突出与目标岗位相关的个人优势，包括职业技能、素质及经历，尽量量化工作成果，用数字和案例说话。

4. 格式方便阅读

网络上有很多简历模板，只能起到参考作用，毕竟每个人的情况不同，那些模板未必适合你。因此，建议求职者应该慎用网络提供的简历模板及简历封面，而是应该根据自身的情况进行合理设计。正常情况下，一份简历只要包含个人基本信息、求职意向、职业技能与素质、职业经历四大部分即可，其他部分可视具体情况添加。

5. 逻辑清晰，层次分明

要注意语言表达技巧，描述要严密，上下内容的衔接要合理，教育及工作经历可采用倒叙的表达方式，重点部分可放在简历最前面。

6. 客观真实

诚信是做人之根本，事业之根基。一个不讲诚信的人，很难在社会上立足。建议求职者在写简历时一定要做到客观、真实，可根据自身的情况结合求职意向进行纵深挖掘，合理优化内容，而非夸大其辞，弄虚作假。

【例文借鉴】

例文 1

简历封面

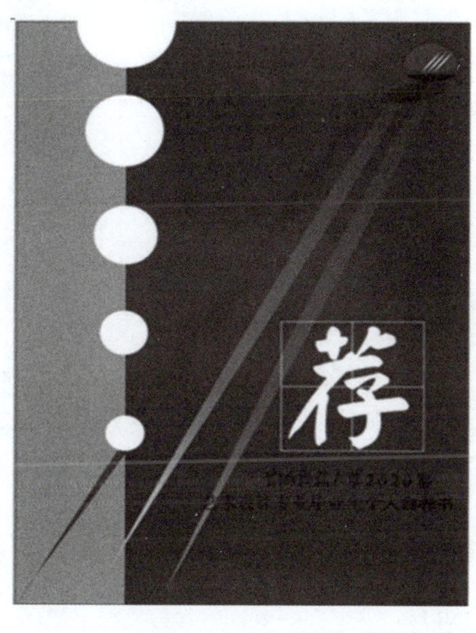

例文 2

简历封面

例文 3

简历内页

个人简历

个人概况

照片

☆ 姓　名：......　　☆ 性　别：女
☆ 籍　贯：......　　☆ 民　族：汉族
☆ 出生年月：......　　☆ 政治面貌：......
☆ 学　历：大学专科　　☆ 专　业：建筑装饰技术
☆ 毕业学校：......　　☆ 联系电话：.......
☆ 电子邮箱：..........
☆ 家庭地址：..........

主修课程

住宅室内设计、室内设计原理、建筑制图、建筑绘画、建筑装饰材料、计算机辅助工程制图（CAD）、Photoshop 软件操作、建筑装饰工程概预算、工程测量、建筑装饰施工与管理、建筑工程项目管理、房屋建筑学、空间展示设计、设计结构素描、图形创意设计、建筑艺术概论及鉴赏、工程力学。

2018—2021 年，在 ×× 职业学院建筑装饰技术专业学习。希望寻找与本专业相关的工作职位。

能力与特长

专业能力：◇掌握了装饰施工技术的基本知识，熟悉室内设计相关的施工流程，能够完成基本的计算机绘图任务，有良好的艺术功底。

计算机能力：◇熟悉 Office 等基本的应用办公软件。
◇掌握 AutoCAD、Photoshop 等基础的专业技能软件。
◇掌握计算机网络及多媒体知识。

语言能力：◇有良好的沟通技能，交际能力较强。
◇英语三级，听说读写能力一般。
◇普通话标准、流利，且具备较好的理解能力、书面与口头交流能力。

综合能力：◇责任心强，独立工作能力强，吃苦耐劳，有团队精神。
◇具有良好的策划、组织、协调、管理能力。
◇做事细心有条理，尤其胜任助理、绘图员、资料整理等方面工作。
◇善于与人交流沟通，懂得沟通的技巧，可以胜任建材相关的销售工作。

技能证书

- 英语三级
- 计算机一级
- 计算机辅助工程制图（CAD）职业技术培训证书

荣誉证书

★ 2018—2019 学年校内“二等奖学金”

★ 2018—2019 学年“宿舍文化节雅室设计大赛”评比中获得二等奖

★ 2018—2019 学年“优秀共青团员”“三好学生”

★ 2019—2020 学年校内“三等奖学金”

★ 2019 年土木建筑工程系“创建节约型新校园”活动中获得“最佳销售奖”

★ 2018—2019 学年大学运动会“女子三级跳”第三名，“4×100 米接力赛”第六名“运动会体育道德风尚奖”

★ 2018—2019 年度……大学土木系学生会“优秀干事”

★ 2019 年“读书月”征文比赛三等奖

社会实践活动

● 2018—2020 学年担任土木建筑工程系学生会外联部干事。

● 2020—2021 学年担任班级学习委员。

● 2019.7 参加学校组织的社会实践，在工地实训半个月。

● 2019.8 担任“卡夫饼干”区域促销员，业绩受到领导好评。

● 2020.8 在平安保险公司做电话回访员。

● 在校期间从事过广告公司临时助理、学生家教、促销员、派传单、问卷调查、到工厂打暑期工等社会活动。

例文分析：本份简历表内容翔实、项目齐全、重点突出，充分展示了大学生在校三年时光中的整体学习状况，而且具有高职特色，参加了许多校内外的实践活动，理论知识与专业技能突出，成绩优秀。简历表排版规范，内容清晰。

二、求职信

（一）求职信的含义

求职信是求职者写给用人单位的信，目的是让对方了解自己、相信自己、录用自己，它是一种私人对公并有求于公的信函。

求职信的内容是针对用人者的需要，介绍自己的专长、学历、学识、才能、爱好和经历，表达求职意向的专用书信。

（二）求职信的种类

按求职方向分，可分为非定向性的求职信和定向性的应聘信。

（三）求职信的特点

（1）针对性。写求职信是为找工作，所以首先要对求职单位和所求岗位有较深入了解；对自身条件要做到心中有数，要根据实际情况、读信人的心理、你的求职目标进行撰写。

（2）自荐性。要恰如其分地表现自己，用你的成绩、特长、优势，甚至用你的个性，你的“闪光点”吸引他，让他觉得你值得一谈或值得一试。

（3）简洁性。简明扼要有条理，用简练的语言把你的求职想法以及个人特点表达出来，切忌堆砌词藻。求职信不是你显示文学才华的地方，最好用平实、稳重的语气来写。

（四）求职信的写法

求职信一般由标题、称谓、正文、落款和附件构成。

（1）标题：居中直书“自荐书”或“求职信”。

（2）称谓：顶格写。非定向性求职信泛称“尊敬的领导”。定向性求职信（能够确定收文者），多用特定称谓，即可以直接称呼对方真实姓名和职务，格式为“姓＋职务”，如“尊敬的李经理”。

（3）正文

①导语。另起一行，空两格写，一般以问候、恳请、致谢性的短语来开篇。

例如：您好！非常感谢您在百忙之中抽出时间来阅读我的这份自荐材料，给我一次迈向成功的机会。我是一名即将毕业的大学生，与众多学子一样，毕业在即，收获在望，等待着时代的选择，等待着您的垂青。

再如：您好！感谢您在百忙之中阅读我的自荐信，打开此信，是您对我大学学习的检阅；看完此信，也许是您亲手翻开我人生旅程的新篇章。

②主体。主体是信的重点部分。

首先写出个人背景，介绍自己与应聘职位有关的专业学历、实习或从业经历、成绩等，令对方对你产生兴趣。但这些内容不能代替简历，较详细的个人简历应作为求职信的附件。

其次说明能胜任职位的各种能力，这是求职信的核心部分。要表明自己具有专业知识和社会实践经验，具有与工作要求相关的特长、兴趣、性格和能力。所有介绍最好有具体例证，如应聘技术人员，就应该提供相关的技术等级证书；应聘工会工作，可以介绍唱歌或乐器特长、参加过什么比赛、获得过什么奖项、组织过什么大型活动；等等。

③结尾。再次表明自己对这一岗位的期待之情之后，一般以“恭候您的回信”“顺祝贵单位事业蒸蒸日上”“盼复”“盼赐答”类的语言来结束。

④落款。求职人姓名及求职时间。

⑤附件。证明自己经历、学历、能力及荣誉等方面的证明材料（复印件）。

（五）求职信的注意事项

（1）求职要做好调查，以己之长投人之所需。

（2）要实事求，恰到好处地展示自己。

（3）立意要新颖，用语要通俗、得体。

（4）字体要工整，格式要规范，语言要简洁而重点突出。

（5）切记：要附上联系方式，便于用人者回复。

【例文借鉴】

自荐信

尊敬的领导：

您好！感谢您在百忙之中翻阅的我的自荐材料。

我是××××职业学院文秘与办公自动化专业2020届毕业生。三年来，在老师的严格教育及个人努力下，我具备了扎实的专业基础知识，系统地掌握了应用文写作、档案管理、秘书实务、公共关系、速记等有关专业理论知识，并在考试中取得了优异的成绩，多次获得奖学金及三好学生、优秀团员等荣誉；同时，能熟练使用Office等计算机办公软件及打印机、传真机、扫描仪等办公设备，打字速度达120字/分钟，并于2018年3月通过办公软件应用专家认证，于2019年9月通过速记技能初级考试，2019年通过普通话考试，获得二级甲等证书，

同年，通过了国家英语三级考试。

在校期间，我积极参加校内外的各项活动，抓住每一次机会，锻炼自己、完善自己，曾获得校演讲比赛一等奖，计算机技能大赛一等奖、征文比赛一等奖及黑龙江省速记比赛丙组17名等荣誉；体育方面曾代表学院参加2019年全省大学生运动会，获得400米栏银牌、400米第四名的好成绩。同时，我担任院速记协会会长一职，在职期间，我利用课余时间定期给同学们讲授速记知识，并成功地组织了院速记比赛，赢得了师生的赞扬与肯定。

在完成校内各项工作的同时，我积极投身于社会实践。在雅虎哈尔滨站做录入员，不仅提高了我的打字速度，更使我对于自身的能力与素质有了更清醒地认识；在哈洽会做接待员期间，负责世界华商高峰会议接待组的接待工作，锻炼了我的组织能力与协调能力；在哈尔滨市道里区政府实习期间，我对档案管理、文书处理等工作有了更直观的了解与认识，我通过实践锻炼，迅速地把书本知识转化为实践能力，并对秘书工作有了更深层次的理解，实习成绩为优秀。

我热爱秘书工作，殷切地希望能够为您的事业添砖加瓦！

祝贵单位事业蒸蒸日上！

此致

敬礼

求职者：刘 × ×

2020年6月15日

例文分析：本篇自荐信包括标题、正文、落款三部分。正文部分由称谓、导语、主体和结尾构成。称呼规范，导语直接切入主题。主体部分首先介绍了自己在校学习的情况及取得的成绩；接着介绍自己在课余时间参加社团活动和积极参加体育运动取得了好成绩；之后介绍自己在校外参加的社会实践活动使专业技能得到了大幅提高。结尾部分再一次表达了对所应聘岗位的向往和对用人单位的谢意与祝愿。全文结构严谨，课内学习与校外实践紧密结合，理论知识与实践技能兼顾，重点突出，针对性强。

【基础练习】

阅读下面的材料，指出问题并给予改正。

尊敬的领导：

你好！

我是 ×× 高职学院的毕业生，所学的专业是电子商务，叫 ×××。

我来自农村，因此我很平凡，但我不甘平庸。未来的道路上充满了机遇与挑战，我正激越豪情、满怀斗志准备迎接。我坚定地认为：天生我材必有用，付出总会有回报！

大学时期，在抓好专业课学习的同时，我更注重的是综合素质的提高。在校期间，我选修了中国革命史、公共关系、领导科学、写作等课程；自学了网页制作、计算机编程等，掌握了制作网页的技能，通过了全国计算机二级；并阅读了大量与专业有关的书籍。专业上，我扎扎实实地学习相关知识，并多次获得奖学金。

我深深地懂得：昨天的成绩已成为历史，在这个竞争激烈的今天，只有脚踏实地、坚持不懈地努力，才能获得明天的辉煌；只有不断培养能力，提高素质，挖掘内在的潜能，才能使自己立于不败之地。本着检验自我、锻炼自我、展现自我的目的，我来了。也许我并不完美，但我很自信：给我一次机会，我会尽我最大的努力让你满意。我将以自己的青春和智慧无悔地奉献给贵单位。“敢于创新，勇于开拓”是我执着的追求。“天道酬勤”是我的人生信念。

最后，祝贵单位事业更上一层楼！全体员工健康进步！

求职者：×××

××××年××月××日

【写作实训】

情景描述：请结合自己所学专业，制作一份求职简历，并撰写求职信。

任务要求：主题清晰、逻辑清晰，目标明确。

【素质目标】

1. 诚实做人、用心做事、谨言慎行，是我们大学生应该遵守的行为准则。

2. 全面提高写作素养，养成实事求是的工作态度，尊重客观事实的职业作风。

3. 培养爱岗敬业的职业意识、诚实守信的道德意识。

应聘故事两则

大商集团招聘员工，要求市场营销专业毕业生。有五名同一所大学的毕业生前来应聘。人力资源部部长在翻看简历后，惊讶地发现其中有两名同学都自称是该系的学生会主席，这明显有假。在与该学校核实情况后，人力资源部长果断拒绝了作假者。

小汪是师范大学旅游管理专业的优秀毕业生，他去一所职业院校应聘旅游专业教师这一职位，试讲与面试都很顺利。应聘结束后，小汪坐上了公交车并接到了一个同学的询问电话，他在电话中吹嘘：“我的履历很好看，有很多奖项，这边的领导很相中我，但这个办公室里都是一些女人，可能事儿多，我还没想好要不要去。”碰巧的事，坐在他后座的女士就是今天的面试成员之一。这个信息被反馈回面试领导那里后，小汪同学彻底失去了这次工作机会。